増補版

時事ロシア語

加藤栄一

時事ロシア語改訂委員会

東洋書店新社

時事ロシア語改訂委員会 （50音順）

恩田義徳（おんだ　よしのり）
東京外国語大学大学院博士後期課程単位取得満期退学。博士（学術）。東京外国語大学他非常勤講師。

加藤敏（かとう　さとし）
東京大学人文科学研究科スラヴ語スラヴ文学博士課程満期退学。外務省研修所講師、東京理科大講師。

小石吉彦（こいし　よしひこ）
東京外国語大学外国語学部ロシア語学科、プーシキン記念ロシア語大学マギストラトゥーラ卒。外務省研修所非常勤講師。

小林潔（こばやし　きよし）
早稲田大学大学院ロシヤ文学専攻後期課程満期退学。神奈川大学、外務省研修所非常勤講師。

菅井健太（すがい　けんた）
東京外国語大学大学院博士後期課程単位取得満期退学。博士（学術）。北海道大学大学院文学研究院准教授。

光井明日香（みつい　あすか）
東京外国語大学大学院博士後期課程単位取得満期退学。武蔵大学、東海大学、外務省研修所他非常勤講師。

増補版ロシア語校閲　**ガンナ・シャトヒナ**

初版はじめに

　東洋書店から「時事ロシア語を題材にした中級用学習書」の企画が提示されたのは2005年初秋、それから3年近くが経過し、ようやく一応の完成を見るに至りました。当初は読解中心のコンパクトなものを想定していましたが、パイロット版を試用する中で、読解力と共に分野別に語彙力強化を目指す内容への方向転換が不可欠との結論に至りました。脱稿予定は大幅に遅れ、頁数も当初の企画より大幅に増えることになりました。しかし、この間のロシア国内外の政治・経済環境の変化は著しく、重要な法制度や機構組織にも抜本的な変更が生じましたので、それを本書の内容に反映することができたのは、結果的に幸いであったと感じています。

　執筆手順としては、著者が独自に構築したコーパス（コンピュータ分析用にニュース原稿を数年分収集・蓄積したデータベース）に基づいて叩き台を準備し、校閲者のエリザヴェータ・ムライト氏と長時間かつ突っ込んだ議論を重ねました。とはいえ、2人の専門から外れる分野では、対ロ関係実務の第一線で活躍中の方々（多くは、縁あって著者がロシア語の学びのお手伝いをさせていただいた方々）や、校閲者の広い人脈を通じてロシア人専門家にも御教示を仰ぎました。果たして教えていただいた事柄を十分に取り込めたか、大いに不安を覚えるところですが、内容面の不備はすべて著者の責任に帰するところです。読者の皆様からの率直な御意見、お叱りの言葉を頂戴できれば幸甚です。

　私の手元に、横浜の古書店で偶然手に入れた『露字新聞の讀み方』（岩崎兵一郎著、橘書店、昭和9（1934）年）という本があります。国立国会図書館の収蔵目録に遺漏がなければ、本書は（内部資料や簡易なリーダー教材は除き）時事ロシア語に特化した学習書としては、これに次ぐものと思われます。『露字新聞の讀み方』は、時局が厳しさを増し行く中で対ソ実務に携わられた諸先輩方にとって有用な案内書となりました。国際政治・経済の舞台でロシアが再びメジャー・プレーヤーとして頭角を現しつつある今日、本書が各方面で活躍される方々にとって、多少なりともお役に立つものとなれば、著者としてこれに優る喜びはありません。

　最後に、ニュース原稿の引用・使用を快諾下さった «Вести.Ru», «BBC Russian.com», «Голос России» の各社、本書の執筆を勧めて下さった恩師中澤英彦先生（東京外国語大学名誉教授）、献身的な校閲者を紹介下さったエヴゲーニー・フロロフ氏とエルビラ・レミング氏、専門分野で御教示賜った蓮見雄（経済）、沼野恭子（文学）両先生ならびに延べ十数名の実務専門家の皆さん、露語教育者の立場から貴重な意見を寄せて下さったガンナ・シャトヒナ、加藤敏、丸山由紀子の各氏（共に外務省研修所露語講師）、学習者として原稿に目を通して下さった藤原真希、菅井健太の両氏、そして、本書を完成に導いて下さった東洋書店の編集者堀江耕氏に、厚く御礼申し上げます。

2008年夏　著者

『新版 時事ロシア語』に寄せて

　東洋書店新社から、本書を再び世に送り出すことになりました。出版を巡る厳しい環境にもかかわらず、読者の皆様のご支持を多く頂戴し、復刊の機会に恵まれたことを嬉しく思います。本版は、旧東洋書店版（第三版、2014年）をおおむね踏襲していますが、一部のデータを最新のものに改め、参考資料も新たに加筆しました。「先の読めない」世界情勢となりつつある昨今、「ロシア語を通して世界を眺望する」必要性は、ますます高まっています。その道案内として、本書を十分に活用していただければ幸いです。本書刊行に奔走された東洋書店新社・岩田悟氏に深く感謝申し上げます。

2016年春　著者

『増補版 時事ロシア語』に寄せて

　2019年秋に『時事ロシア語』の著者、加藤栄一氏が逝去してから2年の月日が流れました。この度、『増補版 時事ロシア語』を世に送り出すにあたり、生前加藤氏と縁のあった恩田義徳、加藤敏、小石吉彦、小林潔、菅井健太、光井明日香（50音順）の6名で「時事ロシア語改訂委員会」を組織し、本版の作成にあたりました。

　本版では、『新版 時事ロシア語』（2016年）に「近年のニュース」として5本の記事を加え、さらに巻末の付録・資料のデータを最新のものに改めました。

　本書はニュース記事を題材としており、中級レベル以上のロシア語を学びつつ、現在のロシアの姿をとらえることも出来るという唯一無二の学習書であると考えます。本書をこのまま途絶えさせてしまうこと、皆様に本書を手に取っていただく機会を失くしてしまうことは非常に大きな損失であるとみなし、この度の増補版刊行へと至りました。

　本書が皆様にとって、ロシア語学習の新たな楽しみを見つける一助となれば幸いです。

　最後に、丁寧なロシア語校正をしてくださったガンナ・シャトヒナ氏と本版刊行に奔走された東洋書店新社・岩田悟氏に心より感謝申し上げます。

2021年秋　時事ロシア語改訂委員会一同

StepUp

★ロシアに特有な選挙制度 ★ロシア主要政党の党員呼称 ★議会・立法府に関すること ば ★ロシア連邦大統領 ★《Кремль = Президент РФ》型の置換表現 ★連邦 管区

2 外交・国際関係

StepUp

★君主国と君主 ★地名による「○○政府」の表し方 ★国名の代わりに使われる表現 ★査証制度

3 経済・産業

StepUp

★世界各国の中央銀行 ★相場の「上げ」、「下げ」の表現 ★通貨に関する表現 ★紙幣の通称 ★Стабилизационный фонд（＝ Стабфонд）「安定化基金」★投資に関連する語彙 ★альтернативная энергия 代替エネルギー ★経済特区の льготы 優遇処置 ★ロシアの主な産業分類

4 軍事・国防

StepUp

★兵役問題に関する語彙 ★ミサイル ракета のいろいろ ★ロシアが関係する主な軍縮条約 ★核開発 ядерная программа ★ロシア 3 軍の兵科

5 犯罪・司法

StepUp

★法と法制度に関わる表現 ★ロシア刑法上の犯罪重度 ★Преступление と Административное правонарушение ★милиция と полиция ★задержание と арест の刑事事件実務での用法 ★負傷者・病人の状態程度に関する表現 ★代表的な麻薬 ★Судимость について ★刑事事件裁判での апелляция と кассация

6 事故

StepUp

★道路交通 ★道にまつわる表現 ★自動車の車種と車名 ★鉄道関係のことば ★民間航空機 ★代表的な航空機メーカー ★飛行機の機体部分 ★消防設備の名称 ★船舶 ★原子力事故

付録・資料

本書の特色と使い方

本書のねらい　本書は、時事ロシア語の入門編であるとともに、初級終了後の課題となる語彙力と構文把握力の養成を目的としています。ここでの「初級」とは、ロシア教育省が「外国語としてのロシア語検定」（ТРКИ）レベル1に定める語彙・文法事項（関係代名詞や、形動詞・副動詞の用法を含む）に加え、Государственный институт русского языка им. А.С. Пушкина 編纂《Система лексических минимумов современного русского языка》（М. 2003 г.）のСписок IVの語彙（習得語彙数にして2000 ～ 2500語）を念頭に置いています。大学のロシア語専攻課程であれば、一年次終了～二年次前期末までに到達が求められるレベルです。

何を教材とするか　伝統的に、時事ロシア語の授業は新聞・雑誌記事の購読が中心でした。しかし、ロシアの活字メディアは長文論説が中心なため、とくに初級終了後の段階では、文学的な抽象表現の「謎解き」に振り回される割には努力に見合う成果が得られない側面があります。長時間かけて限定的なテーマに取り組んでも、体系的な語彙力強化には必ずしも直結しません。むしろ、多種多様な話題を端的に伝えることが使命であるテレビ・ラジオのニュースを活用する方が遙かに効率的といえます。ニュース報道には、極端な高尚さや低俗性を排除した文体が使われていますから、公務やビジネスの場でのコミュニケーションに幅広く応用することができます。一昔前は、雑音の多い録音から字起こしする他に教材作成の手段はなく、その労力は並大抵のものではありませんでした。しかし、今はIT技術の進歩のおかげで、報道各社はネット上での発信に力を入れており、全文原稿のみならず音声・動画ファイルも利用できます。ネットに接続すれば、目の前に「読む＋聞く」の学習環境が広がるわけですから、これを使わない手はありません。

　時事外国語の学習に、国内の外国語メディアの利用を勧める向きがあります。確かに、日本事情を外国語で表現する方法を学ぶ上では大いに参考になりますし、既知の内容なら勘を働かせ易い利点があります。しかし、外国放送局の日本語放送の聴取経験がある方なら理解できると思いますが、国内メディアと「なにかが違う」ことは、直感的に感じ取れるものです。わたしたちが生きる時代・場所・社会に特有の文体は、使用される語彙や言い回しの複雑な組み合わせで形成されています。人間には、その「語感」の微妙な違いを識別する繊細な感覚が備わっています。この感覚は、文法的・語法的正確さとは別次元のものであって、体得的に習得するほかありません。

本書の構成　それで、本書の編纂にあたっては、「現在のロシアで使われていることばの姿を反映させる」ことを柱に据え、学習者がロシアの報道で使われることばの感覚を的確に磨くことができるよう、以下の点に配慮しました。

❶各課冒頭のテキストは、ロシア国営放送（ВГТРК）のニュースサイト《Вести.Ru》

と、英国放送協会（BBC）のロシア語サービス《BBC Russian.com》およびエストニア公共放送（Rus ERR）の記事を使用しました。記事内容は、ロシアないしロシア語圏の話題を中心にしました。外国の事象を取り上げた記事では、翻訳調の不自然な言い回しが紛れ込む可能性が多分にあるためです。紙面の都合上、テーマに直結する部分にフォーカスし抜粋しましたが、元記事の出典リンクも掲げましたので、必要に応じて参照してください。各課テーマに関連する重要キーワードは色分けしました。

ロシア語社会でも、マスコミの「ことばの乱れ」が問題となっています。ある種の現象は、時代的変化として受け入れるにせよ（たとえば、規範的にはобеспе́чениеが正しいとされていますが、アナウンサーも政治家もобеспече́ниеと発音するのが普通です）、中には疑問符を付けざるを得ないケースもあります。ロシア人インフォーマントの意見を踏まえ、若干調整を施した箇所（固有名詞を役職名や代名詞に置換した箇所も含む）は［ ］に挿入しました（明白な誤植は［ ］に入れずに修正しました）。

テキスト直下の 語彙 は、本文読解に必要な語彙を辞書見出し語の形で掲げ、著者の判断で文脈に適した語義を与えてあります。必要に応じて、基本的語義を辞書で確認してください。

訳例 は、あくまで本文理解の補助的なものです。読解力向上には「ロシア語を直接読み下す」訓練が不可欠です。まずは日本語に頼らずに、原文の文法解析を加えながら精読し、最終的な内容確認に訳を参照するとよいでしょう。訳文は厳密な逐語的対応ではなく、二文を一文で訳したり、関係代名詞を含む長文を二分割したり、受動態・能動態を入れ替えるなど構文の再構成にも踏み込んでいます。日本語のように、分野別の文体が堅固に確立されている言語では、原語構文への字義的対応よりも、翻訳される言語の流れを大切にし、「全体として等価となる翻訳」を得るのが現実的との判断からです。慣れないうちは戸惑いを覚えるかもしれませんが、実際に和訳する際の何らかのヒントが見つかれば幸いです。

❷各課見開き右側は 重要語句 として、テーマ関連の語句を集め、最重要語は色分けしました。ロシア語ジャーナリズムでは、同一語の繰返しが稚拙な印象を与えるため、複数の語が同一の意味で入れ替わり使われます。これに対応するために、同義語・類義語・反義語・関連表現のほか、перифра́з（「迂言法」Япо́ния を Страна́ восходя́щего со́лнца とするタイプの言い換え）を少なからず紹介しました。用例を掲げるにあたっては、上述の《Вести.Ru》と《BBC Russian.com》や《Го́лос Росси́и》「ロシアの声」などの報道機関のほか、官庁サイト等で収集した電子テキスト（2003 ～ 2013年まで）をデータベース化し、コンコーダンスソフトを用いて解析した結果を加味しました（コーパス言語学の手法は、語彙の使用頻度の調査だけでなく、特定の名詞と形容詞の結びつき関係や、特定の格や述語の用法を知る上で極めて有効です）。

❸各章末の StepUp には、辞書の定義だけではわかりづらい語法や語義、ニュース理解に役立つ付加的な情報、翻訳時の問題点についてコラム的に示しました。

学習法の提案 　初級終了直後の学習者であれば、冒頭の「内政」と「外交」の２章は一課ごとに順に学ぶことをおすすめします。テキスト精読を通して、ロシア語ニュースの構文的特徴に慣れることが大切ですし、これらの章では、中級へ進む上で必要な派生語形成の法則を体得できるよう配慮してあります。以降の章は、冒頭２章の理解を前提に構成されていますので、各人の興味と必要に沿った部分から進めても構いません。ただ、本書で取り上げた内容は、総合的なニュース理解に不可欠な基礎事項ですので、分野を選り好みせずに取り組んでみてください。本書全体を学び終えれば、重要性の高いニュースの大枠が理解できる語彙力が身につくように配慮したつもりです。難度のより高い新聞・雑誌の論説講読や、テレビ・ラジオの記者レポートの聴解に進むためにも、幅広い分野の語彙知識を持つことは大切です。

　すでに一定のロシア語力に達しておられる方は、まず 重要語句 の語彙・表現に未知のものがあるかチェックし、それからテキストに移ると効率的でしょう。紙面の都合から用例を示していない語もありますし、特定の語形変化の用例を知りたい時もあるでしょう。そのような場合には、報道機関のサイト内にある検索機能を使ってみてください。検索サイトを使うのも便利ですが、ヒットする用例すべてが適切である保証はないので注意が必要です。信頼性の高いデータを求めるのであれば、手間はかかりますが、主要報道機関や官庁の公式サイトで電子テキストを丁寧に収集し、自分専用のコーパス（データベース）を作成するのが一番です。

知識を使ってみる 　知識は活用して初めて真価を発揮します。ある程度進んできたら、学習テーマに近い最新ニュースを読んでみましょう。本書巻末には、報道各社のURLを挙げてあります。気になった語句をサイト内で検索すれば、少なからず記事がヒットするはずです。当初は長文のリポートではなく、事実関係を伝える短信からスタートした方が良いでしょう。テキストを読むだけでなく、音で聞いて理解することも語彙力向上には欠かせません。多くのテレビ・ラジオ局では、全文原稿と共に、動画・音声ファイルが利用できます。ニュース原稿を見ながら、何度も聞き直し、アナウンサーの発音・イントネーションをまねながら跡を追う発音練習（シャドーイング）も効果があります。これを続けていくと、目・耳・口から「ロシア語の語感」を実感し、ことばの流れを自然なリズムとして記憶できます。このようにして培った語感は、ロシア語表現力（とくに主語の立て方や語順の面で）のさらなる向上に役立つことでしょう。

　聞き取り初心者なら、ラジオの音声を活用するのが適切です。テレビに比べ、原稿を読む速度が遅く、概して発音も明瞭です。ロシアの海外向け放送 «Голос России» （http: //rus.ruvr.ru）は、一般の国内向け放送よりも、原稿を読む速度が幾分ゆっくりしている

ので、まずはこれから始めると良いでしょう。同局はストリーミング（音声・動画配信）放送のほか、録音ファイルもダウンロードできます。また、ロシアの全国ラジオ《Радио России》（http://www.radiorus.ru）や、《Маяк》（http://www.radiomayak.ru）は、同時放送の他、ニュースのみの録音が利用できるようになっています（こちらはストリーミングのみ）。

　慣れてきたらテレビのニュースにも挑戦してみましょう。実際に映像を目にして初めて文意が明確になることも稀ではありません。ニュース専門チャンネル《Вести》は、CNNやBBC Worldを意識した番組作りで、24時間放送のストリーミングは、音質も動画も高品質です。

　最初のうちはアナウンサーの読む速度に圧倒されるかもしれませんが、一語でも、一フレーズでも聞き取れれば大成功です。「わからないから聞かない」が一番の禁物です。通勤・通学の時間を有効に使って、毎日10分でも15分でも聞き続けることを心がけてください。そうすれば、復習効果と相まって、進歩が実感できるようになることでしょう。時間があれば、ディクテーション（字起こし）にも挑戦してください。音声を聞いて、テキストがテロップのように脳裏に浮かぶようになれば本物です。口頭で日本語に通訳する練習もやってみましょう。

日本語力を磨く　日頃から世の中の動きに敏感になっていることは、時事ロシア語の勉強に非常にプラスになります。新聞・テレビを丹念にチェックしておくと、ニュースを読み解く勘を養うことができます。ただ漫然と眺めているのではなく、よくわからないことや疑問が出てきたら、こまめに調べる癖をつけましょう。

　よりよい日本語表現を目指すのなら、日本語ジャーナリズムに特徴的な語彙や言い回しを、分野ごとに分析してみることも必要です。翻訳（通訳）の現場では、内容の正確さはいうまでもなく、「その場にあった文体の選択」が評価の分かれ道になります。新聞とテレビニュースでは「視覚的効果」「聴覚的効果」の違いから、使用する語彙や言い回しが異なりますし、同じ活字メディアであっても、一般紙と経済専門紙では文体が全く違います。シャドーイングがロシア語の語感をつかむために効果的と述べましたが、日本語の表現力向上にも有効です。放送局のサイトには、音声・動画と一緒に「〜です・〜ます」調の原稿がアップしてあるところもありますから、それらを活用すると良いでしょう。これまで聞き流してきたニュースも、言い回しの違いに気をつけて聞いてみると、全く新鮮に聞こえるものです。

文章読解のチェックポイント

　ロシア語の文章理解には、各語の文法カテゴリー（名詞・形容詞の性・数・格、動詞の体と性・数など）の正確な理解が不可欠です。とりわけ英語に親しんだ方は、目的語がいきなり文頭に来るようなロシア語の語順に、当惑すら覚えるでしょう。以下に文章読解のポイントを挙げますので、参考にしてください。

手順① 　文の述語(動詞や形容詞)を見つけ、その人称・数・性を判別する

手順② 　述語の人称・数・性に見合う主語 [主格の部分] を見つける

◆述語に適合する主語が見あたらない場合は、以下の点もチェックしてみよう。
1 ）A＝Bの文型で、前後を結ぶ ― が書かれていない可能性はないか？
2 ）直前の文の主語が省略されている可能性は？
3 ）動詞が三人称複数形（они）なら、「不定人称文」（～される）の可能性は？
4 ）述語が中性単数形の場合
　・数詞＋名詞や、много, мало, несколько ＋生格、что などが主語でないか？
　・述語の前に не がある場合「否定生格」が意味上の「主語」になっていないか？
　・「無人称述語」を使う「無人称文」（Мне интересно…など）の可能性は？
5 ）同綴異語や、綴りの酷似した別の語と取り違えはないか
　・複数の文法カテゴリーを表す語尾であれば、その理解で正しいか再度良く検討しよう。例）-ы（名詞の複数主格か？ -a 語尾の女性名詞生格か？形容詞／被動形動詞現在・過去短語尾複数形か？）-a（女性名詞単数主格か？男性名詞単数生格か？例外的な複数主格ではないか（例：адрес → адреса）？一部動詞の副動詞の可能性は（例：сообща＜сообщить）？形容詞／被動形動詞現在・過去の短語尾女性形ではないか？）
　・形容詞や被動形動詞過去の短語尾形を、名詞と誤解していないか？
　・被動形動詞現在の短語尾男性形 -ем（читать → читаемый → читаем）を、第一変化動詞の現在形一人称複数（мыの時の形）と錯覚していないか？
　・略語・頭文字語は、正式な形に戻して性・数を確認してみよう。（例：ООН は Организация Объединённых Наций の略語なので、女性名詞）

手順③ 　特定の前置詞や格を要求する語が使われていないか辞書で確認

　・造格が単独で出てきたときは「～によって」で理解できないか。与格が単独で出てくるときは「～のために」で理解できないか？期間を表す対格ではないか？
　・本動詞ではなく形動詞・副動詞に密着している部分ではないか？

〔不完〕不完了体／〔完〕完了体

不定形　動詞不定形

【男】男性名詞

【女】女性名詞

【中】中性名詞

【形】形容詞

【副】副詞

【前】前置詞

被動　被動形動詞／副動　副動詞

過　過去

現　現在

短　短語尾

《主》主格

《生》生格〔属格〕

《与》与格

《対》対格〔目的格〕

《造》造格〔具格〕

《前》前置格〔前置詞格〕

〔熟〕熟語

〔単〕単数形

〔複〕複数形

〔複で〕複数形の場合

〔名詞形〕動詞派生の名詞形

〔動詞形〕名詞派生の動詞形

〔派生〕派生語・派生表現

〔類義〕類義語・類義表現

〔反義〕反義語・反義表現

〔関連〕関連語彙

В России стартовала президентская избирательная кампания

«Российская газета» опубликовала постановление Совета Федерации о назначении даты выборов на 2 марта 2008 года. Таким образом, за 4 дня до думских выборов начался новый избирательный марафон. В течение двух дней Росрегистрация должна опубликовать список зарегистрированных в РФ политических партий, которые вправе выдвигать своих кандидатов. Открывается и этап самовыдвижения, который продлится по 18 [восемнадцатое] декабря. В поддержку своих кандидатов партии должны собрать не менее двух миллионов подписей. А внесение избирательного залога на президентских выборах законом не предусмотрено.

(http://www.vesti.ru/doc.html?id=149439)

**　語　彙　** стартова́ть〔完〕スタートする президе́нтский【形】大統領の избира́тельная кампа́ния【女】選挙運動 опубликова́ть〔完〕公示する постановле́ние【中】決定 Сове́т Федера́ции【男】連邦院〔露上院〕назначе́ние【中】定めること да́та【女】日付 ду́мский【形】国家院〔露下院〕の вы́боры〔複〕選挙 избира́тельный марафо́н【男】長期間の選挙戦 Росрегистра́ция【女】ロシア連邦登録庁 спи́сок【男】リスト зарегистри́ровать〔完〕登録する полити́ческая па́ртия【女】政党 в пра́ве + 不定形〔熟〕～する権利を有する выдвига́ть〔不完〕候補を立てる самовыдвиже́ние【中】自己推薦立候補 эта́п【男】手続 продли́ться〔完〕続く в подде́ржку《生》〔熟〕～を支持するために внесе́ние【中】納付 избира́тельный зало́г【男】供託金 предусмотре́ть зако́ном〔完〕法律で規定する

**　訳　例　** 　　　　**ロシアで大統領選挙戦がスタート**
　選挙を2008年3月2日に実施することを定めた連邦院決定が「ロシア新聞」〔官報〕に公示された。これにより、下院議会選挙の4日前に、長期間の選挙戦が新たに始まった。ロシア登録庁は、国内で登録された政党のうち、独自に候補を立てる権利を持つ政党のリストを2日以内に発表することになっている。自薦による立候補手続も始まり、12月18日まで続けられる。各政党は、候補推薦のために200万人以上の署名を集める義務がある。一方、大統領選挙では、供託金納付［による立候補手続］は法律に規定がない。
（2007年11月28日報道）

重要語句

выбира́ть〔不完〕вы́брать〔完〕選ぶ・選出する Президе́нта страны́ вы́берут в пе́рвом ту́ре. 1回目の投票で**国の大統領が選出される**だろう。

вы́боры〔複〕選挙 ★単数形 вы́бор は「選択」。 всео́бщие вы́боры 総選挙 вы́боры в президе́нты/мэ́ры 大統領／市長選挙（役職名は複数主格と同形の対格！）проводи́ть/провести́ вы́боры 選挙を実施する **Вы́боры в Госуда́рственную ду́му** бы́ли назна́чены на 14-ое ма́рта. 露下院議会選挙の投票日は3月14日に決まった。〔派生〕**предвы́борный**【形】選挙運動の ★ пред- は「投票に先立つ」の意味。 Основны́ми спо́собами агита́ции в хо́де **предвы́борной кампа́нии** явля́ются проведе́ние **предвы́борных ми́тингов**, выступле́ния по ра́дио и телеви́дению, раскле́йка **предвы́борных афи́ш и плака́тов**. 選挙運動期間中の主な運動手段は、**選挙集会**の開催、テレビ・ラジオへの出演、**選挙ポスター**やプラカードの掲示である。 ★投票日前日は **день тишины́**〔または день молча́ния〕「**熟慮期間**」として選挙運動は一切禁止

избира́тель【男】有権者、選挙民 < избира́ть「選ぶ」избира́тельный【形】選挙の избира́тельное законода́тельство 選挙法 ～ зало́г 供託金 ◆ **Центра́льная избира́тельная коми́ссия「中央選挙管理委員会」**（略称：**Цѐнтризбирко́м**〔発音は цѐнтр-избирко́м〕【男】または **ЦИК**【男・女】）

кандида́т【男】候補者（= претенде́нт）～ от пра́вящей〔оппозицио́нной〕па́ртии 与党〔野党〕候補者 кандидату́ра【女】候補者資格、立候補 выдвига́ть/вы́двинуть свою́ кандидату́ру на пост президе́нта 大統領に立候補する снима́ть/снять свою́ кандидату́ру 立候補を取り下げる

баллоти́роваться〔不完〕立候補する Конститу́ция не позволя́ет ны́нешнему президе́нту **баллоти́роваться на тре́тий срок подря́д**. 憲法は現職大統領に**三期連続して立候補する**ことを認めていない。

選挙関連の新語

теледеба́ты〔複〕テレビ討論会 «Еди́ная Росси́я» отказа́лась от уча́стия в **теледеба́тах**. 「統一ロシア」は**テレビ討論会**への参加を拒否〔辞退〕した。

ре́йтинг【男】支持率 Ни́зко упа́л **ре́йтинг** па́ртии. 党の支持率が急降下した。

электора́т【男】有権者 ★特定候補・政党の「支援者」を指すことが多い

полѝттехно́лог【男】選挙コンサルタント（поли́тика + техно́лог の造語）

ѝмиджме́йкер【男】（英 image-maker から）イメージコンサルタント

Россия выбирает

В воскресе́нье в Росси́и — так называ́емый еди́ный день голосова́ния. Жи́тели 9 субъе́ктов избира́ют депута́тов парла́мента. В це́лом ря́де областе́й идёт голосова́ние в ме́стные о́рганы вла́сти. Одни́ми из пе́рвых на́чали голосова́ть жи́тели Примо́рского кра́я. Вы́боры в Заксобра́ние уже́ при́знаны состоя́вшимися, 20-[двадцати́] проце́нтный поро́г преодолён во всех округа́х. Почти́ 700 уча́стков откры́лись в Астраха́нской о́бласти. Одна́ из осо́бенностей ны́нешних вы́боров — отка́з от графы́ «про́тив всех» в 4-х регио́нах. А гла́вная техни́ческая нова́ция — испо́льзование ко́мплексов электро́нного голосова́ния.

(http://www.vesti.ru/doc.html?id=86325)

語　彙　так называ́емый［熟］いわゆる　еди́ный【形】統一の　голосова́ние【中】投票　субъе́кт【男】連邦構成主体　депута́т【男】下院議員　парла́мент【男】議会　в це́лом ря́де《複・生》［熟］多くの～では　о́бласть【女】州　ме́стные о́рганы вла́сти〔複で〕「地域権力機関」★「地方自治体」の首長と議会の総称（→1-16 муниципа́льное образова́ние）голосова́ть［不完］投票する　жи́тель【男】住民　Примо́рский край【男】沿海州地方　Заксобра́ние（= законода́тельное собра́ние）【中】立法会（地方議会の呼称）призна́ть《造》［完］～と認める　состоя́ться［完］成立する　двадцатипроце́нтный【形】20%の　поро́г【男】敷居　преодоле́ть［完］克服する　о́круг【男】選挙区　уча́сток【男】投票所　осо́бенность【女】特色　отка́з《от＋生》【男】～の廃止　графа́【女】欄　нова́ция【女】新しい試み　испо́льзование【中】使用　ко́мплекс электро́нного голосова́ния【男】電子投票装置

訳　例　　　　　　　**ロシア、投票進む**

　ロシアでは、日曜日はいわゆる「統一投票日」である。9の連邦構成主体で下院議員選挙が行われている。複数の州で地方自治体の首長・議会選挙も実施されている。最も早く投票が始まった沿海州地方では、全選挙区で［投票率が］規定の20%を超え、州議会選挙の成立が確定した。アストラハン州では約700の投票所で投票が始まった。今回の選挙の特色の1つは、4地域で「全員に反対」欄が廃止されたことである。また、新たな技術的試みとして電子投票装置が導入された。

（2006年10月8日報道）

※ロシアでは最低投票率規定と「全員に反対」欄は完全撤廃された。

重要語句

голосова́ть〔不完〕проголосова́ть〔完〕《за＋対》〜に投票する За кого вы голосу́ете? 誰に投票しますか？ голосова́ние【中】投票 бюллете́нь для голосова́ния 投票用紙〔関連〕избира́тельная у́рна【女】投票箱 ★正式には избира́тельный я́щик という。 спи́сок избира́телей【男】選挙人名簿

го́лос【男】表決権、投票権 име́ть пра́во го́лоса 投票権を持つ〔複〕голоса́ 票 отда́ть《与》голоса́ 〜に投票する набра́ть/получи́ть голоса́ 票を獲得する、得票する ◆ избира́тельный уча́сток「投票所」★ избира́тельный о́круг「選挙区」と混同しないこと。 Избира́тельный уча́сток бу́дет откры́т с 08.00 до 20.00. 投票所は朝8時から夜8時まで開いている。

混同しやすい「選挙」のいろいろ

досро́чные вы́боры「任期満了前の選挙」★辞職、死去、議会解散、リコールなどの理由で、任期満了を待たずに実施する選挙。「繰り上げ選挙」「出直し選挙」も訳語になる。 cf. досро́чное голосова́ние 期日前投票（投票日前に投票すること）

повто́рные вы́боры「再選挙」★選挙不成立時のやり直し選挙 cf. повто́рное голосова́ние 決選投票（当選に必要な得票を得た候補がいない場合、上位2人で行う）

дополни́тельные вы́боры「補欠選挙」（略して довы́боры〔複〕）

ロシアの投票システム

投票用紙 бюллете́нь для голосова́ния には全候補者・政党名が印刷済みで、意中の候補・政党の□欄にレ印をつける。シベリア奥地など遠隔地では、職員が**携帯投票箱 перено́сная у́рна для голосова́ния** を持参し期日前投票を行う。当日不在の場合、選挙管理委員会発行の**「登録取り消し証明」открепи́тельное удостовере́ние** があれば、滞在先で投票できる制度もある。現在、立候補登録から開票作業まで選挙作業を一括して電子化する**「選挙自動化国家システム」ГАС**（Госуда́рственная автоматизи́рованная систе́ма）**«Вы́боры»** の開発が進行中で、2011年の下院選挙では、**光学式投票用紙集計装置 КОИБ**（Ко́мплекс обрабо́тки избира́тельных бюллете́ней）や**電子投票装置 КЭГ**（Ко́мплекс для электро́нного голосова́ния）が、ロシア国内外の5155の投票所で使用された。開票作業は、日本のように1カ所で集約的に行うのではなく、各党代表の立会いの下で**投票所ごとの選挙管理員会 участко́вая избира́тельная коми́ссия** が開票し、**集計証書 протоко́л** を作成する。集計結果は、連邦構成主体の中央選管、さらに連邦中央選管へ送られる。

На вы́борах мэ́ра в Сама́ре лиди́рует Ви́ктор Та́рхов

«Побе́ду на вы́борах мэ́ра Сама́ры оде́рживает депута́т Сама́рской Губе́рнской Ду́мы Ви́ктор Та́рхов», — сообщи́ли в Го̀ризбирко́ме. В настоя́щий моме́нт обрабо́таны бюллете́ни на 434 [четырёхста́х тридцати́ четырёх] из 435 [четырёхсо́т тридцати́ пяти́] избира́тельных уча́стков. 22 октября́ в Сама́ре прошёл второ́й тур вы́боров главы́ городско́й администра́ции. На пост мэ́ра претендова́ли два кандида́та, набра́вшие наибо́льшее коли́чество голосо́в в пе́рвом ту́ре голосова́ния 8 октября́. Э́то — ны́нешний градонача́льник Гео́ргий Лима́нский (22,79%), вы́двинутый «Еди́ной Росси́ей», и депута́т Сама́рской областно́й Ду́мы Ви́ктор Та́рхов (28,29%). Сама́рцы во второ́м ту́ре прояви́ли небыва́лую акти́вность. Я́вка избира́телей ста́ла реко́рдной для Сама́ры за после́дние 9 лет — 44,4% [со́рок четы́ре це́лых четы́ре деся́тых проце́нта] от о́бщего числа́ избира́телей.

(http://www.vesti.ru/doc.html?id=86815)

語彙　лиди́ровать〔不完〕リードする оде́рживать побе́ду〔不完〕勝利する депута́т【男】議員 Сама́рская Губе́рнская Ду́ма サマーラ州議会 Го̀ризбирко́м（= Городска́я избира́тельная коми́ссия）【男】市選管 обрабо́тать бюллете́ни〔完〕開票する тур【男】（投票の）回 претендова́ть〔不完〕（議席を）目指す областна́я ду́ма【女】州議会 сама́рцы〔複〕（単 сама́рец）サマーラ州民 прояви́ть〔完〕示す небыва́лый【形】まれな акти́вность【女】積極さ я́вка избира́телей【女】投票率 реко́рдный【形】記録的な о́бщее число́【中】総数

訳例　　**サマーラ市長選挙、ビクトル・タルホフ氏がリード**

　サマーラ市長選挙で、市選管はサマーラ州議会議員のビクトル・タルホフ氏が優勢であると発表した。現時点で435の投票所のうち434カ所で開票作業が終了している。サマーラ市では市行政のトップを決める決選投票が10月22日に行われ、10月8日の1回目の投票で得票の多かった統一ロシアが擁立する現職市長グリゴリー・リマンスキー氏（得票率22.79％）と、サマーラ州議会議員ビクトル・タルホフ氏（同28.29％）の二候補が市長の座を争った。決選投票への有権者の関心はかつてなく高く、サマーラの投票率は過去9年間で最高の［有権者総数の］44.4％に達した。

（2006年10月23日報道）

重要語句

побе́да【女】勝利 одержа́ть убеди́тельную побе́ду 地滑り的な勝利を収める

побежда́ть［不完］победи́ть［完］勝利する（= выи́грывать/вы́играть）победи́вший и побеждённый 勝者と敗者 ★ победи́ть 現在形は я を主語に立てることができない り〈、одержу́ побе́ду とする。победи́тель【男】勝者、当選者

пораже́ние【中】敗北 потерпе́ть сокруши́тельное пораже́ние 大敗を喫する Экс-мэ́р призна́л своё пораже́ние на вы́борах. 元市長は選挙での自らの敗北を認めた。★ экс- は英 ex-（「前・元〜」）から

прои́грывать［不完］проигра́ть［完］敗北する Он проигра́л в своём о́круге. 彼は自分の選挙区で敗北した。

◆ сохрани́ть за собо́й пост〔кре́сло/ме́сто〕《生》～のポスト〔椅子／地位〕を守る（= переизбира́ться［不完］переизбра́ться［完］再選される）Де́йствующий глава́ госуда́рства сохрани́л за собо́й пост президе́нта ещё на семь лет. 現職大統領は、さらに7年間大統領職にとどまることになった。★ глава́「長」は男性なら【男】女性なら【女】（格変化は【女】）

лиди́ровать［不完］リードする По да́нным избирко́ма, со значи́тельным отры́вом лиди́рует пра́вящая па́ртия. 選管の集計によれば、与党が大差でリードしている。

ны́нешний【形】現職の（= де́йствующий）〔反義〕бы́вший【形】かつての ★翻訳時には「前」か「元」かに注意（不明なときは「元〜」ないし「〜経験者」）

манда́т【男】①「議員証」ЦИК вручи́л манда́ты новоизбранным депута́там. 中央選管は当選した議員に議員証を交付した（当選証書の交付に相当）。②「議席」Пра́вящая па́ртия получи́ла на вы́борах 20 манда́тов. 選挙で与党が20議席を獲得した。〔派生〕одноманда́тный【形】1議席の ～ о́круг 1人区（小選挙区）.

◆ вы́боры по парти́йным спи́скам〔複で〕「政党名簿による選挙」（= 比例代表制 пропорциона́льная систе́ма）Полови́на депута́тов бу́дет и́збрана по парти́йным спи́скам. 議員の半数は比例代表で選出される。

◆ возглавля́ть［不完］возгла́вить［完］парти́йный спи́сок「比例代表名簿一位で立候補する」Медве́дев возгла́вил федера́льный спи́сок па́ртии «Еди́ная Росси́я» на вы́борах в Госду́му. メドベージェフ氏は下院選挙に「統一ロシア」の連邦比例代表名簿一位で立候補した。 ★11年の露下院選挙は、全国区にあたる о́бщефедера́льная часть（候補者は10人まで）と連邦構成主体を選挙区とする региона́льная часть に分け、完全比例代表制で実施されたが、16年選挙では小選挙区・比例代表並立制となる予定。

«Больша́я поли́тика»「国政」

большо́й は世界／全国水準で「トップ」のニュアンス。«Больша́я поли́тика» は国政（連邦構成主体知事や国会議員以上）ないし「国際政治」を指す。Бы́вший премье́р-мини́стр хо́чет верну́ться в большу́ю поли́тику. 前首相は国政復帰を望んでいる。

В Законода́тельное собра́ние Петербу́рга прошли́ четы́ре па́ртии

«По предвари́тельным да́нным, «Еди́ная Росси́я» получи́ла 23 [два́дцать три] из 50 [пяти́десяти] мест в петербу́ргском Законода́тельном собра́нии», — сообщи́ли в городско́й избира́тельной коми́ссии. Согла́сно да́нным, полу́ченным по́сле обрабо́тки 100% [ста проце́нтов] протоко́лов участко́вых избира́тельных коми́ссий, «Еди́ная Росси́я» набрала́ 37,37% [три́дцать семь це́лых три́дцать семь со́тых проце́нта] голосо́в избира́телей, «Справедли́вая Росси́я» — 21,9% [два́дцать одну́ це́лую де́вять деся́тых проце́нта], КПРФ — 16,02% [шестна́дцать це́лых две со́тых проце́нта], ЛДПР — 10,89% [де́сять це́лых во́семьдесят де́вять со́тых проце́нта]. Эти четы́ре па́ртии преодоле́ли необходи́мый семипроце́нтный барье́р и бу́дут предста́влены в городско́м парла́менте. При э́том «Еди́ная Росси́я» получа́ет 23 ме́ста (46% [со́рок шесть проце́нтов]) от мест в городско́м парла́менте, «Справедли́вая Росси́я» — 13 мест (26% [два́дцать шесть проце́нтов]), КПРФ — 9 мест (18% [восемна́дцать проце́нтов]), ЛДПР — 5 (10% [де́сять проце́нтов]), сообща́ет РИА Но́вости.

(http://www.vesti.ru/doc.html?id=93767)

語 彙 согла́сно《与》【前】 ～によれば да́нные〔複、変化は【形】〕データ обрабо́тка【女】集計 протоко́л【男】（公式結果の）集計書 семипроце́нтный【形】 7％の барье́р【男】障壁 предста́вить［完］議会に代表を出す при э́том［熟］この際 «Еди́ная Росси́я»「統一ロシア」«Справедли́вая Росси́я»「公正ロシア」КПРФ ［ка-пэ-эр-э́ф］ロシア共産党 ЛДПР ［эл-дэ-пэ-э́р］ロシア自民党

訳 例　　　　サンクトペテルブルグ市議会、四政党が議席獲得

　市選挙管理委員会は、ペテルブルグ市議会の50議席中、「統一ロシア」が現時点で23議席を獲得したと発表した。各投票所の開票率100％の段階で、「統一ロシア」は37.37％、「公正ロシア」は21.9％、共産党は16.02％、ロシア自民党は10.89％を得票し、この四党が［議席獲得に］必要な7％以上の票を得て、市議会に議席を持つことになった。ロシア通信は、市議会における獲得議席数は、「統一ロシア」23議席（46％）、「公正ロシア」13議席（26％）、共産党9議席（18％）、ロシア自民党5議席（10％）になると伝えている。
　（2007年3月12日報道）

重要語句

подсчи́тывать〔不完〕подсчита́ть〔完〕**数える Голоса́ избира́телей** бу́дут **подсчи́тывать** чле́ны уча́стковых избира́тельных коми́ссий. 各投票所の選挙管理委員会の委員が**票を数える**。〔名詞形〕**подсчёт голосо́в【男】開票** Идёт **подсчёт голосо́в. 開票作業**が続いている。◆ **паралле́льный подсчёт голосо́в**「並行開票」★選挙管理委員会以外の団体による非公式な独自集計

обраба́тывать〔不完〕обрабо́тать〔完〕бюллете́ни **開票する Обрабо́тано 50% бюллете́ней / голосо́в. 開票作業**は50%まで**進んだ**。〔名詞形〕**обрабо́тка** бюллете́ней 開票作業〔関連〕**недействи́тельные бюллете́ни 無効票、白票** ◆ **опро́с на вы́ходе**「出口調査」★ экзит-по́л/экзит-пу́лс（英 exit poll(s)）ともいう

подводи́ть〔不完〕подвести́〔完〕**ито́ги 結果を集計する** В 68〔шести́десяти восьми́〕росси́йских региона́х **подво́дят ито́ги** голосова́ния. ロシアの68地方で選挙**結果の集計**が行われている。〔名詞形〕**подведе́ние** ито́гов голосова́ния【中】投票結果の**集計**

◆ **предвари́тельные да́нные**〔複、変化は【形】〕「これまでのデータ」**По предвари́тельным да́нным** «Еди́ная Росси́я» получа́ет уве́ренное конституцио́нное большинство́. これまでの集計によれば、「統一ロシア」が憲法改正に必要な〔2/3の〕議席の獲得を確実にする勢いだ。★ предвари́тельный は「選管が最終確定値を発表する前の」。「事前予想」と混同しないこと

◆ **преодоле́ть**〔перешагну́ть〕**Х-проце́нтный поро́г/барье́р**〔完〕「〜%の敷居／障壁を克服する」①議席獲得に必要な法定得票率を得る Но́вая па́ртия **преодоле́ла 7-проце́нтный барье́р** то́лько в одно́м регио́не. 新党が**議席獲得に必要な7%以上の得票率を確保**したのは1つの地域にとどまった。②選挙成立に必要な投票率を超える（最低投票率規定がある場合）

2011年露下院選挙に候補を立てた政党名（＊は議席を得た政党 → **StepUp**）

«Справедли́вая Росси́я» (СР)* 公正ロシア Либера́льно-демократи́ческая па́ртия Росси́и (ЛДПР)* ロシア自由民主党 «Патрио́ты Росси́и» ロシアの愛国者 Коммунисти́ческая па́ртия Росси́йской Федера́ции* ロシア共産党 «Я́блоко» ヤブロコ «Еди́ная Росси́я» (ЕР)* 統一ロシア «Пра́вое де́ло» 右派活動

同選挙への参加を阻まれた政治団体

Па́ртия наро́дной свобо́ды «За Росси́ю без произво́ла и корру́пции» (ПАРНАС) 国民自由政党「恣意と汚職なきロシア」（カシヤノフ元首相・ネムツォフ元副首相らが率いる Пира́тская па́ртия Росси́и ロシア海賊党 Общеросси́йская полити́ческая па́ртия «Во́ля» ロシア全国政党「意志」 «Друга́я Росси́я» もう一つのロシア «Ро́дина: здра́вый смысл» 祖国・理性 «Росси́йский объединённый трудово́й фронт» ロシア統一労働戦線

Сербия проголосовала за новую конституцию

В Сербии — второй и заключительный день голосования на национальном референдуме по новой конституции. Чтобы он был признан состоявшимся, на участки должны прийти более половины избирателей. Пока же референдум — под угрозой срыва: за полтора дня проголосовали менее 20 [двадцати] процентов. Голосование в Сербии проводится на 8385 [восьми тысячах трёхстах восьмидесяти пяти] пунктах в стране, в том числе на 265 [двухстах шестидесяти пяти] пунктах в Косово, а также в 40 [сорока] посольствах и консульствах Сербии за рубежом. Избирательные участки работают с 09.00 [девяти часов] до 22.00 мск [двадцати двух часов по московскому времени]. За ходом референдума следят 68 [шестьдесят восемь] иностранных наблюдателей, в том числе делегации Парламентской ассамблеи Совета Европы, Европейского союза и Госдумы России, а также около полутора тысяч наблюдателей от сербских неправительственных организаций.

(http://www.vesti.ru/doc.html?id=87181)

語彙 заключительный【形】最終の национальный референдум【男】国民投票 конституция【女】憲法 угроза【女】恐れ срыв【男】失敗 пункт【男】個所 за рубежом［熟］国外の следить за ходом《生》［不完］～の歩みを見守る наблюдатель【男】監視員 в том числе［熟］～を含め делегация【女】代表団 Парламентская ассамблея【女】議員会議 Совет Европы【男】欧州評議会 Европейский союз【男】欧州連合（EU）неправительственная организация【女】非政府組織（NGO）

訳例　　　　　　　　　　　**セルビア、新憲法を承認**

　セルビアでは、新憲法に関する国民投票が最終日2日目を迎えた。国民投票成立には、有権者の半分以上が投票所へ足を運ぶ必要がある。しかし、1日半の間に投票した人は20％に満たず国民投票の正否は危ぶまれている。投票は、コソボの265カ所を含めたセルビア国内8385カ所のほか、セルビア国外の40の大使館と領事館で実施されている。投票所はモスクワ時間で9時から22時まで開かれている。欧州評議会議員会議、EU（欧州連合）およびロシア下院の代表者を含む68名の外国人監視員のほか、セルビアの非政府組織のメンバーら約1500名が、国民投票の実施状況の監視に当たっている。

（2006年10月29日報道）

重要語句

рефере́ндум【男】**国民投票** рефере́ндум по измене́нию Конститу́ции 憲法改正に関する国民投票〔類義〕**воизъявле́ние**【中】**意思表示、「民意」** Избира́тельная коми́ссия заяви́ла, что объявле́ние официа́льного **результа́та наро́дного воизъявления** мо́жет бы́ть отло́жено на не́сколько дней. 選挙管理委員会は、正式な**投票結果**〔国民の意思表示〕の発表は数日間延期される可能性があると表明した。

вы́сказаться《за + 対》/《про́тив + 生》〔完〕**賛成 / 反対の意思を示す** Бо́лее 97%〔девяно́ста семи́ проце́нтов〕жи́телей **вы́сказались за** незави́симость. 97%以上の住民が独立に**賛成した。★**「бо́лее +数詞+人を表す名詞」が主語の場合、述語は複数形をとる場合がある

наблюда́ть《за + 造》〔不完〕**~を監視する**（= следи́ть《за + 造》）~ за хо́дом вы́боров 選挙の実施プロセスを見守る **наблюда́тель**【男】**監視員**〔複〕**監視団** **Междунаро́дные наблюда́тели от СНГ** счита́ют, что вы́боры проведены́ в соотве́тствии с но́рмами де́йствующего в стране́ избира́тельного законода́тельства. CIS 諸国が派遣した国際監視団は、選挙が同国の現行選挙法に則って実施されたと評価している。**наблюде́ние**【中】**監視**〔同義〕**монито́ринг**【男】**モニタリング、選挙監視** ОБСЕ отказа́лась от **уча́стия в наблюде́нии за вы́борами**〔**монито́ринге вы́боров**〕в Госду́му РФ. 欧州安全保障協力機構は露下院選挙の**監視活動への参加**を拒否した。

призна́ть《造》〔完〕**~であると認定する** Вы́боры **при́знаны легити́мными / действи́тельными**. 選挙は**適法／有効**と認められた。

огласи́ть《対》〔完〕（公式に）**~を発表する**（= объяви́ть）Глава́ ЦИК **огласи́л** предвари́тельные да́нные по вы́борам в регио́нах Росси́и. 中央選管委員長が、ロシア地方選挙の中間結果を**発表した。**〔名詞形〕**оглаше́ние**【中】**発表** Оглаше́ние да́нных обрабо́тки 100% протоко́лов затя́гивается. 最終的な**開票結果の発表**が遅れている。

наруше́ние【中】**違反行為 Наруше́ний** на вы́борах губерна́тора **не обнару́жено.** 知事選挙で**違反**は見つからなかった。〔動詞形〕**наруша́ть**〔不完〕**нару́шить**〔完〕**違反する**

фальсифика́ция【女】**改竄**（かいざん）（= подтасо́вка фа́ктов）★投票用紙の偽造、集計上の不正などを含む。〔動詞形〕**фальсифици́ровать**〔不完〕**сфальсифици́ровать**〔完〕**改竄する** Как сказа́л ли́дер оппози́ции, вы́боры бы́ли **сфальсифици́рованы.** 野党指導者は、選挙結果は**改竄された**と述べた。

прете́нзия【女】**異議** ~ к подсчёту голосо́в 開票結果への異議

Дми́трий Медве́дев вступи́л в до́лжность президе́нта

В Большо́м Кремлёвском дворце́ прошла́ церемо́ния инаугура́ции тре́тьего президе́нта Росси́и. Он принёс прися́гу на осо́бом экземпля́ре Конститу́ции РФ. Председа́тель Конституцио́нного суда́ объяви́л, что «в соотве́тствии с Конститу́цией Росси́йской Федера́ции Дми́трий Анато́льевич Медве́дев официа́льно вступи́л в до́лжность президе́нта Росси́йской Федера́ции». Штанда́рт, знак президе́нта и специа́льный экземпля́р Конститу́ции пе́реданы Дми́трию Медве́деву на четырёхле́тний пери́од его́ полномо́чий — до 7 ма́я 2012 го́да. Зате́м Медве́дев обрати́лся к гра́жданам Росси́и. В исто́рии Росси́и э́то пе́рвый слу́чай, когда́ де́йствующий глава́ госуда́рства передаёт власть вновь и́збранному. Он ста́нет са́мым молоды́м росси́йским ли́дером за после́днее столе́тие.

(http://www.vesti.ru/doc.html?id=179896)

語　彙　вступи́ть в до́лжность〔完〕就任する　Большо́й Кремлёвский дворе́ц【男】大クレムリン宮殿　церемо́ния【女】式典　инаугура́ция【女】就任式　принести́ прися́гу〔完〕宣誓する　осо́бый экземпля́р Конститу́ции「特別装丁の憲法」　Конституцио́нный суд【男】憲法裁判所　в соотве́тствии с《造》[熟]〜に従い　штанда́рт【男】大統領旗　знак президе́нта【男】大統領頸飾　четырёхле́тний【形】4年間の　пери́од【男】期間　полномо́чие【中】全権　вновь【副】新たに　столе́тие【中】100年間

訳　例　　　　**ドミトリー・メドベージェフ氏、大統領に就任**

　ロシアの第三代大統領の就任式典が大クレムリン宮殿で行われた。露大統領は、特別装丁の憲法に手を置いて宣誓し、憲法裁判所長官が「露連邦憲法に基づき、ドミトリー・アナトリエビッチ・メドベージェフ氏が正式に連邦大統領に就任した」と宣言した。大統領旗、大統領頸飾（けいしょく）および特別装丁の憲法は、2012年5月7日までの4年間大統領職を務めるメドベージェフ氏に引き渡された。これに続きメドベージェフ氏は国民に向け演説を行った。現職大統領から新たに選出された大統領へ権限が移譲されるのはロシア史上初めてのことである。メドベージェフ大統領は過去100年で最も若いロシアの指導者となる。
　（2008年5月7日報道）

重要語句

инаугура́ция【女】（英 inauguration から）**就任式** ★正式には〔Торже́ственная〕**церемо́ния официа́льного вступле́ния в до́лжность.** 元来は外国の「大統領就任式」の意だったが、現在は州知事・市長就任式にも使う。**Инаугура́ция** вновь и́збранного ирку́тского губерна́тора состои́тся 7 сентября́. 再選されたイルクーツク州知事の**就任式**は9月7日に行われる。

прися́га【女】**宣誓** принести́ прися́гу 宣誓を行う Новои́збранный президе́нт **принёс прися́гу.** 新たに選出された大統領が**宣誓を行った**。〔同義〕《主》**приведён** (-дена́/-дено́/-дены́) к прися́ге ～ が 宣 誓 を 行 う Переи́збранный президе́нт **приведён к прися́ге.** 再選された大統領が**宣誓を行った**。★露大統領の就任宣誓の文言 «Кляну́сь при осуществле́нии полномо́чий президе́нта Росси́йской Федера́ции уважа́ть и охраня́ть права́ и свобо́ды челове́ка и граждани́на, соблюда́ть и защища́ть Конститу́цию Росси́йской Федера́ции, защища́ть суверените́т и незави́симость, безопа́сность и це́лостность госуда́рства, ве́рно служи́ть наро́ду»（ロシア憲法82条第1項）

власть【女】**権力** борьба́ за власть 権力闘争 прийти́/приходи́ть к вла́сти 権力の座につく ★**複数形 вла́сти** は「当局」「政府」の意味。**Ме́стные вла́сти** рекомендова́ли жи́телям не покида́ть свои́ дома́. 地元当局は、住民に自宅から出ないよう呼びかけた。

◆ **три ве́тви госуда́рственной вла́сти** 「国権の三権」**законода́тельная власть** 立法（= пе́рвая власть）**суде́бная власть** 司法（= втора́я власть）**исполни́тельная власть** 行政（= тре́тья власть）★マスコミを **четвёртая власть** 「第四権力」と呼ぶ。

Госуда́рственная симво́лика「国の象徴」

① **госуда́рственный флаг** 国旗 ② **госуда́рственный герб** 国章（ロシアは двугла́вый орёл 双頭の鷲）③ **госуда́рственный гимн** 国歌 ★ロシアでは国の象徴の使用に関して「国旗法」「国章法」「国歌法」が細かく規定している。

Си́мволы президе́нтской вла́сти「ロシア大統領権の象徴」

① **Штанда́рт Президе́нта Росси́и**「大統領旗」（正方形で国旗と同配色。中央に国章の双頭鷲をあしらい周囲を金房縁で飾る。クレムリン屋上・大統領専用車に掲揚）② **Знак Президе́нта Росси́и**「大統領頸飾」（双頭鷲をあしらった十字章がついた金製の鎖。ロシアでは額に入れて渡し首にかけない）③ **Специа́льный экземпля́р те́кста Конститу́ции Росси́и**「特別装丁のロシア憲法」（意匠は http://archive.kremlin.ru/articles/atributes01.shtml ）

Зура́бов, Я́ковлев и Греф потеря́ли свои́ посты́

На заседа́нии прави́тельства Росси́и с уча́стием президе́нта объя́влен но́вый соста́в кабине́та мини́стров. Главо́й Министе́рства экономи́ческого разви́тия и торго́вли вме́сто Ге́рмана Гре́фа назна́чена Эльви́ра Набиу́ллина. Алексе́й Ку́дрин назна́чен замести́телем председа́теля прави́тельства, мини́стром фина́нсов. Серге́й Ивано́в и Дми́трий Медве́дев сохрани́ли посты́ пе́рвых ви́це-премье́ров. МИД Росси́и по-пре́жнему бу́дет возглавля́ть Серге́й Лавро́в. Президе́нт та́кже сообщи́л об измене́ниях в структу́ре прави́тельства. «У нас по предложе́нию председа́теля прави́тельства появи́лось два но́вых комите́та — по дела́м молодёжи и Госуда́рственный комите́т по рыболо́вству», — сказа́л Пу́тин.

(http://www.vesti.ru/doc.html?id=139793)

語 彙 потеря́ть〔完〕失う пост〔-á〕【男】地位 заседа́ние【中】会議 прави́тельство【中】政府・内閣 с уча́стием《生》〔熟語〕〜が参加して соста́в кабине́та мини́стров【男】内閣の構成、「閣僚名簿」 министе́рство【中】省 разви́тие【中】発展 торго́вля【女】貿易 назна́чить〔完〕任命する замести́тель председа́теля прави́тельства【男】政府副議長〔副首相〕 мини́стр фина́нсов【男】財務大臣 сохрани́ть〔完〕守る ви́це-премье́р【男】副首相 по-пре́жнему【副】これまで通り МИД (= Министе́рство иностра́нных дел)【男】外務省 возглавля́ть〔不完〕率いる измене́ние【中】変更 структу́ра【女】機構 предложе́ние【中】提案 председа́тель прави́тельства【男】政府議長〔首相〕 молодёжь【女】青少年 Госуда́рственный комите́т【男】国家委員会 рыболо́вство【中】漁業

訳 例   **ズラーボフ、ヤコブレフ、グレフ各大臣更迭**
　大統領が出席したロシア政府の閣議で、新内閣の閣僚名簿が発表された。経済発展貿易大臣にはゲルマン・グレフ氏に代わりエルビラ・ナビウリナ氏が任命された。アレクセイ・クドリン氏は副首相兼財務大臣に任命された。セルゲイ・イワノフ氏とドミトリー・メドベージェフ氏は第一副首相に留任、外相もセルゲイ・ラブロフ氏が続投する。また、プーチン大統領は、政府機構の再編を発表し「首相の進言に基づき青年問題委員会と国家漁業委員会の2つの新委員会が設置された」と述べた。
（2007年9月24日報道）
※08年新内閣発足時に経済発展貿易省と二国家委員会は改組再編された。

重要語句

прави́тельство【中】政府、内閣、政権 **коалицио́нное прави́тельство** 連立内閣 **прави́тельство большинства́/меньшинства́** 多数派／少数派内閣 ★議会で過半数を占めるかが基準。〔類義〕**кабине́т мини́стров**【男】内閣 ◆ **Председа́тель Прави́тельства РФ**「連邦政府議長」(= премье́р-мини́стр, глава́ прави́тельства 首相) ◆ **(Пе́рвый) замести́тель Председа́теля Прави́тельства РФ**「連邦政府(第一)副議長」(= (Пе́рвый) вѝце-премье́р (第一) 副首相) ◆ **войти́ в соста́в прави́тельства** 入閣する ◆ **объяви́ть соста́в но́вого прави́тельства [кабине́та мини́стров]** 新内閣の閣僚名簿を発表する ◆ **«Прези́диум Прави́тельства»**「政府幹部会」[主要閣僚会議] ★08年プーチン首相令で設置された内閣意志決定機関。首相、第一副首相、副首相、保健相、農相、地域相、外相、経済発展相、内相、国防相で構成。★各省庁の幹部職員会議は **колле́гия**.
◆ **исполня́ющий обя́занности (и.о.)**「代行」~ **председа́теля прави́тельства** 首相代行 ★大統領による指名から議会承認までと、辞任／解任から後任者着任までの期間の職名。

формирова́ть［不完］**сформирова́ть**［完］**прави́тельство** 組閣する (= созда́ть прави́тельство)〔名詞形〕**формирова́ние прави́тельства**【中】組閣
возглавля́ть［不完］率いる **прави́тельство, возглавля́емое**《造》~を首班とする内閣／政府 (= прави́тельство во главе́《с + 造》) Приведено́ к прися́ге **но́вое прави́тельство во главе́ с ли́дером социали́стов.** 社会党党首を首班とする新内閣の宣誓式が行われた。

министе́рство【中】省 **Министе́рство иностра́нных дел (МИД)** 外務省
слу́жба【女】庁 **Федера́льная слу́жба безопа́сности (ФСБ)** 連邦保安庁
аге́нтство【中】局 **Федера́льное косми́ческое аге́нтство** 連邦宇宙局
мини́стр【男】大臣 **Мини́стр вну́тренних дел** 内相 ★ **глава́** +省名省略形も頻出。省名省略形は規範的には不変化だが、報道では格変化させる例も多い。**глава́ МВД** 内相 **Глава́ Минфи́н/Минфи́на** 財相〔類義〕**дире́ктор [руководи́тель]**【男】(連邦庁・局の)長 ★役所ごとに呼称が異なるので要確認。**дире́ктор Слу́жбы вне́шней разве́дки** 対外諜報庁長官 **руководи́тель Федера́льного аге́нтства во́дных ресу́рсов** 連邦水資源局局長
ве́домство【中】省庁 **внѐшнеполити́ческое ~** 外務省 **вое́нное/оборо́нное ~** 国防省 **прàвоохрани́тельное ~** 内務省 **федера́льные ве́домства** 中央省庁 ◆ **силовы́е ве́домства**〔複〕「力の省庁」★武力行使の実働部隊を配する国防省、内務省、税務警察、非常事態省、連邦保安庁などの省庁の総称。その在籍者・出身者は **силови́к** [-а́]【男】

Кириéнко назнáчен главóй Росáтома

Сергéй Кириéнко, рáнее занимáвший дóлжность полномóчного представи́теля президéнта РФ в Привóлжском федерáльном óкруге, назнáчен руководи́телем Федерáльного агéнтства по áтомной энéргии РФ. Рáнее пост главы́ Росáтома занимáл Алексáндр Румя́нцев, котóрый освобождён от занимáемой дóлжности. Сергéй Кириéнко в мáрте 1998 гóда назнáчен пéрвым ви́це-премьéром, одновремéнно на негó бы́ло врéменно возложéно исполнéние обя́занностей председáтеля прави́тельства. 24 апрéля тогó же гóда назнáчен председáтелем прави́тельства. Э́тот пост занимáл до 23 áвгуста. Егó отстáвка свя́зана с кри́зисом на финáнсовом ры́нке. В мáе 2000 [двухты́сячного] гóда назнáчен полномóчным представи́телем президéнта РФ в Привóлжском федерáльном óкруге. С 2001 [две ты́сячи пéрвого] гóда Кириéнко возглавля́ет госудáрственную коми́ссию по хими́ческому разоружéнию.

（http://www.vesti.ru/doc.html?id=71309）

語　彙　Росáтом（＝ Федерáльное агéнтство по áтомной энéргии）ロシア連邦原子力エネルギー局 дóлжность【女】職務 полномóчный представи́тель（＝ пóлпред）【男】全権代表 Привóлжский федерáльный óкруг【男】沿ボルガ連邦管区 áтомная энéргия【女】原子力エネルギー освободи́ть［完］解任する накану́не【副】昨日 одновремéнно【副】同時に возложи́ть《на ＋対》［完］〜に…を担わせる исполнéние【中】執行 обя́занность【女】〔複で〕責任・職責 отстáвка【女】辞任・解任 связáть《с ＋造》［完］〜に関係する кри́зис【男】危機 финáнсовый ры́нок【男】金融市場 хими́ческий【形】化学〔兵器〕の разоружéние【中】軍縮、廃棄

訳　例　**連邦原子力エネルギー局局長にキリエンコ氏任命**
　沿ボルガ連邦管区の連邦大統領全権代表を務めていたセルゲイ・キリエンコ氏が、連邦原子力エネルギー局局長に任命された※。これまでエネルギー局局長を務めていたアレクサンドル・ルミャンツェフ氏は解任された。セルゲイ・キリエンコ氏は1998年3月副首相に指名され、同時に政府議長［首相］職を一時的に代行。同4月24日に首相に任命されたが、金融危機が原因で8月23日に辞任。2000年5月に沿ボルガ連邦管区大統領全権代表に任命され、2001年から国の化学兵器廃棄委員会の委員長を務めている。
（2005年11月15日報道）
※07年末国営原子力会社「ロスアトム」に改組され同氏が初代総裁に就任。

重要語句

до́лжность【女】**職務** Он официа́льно **вступи́л в до́лжность президе́нта.**
彼は正式に**大統領に就任した**。〔同義〕**пост**［-а́, -ý ...］【男】**地位、職務** Парла́мент
одо́брил его́ **кандидату́ру,** предло́женную президе́нтом, **на пост премье́р-министра** страны́. 議会は、大統領が提示した彼の**首相就任案を承認した**。

назнача́ть［不完］**назна́чить**［完］《対》《造》**〜を…に任命する**〔名詞形〕
назначе́ние【中】**任命** получи́ть назначе́ние на пост главы́ ве́домства 大臣に
任命される

увольня́ть［不完］**уво́лить**《対》［完］**〜を解任・罷免する** Президе́нт **уво́лил**
ряд высо̀копоста́вленных сотру́дников МВД. 大統領は複数の内務省幹部を**解任**
した。**уво́литься**［完］**辞職する** Он **уво́лился** по со́бственному жела́нию. 彼
は一身上の都合で**辞職した**。〔名詞形〕**увольне́ние**【中】**解任、更迭** увольне́ние с
до́лжности 職務の解任・更迭

◆ **отстраня́ть**［不完］**отстрани́ть**［完］《対》**от до́лжности 〜を解任する**
Руководи́тель Федера́льного це́нтра тести́рования **отстранён от**
занима́емой до́лжности. 現職の連邦試験センター長が**解任された**。〔名詞形〕
отстране́ние от до́лжности【中】**解任** **Отстране́ние** президе́нтом э́того
губерна́тора **от до́лжности** бу́дет хоро́шим уро́ком для глав други́х
субъе́ктов. 知事が大統領により**解任された**ことは、他の連邦構成主体の知事には良い教
訓となるだろう。

отста́вка【女】①**辞任** Мини́стр вдруг объяви́л, что **подаёт в отста́вку** по
состоя́нию здоро́вья. 大臣は健康上の理由から**辞任する**と突然表明した。
Прави́тельство Япо́нии в по́лном соста́ве **ушло́ в отста́вку.** 日本の内閣が**総
辞職**した。②**解任、更迭** Не́сколько дней наза́д он был **отпра́влен в отста́вку
с поста́ мини́стра оборо́ны.** 数日前、彼は**国防大臣を解任された**。

кадр【男】〔複で〕**人員 ка́дровый**【形】**人員の、人事の** произвести́ ка́дровые
перестано́вки в прави́тельстве 内閣改造を行う

◆ **министе́рский портфе́ль**「**大臣のカバン**」= 閣僚ポスト Идёт нешу́точная
борьба́ за **портфе́ль мини́стра фина́нсов.** 財務大臣ポストを巡り激しい駆け引き
が続いている。

Росси́я / Рос を含む政府機関名

法律上 Росси́я は Росси́йская Федера́ция（РФ）と同義（ロシア連邦憲法第1条第2
項）。Росси́я が「中央政府」の意味で用いられているのであれば、「連邦…」、他国との
区別が必要な場合は「ロシア連邦…」とするとよい。

Госду́ма пя́того созы́ва прово́дит своё пе́рвое заседа́ние

Пе́рвое плена́рное заседа́ние Госуда́рственной Ду́мы V созы́ва откры́лось в Москве́ в зда́нии на Охо́тном ряду́. На пе́рвое заседа́ние при́были 427 [четы́реста два́дцать семь] депута́тов из 450 [четырёхсо́т пяти́десяти]. Заседа́ние откры́л старе́йший депута́т Госду́мы, член фра́кции КПРФ, акаде́мик, Но́белевский лауреа́т Жоре́с Алфёров. Спи́кером Госду́мы сно́ва до́лжен стать Бори́с Грызло́в. Его́ кандидату́ру на э́тот пост рекомендова́л съезд «Еди́ной Росси́и» — па́ртии, получи́вшей в но́вой Ду́ме конституцио́нное большинство́. Сра́зу по́сле утвержде́ния руково́дства Госду́мы депута́ты собира́ются определи́ть основно́й соста́в всех свои́х комите́тов.

〈http://www.vesti.ru/doc.html?id=153738〉

語　彙　созы́в【男】招集　Госуда́рственная Ду́ма（＝ Госду́ма）【女】国家院〔ロシア連邦下院〕плена́рное заседа́ние【中】本会議、全体会　прибы́ть〔完〕出席する　фра́кция【女】会派　акаде́мик【男】アカデミー会員　Но́белевский лауреа́т【男】ノーベル賞受賞者　спи́кер【男】議長　съезд【男】党大会　конституцио́нное большинство́【中】憲法改正に足る多数議席　утвержде́ние【中】承認　руково́дство【中】執行部〔議長、第一副議長、副議長〕собира́ться ＋ 不定形 ～することになっている　определи́ть〔完〕決める　основно́й【形】主な　соста́в【男】構成　комите́т【男】常任委員会

訳　例　　　　　　　**第五期招集国家院の初国会始まる**
　第五期招集連邦下院としての初めての本会議が、モスクワのオホートヌィー・リャードの国家院で始まった。初国会には、450人の下院議員のうち427名が出席し、最年長のジョレス・アルフョロフ議員（ノーベル賞受賞者、アカデミー会員、ロシア共産党会派所属）が、開会を宣言した。国家院議長には、ボリス・グリズロフ氏が再任される見通しだ。新たな国家院で憲法改正に必要な多数議席を得た「統一ロシア」は、党大会でグリズロフ氏を議長に推すことを決定している。議会執行部の選出後、議員は常任委員会の構成を決める運びになっている。
　（2007年12月24日報道）

重要語句

парла́мент【男】国会、議会（→ **StepUp** ）председа́тель парла́мента 議長（= **спи́кер** парла́мента〔英 speaker から〕）**парла́ментский**【形】国会・議会の Ито́ги **парла́ментских вы́боров** бу́дут опублико́ваны 10 декабря́. 議会選挙の最終結果は 12 月 10 日に公表される.◆ **парла́ментская фра́кция |院内会派」** ★立候補した選挙団体（政党、政治団体）ごとに形成.〔派生〕**парламента́рий**【男】 議員 ★国会・地方議会、下院・上院の別を問わない.「～議員」は正式には **член** ＋ **議会正式名称**《生》член Госуда́рственной Ду́мы ロシア国家院議員

пала́та【女】院 ни́жняя/ве́рхняя пала́та парла́мента 議会下院／上院〔派生〕 **однопала́тный**【形】一院制の **двухпала́тный**【形】二院制の двухпала́тная систе́ма 二院制

депута́т【男】下院議員（= член Ни́жней пала́ты）незави́симый депута́т 無所属の下院議員 **депута́тский**【形】～の депута́тский ко́рпус 議員一覧 **сена́тор**【男】 上院議員（= член Ве́рхней пала́ты）**сена́торский**【形】～の

◆ **наро́дный избра́нник**「国民の選ばれた者」＝議員。**Наро́дные избра́нники** три́жды проголосова́ли про́тив предста́вленной президе́нтом кандидату́ры на пост премье́р-мини́стра. 議員らは大統領が推薦した首相候補を 3 度否決した。

◆ **раскла́д сил**（в парла́менте）（議会の）「勢力分野」 **Раскла́д сил** в Ра́де мо́жет суще́ственно измени́ться. ウクライナ議会の**勢力分野**が大きく変わる可能性がある。

зако̀нопрое́кт【男】法案 прави́тельственный зако̀нопрое́кт 政府提出法案 паке́т зако̀нопрое́ктов 一括〔関連〕法案 В секретариа́т Кне́ссета **внесены́ два зако̀нопрое́кта.** イスラエル国会事務局に２法案が提出された。〔関連〕 **резолю́ция**【女】決議（案）**бюдже́т**【男】予算（案）（→ 3-9）Прави́тельство предполага́ет **внести́ прое́кт бюдже́та** на 2008-2010 го́ды в Госду́му до конца́ апре́ля. 政府は四月末までに 2008 ～ 2010 年度**予算案を下院に提出する**.◆ **гла́вный фина́нсовый докуме́нт**〔зако́н〕страны́ ＝ бюдже́т

◆ **«прави́тельственный час»**「政府の時間」★本会議で閣僚の出席を求め、議員と直接質疑応答する時間のこと。В Госду́ме **состои́тся «прави́тельственный час»,** посвящённый вопро́сам реформи́рования образова́ния, **с уча́стием мини́стра образова́ния и нау́ки.** 下院では**文部科学大臣の出席を求めて**教育制度改革に関する**審議が行われる**。

се́ссия【女】（国会の）会期 ★ロシア国会は весе́нняя се́ссия 春期国会（１月開会、 ７月閉会）осе́нняя се́ссия 秋期国会（９月開会、12 月閉会）の二会期制

Ду́ма меня́ет Бюдже́тный ко́дскс

Госду́ма рассмо́трит в пе́рвом чте́нии прави́тельственный законопрое́кт, предусма́тривающий внесе́ние ва́жных измене́ний в Бюдже́тный ко́декс РФ. Согла́сно докуме́нту, гла́вный фина́нсовый зако́н страны́ бу́дет утвержда́ться в трёх, а не в четырёх, как сейча́с, чте́ниях. В Госду́ме подде́рживают инициати́ву прави́тельства о трёхле́тнем бюдже́те. Ме́жду тем, у депута́тов и прави́тельства есть ряд разногла́сий по но́вой реда́кции Ко́декса. Ко второ́му чте́нию законопрое́кта уже́ подгото́влены поря́дка 50 [пяти́десяти] попра́вок. Ни́жняя пала́та предполага́ет рассмотре́ть законопрое́кт в тре́тьем, заключи́тельном, чте́нии 11 апре́ля. По́сле приня́тия но́вой реда́кции Бюдже́тного ко́декса РФ Госду́ма присту́пит к обсужде́нию федера́льного бюдже́та на предстоя́щие три го́да.

(http://www.vesti.ru/doc.html?id=93775)

語　彙　бюдже́тный【形】予算の ко́декс【男】法典 рассмотре́ть［完］審議する предусма́тривать［不完］盛り込む внесе́ние【中】< внести́ 名詞形 внести́ измене́ние《в＋対》［完］〜を改正する утвержда́ться［不完］承認される докуме́нт【男】書類（ここでは法案）подде́рживать［不完］支持する инициати́ва【女】提案 ме́жду тем［熟］しかしながら разногла́сие【中】意見の違い подгото́вить《к＋与》［完］〜までに準備する поря́дка《生》およそ〜の（= о́коло）попра́вка【女】修正 приня́тие【中】採択 приступи́ть《к＋与》［完］〜に着手する предстоя́щий【形】この先の

訳　例　　　　　　　　　　　下院、予算法改正へ

　下院は、重要な修正を盛り込んだ政府提出の改正連邦予算法の審議に入る〔**第一読会で審議する**〕。新しい法案では、現在は四読会で審議している予算案を、三読会で議決に至るよう改めている。予算を3年化する政府案は、下院では支持を得ている。しかし、新予算法案を巡っては、議会側と政府側に少なからず意見の隔たりがあり、法案の第二読会までに約50に上る修正案が示された。下院は、4月11日の第三読会で法案の採決を行う方針で〔最終の第三読会で審議する〕、向こう3ヵ年分の連邦予算案の審議入りは、新予算法成立後になる見通しだ。

（2007年3月7日報道）

重要語句

заседа́ние【中】会議 плена́рное заседа́ние 全体会議、本会議〔関連〕комите́т【男】常任委員会 ду́мский комите́т по междунаро́дным дела́м 露下院外交委員会

коми́ссия【女】特別委員会 ду́мская коми́ссия по пробле́мам Се́верного Кавка́за 下院北コーカサス問題特別委員会

рассма́тривать〔不完〕рассмотре́ть〔完〕《対》～を審議する ～ законопрое́кт 法案を審議する〔同義〕обсужда́ть〔不完〕обсуди́ть〔完〕《対》～を審議する

попра́вка【女】修正（= измене́ние) внести́ попра́вку в Конститу́цию 憲法を改正する

◆ ста́вить〔不完〕поста́вить〔完〕《対》на голосова́ние「～を採決にかける」Вопро́с недове́рия председа́телю бу́дет поста́влен на голосова́ние. 議長不信任案が採決にかけられる。

одобря́ть〔不完〕одо́брить〔完〕《対》～を承認する Сове́т Федера́ции одо́брил но́вую реда́кцию зако́на. 連邦院は法律改正案を承認した。〔名詞形〕одобре́ние【中】承認〔同義〕утвержда́ть〔不完〕утверди́ть〔完〕《対》～を承認する

отклоня́ть〔不完〕отклони́ть〔不完〕《対》～を否決する Сейм Ла́твии отклони́л попра́вки к зако́ну о пра́здничных днях. ラトビア国会は休日法改正案を否決した。

единогла́сно【副】全会一致で〔類義〕(подавля́ющим) большинство́м голосо́в (圧倒的) 多数で Зако́н был при́нят большинство́м голосо́в. 法案は賛成多数で可決された。

★ принима́ть/приня́ть《対》в пе́рвом/второ́м/тре́тьем чте́нии「第一／第二／第三読会で採択する」露国会の法案審議は、法案提出→本会議第一読会での審議・採決〔法案用件を満たしているかチェック〕→委員会での議論・修正→第二読会での審議・採決〔法案内容の審議・修正〕→第三読会での審議・採決の手順を踏む。 «Законопрое́кт был при́нят в пе́рвом чте́нии» は「法案として審議が決まった」、«Законопрое́кт был при́нят в тре́тьем, заключи́тельном чте́нии» は「法案が可決された」の意味。 «рассмотре́ть законопрое́кт сра́зу в трёх чте́ниях» は第一読会から第三読会まで一気に開催し法案をスピード可決することを指す。

採決に関する表現

Незави́симые депута́ты проголосова́ли так: за — 2, про́тив — 6, воздержа́лись — 2, не голосова́ли — 10.「無所属議員の投票結果は賛成 2、反対 6、棄権〔留保〕2、投票せず 10」★ロシア国会は押しボタン式採決で、за「賛成」、про́тив「反対」、воздержа́лся「棄権〔留保〕」のボタンを押す。не голосова́ли は採決に加わらなかったことを指す

1 内政　　　　　　**1-11 政党**

Три росси́йские па́ртии объединя́ются «в оппози́цию»

Три росси́йские па́ртии на свои́х внеочередны́х съе́здах проголосова́ли за объедине́ние друг с дру́гом. По́сле э́того начался́ о́бщий объедини́тельный съезд, на кото́ром и была́ создана́ па́ртия «Справедли́вая Росси́я». Объедине́ние происхо́дит на ба́зе па́ртии «Ро́дина», кото́рая была́ сформиро́вана пе́ред вы́борами в Госду́му 2003 го́да. Во вре́мя той избира́тельной кампа́нии «Ро́дину» подозрева́ли в те́сных свя́зях с Кремлём. Созда́тели объединённой па́ртии заявля́ют, что она́ бу́дет ле́воцентри́стской, «мо́щной оппозицио́нной па́ртией, реа́льно претенду́ющей на власть». Ра́нее Миро́нов заявля́л, что но́вая па́ртия бу́дет находи́ться «в оппози́ции полити́ческому монополи́зму па́ртии вла́сти, но не президе́нту».

(http://news.bbc.co.uk/hi/russian/russia/newsid_6093000/6093800.stm)

語　彙　объединя́ться《в＋対》[不完] 統合して〜になる　внеочередно́й【形】臨時の　объедине́ние【中】統合　объедини́тельный【形】統合の　созда́ть [完] 設立する　на ба́зе《生》[熟]〜を基盤として　сформирова́ть [完] 結成する　подозрева́ть《в＋前》[不完]〜を疑う　те́сный【形】緊密な　связь【女】[複で] 関係　объедини́ть [完] 統合する　ле́воцентри́стский【形】中道左派の　мо́щный【形】強力な　реа́льно【副】実際に　претендова́ть《на＋対》[不完]〜をねらう　находи́ться в оппози́ции《与》[不完]〜に反対の立場をとる　монополи́зм【男】独占

訳　例　　　　　　　ロシアの三政党合流、「野党」結成へ

　ロシアの三政党が個別に臨時党大会を開き、三党合流を決定した。これに引き続き、合流を決める合同の党大会が開かれ、新党「公正ロシア」が結成された。この合流は「祖国」を存続政党とする形で行われる。同党は、2003年の下院議会選挙直前に結成されたが、選挙期間中にはクレムリンとの密接な関係が噂された。新党幹部は、党は中道左派路線を掲げ「現実に政権を目指す強力な野党になる」と表明している。先にミローノフ氏は、新党は「大統領に対抗するのではなく、政権政党による政治独占に反対の立場を打ち出す」と述べている。

（2006年10月28日報道）

32

重要語句

па́ртия【女】党 вступи́ть в па́ртию 入党する исключи́ть《対》из па́ртии 党を除名する поки́нуть па́ртию 離党する ◆**пра́вящая па́ртия**「**与党**」〔反義〕
оппозицио́нная па́ртия「野党」〔類義〕**оппози́ция**【女】野党勢力
парти́йный【形】党の парти́йная платфо́рма 党綱領

★ **парти́йный** に接頭辞をつけた派生形容詞

внутрѝпарти́йный【形】党内の внутрѝпарти́йная диску́ссия 党内論議
беспарти́йный【形】 無所属の Президе́нтом Ла́твии стал **беспарти́йный** хиру́рг. ラトビア大統領に無所属の外科医が当選した。
многопарти́йный　【形】多党の многопарти́йная систе́ма　多党制（= многопарти́йность）〔反義〕**однопарти́йный**【形】一党の однопарти́йное прави́тельство 単独政権 **Однопарти́йная систе́ма** характе́рна для стран с недемократи́ческими — тоталита́рными и авторита́рными режи́мами. **一党独裁体制**は非民主的な全体主義的ないし権威主義的体制の国家に特徴的である。

政治姿勢を表すことば　(→ **StepUp**)

ле́вый / пра́вый【形】左派／右派の［人］（同、変化は活動体）
центри́стский【形】中道の［人］центри́ст
лѐвоцентри́стский【形】中道左派の［人］лѐвоцентри́ст
прѐвоцентри́стский【形】中道右派の［人］прѐвоцентри́ст
консервати́вный【形】保守の［人］консерва́тор
либера́льный【形】リベラルの［人］либера́л
социалисти́ческий【形】社会主義の［人］социали́ст
социа̀л-демократи́ческий【形】社会民主主義の［人］социа̀л-демокра́т
коммунисти́ческий【形】共産主義の［人］коммуни́ст
зелёный【形】緑の、環境保護主義の［人］（同、変化は活動体）
националисти́ческий【形】民族主義的な［人］национали́ст
радика́льный【形】過激な［人］радика́л
национа̀л-радика́льный【形】民族主義的過激派の［人］национа̀л-радика́л
фаши́стский【形】ファシズムの［人］фаши́ст
анархи́ческий【形】アナーキズムの、無政府主義の［人］анархи́ст
◆ **полити́чески нейтра́льный**「無党派の」

Ющенко распусти́л Ра́ду

Президе́нт Украи́ны Ви́ктор Ющенко подписа́л ука́з о досро́чном приостановле́нии полномо́чий Верхо́вной Ра́ды. Президе́нт обвини́л коали́цию парла́ментского большинства́ в попы́тке узурпи́ровать власть. Президе́нт заяви́л, что парла́мент принима́ет «нелегити́мные, неконституцио́нные зако́ны». Президе́нт заяви́л, что в хо́де консульта́ций его́ предложе́ния по преодоле́нию кри́зиса бы́ли отве́ргнуты. Очередно́й полити́ческий кри́зис на Украи́не начался́ по́сле того́, как 11 депута́тов из оппози́ции примкну́ли к так называ́емой широ́кой коали́ции. Ющенко назва́л это противоре́чащим конститу́ции и пригрози́л Ра́де ро́спуском.

(http://www.vesti.ru/doc.html?id=94196)

語 彙 распусти́ть［完］解散する Ра́да（＝ Верхо́вная Ра́да）【女】ウクライナ国会 приостановле́ние【中】停止 полномо́чие【中】権限 обвини́ть《対》《в＋前》［完］〜を…で非難する попы́тка【女】試み узурпи́ровать［完］奪取する нелегити́мный【形】違法な（＝ незако́нный）неконституцио́нный【形】違憲の консульта́ция【女】協議 преодоле́ние【中】克服 отве́ргнуть［完］退ける очередно́й【形】再び生じた примкну́ть《к＋与》［完］〜に加わる широ́кая коали́ция（議会内での多数派形成の）「大連合」противоре́чащий【形】矛盾した пригрози́ть《与》《造》［完］〜を…で牽制する ро́спуск【男】解散

訳 例 **ユーシチェンコ大統領、国会を解散**

　ウクライナのビクトル・ユーシチェンコ大統領は、任期満了前の議会解散〔国会権限の停止〕に関する大統領令に署名した。大統領は、政権奪取を目論んでいるとして、議会で連携して多数派を形成している勢力を非難した。大統領は議会が「違法な、憲法に反する法律を採択し続けている」と述べた。さらに大統領は、協議の過程で大統領が提示した危機回避案が拒否されたことを明らかにした。ウクライナで再び生じた政治危機は、11人の野党議員が、いわゆる「大連合」に加わったことに端を発している。ユーシチェンコ大統領は、この動きを「憲法に矛盾する」として非難し、国会を解散すると牽制していた。

（2007年4月2日報道）

重要語句

конфли́кт 【男】対立 **Конфли́кт** обостря́ется. **対立**が深まっている。〔同義〕

противостоя́ние 【中】対立 Внима́ние газе́т привлека́ет **полити́ческое противостоя́ние** в сосе́дней стране́. 隣国の**政治的対立**は新聞各紙の関心を引いている。

несогла́сие 【中】不同意、反対 вы́разить несогла́сие 反対を表明する〔反義〕

согла́сие 【中】同意 дать согла́сие на проведе́ние перегово́ров 交渉の実施に同意する〔類義〕**дать добро́** 同意を与える、ゴーサインを出す

разногла́сие 【中】不和、「不協和音」 Гла́вный вопро́с заключа́ется в том, уда́стся ли ему́ **преодоле́ть разногла́сия** внутри́ ла́геря ле́вых. 彼が左派陣営内の**不協和音を克服**できるか否かが問われている。

компроми́сс 【男】妥協、歩み寄り иска́ть компроми́сс 《с＋造》〜との妥協点を探る пойти́ на компроми́сс 歩み寄る **Дости́гнуты** прие́млемые **компроми́ссы** для обе́их сторо́н. 双方が受け入れ可能な**妥協案に合意**した。〔派生〕**компроми́ссный** 【形】妥協の компроми́ссные вариа́нты 妥協案

распусти́ть 〔完〕解散する Президе́нт име́ет **пра́во распусти́ть парла́мент**. 大統領には**議会の解散権**がある。〔名詞形〕**ро́спуск** 【男】解散 Сторо́нники бы́вшего премье́ра тре́бует отста́вки президе́нта и наста́ивают на **ро́спуске парла́мента**. 前首相の支持者は大統領の辞任を要求し、**議会解散**も強く求めている。

◆ **во́тум недове́рия** 《与》「〜に対する不信任（決議案）」 Парла́мент **вы́нес во́тум недове́рия** прави́тельству. 議会は内閣に**不信任を突きつけた**。〔反義〕**во́тум дове́рия** 「信任（決議案）」 Президе́нт **получи́л во́тум дове́рия** в обе́их пала́тах парла́мента. 大統領は上下両院で**信任を得た**。

импи́чмент 【男】弾劾（英 impeachment から）Президе́нту был **объя́влен импи́чмент**. 大統領が**弾劾された**。〔同義〕**отреши́ть** 《対》**от до́лжности** 〔完〕〔名詞形〕**отреше́ние от до́лжности** ★後者が公式な表現だが、報道で圧倒的に多用されるのは импи́чмент

«Распусти́ть прави́тельство/ кабине́т мини́стров»

　直訳では「政府／内閣の解散」だが、「政府の解散」は「国家体制の崩壊」の印象を与えかねない。他方、「内閣総辞職」と訳されることもあるが、ロシアの憲法上は政府（内閣）の任免権は大統領にあり、行為の自発性のニュアンスを伴う「辞職」は必ずしも適切ではない。戦前の我が国で使われた「内閣の更迭」は、選択肢の一つとして検討に値する。

Кирги́зская оппози́ция начина́ет бессро́чный ми́тинг

На центра́льной пло́щади столи́цы сего́дня старту́ет ма́ссовый бессро́чный ми́тинг сторо́нников оппози́ции. Представи́тели Объединённого фро́нта пообеща́ли, что в бессро́чном ми́тинге при́мут уча́стие до 50 ты́сяч челове́к, в том числе́ и уча́стники ма́ссовой полити́ческой голодо́вки, кото́рая почти́ неде́лю продолжа́лась в подде́ржку оппози́ции. Накану́не [президе́нт] обвини́л оппози́цию в нежела́нии идти́ на перегово́ры. В свою́ о́чередь, оппозиционе́ры упрекну́ли [президе́нта] в созна́тельном разжига́нии противостоя́ния в стране́ по регина́льному при́знаку. Премье́р-мини́стр предупреди́л, что любы́е попы́тки силово́го захва́та До́ма прави́тельства бу́дут пресека́ться.

(http://www.vesti.ru/doc.html?id=95749)

語　彙　кирги́зский【形】キルギスの　бессро́чный【形】無期限の　ми́тинг【男】（政治的な）集会　ма́ссовый【形】大規模な　представи́тель【男】スポークスマン　уча́стник【男】参加者　объединённый фронт【男】統一戦線　приня́ть уча́стие《в＋対》[完] 〜に参加する　голодо́вка【女】ハンガーストライキ　идти́ на перегово́ры [不完] 話し合いの席に着く　в свою́ о́чередь [熟] 一方　оппозиционе́р【男】野党側　упрекну́ть《対》《в＋前》[完] 〜を…で非難する　созна́тельный【形】故意の　разжига́ние【中】煽ること　регина́льный【形】地域の　при́знак【男】特徴　предупреди́ть [完] 警告する　любо́й【形】あらゆる　силово́й【形】力による　захва́т【男】占拠　пресека́ться [不完] 阻止される

訳　例　　　　　　　キルギス野党が無期限の抗議集会を開始
　首都の中央広場で、今日から野党支持者が大規模な無期限の政治集会を開始する。共同戦線のスポークスマンは、無期限集会の参加者は、約1週間続く大規模な野党支持の政治的ハンガーストライキの参加者も含めて5万人に上るとの見通しを明らかにした。昨日［大統領］は「野党は交渉に臨む意志を持っていない」と強く非難した。他方、野党側は「意図的に地域間対立を煽っている」として［大統領を］批判している。首相は「政府庁舎を実力で占拠しようとするなら、いかなる試みも阻止されよう」と警告を発している。
（2007年4月11日報道）

重要語句

протéст【男】**抗議** áкция протéста 抗議活動 5 тысяч человéк вышли на улицу, чтóбы **выразить свой протéст**. 5000 人が街頭に出て**抗議の意志を示した**。〔派生〕**протестовáть**《прóтив＋生》[不完]～に**抗議する** 35 тысяч чéхов сегóдня **протестовáли прóтив рефóрм прави́тельства**. 今日チェコでは3万5千人が政府の諸改革に抗議した。

голодóвка【女】ハンガーストライキ ★労働争議の「ストライキ」は **забастóвка**

ми́тинг【男】（英 meeting から）（政治的）**集会** у́личный ми́тинг 街頭集会 ми́тинг-шéствие 集会とその後のデモ行進〔派生〕**митинговáть**[不完]**集会を開く** **митингу́ющий**【男】**集会参加者**

демонстрáция【女】デモ проводи́ть демонстрáцию デモを行う〔派生〕**демонстрáнт**【男】デモ参加者〔同義〕**манифестáция**【女】デモ **манифестáнт**【男】デモ参加者 ★「デモ行進」は **шéствие, марш** という

пикéт【男】（支持・抗議・要求のための）**集会、ピケ** ★警察の規制下でシュプレヒコールをあげる抗議活動も含まれる。必ずしも出入口の封鎖は伴わない。пикéт в поддéржку《生》／прóтив《生》～を支持・支援する／～に反対する集会〔動詞形〕**пикети́ровать**《対》[不完]～の周辺で集会を行う Активи́сты движéния «Нáши» **пикети́руют** здáние прокурату́ры Санкт-Петербу́рга. ペテルブルグ検察庁前で青年団体「ナーシ」の活動家が**集会を続けている**。

◆ **принимáть учáстие**《в＋前》[不完]～に参加する（＝ учáствовать《в＋前》） В ми́тинге **при́няли учáстие** óколо 300 (трёхсóт) человéк. **集会には**約300名が**参加した**。★通常は на＋前置格をとる名詞でも、この場合は必ず в を用いる。 Ли́дер оппози́ции **выступáет на ми́тинге**. 野党指導者が**集会で演説している**。

учáстник【男】**参加者**〔類義〕**сторóнник**【男】支持者 **активи́ст**【男】活動家

àнтиправи́тельственный【形】**反政府の** Мину́вшей нóчью пéред здáнием парлáмента прошёл **àнтиправи́тельственный ми́тинг**. 昨夜議会前で**反政府集会**が行われた。

санкциони́ровать[不完・完]**許可する** Состоя́лась áкция «Молодёжь прóтив наркóтиков», котóрая былá **санкциони́рована городски́ми властя́ми**. 市当局の許可を受けて「麻薬に反対する青年団」の集会が開かれた。〔派生〕**несанкциони́рованный**【形】**無許可の** В Петербу́рге прохóдит **не-санкциони́рованный** «Марш несоглáсных». ペテルブルグでは**当局の許可を得ないまま**「不同意者の行進」が行われた。

Пу́тин разда́л поруче́ния чле́нам кабине́та

Президе́нт Росси́и Влади́мир Пу́тин поручи́л главе́ Ми́нздравсоцразви́тия как мо́жно быстре́е закры́ть все вопро́сы, свя́занные с обеспече́нием льго́тников лека́рствами. Пу́тин та́кже поручи́л прави́тельству в тече́ние неде́ли подгото́вить прое́кт ука́за о созда́нии Объединённой судостро́ительной корпора́ции. На сего́дняшнем совеща́нии президе́нт та́кже дал поруче́ния Минфи́ну и Ми́нэкономразви́тия. Им необходи́мо «оконча́тельно реши́ть вопро́сы и закры́ть все пробле́мы, свя́занные с нефтяны́ми дохо́дами», при рабо́те над бюдже́том 2008-2010 [две ты́сячи восьмо́го - две ты́сячи деся́того годо́в], сказа́л Пу́тин.

(http://www.vesti.ru/doc.html?id=93162)

語 彙　разда́ть《与》《対》[完] 〜に…を与える　поруче́ние【中】委任、「指示」 поручи́ть [完] 委ねる、「指示する」 Ми́нздравсоцразви́тия【中】保健社会発展省 закры́ть вопро́сы [完] 事態を収拾する обеспече́ние（又は обеспе́чение）《造》 【中】〜の供給　льго́тник【男】割引適用認定者　в тече́ние《生》[熟] 〜の期間内に Объединённая судостро́ительная корпора́ция（ОСК [о-эс-ка́]）【女】「統一造 船会社」 Минфи́н【男】財務省　Ми́нэкономразви́тия【中】経済発展省　нефтяны́е дохо́ды〔複〕石油歳入　рабо́та《над+造》【女】〜の作業

訳 例　　　　　　　　　　**プーチン大統領、閣僚に指示**
　プーチン大統領は、できるだけ早急に割引認定者への医薬品供給に関係する問題を解決 するよう保健相に指示した※。さらにプーチン大統領は、１週間以内に統一造船会社設立 に関する大統領令案を準備するよう政府に指示した。今日の会議では、大統領は財務省と 経済発展省に対しても指示を与えた。プーチン大統領は、両省は2008〜2010年度予算編 成作業に際して、「石油収入に関わるすべての問題を完全に解決しなければならない」と 述べた。

（2007年３月12日報道）

※年金生活者・障害者向けに割引価格で供給する政府干渉医薬品の在庫が逼迫し、各地で 低所得者が定価での医薬品購入を迫られる事態が発生して社会問題化した。

重要語句

совеща́ние【中】会議 Президе́нт Росси́и **провёл традицио́нное совеща́ние** с постоя́нными чле́нами Сове́та безопа́сности РФ. 大統領は国家安全保障会議常任委員との**定例会議を開いた**。

докла́д【男】**報告** чита́ть докла́д 報告を行う〔動詞形〕**докла́дывать**〔不完〕**доложи́ть**《о＋前》〔完〕～について**報告する** Ви́це-премье́р **докла́дывал** о хо́де рабо́ты над програ́ммой «Де́ти Росси́и». 副首相は「ロシアの子供」計画の実施状況を**報告した**。

подписа́ть《対》〔完〕～に**署名する** Президе́нт **подписа́л** Федера́льный зако́н. 大統領は連邦法に**署名した**。〔名詞形〕**подписа́ние**【中】**署名すること**〔類義〕**обнаро́довать**《対》〔完〕～を**公布する**〔名詞形〕**обнаро́дование**【中】**公布**

ве́то【中】〔不変〕**拒否権** испо́льзовать пра́во ве́то／по́льзоваться пра́вом ве́то **拒否権を行使する** Президе́нт **наложи́л ве́то** на зако́н. 大統領は法案に**拒否権を発動した**。Парла́мент **преодоле́л ве́то** на зако́н. 議会は法案に対する**拒否権を覆した**。

法律・法令を指すことば

◆ **ко́декс** と **зако́н** 前者は民法・刑法などの「法典」、後者は個別の法律。法学研究ではко́декс と зако́н の厳密な訳し分けを求めるが、一般向けにはその必要性は薄い。Гражда́нский ко́декс 民法 Уголо́вный ко́декс 刑法 Зако́н «О защи́те прав потреби́телей» 消費者保護に関する法律（消費者保護法）

◆ **Конститу́ция** と **конституцио́нный зако́н** 前者は「憲法」。後者は、憲法の個別事項の具体的実施に関わる法律（例：新連邦構成主体の設置法、国旗・国歌法。成立の手順が一般法と違う）。専門家間では「憲法的法律」の表記が定着しているが、「憲法」と混同されやすい。一般向けには「憲法関係法」などの言い換えが必要だろう。

◆政令 **ука́з президе́нта** 大統領令 **постановле́ние прави́тельства** 政令〔政府決定〕**распоряже́ние президе́нта／мини́стра／министе́рства** 大統領命令（ука́з よりも下位）、**大臣命令、省令**

「権威性付与」の受動文

«**Мно́ю был подпи́сан ука́з**» 「私は大統領令に署名したところであります」この受動文は «я подписа́л ука́з» より公式的で格式あることを示す「権威の受動態」。公人発言や公文書に多用される。逐語的に受身で訳しても文意は伝わらないので、一旦能動文に転移し、漢語など硬いことばを用いて「等価」とするのが得策。ただし、行為者と被行為者の転倒が予想外の問題を引き起こすこともあるので、態の転移は十分慎重に。

Восьмо́е посла́ние президе́нта

Сего́дня президе́нт вы́ступит с ежего́дным посла́нием к Федера́льному Собра́нию. В нём глава́ госуда́рства даст оце́нку социа́льно-экономи́ческой и полити́ческой ситуа́ции в стране́, определи́т зада́чи её дальне́йшего разви́тия и внешнеполити́ческой страте́гии. Обы́чно, на две тре́ти докуме́нт посвящён положе́нию внутрироссийских дел и на треть — междунаро́дных. На э́тот раз в посла́нии бу́дут затро́нуты вопро́сы национа́льной и полити́ческой безопа́сности и прее́мственности полити́ческого ку́рса. Бу́дет ли э́то посла́ние «после́дним» и́ли президе́нт ещё вы́ступит пе́ред но́вым соста́вом Ду́мы в 2008-м. Пока́ экспе́рты схо́дятся то́лько в одно́м: посла́ние 2007 го́да вряд ли мо́жно бу́дет назва́ть «проща́льным».

（http://www.vesti.ru/doc.html?id=118483）

語　彙　ежего́дное посла́ние【中】年次教書　вы́ступить《с＋造》［完］（演説を）行う　дать оце́нку《与》［完】〜に評価を下す　социа́льно-экономи́ческий【形】社会経済の　определи́ть［完］定める　зада́ча【女】課題　посвяти́ть《与》［完］〜に向ける　положе́ние【中】状況　внутрироссийский【形】ロシア国内の　затро́нуть［完］言及する　национа́льный【形】国家の　безопа́сность【女】安全保障　прее́мственность【女】継承　полити́ческий курс【男】政治の方向　экспе́рт【男】専門家　схо́диться《в/на＋前》［不完］〜で一致する　вряд ли【助詞】おそらく〜ないだろう

訳　例　　　　　　　　8回目の年次教書

　今日、大統領が連邦議会に対する年次教書演説を行う。この中で大統領は、国の社会経済・政治状況の評価と、さらなる発展上の課題、および外交戦略上の課題を明らかにする。通常、教書の2/3は内政問題に、1/3が国際問題に割かれる。今回の教書では、国民と政治の安全保障の問題に加え、政治の方向の継承について言及があると見られている。今回の教書が「最後の教書」となるのか、あるいは大統領は新しい構成の下院を前にして2008年も演説を行うのか。現時点で唯一専門家の見解が一致しているのは、2007年教書が「お別れ教書」となることはまずないということだ。
（2007年4月26日報道）

重要語句

Кремль〔-я́, -ю́〕【男】クレムリン ★大統領、大統領府の置換語。 **Кремль** уже́ заяви́л о стаби́льности поста́вки га́за для европе́йцев. **クレムリン**はヨーロッパ諸国へのガスの安定供給について表明済みだ。〔派生〕**прокремлёвский**【形】親クレムリンの、大統領寄りの Уча́стники **прокремлёвского** молодёжного движе́ния отпра́здновали в Москве́ седьму́ю годовщи́ну президе́нтства Влади́мира Пу́тина. 親**クレムリン**派の青年運動の参加者が、モスクワでプーチン大統領就任7周年を祝った。

機関の置換表現

«**Бе́лый дом**» ロシア政府（政府庁舎ビルが白いことから）«**Охо́тный ряд**» 露下院 «**Больша́я Дми́тровка**» 露上院 «**Луба́нка**» 連邦保安庁（旧 KGB）«**Смо́льный**» ペテルブルグ市政府（共に所在地名から）→ **StepUp**

выступа́ть〔不完〕**вы́ступить**〔完〕《с＋造》（演説などを）**行う** выступа́ть с ре́чью 演説（スピーチ）を行う выступа́ть с заявле́нием 声明を出す〔名詞形〕**выступле́ние**【中】演説すること

поздравле́ние【中】祝辞 Пу́тин **напра́вил поздравле́ние** Бу́шу в связи́ с 60-ле́тием. プーチン大統領はブッシュ大統領に60歳の誕生日に際し祝意を伝えた。

лицо́【中】人物 пе́рвое лицо́ в госуда́рстве 国の最高首脳〔大統領〕◆ **официа́льное лицо́**「公官吏」報道では特に高位の政治家や高級官僚に用いる。На церемо́нии откры́тия фо́рума прису́тствовали **официа́льные ли́ца** двух стран. フォーラムの開会式には両国の**政府要人**が出席した。★政府要人や省庁幹部が匿名情報源となっているときには、「〜筋」「〜省幹部」で出所をぼかすことがあるが、официа́льные ли́ца も同様の使われ方をする。Я чита́л сообще́ния относи́тельно выска́зывания не́которых **анони́мных европе́йских официа́льных лиц**. 複数の**匿名の欧州筋**の発言については、報道で承知している（露外相発言）。〔類義〕**высо̀копоста́вленный исто́чник**「高官（筋）」Как сообщи́л ИТА́Р-ТАСС **высо̀копоста́вленный исто́чник в Кремле́**, на фо́руме речь пойдёт о форми́ровании Тамо́женного сою́за. **クレムリン高官**はイタルタス通信の取材に対し、フォーラムでは関税同盟の形成が話題となると語った。★ ИТА́Р-ТАСС は与格

「連邦大統領」を指す置換表現

«**Глава́ госуда́рства**»「国家元首」cf. «глава́ прави́тельства» 政府議長（＝首相）
«**Гара́нт Конститу́ции**»「憲法の保証者」
«**Верхо́вный главнокома́ндующий Вооружёнными си́лами РФ**»「露連邦軍最高司令官」
★ «**и́збранный президе́нт**» 選挙で当選が決まった「次期大統領」

Муниципалите́ты в Прика́мье у́чатся ме́стному самоуправле́нию

Ход рефо́рмы ме́стного самоуправле́ния обсужда́лся накану́не в Добря́нском райо́не Пе́рмского кра́я на выездно́м заседа́нии Сове́та представи́тельных о́рганов муниципа́льных образова́ний регио́на. Пробле́мы пока́ возника́ют на у́ровне разграниче́ния полномо́чий. Про́ще говоря́, часть вла́стных фу́нкций забра́ли от райо́на и переда́ли на у́ровень поселе́ния. У после́днего не хвата́ет де́нег да́же на са́мое необходи́мое. По любо́му по́воду прихо́дится обраща́ться за по́мощью в райо́н — абсолю́тной самостоя́тельности дости́чь пока́ не удало́сь. «Са́мая гла́вная пробле́ма — построе́ние ме́жбюдже́тных отноше́ний ме́жду поселе́ниями и райо́ном по обеспече́нию фина́нсовыми ресу́рсами в выполне́нии возло́женных фу́нкций», — говори́т председа́тель Законода́тельного собра́ния Пе́рмского кра́я.

(http://www.vesti.ru/doc.html?id=124794)

語　彙　муниципалите́т【男】地方自治体 Прика́мье【中】沿カマ川地域 ме́стное самоуправле́ние【中】地方自治 рефо́рма【女】改革 райо́н【男】地区 Пе́рмский край【男】ペルミ地方 выездно́й【形】出張開催の Сове́т представи́тельных о́рганов【男】議会評議会 регио́н【男】地域 возника́ть〔不完〕持ち上がる разграниче́ние【中】区分け вла́стный【形】権力の фу́нкция【女】役割 забра́ть《от＋生》〔完〕〜から奪う поселе́ние【中】市町村 абсолю́тный【形】絶対的な самостоя́тельность【女】独自性 построе́ние【中】構築 ме́жбюдже́тный【形】予算間の обеспече́ние《造》【中】〜の確保 ресу́рс【男】リソース выполне́ние【中】実行（文法的には для выполне́ния が望ましい）

訳　例　　　　カマ川流域の地方自治体、地方自治を学ぶ

　昨日、ペルミ地方のドブリャンスク地区で、地域の地方自治体議会評議会の出張会議が開かれ、地方自治改革の進捗について議論が交わされた。権限の区分けの部分で問題が未だに持ち上がっている。端的に言えば、権限機能の一部が地区から市町村レベルに移譲されたにもかかわらず、後者には最低限必要な資金すらないため、事あるごとに地区に援助を求めざるを得ず、完全な自立を達成できないのである。ペルミ地方議会議長は「与えられた役割を担う上で必要な財源を担保するため、市町村と地区の間に『予算分割関係』を構築することが最大の懸案※」と語っている。

（2007年6月6日報道）
※地方自治体間の「財政関係の調整」のこと。

重要語句

федера́льный о́круг【男】連邦管区→ **StepUp** ★ **полномо́чный представи́тель президе́нта**（= **по̀лпре́д президе́нта**）大統領全権代表がトップ。この下に、**гла́вный федера́льный инспе́ктор** 主任連邦監察官が各州に置かれている。

субъе́кт【男】連邦構成主体 ★ **респу́блика** 共和国 **край** 地方 **о́бласть** 州 **автоно́мная о́бласть** 自治州 **автоно́мный о́круг** 自治管区 **го́род федера́льного значе́ния** 連邦〔直轄〕市（モスクワとサンクト・ペテルブルグの2市）

★連邦構成主体の首長 **респу́блика** は **президе́нт** 大統領、**край/о́бласть/автоно́мная о́бласть/автоно́мный о́круг** は **губерна́тор** 知事か **глава́ администра́ции** 行政長官。連邦市のうち**モスクワ市長**は **мэр**、**ペテルブルグ市長**は **губерна́тор**. ★ 2012年より、連邦大統領が指名し地方議会が同意を与える任命制から、直接選挙による選出に移行（p.44 参照）。

★行政組織名 **респу́блика** は **прави́тельство**、г. Москва́ は **мэ́рия**、その他は **администра́ция**. Администра́ция Санкт-Петербу́рга サンクト・ペテルブルグ市庁（市役所）※ Прави́тельство Санкт-Петербру́га はサンクト・ペテルブルグ市政府の執行部を指す。

муниципа́льный【形】地方自治体の ◆ **муниципа́льное образова́ние** = **образова́ние ме́стного самоуправле́ния**「地方自治体」★ロシアでは **субъе́кт** の中にある次の「地方自治体」を指す（**субъе́кт** 自体は「地方自治体」とは見なされない）。**райо́н**「地区」★長は мэр と称されることが多い。 **поселе́ние**「市町村」**райо́н** より下の地方自治体の総称）**го́род** 市 ★長は мэр ／ **городско́й о́круг**（市内の）行政区 ★長は нача́льник/глава́ городско́го о́круга ／ **посёлок городско́го ти́па** 都市型居住区、「町」★長は глава́ администра́ции посёлка ／ **село́** 村（周辺集落の中核村）★長は глава́ администра́ции села́ ／ **дере́вня** 村 **сельсове́т** 村ソビエト **во́лость** 郷 **се́льский о́круг** 村区 ★以上の長は глава́ ＋ 行政体《生》／ **посёлок се́льского ти́па** 農村型居住区（新興村）★長は гла́ва администра́ции посёлка ◆ **ме́стные о́рганы вла́сти**「地方権力機関」★上記「地方自治体」の首長と議会を指す。 **вы́боры в ～** 地方自治体の首長と議会の選挙

モスクワ市の行政区

モスクワ市には10の **администрати́вный о́круг** 行政区がある。区長を **префе́кт**、区役所を **префекту́ра** と呼ぶ（日本の道・府・県と混同せぬこと）。この下に **райо́н** 地区がある。行政組織名は **администра́ция упра́вы райо́на** 長は **глава́ упра́вы**

ロシアに特有な選挙制度 (→ 1-1 ～ 1-5)

立候補：現行制度では、政党推薦による立候補が原則（2011 年の連邦下院選挙は完全比例代表制で実施されたが、2016 年の選挙では、小選挙区・比例代表併立制が復活）。しかし、体制に批判的な野党勢力は、内務省・中央選挙管理委員会での政党登録段階で門前払いされ、事実上排除されているのが実情。連邦構成主体首長は、2012 年にメドベージェフ政権下で直接選挙制が 8 年ぶりに復活したが、翌 13 年プーチン政権は、政党推薦に基づき連邦大統領が提示した複数候補者から地方議会が首長を選ぶことも可能とする法改正を実施。同年 7 月、高級公務員（大統領、地方首長、国会・地方議会議員等の被選挙職を含む）のロシア国外での金融資産保有を禁ずる法律が施行され、該当者は事実上立候補不能になった（チュコト自治管区議会議長であった富豪アブラモビッチ氏は、本法律の施行直前に辞職）。

大量の当選辞退：11 年下院選挙では、全体で 99 名が当選を辞退（отказа́лись от депута́тских манда́тов）。このうち、与党「統一ロシア」の当選辞退者は 89 人に上るが、法律上認められているとはいえ、連邦大統領および連邦構成主体首長が現職に在職のまま立候補したことが要因（Федера́льный зако́н «О вы́борах депута́тов Госуда́рственной Ду́мы Федера́льного Собра́ния Росси́йской Федера́ции» ст.46 参照）。

法改正で変更された制度：**1) графа́ «про́тив всех»「すべてに反対」** ソ連時代の選挙が信任投票であった名残から、旧ソ連圏ではいずれの候補者や政党にも賛成しない際に印をつける「すべてに反対」欄が設けられている場合がある。この欄は俗に **кандида́т «про́тив всех»** とも呼ばれる。ロシアでは 2006 年 7 月の選挙法改正で全面廃止。**2) Вы́боры состоя́лись/счита́ются состоя́вшимися.「選挙は成立した」**。選挙が有効と認められる**最低投票率 минима́льная я́вка избира́телей** に達したことを指す。「選挙が実施された」の意味ではない。ロシアでは下院選挙は 25 ％、大統領選挙は 50 ％が最低投票率であったが、2006 年の法改正で全面撤廃。**3) Избира́тельный зало́г「供託金」** 2009 年 2 月の法改正で、ロシアでは選挙供託金制度を全面廃止。**4) 有権者署名の選管提出**. 連邦大統領選挙においては、連邦下院に議席を有する政党の候補者は署名提出が免除される一方で、連邦下院に議席を持たない政党、もしくは議席を有するのが全連邦構成主体議会の 1/3 に満たない政党は 10 万筆（1 連邦構成主体あたり 2500 筆を上限）、政党推薦のない立候補者は 300 万筆（1 連邦構成主体あたり 7500 筆を上限）が必要とされ、ハードルは高い。2014 年 2 月の法改正により、下院選挙でも、法定数の有権者署名の提出が必要となった（一定要件で免除される場合あり）。

ロシア主要政党の党員呼称 (→ 1-4, 1-11)

「党員」は正式には член ＋政党名《生》を使うが、報道では下の［人］に掲げた表現が

頻繁に使われる。

Еди́ная Росси́я（ЕР）「統一ロシア」［人］единоро́сс

Коммунисти́ческая па́ртия Росси́йской Федера́ции（КПРФ［ка-пэ-эр-эф］）ロシア連邦共産党［人］коммуни́ст, КПРФовец, зюга́новец（Зюга́нов 党首から）

Справедли́вая Росси́я（СР）「公正ロシア」［人］справедли́вец, миро́новец（Миро́нов 党首から）

Либера̀льно-демократи́ческая па́ртия Росси́и（ЛДПР［эл-дэ-пэ-э́р］）ロシア自由民主党［人］ЛДПРовец/элдэпээ́ровец, жирино́вец（Жирино́вский 党首から）

Пра́вое де́ло「右派活動」［人］праводе́лец

Росси́йская объединённая демократи́ческая па́ртия Я́БЛОКО（Яблоко）ロシア統一民主政党ヤブロコ［人］я́блочник

◆その他の政党・政治団体

Республика́нская па́ртия Росси́и — «Па́ртия наро́дной свобо́ды»（РПР-ПАРНАС）ロシア共和国政党「国民自由党」★カシヤノフ元首相、ネムツォフ元副首相ら「За Росси́ю без произво́ла и корру́пции」「恣意と汚職のないロシア」が合流した反プーチンを鮮明にする勢力。07年に政党登録を抹消されるが、12年に欧州人権裁判所が無効とし、政党として再登録。13年の地方選挙で少数ながら議席を獲得。

«Наро́дный фронт — За Росси́ю»「ロシア国民戦線」★ 2011年、プーチン翼賛団体として Общеросси́йский наро́дный фронт（ОНФ）「全ロシア国民戦線」として創設。2013年、「社会運動」として再稼働（政党ではない）。今後「統一ロシア」に代わるプーチン支持基盤の中核となるか注目される。

«Друга́я Росси́я»「別なるロシア」★裁判所決定により解散した **«Национа́л-большеви́стская па́ртия»**「民族主義ボリシェビキ党」の流れをくむ民族主義ネオナチ政党（Лимо́нов 党首）。

Молодёжные полити́ческие организа́ции「青年政治団体」

Молодёжное демократи́ческое антифаши́стское движе́ние «На́ши» 反ファシズム民主青年運動「我ら」［人］наши́ст ★ 2005年、プーチン大統領（当時）の政策支持を掲げて設立。これより前にも、大統領支持の青年政治団体 **«Иду́щие вме́сте»**「共に行く者たち」があったが、全国で公開焚書を行うなど活動が過激化。ウクライナ政変（オレンジ革命）に前後して「反ファシズム」をスローガンに掲げた **«На́ши»** に再編。2007年春、エストニアのソ連兵戦没者慰霊像の移設を巡り、「統一

ロシア」の青年部である **«Молодáя гвáрдия»**「若き親衛隊」と共に、エストニア大使館や国境付近の道路を封鎖するなどして抗議活動を展開した。

　他の主要政党傘下の青年政治団体：**Молодые социалисты России**「ロシア青年社会主義者」［公正ロシア］**Молодёжное Яблоко**「青年ヤブロコ」［ヤブロコ］**Молодёжный центр ЛДПР**「ロシア自由民主党青年センター」［ロシア自由民主党］**Союз коммунистической молодёжи Российской Федерáции**（**СКМ РФ**）「共産主義青年同盟」［ロシア共産党］

議会・立法府に関することば （→ 1-9）

◆ロシア連邦の立法府の正式呼称は、**Федерáльное Собрáние**「連邦議会」。議会下院は **Госудáрственная Дýма**「国家院」［国家会議］（= Госдýма）、議会上院は **Совéт Федерáции**「連邦院」［連邦会議］。

連邦下院は定員 450 名、任期 5 年。07 年と 11 年の選挙は完全比例代表制であったが、16 年選挙は小選挙区・比例代表並立制（定員はそれぞれ 225 人）となり、議席獲得に必要な最低得票率は 5％に引き下げられる予定。**第六期招集下院 Госудáрственная Дýма шестóго созыва** では、**議長 председáтель**（統一ロシア）の下に**第一副議長 пéрвый заместитель председáтеля** が 2 名（統一ロシアと共産党から各 1 名）、**副議長 заместитель председáтеля** が 6 名（統一ロシア 4 名、ロシア自民党・公正ロシアから各 1 名）が置かれた。

下院の権限事項：大統領の連邦政府議長（首相）任命への同意、政府信任に関する問題の決定、中央銀行総裁・会計検査院院長と会計検査官の半数および人権問題全権の任免、大赦の発令、大統領罷免のための弾劾の提起（К вéдению Госудáрственной дýмы отнóсятся: дáча соглáсия Президéнту РФ на назначéние Председáтеля Прáвительства РФ; решéние вопрóса о довéрии Прáвительству; назначéние на дóлжность и освобождéние от дóлжности председáтеля Центрáльного бáнка РФ, председáтеля Счётной палáты и половины состáва её аудиторов, Уполномóченного по правáм человéка; объявлéние амнистии; выдвижéние обвинéния прóтив Президéнта РФ для отрешéния егó от дóлжности.）

連邦上院は、各連邦構成主体から代表 2 名（行政首長の任命する者 1 名、議会が選出する者 1 名）が出て構成される（国民による直接投票ではない）。

上院の権限事項：連邦構成主体の境界線変更の承認、戒厳令ないし非常事態の導入に関する連邦大統領令の承認、国外における連邦軍の武力行使に関する諸問題の決定、連邦大統領選挙の公示、連邦大統領の罷免、憲法裁判所・最高裁判所・最高仲裁裁判所の判事の任命、連邦検事総長・会計検査院副院長および会計検査官の半数の任免。（К вéдению Совéта Федерáции отнóсятся: утверждéние изменéния границ мéжду субъе́ктами РФ; утвержде́ние ука́зов Президе́нта РФ о введе́нии вое́нного и́ли чрезвыча́йного положе́ния; реше́ние вопро́сов о возмо́жности испо́льзования Вооружённых сил РФ за преде́лами террито́рии РФ; назначе́ние вы́боров Президе́нта РФ; отреше́ние Президе́нта РФ от до́лжности; назначе́ние на до́лжность суде́й Конституцио́нного суда́ РФ, Верхо́вного суда́ РФ, Вы́сшего арбитра́жного суда́ РФ; назначе́ние на до́лжность и освобожде́ние от до́лжности Генера́льного прокуро́ра РФ, замести́теля председа́теля Счётной пала́ты РФ и полови́ны соста́ва его́ ауди́торов.）

◆地方議会は законода́тельное собра́ние「立法会」が総称だが、連邦構成主体や地方自治体ごとに呼称が違う。 Законода́тельное собра́ние г. Санкт Петербу́рга サンクトペテルブルグ市議会 Городска́я ду́ма г. Москвы́ モスクワ市議会 Новосиби́рский областно́й сове́т ノボシビルスク州議会 Наро́дный хура́л 共和国議会（カルムィキ／ブリュート共和国）

各国議会の呼称：報道では、二院制の場合は ни́жняя пала́та / ве́рхняя пала́та、一院制の場合は парла́мент を用いるが、特定国に関しては固有の呼称を用いている。

日本 пала́та представи́телей 衆議院 пала́та сове́тников 参議院／**米国** пала́та представи́телей 下院 сена́т 上院／**英国** пала́та о́бщин 下院 пала́та ло́рдов 上院［貴族院 House of Lords］／**ドイツ** бундеста́г 連邦下院 бундесра́т 連邦上院／**フランス** Национа́льная ассамбле́я 国民議会（または национа́льное собра́ние 下院、旧仏植民地を中心に広く使われる呼称）Сена́т 上院／**ウクライナ** Верхо́вная Ра́да（Верхо́вная とつくが一院制）／**セルビア** Наро́дная Ску́пщина／**ポーランド・ラトビア・リトアニア** Сейм／**エストニア** Ри́йгикогу／**イスラエル** Кне́ссет **一部のイスラム諸国の議会** Меджли́с（イラン・トルクメニスタン）Мажили́с（カザフスタン下院）О́лий Маджили́с（ウズベキスタン・一院制国会）Ме́лли Меджли́с（アゼルバイジャン・一院制）／**中華人民共和国** Всекита́йское Собра́ние наро́дных представи́телей 全国人民代表大会（ВСНП［вэ-эс-эн-пэ́］全人代）／ **台湾** Законода́тельный Сове́т 立法院

ロシア連邦大統領 (1-14, 1-15)

連邦大統領の権限

1）基本法〔憲法〕の保証者として、大統領は法律提出権を有する。大統領は連邦法への署名の段階で拒否権を持ち、憲法と矛盾する法令の効力を停止させることができる。（Как гара́нт Основно́го Зако́на Президе́нт РФ облада́ет пра́вом законода́тельной инициати́вы. Он име́ет пра́во ве́то на ста́дии подписа́ния федера́льных зако́нов, впра́ве приостана́вливать де́йствие правовы́х а́ктов, противоре́чащих Конститу́ции.)

２）連邦大統領は、国の内外においてロシアを代表する。(Президе́нт РФ представля́ет Росси́ю внутри́ страны́ и в междунаро́дных отноше́ниях.)

３）大統領は、連邦政府の組閣、憲法裁判所、最高裁判所および最高仲裁裁判所の［裁判官］の構成に関与し、連邦検事総長と連邦中央銀行総裁を推挙し、連邦国家安全保障会議を構成・主宰し、連邦軍最高司令部の任免、大使の任命と召還を行う。(Президе́нт уча́ствует в формирова́нии Прави́тельства РФ, соста́ва Конституцио́нного, Верхо́вного и Вы́сшего арбитра́жного судо́в РФ, предлага́ет кандидату́ру Генера́льного прокуро́ра РФ, Председа́теля Центра́льного ба́нка РФ, формиру́ет и возглавля́ет Сове́т Безопа́сности РФ, назнача́ет и освобожда́ет вы́сшее кома́ндование Вооружённых сил РФ, назнача́ет и отзыва́ет посло́в.)

４）大統領は国家院選挙を公示し、憲法の規定する場合にはこれを解散できる。国民投票を公示し、法律案を提出し、連邦法に署名し公布する。連邦議会に対して、国の状況に関する年次教書演説を行う。(Президе́нт назнача́ет вы́боры Госуда́рственной ду́мы, мо́жет распусти́ть её в слу́чаях, предусмо́тренных Конститу́цией, назнача́ет рефере́ндумы, вно́сит законопрое́кты, подпи́сывает и обнаро́дует федера́льные зако́ны, обраща́ется к Федера́льному собра́нию с ежего́дными посла́ниями о положе́нии в стране́.)

５）大統領は連邦軍最高司令官として国に対する侵略行為ないしは侵略行為の危険が差し迫った際に、国の全土またはその一部地域に戒厳令を敷くことができる。その場合、大統領は連邦院および国家院に直ちに通告せねばならない。(Как Верхо́вный главнокома́ндующий Вооружёнными си́лами РФ, Предезиде́нт, в слу́чае агре́ссии про́тив РФ и́ли непосре́дственной угро́зы агре́ссии, вво́дит на террито́рии Росси́и и́ли в отде́льные её ме́стностях вое́нное положе́ние. При э́том он до́лжен неме́дленно сообщи́ть об э́том Сове́ту Федера́ции и Госуда́рственной ду́ме.)

６）連邦大統領は、連邦政府機関と連邦構成主体機関の、また連邦構成主体の機関の間の意見の不一致を解消する。大統領は、連邦構成主体の行政機関が発した命令等で、連邦憲法、連邦法および国際条約に反するもの、あるいは人間と国民の権利と自由を犯すものについて、問題が管轄する裁判所で解決されるまで、効力を差し止めることができる。(Президе́нт РФ устраня́ет разногла́сия ме́жду о́рганами госуда́рственной вла́сти РФ и о́рганами госуда́рственной вла́сти субъе́ктов РФ, а та́кже ме́жду о́рганами госуда́рственной вла́сти субъе́ктов. Он впра́ве приостана́вливать де́йствис а́ктов о́рганов исполни́тельной вла́сти субъе́ктов РФ в слу́чае противоре́чия э́тих а́ктов Конститу́ции РФ и федера́льным зако́нам, междунаро́дым обяза́тельствам РФ и́ли наруше́ния прав и свобо́д челове́ка и граждани́на до реше́ния э́того вопро́са соотве́тствующим судо́м.）

7）連邦大統領は、国籍と政治亡命者の庇護の問題を扱う。国の褒賞を授与し、国の名誉称号および将官以上の軍階級および特殊階級を授ける。また、恩赦を実施する。

（Президе́нт РФ реша́ет вопро́сы гражда́нства РФ и предоставле́ния полити́ческого убе́жища; награжда́ет госуда́рственными награ́дами РФ, присва́ивает почётные зва́ния РФ, вы́сшие во́инсткие и вы́сшие специа́льные зва́ния; осуществля́ет поми́лование.）

◆テレビ中継される露大統領の主な演説や対話番組
①議会教書演説（12月）　②戦勝記念日（День побе́ды ５月９日）　③新年挨拶（Нового́днее обраще́ние Президе́нта 12月31日23時55分）　④ «Пряма́я ли́ния» ロシア全国を結んで生中継される長時間の国民対話番組（４月）。
※露大統領のインタビュー・記者会見は、全文が公式サイト（http://www.kremlin.ru/transcripts）に掲載される（動画・音声のダウンロード可）。

«Кремль ＝ Президе́нт РФ» 型の置換表現　(→ 1-15)

«Бе́лый дом» ①ホワイトハウス（米大統領、米政府）②ロシア政府
«Капитоли́йский холм» 「キャピトル・ヒル」（米連邦議会）★ «Ка́питол хилл» とも
«Да́унинг-стри́т» ダウニング通り（英国首相、英政府）★無変化で前置詞は на
«Елисе́йский дворе́ц» エリゼ宮（フランス大統領府）
«Голубо́й дом» 青瓦台（韓国大統領府）

連邦管区　(→ 1-16)

Центра́льный федера́льный о́круг（ЦФО）中央連邦管区 Ю́жный федера́льный о́круг（ЮФО）南部連邦管区 Се́веро-За́падный федера́льный о́круг（СЗФО）北西連邦管区 Дальневосто́чный федера́льный о́круг（ДВФО）極東連邦管区 Сиби́рский федера́льный о́круг（СФО）シベリア連邦管区 Ура́льский федера́льный о́круг（УФО）ウラル連邦管区 Приво́лжский федера́льный о́круг（ПФО）沿ボルガ連邦管区 Се́веро-Кавка́зский федера́льный о́круг (СКФО) 北カフカス連邦管区

Посо́л РФ вручи́л вери́тельные гра́моты президе́нту Гру́зии

Посо́л РФ Вячесла́в Ковале́нко вручи́л вери́тельные гра́моты президе́нту Гру́зии Михаи́лу Саакашви́ли. Он был назна́чен посло́м Росси́и в Гру́зии в ию́ле 2006 го́да. Одна́ко посо́л был ото́зван в Москву́ по́сле задержа́ния пяти́ росси́йских военнослу́жащих по обвине́нию в шпиона́же. «Президе́нт РФ поручи́л мне предприня́ть все уси́лия по нормализа́ции отноше́ний с Гру́зией», — заяви́л Ковале́нко по прие́зде в Тбили́си. Глава́ грузи́нского МИД приве́тствовал возвраще́ние посла́ РФ и вы́разил наде́жду на «дальне́йшие шаги́ по установле́нию полноце́нных и взаймоуважи́тельных отноше́ний с Гру́зией».

(http://www.vesti.ru/doc.html?id=91480)

語　彙　посо́л [-сла́]【男】大使　вручи́ть《対》《与》[完]〜を…に捧呈する　вери́тельная гра́мота【女】信任状（〔複〕なのは前任者の解任状も含むため）Гру́зия【女】グルジア（ジョージア）отозва́ть [完] 召還する　задержа́ние【中】拘束　военнослу́жащий【男】軍人　по обвине́нию《в＋前》[熟]〜の疑いで　шпиона́ж【男】スパイ行為　предприня́ть уси́лия [完] 努力を払う　нормализа́ция【女】正常化　отноше́ние【中】〔複で〕関係　по прие́зде《в/на＋対》[熟]〜へ到着後　грузи́нский【形】グルジア（ジョージア）の　приве́тствовать [完] 歓迎する　возвраще́ние【中】帰任　вы́разить [完] 表明する　наде́жда《на＋対》【女】〜への期待　дальне́йший【形】今後の　шаг〔複 шаги́〕【男】歩み　установле́ние【中】構築　взаймоуважи́тельный【形】相互尊重の

訳　例　　　　**ロシア大使がグルジア大統領に信任状捧呈**

　ロシアのビャチスラフ・コワレンコ大使が、グルジアのミハイル・サアカシビリ大統領に信任状を捧呈した。コワレンコ氏は2006年7月に駐グルジア大使に任命されたが、5人のロシア軍人がスパイ容疑で拘束された後、大使はモスクワに召還されていた。コワレンコ大使は、トビリシ到着後「グルジアとの関係正常化の為にあらゆる努力を払うよう大統領から指示を受けた」と述べた。グルジア外相はロシア大使の帰任を歓迎し、「グルジアと相互を尊重する成熟した関係を構築すべく、今後の歩みに期待する」と表明した。
（2007年1月31日報道）

重要語句

диплома́тия 【女】 **外交** япо́нская ～日本外交 многосторо́нняя ～ 全方位外交〔類義〕**вне́шняя поли́тика**「外交政策」 **внѐшнеполити́ческий курс**「外交方針」

дипломати́ческий 【形】 **外交の** дипломати́ческая неприкоснове́нность（= дипломати́ческий иммуните́т）外交特権 ★公館不可侵権と外交官の不逮捕特権の双方を指す Поздне́е дво́е из них, облада́ющие **дипломати́ческой неприкоснове́нностью**, бы́ли отпу́щены. 後刻彼らのうち**外交特権**を持つ２人が釈放された。

★在外公館・外交施設 **Дипломати́ческое представи́тельство**

посо́льство 【中】 **大使館** Посо́льство Япо́нии в Росси́и 在ロシア日本大使館

ко́нсульство 【中】 **領事館** генера́льное ～総領事館 （= генко́нсульство）почётное ～名誉領事館 **торго́вое представи́тельство** 【中】 通商代表部 ★日本の「在～出張駐在官事務所」は **Отделе́ние Посо́льства/Генко́нсульства** Япо́нии в 地名《前》

диплома́т 【男】 **外交官** ★「アタッシェケース」の意味もある。cf. атташе́

посо́л 【男】 **大使** ～ до́брой во́ли ЮНЕ́СКО ユネスコ親善大使 Президе́нт назна́чил его́ **чрезвыча́йным и полномо́чным посло́м Росси́и** в Белору́ссии. 大統領は彼を駐ベラルーシ**露特命全権大使**に任命した。★ **вре́менный пове́ренный в дела́х**「臨時代理大使」

посла́нник 【男】 **公使** ★ロシアでは сове́тник-посла́нник（英 minister-counselor 公使）が大使に次ぐ。これに **ста́рший сове́тник**（英 senior-counselor 公使参事官）、сове́тник（英 counselor 参事官）が続く

ко́нсул 【男】 **領事** генера́льный ～総領事 почётный ～名誉領事

секрета́рь 【男】 **書記官** пе́рвый（второ́й/тре́тий）～ 一等／二等／三等書記官

атташе́ 【男】〔不変〕① **アタッシェ** атташе́ по вопро́сам оборо́ны 駐在武官〔防衛駐在官〕прѐсс-атташе́ 広報担当官 ② **外交官補**（三等書記官の下、若手語学研修員など）

агрема́н 【男】 **アグレマン**（着任同意）вы́дать《与》агрема́н ～に着任同意を与える

◆ **направля́ть/напра́вить ли́чное посла́ние**《与》「～に親書を送る」Президе́нт РФ **напра́вил** премьѐр-мини́стру Япо́нии **ли́чное посла́ние**. 露大統領が日本の首相に**親書を送った**。

外交関係〔国交〕Дипломати́ческие отноше́ния

установи́ть / восстанови́ть / нормализова́ть / разорва́ть дипломати́ческие отноше́ния《с ＋造》〔完〕～と外交関係を**樹立する**／**回復する**／**正常化する**／**断絶する**〔名詞形〕установле́ние/ восстановле́ние / нормализа́ция / разры́в дипломати́ческих отноше́ний 外交関係の**樹立**／**回復**／**正常化**／**断絶**

Буш о́тбыл в зарубе́жное турне́ по Евро́пе и Бли́жнему Восто́ку

Президе́нт США Джордж Буш о́тбыл в понеде́льник из Вашингто́на в пое́здку по стра́нам Евро́пы и Бли́жнего Восто́ка. Турне́ бу́дет посвящено́ в основно́м положе́нию в Афганиста́не и Ира́ке. Снача́ла глава́ Бе́лого до́ма посети́т Эсто́нию, зате́м бу́дет прису́тствовать на са́ммите НА́ТО в Ла́твии. Он вы́ступит с призы́вом к сою́зникам по алья́нсу увели́чить вое́нные и фина́нсовые уси́лия в Афганиста́не. В сре́ду и четве́рг Джордж Буш бу́дет находи́ться в Амма́не (Иорда́ния), где встре́тится, в ча́стности, с премье́р-мини́стром Ира́ка.

(http://www.vesti.ru/doc.html?id=88518)

語　彙　зарубе́жный【形】国外の　турне́【中】〔不変〕歴訪　отбы́ть《в/на＋対》［完］～へ向けて出発する　посвяти́ть《与》［完］～に捧げる　в основно́м［熟］主に　положе́ние【中】状況　глава́ Бе́лого до́ма【男】「ホワイトハウスのトップ」＝米大統領　прису́тствовать［不完］出席する　са́ммит【男】サミット、首脳会議　НА́ТО［на́то］【中】〔不変〕北大西洋条約機構（NATO）　призы́в【男】訴え、呼びかけ　сою́зник【男】同盟国　алья́нс【男】機構（ここでは NATO を指す）　увели́чить［完］増強する　уси́лие【中】努力

訳　例　　　　　　　　ブッシュ大統領、欧州・中東歴訪へ出発

　ジョージ・ブッシュ米大統領は、月曜日にヨーロッパ・中東諸国訪問のためワシントンを出発した。今回の歴訪では、アフガニスタンおよびイラク情勢が焦点となる。米大統領は、まずエストニアを訪問し、その後ラトビアで開かれる北大西洋条約機構首脳会議に出席する予定である。大統領は演説の中でアフガニスタンにおける軍事面・財政面での支援強化をNATO加盟の同盟国に呼びかけることにしている。ブッシュ大統領は、水曜日と木曜日はヨルダンのアンマンに滞在し、イラク首相とも会談することにしている。

（2006年11月26日報道）

重要語句

визи́т【男】 訪問（= посеще́ние） ★ 訪問 の 形式 рабо́чий визи́т 実 務 訪 問 официа́льный визи́т 公式訪問 госуда́рственный визи́т 国賓訪問 неофициа́льный （ча́стный） визи́т 非公式（私的）訪問

соверша́ть［不完］ соверши́ть［完］ визи́т《в/на+ 対》 ～を訪問する Мини́стр иностра́нных дел Росси́и **соверша́ет визи́т** в Алжи́р в ра́мках турне́ по стра́нам Се́верной А́фрики. 露外相は北アフリカ諸国歴訪の一環でアルジェリアを**訪問している**。

посеща́ть/посети́ть《対》с《形・造》визи́том ～訪問で…を訪れる Глава́ МИД Росси́и **посети́т с рабо́чим визи́том Ки́ев** в сле́дующем ме́сяце. 露外相は、来月**キエフを実務訪問する**。

находи́ться《в/на+ 前》с《形・造》визи́том［不完］～を訪問中である Госуда́рственный секрета́рь США **нахо́дится с визи́том в То́кио** в ра́мках э́кстренного междунаро́дного турне́. 各国を急遽歴訪中の米国務長官が**東京を訪れている**。

отправля́ться［不完］ отпра́виться［完］《в/на+ 対》с《形・造》визи́том ～訪問 へ出発する Президе́нт **отправля́ется с официа́льным визи́том в Ве́нгрию** 「大統領、**ハンガリー公式訪問に出発**」★見出しでは、不完了体現在が未来を指すことがある

прибыва́ть［不完］ прибы́ть［完］《в/на+ 対》с《形・造》визи́том ～訪問のため…へ 到 着 す る（= прие́хать）Премье́р-мини́стр **при́был с** двухдне́вным **официа́льным визи́том в Норве́гию**. 首相は2日間の**公式訪問のため**ノルウェーに**到着した**。

отбыва́ть［不完］ отбы́ть［完］с визи́том《в/на+ 対》 ～ の 訪問 に 出 発 す る Специа́льный представи́тель главы́ МИД РФ **отбыва́ет с визи́том на Бли́жний Восто́к**. 今日ロシア外相の特使が**中東訪問へ出発する**。

приглаша́ть［不完］ пригласи́ть［完］《対》посети́ть《対》с《形・造》визи́том ［完］ ～ に … 訪問 を 招 請 する Президе́нт **пригласи́л** президе́нта Ме́ксики **посети́ть Росси́ю с официа́льным визи́том**. 大統領はメキシコ大統領に**ロシア を公式訪問するよう招請した**。

заверша́ть［不完］заверши́ть визи́т［完］訪問を終える Председа́тель КНР **заверши́л визи́т в Росси́ю** и о́тбыл в Пеки́н. 中国国家主席が**ロシア訪問を終え**、北京に向け出発した。

откла́дывать(ся) ［不完］ отложи́ть(ся) ［完］延期する（される） **Визи́т** председа́теля Палести́нской национа́льной администра́ции **в Москву́ откла́дывается** в связи́ с обостре́нием обстано́вки в Палести́нской автоно́мии. パレスチナ自治政府議長の**モスクワ訪問**は、パレスチナ自治区の情勢緊迫化のため**延期される**ことになった。

В честь Влади́мира Пу́тина в короле́вском дворце́ прохо́дит официа́льный обе́д

В короле́вском дворце́ прохо́дит официа́льный обе́д от и́мени короля́ Сау́довской Ара́вии в честь президе́нта РФ Влади́мира Пу́тина. По протоко́лу Сау́довской Ара́вии, обе́д предше́ствует перегово́рам на вы́сшем у́ровне. Пе́ред нача́лом обе́да Влади́миру Пу́тину и королю́ Абдалле́ предста́вили чле́нов росси́йской и сау́довской делега́ций. По́сле церемо́нии представле́ния делега́ций президе́нт Росси́и и коро́ль Сау́довской Ара́вии не́сколько мину́т побесе́довали и зате́м прошли́ в зал, где начался́ обе́д. В росси́йской делега́ции отмеча́ют раду́шный и тёплый приём, кото́рый ока́зывают Влади́миру Пу́тину и сопровожда́ющим его́ ли́цам в хо́де официа́льного визи́та в Сау́довскую Ара́вию.

(http://www.vesti.ru/doc.html?id=92030)

語　彙　в честь《生》［熟］〜に敬意を示して короле́вский【形】国王の официа́льный обе́д【男】公式晩餐会 от и́мени《生》［熟］〜の名で、「〜主催の」 коро́ль［-ля́］【男】王（→ **StepUp** ） Сау́довская Ара́вия【女】サウジアラビア протоко́л【男】儀典、プロトコール предше́ствовать《与》［不完］〜に先立つ перегово́ры на вы́сшем у́ровне〔複で〕首脳会談 церемо́ния【女】セレモニー делега́ция【女】代表団、「随員」 отмеча́ть［不完］指摘する раду́шный【形】心からの приём【男】歓待 сопровожда́ть《対》［不完］〜に随行する лицо́【中】人

訳　例　　　　　**王宮でプーチン大統領歓迎晩餐会**

　サウジアラビア国王主催のプーチン露大統領歓迎晩餐会が王宮で行われている。サウジアラビアの儀典に従い、首脳会談に先立って晩餐会を行う慣例である。晩餐会開始に先だって、プーチン大統領とアブドッラー国王へ、ロシア側随員一行とサウジ側閣僚らの紹介が行われた。随員紹介の後、露大統領とサウジ国王は数分間面談し、その後広間へ移動して晩餐会が始まった。ロシア側随員は、サウジアラビア公式訪問中、プーチン大統領と随員一行に心からの温かな歓待が示されていると述べた。

（2007年2月11日報道）

重要語句

протоко́л【男】儀典、プロトコール〔外交儀礼〕★ почётный карау́л 栄誉礼 салю́т 礼砲 ★国家元首には 21 発が国際慣例。 возложе́ние венко́в 献花

прие́м【男】レセプション、パーティー дать прие́м в честь《生》～のためにパーティーを催す ★日中に行うもの бока́л шампа́нского シャンペンパーティー официа́льный за́втрак「公式午餐会」(12 時半～ 15 時) ★「朝食会」も за́втрак という。 рабо́чий за́втрак с представи́телями делово́го ми́ра 財界人との**朝食会** ★夕刻から夜に行うもの чай 茶会 (16 ～ 18 時開始、婦人対象の場合が多い) кокте́йль カクテルパーティー (17 ～ 19 時開始) фурше́т ビュッフェ式立食パーティー обе́д (банке́т)「晩餐会」(19 時くらいから開始するのが通例。最もランクの高い宴席)

тост【男】**乾杯** произнести́ тост 乾杯の辞を述べる

речь【女】**スピーチ** отве́тная речь 答礼のスピーチ

ロシアのプロトコール

歓迎行事：国家元首の訪問はモスクワの空港（ないし鉄道駅）での**歓迎行事 церемо́ния встре́чи** から始まる。出迎え側の筆頭は国賓訪問の場合は首相、公式訪問では副首相。**ロシア軍３軍の儀仗兵による栄誉礼（почётный карау́л из трёх ви́дов Вооружённых Сил）、国旗掲揚・国歌吹奏（подъём госуда́рственных фла́гов и исполне́ние госуда́рственных ги́мнов стран）**の後、クレムリン内の迎賓施設へ移動。国賓訪問では、大統領が国賓を出迎える公式歓迎行事が大クレムリン宮殿 **Большо́й Кремлёвский дворе́ц** の「ゲオルギーの間」**Гео́ргиевский зал** で行われる。

首脳会談：随員同席の会談および首脳だけの少人数会合は、大統領官邸の「使節の間」**Представи́тельский кабине́т** か、大クレムリン宮殿内の「エカテリーナの間」**Екатери́нинский зал**「緑の応接間」**Зелёная гости́ная** で行われる。共同文書の調印式は、大統領官邸の「大使の間」**Посо́льский зал** Кремлёвской резиде́нции президе́нта か大クレムリン宮殿の「ウラジーミルの間」**Влади́мирский зал** で行われる。

「無名戦士の墓」へ献花 возложе́ние венко́в к Моги́ле Неизве́стного Солда́та：儀仗隊隊長の先導で外国国家元首と随員が進む。花輪の設置後、国家元首が花輪のリボンの位置を整え黙祷を献げる。

露大統領主催のレセプション（晩餐会ないし午餐会）：大クレムリン宮殿の「ゲオルギーの間」で催される。大統領と外国元首とのスピーチ交換が行われるが、翻訳文がテーブル上に用意され通訳はされない。

Москва́ и Ташке́нт настро́ены на сотру́дничество

Премье́р-мини́стр [РФ] вы́разил удовлетворе́ние дина́микой разви́тия отноше́ний Росси́и с Узбекиста́ном. Открыва́я в Ташке́нте перегово́ры с узбе́кским премье́ром, Фрадко́в подчеркну́л, что Росси́я и Узбекиста́н — стратеги́ческие партнёры, сою́зники, и мо́гут реши́ть все стоя́щие пе́ред ни́ми зада́чи. Предме́том перегово́ров двух премье́ров в ра́мках визи́та Миха́ила Фрадко́ва в Узбекиста́н бу́дет сотру́дничество в сфе́ре ТЭК, испо́льзовании ми́рного а́тома, косми́ческого простра́нства, вое́нно-техни́ческое сотру́дничество и вопро́сы мигра́ции. В свою́ о́чередь [узбе́кский премье́р] подчеркну́л, что ме́жду Росси́ей и Узбекиста́ном сложи́лись сою́знические отноше́ния, успе́шно развива́ется экономи́ческое сотру́дничество во мно́гих сфе́рах.

(http://www.vesti.ru/doc.html?id=93774)

語彙 Ташке́нт【男】タシケント、「ウズベク政府」→ **StepUp** настро́ить 《на＋対》[完] ～の方向に向ける удовлетворе́ние【中】満足 дина́мика【女】進展状況 перегово́ры〔複で〕会談 узбе́кский【形】ウズベキスタンの стратеги́ческий【形】戦略的な партнёр【男】パートナー предме́т【男】（話し合いの）テーマ сотру́дничество【中】協力 в сфе́ре《生》[熟] ～の分野で ТЭК（то̀пливно-энергети́ческий ко́мплекс）【男】燃料エネルギー産業 ми́рный【形】平和的な а́том【男】核 косми́ческий【形】宇宙の простра́нство【中】空間 вое́нно-техни́ческий【形】軍事技術の мигра́ция【女】移民 в свою́ о́чередь[熟] 一方 сложи́ться[完] 形成される сою́знический【形】同盟的な развива́ться[不完] 発展する

訳例   ### 露・ウズベキスタン、協力強化へ

　[露] 首相はロシア・ウズベク両国関係の進展状況に満足を表明した。ウズベク首相とのタシケントでの会談の冒頭、フラドコフ首相は「ロシアとウズベクは戦略的パートナーまた同盟国であり、両国間にまたがるいかなる問題も解決可能である」と強調した。フラドコフ首相のウズベク訪問時の首相会談では、燃料エネルギー産業、原子力の平和利用と宇宙空間利用分野での協力、軍事技術協力および移民問題がテーマとして取り上げられることになっている。一方、[ウズベク首相は]「ロシア・ウズベク間に同盟関係が構築され、経済協力関係が多方面で順調に進展している」と強調した。

（2007年3月7日報道）

重要語句

переговóры〔複で〕**会談、交渉** телефóнные переговóры 電話会談 переговóры на вы́сшем у́ровне ハイレベル〔首脳〕会談 вести́/провести́ переговóры 《с＋造》〜と会談を行う Президéнт РФ **проведёт переговóры** с председáтелем КНР. 露大統領が中国国家主席と**会談を行う**。

бесéда【女】**会談** бесéда оди́н на оди́н 一対一の会談 **Бесéда состоя́лась** по инициати́ве япóнской стороны́. **会談は**日本側のイニシアチブで**行われた**。〔類義〕

встрéча【女】**会談** встрéча «без гáлстуков» ネクタイ無しの会談 ★ встрéча は儀礼的な「会見」や「表敬」も指す。 В Императóрском дворцé **состоя́лась встрéча** президéнта с императóром Япóнии. 皇居で天皇陛下が大統領と**お会いになった**。

консультáция【女】**協議** Президéнт рассчи́тывает, что **в хóде консультáции** с Ирáном бýдет нáйдено решéние стоя́щих пéред Тегерáном проблéм. 大統領は、イランとの**協議の中で**イラン政府が抱える諸問題の解決策が見い出されることに期待している。

двусторóнний【形】**二国間の** (＝ двухсторóнний) двусторóнние отношéния 二国間関係 ★語形成は два ＋ сторонá「側」（странá「国」ではない！）数詞（生格）＋ сторóнний で「〜カ国／〜者間の」となる。 шестисторóнние переговóры 六カ国協議

обсуждáть(ся)〔不完〕 **обсуди́ть(ся)** 〔完〕**話し合う**（話し合われる）(＝ рассмотрéть) В хóде бесéды **обсуждáлись** разли́чные вопрóсы двусторóнних отношéний. 会談では二国間関係の様々な問題が**話し合われた**。〔名詞形〕**обсуждéние**【中】**話し合い** вы́нести/предстáвить《対》на обсуждéние 〜を論題にする〔同義〕**дискýссия**【女】**ディスカッション、話し合い**

обмéниваться〔不完〕**обменя́ться**〔完〕《造》**〜を交わす** 〜 мнéниями 意見を交わす Стóроны **обменя́лись мнéниями** по актуáльным проблéмам регионáльной и междунарóдной безопáсности. 両者は地域および国際安全保障上の現実的諸問題に関して**意見を交わした**。

обмéн《造》【男】**〜の交換** Мéжду сторонáми **имéл мéсто** (＝ состоя́лся) плодотвóрный **обмéн мнéниями**. 双方の間で実りある**意見交換が行われた**。

обстанóвка【女】**状況、雰囲気** в тёплой дрýжественной обстанóвке あたたかな友好的な雰囲気の下で в неофициáльной обстанóвке 非公式な雰囲気で〔同義〕

атмосфéра【女】**雰囲気** в атмосфéре дрýжбы и взаимопонимáния 友好と相互理解の雰囲気の中で **Переговóры прошли́** в сердéчной и конструкти́вной **атмосфéре**. 会談は温かな建設的**雰囲気の下で**行われた。

Пу́тин и Назарба́ев при́няли план совме́стных де́йствий

Президе́нт Росси́и в четве́рг в хо́де шестидне́вной пое́здки по Сре́дней А́зии провёл перегово́ры с президе́нтом Казахста́на. По результа́там перегово́ров был подпи́сан ряд соглаше́ний. Росси́я и Казахста́н при́няли план совме́стных де́йствий на 2007-2008 го́ды. Предусма́тривается «разрабо́тка Пла́на де́йствий по формирова́нию о́бщего ры́нка электри́ческой эне́ргии РФ и Казахста́на». Та́кже подпи́сано мѐжправи́тельственное соглаше́ние об откры́тии отделе́ний торго́вых представи́тельств Казахста́на в Каза́ни и Росси́и в Алма́-Ате́. По́дписи под докуме́нтом по оконча́нии перегово́ров президе́нтов двух стран поста́вили за̀мглавы́ МЭРТ и мини́стр индустри́и и торго́вли Казахста́на.

(http://www.vesti.ru/doc.html?id=120475)

語　彙　план【男】計画 совме́стный【形】共同の де́йствие【中】行動 шестидне́вный【形】６日間の Сре́дняя А́зия【女】中央アジア результа́т【男】結果 соглаше́ние【中】合意、合意文書 предусма́триваться［不完］規定されている разрабо́тка【女】立案、策定 формирова́ние【中】形成 о́бщий【形】共通の электри́ческая эне́ргия【女】電力 мѐжправи́тельственный【形】政府間の откры́тие【中】開設 отделе́ние【中】支部 поста́вить по́дпись под《造》［完］〜に署名／調印する по оконча́нии《生》［熟］〜終了後に за̀мглавы́（= замести́тель главы́ Министе́рства）【男】副大臣

訳　例　　**プーチン、ナザルバーエフ両大統領、共同行動計画に署名**

　ロシア大統領は、６日間の中央アジア訪問の一環としてカザフスタン大統領と会談した。会談の成果として、一連の合意文書への署名が行われた。ロシア、カザフスタン両国は2007〜2008年の共同行動計画に合意し、「ロシア、カザフスタン両国による共通の電力エネルギー市場構築のための行動計画策定」が盛り込まれた。さらに、通商代表部支部をカザフスタン側はカザンに、ロシア側はアルマトゥイに開設することに関する政府間協定に調印した。両国大統領の会談終了後、ロシアの経済貿易省副大臣とカザフスタンの産業貿易大臣が文書に署名した。

　（2007年5月10日報道）

重要語句

прѐсс-конфере́нция【女】記者会見 дать прѐсс-конфере́нцию 記者会見を開く Росси́я гото́ва вложи́ть в эконо́мику Вьетна́ма миллиа́рды до́лларов. Об э́том заяви́л президе́нт Росси́и **на прѐсс-конфере́нции** по́сле перегово́ров со свои́м вьетна́мским колле́гой. ロシア大統領は露・越首脳会談後の**記者会見で**、ロシアがベトナム（経済）に数十億ドル規模の投資を行う用意があると表明した。〔類義〕**бри́финг**【男】ブリーフィング ★質疑応答なし。 на бри́финге ブリーフィングで

согласо́вывать〔不完〕**согласова́ть**〔完〕**調整する、細部を詰める** ～ пози́ции（各方面の）立場を調整する Текст заявле́ния **согласо́вывали бо́лее четырёх часо́в**. 声明の内容の**擦り合わせ**は4時間以上行われた。Все докуме́нты, кото́рые ну́жно подписа́ть, **согласо́ваны**. 署名が必要な文書はすべて**細部の詰めが終わっている**。〔名詞形〕**согласова́ние**【中】調整 Весьма́ суще́ственным и ва́жным явля́ется **согласова́ние пози́ций** по междунаро́дным пробле́мам. 国際問題に関する〔多国間の〕**立場の調整**は極めて肝要かつ重要である。

догова́риваться〔不完〕**договори́ться**〔完〕**合意する** Обе сто́роны **договори́лись** о дальне́йшем сотру́дничестве. 双方はさらなる協力で**合意した**。〔名詞形〕**договорённость**【女】合意 ◆ **дости́гнуть договорённости** 合意に達する（= прийти́ к соглаше́нию）При Берлуско́ни ме́жду Ита́лией и США была́ **дости́гнута договорённость** о том, что ба́за бу́дет расши́рена почти́ вдво́е. ベルルスコーニ政権下で、イタリアとアメリカは基地を2倍に拡張することで**合意した**。Минск наравне́ с Москво́й бу́дет **выполня́ть все ра́нее дости́гнутые договорённости** и соглаше́ния. ベラルーシ政府はロシア政府と共に**これまでの合意事項をすべて履行する**であろう。

догово́р【男】条約 заключи́ть ми́рный догово́р 平和条約を結ぶ

подпи́сывать〔不完〕**подписа́ть**〔完〕《対》**～に署名する／調印する**〔名詞形〕**подписа́ние**【中】署名・調印 **Подписа́ние** двусторо́ннего соглаше́ния ме́жду Росси́ей и США принесёт вы́году обе́им стра́нам. 米ロ二国間協定への**署名**は、両国に利益をもたらすことになろう。

共同文書 Совме́стный докуме́нт

соглаше́ние【中】協定 **совме́стное заявле́ние**【中】共同宣言 **коммюнике́**【中】〔不変〕コミュニケ **обраще́ние**【中】アピール **деклара́ция**【女】宣言 **мемора́ндум**【男】覚書 **програ́мма экономи́ческого сотру́дничества**【女】経済協力プログラム

Росси́я высыла́ет четырёх брита́нских диплома́тов

«Росси́я наме́рена вы́слать четырёх брита́нских диплома́тов в отве́т на аналоги́чные де́йствия официа́льного Ло́ндона», — заяви́л официа́льный представи́тель МИД Росси́и. Послу́ Великобрита́нии была́ официа́льно вручена́ но́та об объявле́нии четырёх сотру́дников брита́нского посо́льства в Москве́ персо́нами нон-гра́та. Брита́нскому послу́ бы́ло сде́лано представле́ние «в связи́ с недру́жественными де́йствиями Великобрита́нии». В хо́де бесе́ды с брита́нским посло́м представи́тель росси́йского МИ́Да та́кже проинформи́ровал его́ о други́х отве́тных шага́х «на провокацио́нные и недру́жественные де́йствия официа́льного Ло́ндона». «Великобрита́ния "разочаро́вана" реше́нием Росси́и и счита́ет э́тот шаг неопра́вданным», — говори́тся в официа́льном заявле́нии главы́ Фо́рин о́фис.

〈http://www.vesti.ru/doc.html?id=130978〉

語　彙 высыла́ть［不完］追放する наме́ренный ＋不定形〜する意向である в отве́т на《対》［熟］〜へ対抗して аналоги́чный【形】同様の де́йствие【中】行動 официа́льный ＋ 首都「○○国政府」официа́льный представи́тель【男】スポークスマン、報道官 вручи́ть［完］手交する но́та【女】通告書 объявле́ние【中】宣告 персо́на нон-гра́та【女】「好ましからざる人物」сде́лать представле́ние《与》［完］〜に抗議する недру́жественный【形】非友好的な Великобрита́ния【女】英国 проинформи́ровать［完］知らせる отве́тный шаг【男】対抗措置 провокацио́нный【形】挑発的な разочаро́ванный【形】失望した неопра́вданный【形】不当な Фо́рин о́фис【男】外務省（英 Foreign Office）

訳　例
露、英外交官4人を国外追放へ

　露外務省スポークスマンは、「英国政府が採った同様の措置への報復として、ロシアは4人の英外交官を追放する意向である」と発表した。モスクワ駐在の英国大使館員4人を「好ましからざる人物」に認定した旨の通告書は、英国大使へ正式に手交され、「英国の非友好的な行動」に関し英国大使に抗議が行われた。英国大使と会談した露外務省側代表（注：外務次官）は、「英国政府の挑発的かつ非友好的行動」には、さらなる対抗措置を講じると通告した。［後刻出された］英外務大臣の公式声明は「英国はロシア側の決定に「失望」しており、今回の措置は不当と考える」としている。
（2007年7月19日報道）

重要語句

протестова́ть 〔不完〕 抗議する 〔類義〕 **сде́лано представле́ние** 《与》 ～に抗議する 〔申し入れを行う〕 Посо́л **был вы́зван** в МИД, где ему́ **бы́ло сде́лано представле́ние** в связи́ с инциде́нтом. 大使が外務省に**呼ばれ**、事件に対して**抗議が行われた**。〔名詞形〕 **проте́ст** 【男】 抗議 вы́разить проте́ст 《про́тив +生》〔完〕 ～に対し抗議する

разъясне́ние 【中】 詳しい説明 У посла́ **бы́ли затре́бованы разъясне́ния** в связи́ с заявле́ниями официа́льных лиц страны́. その国の政府高官の発言に関連して、**大使に詳しい説明を求めた**。

извине́ние 【中】〔通常複で〕 謝罪 тре́бовать/потре́бовать 《от +生》 извине́ний 謝罪を要求する приноси́ть/принести́ 《与》 извине́ния ～に謝罪する

отозва́ть 〔完〕 召還する Посо́л **был ото́зван** для консульта́ций. 協議のため大使は**召還された**。

высыла́ть 〔不完〕 **вы́слать** 〔完〕 国外追放する 〔名詞形〕 **вы́сылка** 【女】 国外追放 〔類義〕 **поки́нуть террито́рию** 《生》〔完〕 ～の国外に退去する Диплома́ты, **предста́вленные к вы́сылке, должны́ поки́нуть Росси́ю** в тече́ние 10 дней. 国外退去を宣告された外交官は10日以内にロシアを離れなければならない。

◆ **отве́тная ме́ра** 〔しばしば複で〕「対抗措置」〔同義〕 **отве́тный шаг** 〔複 шаги́ 〕

персо́на нон-гра́та 【女】 ペルソナ・ノン・グラータ （「好ましからざる者」）〔反義〕 **персо́на гра́та** 【女】 ペルソナ・グラータ （「好ましき者」）

ультима́тум 【男】 最後通牒 выдвига́ть/вы́двинуть 《与》 ультима́тум ～に最後通牒を突きつける

вы́разить ＋ 感情を表す名詞

～ **глубо́кую озабо́ченность/обеспоко́енность** 深い憂慮の念〔懸念〕を示す Уча́стники конфере́нции **вы́разили глубо́кую озабо́ченность** гуманита́рной ситуа́цией в Палести́не. 会議の参加者はパレスチナの人道的状況に**深い憂慮の念を示した**。

～ **неудово́льствие** 不快感を表す Госдепарта́мент США **вы́разил неудово́льствие** поста́вками раке́тных ко́мплексов в Ира́н. 米国務省はイランへのミサイルシステム納入に**不快感を示した**。

～ **возмуще́ние** 強い憤りを表す Председа́тель Евре́йской общи́ны **вы́разил возмуще́ние** а́ктом вандали́зма. ユダヤ人団体代表が蛮行に**強い憤りを表明した**。

※色字部分が造格なのは、元の動詞が造格要求であるため（озабо́титься《造》、(не) удовлетвори́ться《造》、возмути́ться《造》)。

Синдзо Абэ: мы твёрдо наме́рены найти́ взаимоприе́млемое реше́ние спо́рных вопро́сов

— Мой сле́дующий вопро́с бу́дет каса́ться так называ́емых пробле́м се́верных террито́рий, как называ́ют территориа́льные вопро́сы здесь, в Япо́нии. Скажи́те, у Япо́нии есть каки́е-нибудь но́вые предложе́ния по реше́нию э́того спо́рного вопро́са?

— Урегули́рование территориа́льной пробле́мы и заключе́ние ми́рного догово́ра явля́ется са́мой ва́жной зада́чей в сего́дняшних отноше́ниях Япо́нии и Росси́и. Я хоте́л бы, что́бы XXI столе́тие ста́ло для отноше́ний на́ших стран све́тлым и я́рким пери́одом. Сейча́с пока́ ещё остаю́тся расхожде́ния в пози́циях по э́той нелёгкой пробле́ме. Но мы твёрдо наме́рены занима́ться э́тим вопро́сом и реши́ть его́, найдя́ взаимоприе́млемый вариа́нт на осно́ве заключённых соглаше́ний и докуме́нтов. Я безусло́вно затро́ну э́тот вопро́с на встре́че с премье́ром Фрадко́вым.

(http://www.vesti.ru/doc.html?id=116295)

語　彙　взаимоприе́млемый【形】相互に受け入れ可能な спо́рный【形】係争中の каса́ться《生》[不完] 〜に関わる террито́рия【女】領土 территориа́льный【形】領土の урегули́рование【中】解決 ми́рный догово́р【男】平和条約 столе́тие【中】100年、世紀 расхожде́ние【中】開き пози́ция【女】立場 на осно́ве《生》[熟] 〜を基に безусло́вно【副】必ず

訳　例　安倍首相「懸案事項の相互受け入れ可能な解決策を見い出すことを強く確信」
記者：次に、日本側で「北方領土問題」と言われている領土問題に関して質問いたします。この懸案事項の解決に関して、日本側には新たな提案があるかお聞かせください。
首相：領土問題の解決と平和条約の締結は、今日の日ロ関係における最重要課題であります。私は、21世紀が両国関係にとって明るい輝ける時代となることを望んでおります。現在は、この難しい問題に関する立場の開きが残っています。しかし、我々は、これまでの諸合意及び諸文書に基づき、双方にとり受け入れ可能な解決策を見い出すべく、この問題に取り組んでゆく強い意志を持っています。私はフラトコフ首相との会談で、この問題に必ず言及するでしょう。

(2007年2月28日報道)

重要語句

незави́симость【女】独立 призна́ть незави́симость《生》〜の独立を認める Парла́мент Ко́сово в односторо́ннем поря́дке **провозгласи́л незави́симость от Се́рбии.** コソボ議会が一方的にセルビアからの**独立を宣言した。** **незави́симый**【形】独立した

суверените́т【男】主権 **суверéнный**【形】主権を持つ **суверéнное госуда́рство** 主権国家

грани́ца【女】国境、国境線 пересека́ть госуда́рственную грани́цу 国境を越える закры́ть грани́цу 国境を封鎖する нару́шить морску́ю/возду́шную грани́цу 領海／領空を侵犯する〔動詞形〕**грани́чить**《с＋造》[不完]〜と国境を接する Забайка́льский край **грани́чит сра́зу с двумя́ чле́нами ВТО —** Кита́ем и Монго́лией. ザバイカル地方は、WTO に加盟する中国とモンゴルの２カ国と直接国境を接している。

пограни́чный【形】国境付近の、国境警備の пограни́чный сторожево́й кора́бль（ПСК）国境警備艦（大砲・機関銃搭載の大型船）пограни́чный сторожево́й ка́терь（ПСКР）国境警備艇 **пограни́чник**【男】国境警備兵

террито́рия【女】領土 Япо́ния тре́бует **возвраще́ния се́верных террито́рий.** 日本は北方領土返還を求めている。★ロシア側呼称は ю́жно-кури́льские острова́ 南クリル諸島〔派生〕**территориа́льный**【形】**領土の** территориа́льное мо́ре［возду́шное простра́нство］領海［領空］территориа́льные во́ды〔複で〕領水（河川・湖沼を含む）

◆ **территориа́льная це́лостность**「領土の一体性」В соглаше́нии подчёркиваются обяза́тельства сторо́н «уважа́ть **суверените́т и территориа́льную це́лостность** друг дру́га». 合意では、双方が互いの主権と領土の一体性を尊重する義務が強調されている。

◆ **территориа́льная прете́нзия**「領土に関する要求」В но́вый пограни́чный догово́р был включён пункт о том, что ни одна́ из сторо́н не име́ет друг к дру́гу **территориа́льных прете́нзий.** 新たな国境条約には、「双方は互いに対する領土に関する要求を有しない」との一項が加えられた。

◆ **исключи́тельная экономи́ческая зо́на**（ИЭЗ）【女】「排他的経済水域」（EEZ）**анкла́в**【男】飛び地 В само́й Росси́и есть **анкла́в —** Калинингра́дская о́бласть. ロシアの中にもカリーニングラード州という飛び地がある。

北方領土問題解決のための取り組み

Безви́зовое посеще́ние острово́в Итуру́п, Кунаши́р, Шикота́н и Хабома́и 択捉島、国後島、色丹島、歯舞諸島へのビザなし訪問

Посеще́ние япо́нских захороне́ний, находя́щихся на четырёх острова́х, япо́нскими гра́жданами, бы́вшими жи́телями острово́в 旧島民による四島墓参

Стра́ны G8 вы́делят $60 миллиа́рдов африка́нским стра́нам

Гла́вы госуда́рств и прави́тельств стран «большо́й восьмёрки» на встре́че в Хайлигенда́мме дости́гли договорённости по но́вой програ́мме по́мощи А́фрике. Как ста́ло изве́стно ИТА́Р-ТАСС, докуме́нт предусма́тривает выделе́ние 60 миллиа́рдов до́лларов на борьбу́ со СПИ́Дом, маляри́ей и туберкулёзом. Полови́ну э́тих средств предоста́вят США, остальны́е де́ньги посту́пят от други́х стра́н-чле́нов «Клу́ба восьми́». Програ́мма была́ предло́жена о́коло двух неде́ль наза́д президе́нтом США Джо́рджем Бу́шем. Ка́нцлер ФРГ А́нгела Ме́ркель наме́рена сего́дня предста́вить э́тот докуме́нт руководи́телям стран А́фрики, уча́ствующим в рабо́те са́ммита «Гру́ппы восьми́» на Ба́лтике. Оконча́тельное реше́ние по э́той програ́мме ожида́ется во второ́й полови́не дня.

(http://www.vesti.ru/doc.html?id=125165)

語　彙　G8〔джи-во́семь〕主要8カ国　вы́делить《対》《与》〔完〕～を…に分配する　по́мощь《与》【女】～への援助　предусма́тривать《対》〔不完〕～を規定する　выделе́ние【中】配分　миллиа́рд【男】10億　борьба́《с＋造》【女】～対策　СПИД【男】エイズ　маляри́я【女】マラリア　туберкулёз【男】結核　сре́дство〔複で〕資金　предоста́вить〔完〕拠出する　США＝Соединённые Шта́ты Аме́рики〔複で〕米国　поступи́ть《от＋生》〔完〕～からもたらされる　ка́нцлер【男】（ドイツの）首相　ФРГ＝Федерати́вная Респу́блика Герма́ния【女】ドイツ連邦共和国　оконча́тельный【形】最終的な　втора́я полови́на дня【女】午後

訳　例　　**G8 諸国、600 億ドルをアフリカ諸国に拠出へ**

　G8各国の首脳はハイリゲンダムでの会談で、アフリカ支援の新たなプログラムに関して合意に達した。イタルタス通信に明らかになったところでは、文書には、エイズ・マラリア・結核対策に600億ドルを拠出することが盛り込まれている。この資金の半分は米国が拠出し、残りの資金は他のG8構成国が提供する。このプログラムは、2週間ほど前にブッシュ米大統領が提唱したものである。今日、メルケル独首相は、バルト海沿岸で開催中のG8サミット会合に出席するアフリカ諸国の首脳らに文書案を示すことにしている。この計画案を巡る最終決定は午後に予定されている。

　（2007年6月8日報道）

重要語句

cа́ммит 【男】 サミット、首脳会談 В деклара́ции, при́нятой **на cа́ммите** в Хайлигенда́мме, госуда́рства «большо́й восьмёрки» потре́бовали от Ира́на вы́полнить тре́бования междунаро́дного соо́бщества. G8 諸国は、ハイリゲンダム**サミット**で採択された宣言の中で、国際社会の要求を実行するようイランに求めた。★二国間首脳会議にも用いる。В Братисла́ве откры́лся двухдне́вный **росси́йско-америка́нский cа́ммит на вы́сшем у́ровне**. プラチスラバで**米ロ首脳会談**が2日間の日程で始まった。

развита́я (передова́я) страна́ 【女】 先進国 наиме́нее развита́я страна́ 後発開発途上国 〔反義〕**развива́ющаяся страна́** 【女】 発展途上国

глобализа́ция 【女】 グローバル化 〔関連〕**àнтиглобали́ст** 【男】 反グローバル主義者

приве́рженность 【女】 コミットメント Госуда́рства «большо́й восьмёрки» подтверди́ли **приве́рженность** совме́стной борьбе́ про́тив междунаро́дного терроризма. G8 諸国はテロとの戦いを共に進めてゆくことに関する**コミットメントを**確認した。

председа́тельство 【中】 議長であること 1 декабря́ 2012 го́да к Росси́и перешло́ **председа́тельство в «Большо́й двадца́тки»** сро́ком на́ год. G20 議長国は 2012 年 12 月 1 日から 1 年間ロシアに代わった。〔類義〕**страна́-председа́тель** 【女】 議長国 ★ страна́ も председа́тель も 格変化。**Стране́-председа́телю** удало́сь дости́чь о́бщей пози́ции «восьмёрки» по конфли́кту на Бли́жнем Восто́ке. **議長国は**中東での対立に関して G8 共通の立場のとりまとめに成功した。

G8 以外のロシアに関連する cа́ммит

Cа́ммит АТЭ́С (Азиа̀тско-Тихоокеа́нского экономи́ческого сотру́дничества) APEC (アジア太平洋経済協力) 首脳会議

Cа́ммит Движе́ния неприсоедине́ния 非同盟諸国会議首脳会議

Cа́ммит ЕС (Европе́йский Сою́з) **-Росси́я** EU (欧州連合)・ロシア首脳会議

Cа́ммит СНГ (Содру́жество незави́симых госуда́рств) CIS (独立国家共同体) 首脳会議

Cа́ммит ЕврАзЭ́С (Еврази́йского экономи́ческого соо́бщества) ユーラシア経済共同体首脳会議 (ロシア、ベラルーシ、カザフスタン、キルギス、タジキスタンの5カ国)

Cа́ммит ГУА́М GUAM 諸国首脳会議 (旧ソ連諸国のうち親欧米路線をとるジョージア、ウクライナ、アゼルバイジャン、モルドバの頭文字から)

Cа́ммит Шанха́йской организа́ции сотру́дничества (ШОС) 上海協力機構 (SCO) 首脳会議 (ロシア、中国、カザフスタン、ウズベキスタン、キルギス、タジキスタンの6カ国)

OOH: гряду́т переме́ны

В Нью-Йо́рке начала́сь 60-я юбиле́йная се́ссия Генера́льной Ассамбле́и ООН. Две гла́вные те́мы — э́то террори́зм и реформи́рование ООН. Гла́вная интри́га после́днего вопро́са — расшире́ние Сове́та Безопа́сности. Росси́я подде́рживает кандидату́ру Герма́нии, кото́рая должна́ войти́ в соста́в постоя́нных чле́нов Совбе́за. США подде́рживают кандидату́ру Япо́нии, но про́тив неё акти́вно выступа́ет Кита́й. По́сле мину́ты молча́ния выступа́л Ко́фи А́ннан. Он говори́л о террори́зме, о безопа́сности, о своём ви́дении рефо́рмы ООН. Зате́м на трибу́ну вы́шел Джордж Буш. Он призва́л все стра́ны-чле́ны ООН поддержа́ть всеобъе́млющую Конве́нцию по борьбе́ с террори́змом.

(http://www.vesti.ru/doc.html?id=109739)

語 彙　грясти́〔гряду́, -дёшь〕［不完］近づく переме́на【女】変化 юбиле́йный【形】記念の Генера́льная Ассамбле́я【女】総会 ООН【女】国連 террори́зм【男】テロリズム реформи́рование【中】改革 интри́га【女】構想「гла́вная интри́га」ここでは「今後の展開が注目されていること」расшире́ние【中】拡大 Сове́т Безопа́сности【男】安全保障理事会 постоя́нный【形】常任の выступа́ть《про́тив＋生》［不完］～に反対する акти́вно【副】積極的に мину́та молча́ния【女】黙祷 ви́дение【中】ビジョン трибу́на【女】演壇 призва́ть［完］呼びかける всеобъе́млющий【形】包括的な конве́нция【女】条約

訳 例　　　　　　　　　　　**国連に変化の足音**

　ニューヨークで第60回記念国連総会が始まった。テロと国連改革が２つの主要テーマとなっており、後者の問題では、安全保障理事会を拡大する構想の行方が注目されている。ロシアはドイツの常任理事国入りを支持している。米国は日本を候補として支持しているが、中国が強く反対している。黙祷の後、コフィー・アナン［事務総長］が演説を行い、テロと安全保障、そして自らの国連改革のビジョンについて語った。これに続き、ブッシュ大統領が登壇した。ブッシュ大統領は、テロとの戦いに関する包括的条約案を支持するよう全ての国連加盟国に呼びかけた。

（2005年9月14日報道）

重要語句

мирово́е соо́бщество【中】国際社会（＝ междунаро́дное соо́бщество）снять озабо́ченность мирово́го соо́бщества 国際社会の懸念を払拭する〔関連〕**междунаро́дные отноше́ния**〔複で〕国際関係

◆ **Организа́ция объединённых на́ций**「国際連合」（略称 **ООН**［о-о́н］【女】）Уста́в ООН 国連憲章 госуда́рство-член ООН 国連加盟国 **Официа́льными языка́ми ООН** явля́ются англи́йский, испа́нский, кита́йский, ру́сский, францу́зский и ара́бский. 国連公用語は英・西・中・露・仏・アラビア語である。〔派生〕**ООН-овский**（оо́новский とも）【形】国連の сотру́дничать с оо́новскими инспе́кторами 国連の査察官に協力する

★国連の主要機構 Генера́льная Ассамбле́я 国連総会 Сове́т Безопа́сности 安全保障理事会（略称 Совбе́з/СБ［эс-бэ́］）**Экономи́ческий и Социа́льный Сове́т** 経済社会理事会 Междунаро́дный Суд 国際司法裁判所 **Сове́т по Опе́ке** 信託統治理事会 **Секретариа́т** 事務局

◆ **Генера́льный секрета́рь ООН**「国連事務総長」（略称 генсе́к）Срок полномо́чий **Генера́льного секретаря́** — пять лет. 国連事務総長の任期は５年である。

◆ **Постоя́нное представи́тельство**「常駐代表部」★国際機関における大使館に相当 Постоя́нное представи́тельство РФ при ООН ロシア連邦国連常駐代表部

◆ **Постоя́нный представи́тель при ООН**「国連常駐代表」（略称 **постпре́д**）（＝国連大使）

◆ постоя́нный/непостоя́нный член Сове́та Безопа́сности「安保理常任／非常任理事国」Де́сять **непостоя́нных чле́нов** избира́ются все́ми госуда́рствами-чле́нами на двухгоди́чный срок. 非常任理事国10カ国は全加盟国によって任期2年で選ばれる。

国際条約

соглаше́ние【中】協定（英 agreement）деклара́ция【女】宣言（英 declalation）протоко́л【男】議定書（英 protocol）догово́р【男】条約（英 treaty）конве́нция【女】条約（英 convention）★条約ごとに使う語が決まっているので要確認。Догово́р о нераспростране́нии я́дерного ору́жия 核兵器不拡散条約 Конве́нция о права́х ребёнка 子供の権利条約

ратифика́ция【女】批准 ратифици́ровать［完］批准する Госду́ма ратифици́ровала догово́р ме́жду РФ и Латви́йской респу́бликой о росси́йско-латви́йской госуда́рственной грани́це. 露下院はロシアとラトビアが結んだ両国国境線に関する条約を批准した。★法的には議会が「承認」し、大統領が批准書 ратификацио́нная гра́мота に署名する。〔類義〕**вступа́ть**［不完］／**вступи́ть**［完］**в си́лу** 発効する

Россия и США не смогли сблизить позиции по Косову

Минимизации разногласий между Россией и США по Косову сегодня не произошло. Об этом заявил глава МИД РФ Сергей Лавров по итогам переговоров с госсекретарём США Кондолизой Райс. «Вместе с тем произошло более чёткое понимание позиций друг друга», — подчеркнул российский министр, — «Аргументы были услышаны, но пока они не помогли сблизить позиции». Министр также отметил, что «есть понимание необходимости диалога по несовместимым позициям на уровне президентов России и США». «Россия хочет быть равноценным партнёром США в решении всех вопросов», — подчеркнул Лавров. Лавров также сообщил после переговоров с госсекретарём США, что Россия надеется на то, что решение о её присоединении к Организации экономического сотрудничества и развития (ОЭСР) будет принято в Париже.

(http://www.vesti.ru/doc.html?id=121210)

語 彙 сблизить〔完〕近づける минимизация【女】縮小すること разногласие【中】意見の隔たり、〔複〕対立 итог【男】まとめ госсекретарь【男】米国務長官（外務大臣相当）чёткий【形】正確な аргумент【男】論拠、意見 диалог【男】対話 несовместимый【形】相容れない равноценный【形】同等の присоединение《к＋与》【中】～への加盟 Организация экономического сотрудничества и развития（ОЭСР）【女】経済協力開発機構（OECD）

訳 例 　　　　　　　　米ロ、コソボ問題で隔たり埋まらず

　ロシアのセルゲイ・ラブロフ外相は、コンドリーザ・ライス米国務長官との会談後、「今日の段階では、米ロ間の意見の相違を縮めるには至らなかった」と語った。さらに同外相は、「互いの立場をよりはっきりと理解できた」と強調しつつも「［双方は］主張に耳を傾けたが、立場を近づけるには至っていない」と述べた。また同外相は、「立場が相容れない部分については、米ロ両国大統領レベルでの話し合いが必要だという点で認識が一致している」とも指摘した。ラブロフ氏は、「ロシアは米国と対等のパートナーとしてあらゆる問題の解決にあたりたい」と強調した。また、米国務大臣との会談後、ラブロフ外相は、ロシアの経済協力開発機構（OECD）加盟がパリで認められることに期待感を示した。

（2007年5月15日報道）

重要語句

разногла́сие【中】意見の相違〔複で〕対立 преодоле́ть разногла́сия 対立を克服する

расходи́ться［不完〕隔たる Мне́ния по э́тому вопро́су **диаметра́льно расхо́дятся**. この問題の見方は180度異なっている。〔名詞形〕　**расхожде́ние**　【中】隔たり　В отноше́нии Ира́на в ми́ре существу́ет **значи́тельное расхожде́ние** во мне́ниях. イランについては国際社会に**大きな意見の隔たり**がある。〔類義〕**нюа́нс**【男】細かな相違　★日本語の「ニュアンス」とは意味が異なるので要注意。Есть　**нюа́нсы**, кото́рые не урегули́рованы. 細かな意見の違いは解消されていない。

◆ **зайти́ в тупи́к**「行き詰まる」Президе́нт факти́чески призна́л, что перегово́ры **зашли́ в тупи́к**. 大統領は交渉が**行き詰まった**ことを事実上認めた。

урегули́ровать〔完〕（問題を）解決する（= реши́ть）Нас беспоко́ит нали́чие в регио́не **неурегули́рованных** конфли́ктов. この地域での対立が**解消されていない**ことを我々は憂慮している。〔名詞形〕**урегули́рование**【中】問題の解決（= реше́ние）

компроми́сс【男】妥協 дости́гнуть компроми́сса 妥協を得る（= пойти́ на усту́пки）**компроми́ссный**【形】〜の прийти́ к компроми́ссному реше́нию 妥協的解決に至る〔類義〕**консе́нсус**【男】コンセンサス найти́ 〜コンセンサスを得る（= прийти́ к консе́нсусу）

смягчи́ться〔完〕軟化する〔類義〕◆ **прояви́ть ги́бкость**「柔軟に対応する」

посре́дничество【中】仲介 Мини́стр вы́разил наде́жду на то, что предложе́ние Белгра́да продо́лжить прямы́е перегово́ры с При́штиной **при междунаро́дном посре́дничестве** бу́дет при́нято. コソボ側との直接交渉を**国際社会の仲介下**で継続するというセルビア政府の提案が受け入れられることに大臣は期待を示した。

посре́дник【男】仲介役 ООН вы́ступит **посре́дником** в освобожде́нии изра́ильских солда́т. 国連がイスラエル兵士の解放の**仲介役**となる。**посре́днический**【形】仲介の игра́ть посре́дническую роль 仲介の役割を果たす

совпада́ть〔不完〕**совпа́сть**〔完〕《с + 造》〜と一致している Долгосро́чные интере́сы мно́гих стран по́лностью **совпада́ют**. 多くの国々の長期的利害は全く**一致している**。〔同義〕**еди́ный**《в + 前》【形】〜で完全に一致している Росси́я и Азербайджа́н **еди́ны в том, что** Кавка́з до́лжен остава́ться ми́рным и стаби́льным. ロシアとアゼルバイジャンは、コーカサス地方の平和と安定が不可欠であるという点で**全く一致している**。

аргуме́нт【男】論拠 **аргумента́ция**【女】論拠　★文脈によっては「主張」が適訳となる場合がある。У меня́ сложи́лось впечатле́ние, что **на́ши аргуме́нты** воспринима́ются колле́гами по «большо́й восьмёрке». 私は**我が国の主張**がG8各国に受け入れられつつあるという感触を抱いている。

США обвини́ли Ира́н в подде́ржке экстреми́стов на палести́нских террито́риях
Замести́тель госуда́рственного секретаря́ США Ни́колас Бернс обвини́л Ира́н в подде́ржке экстреми́стов на палести́нских террито́риях, в Лива́не и Ира́ке. «Тегера́н поставля́ет ору́жие тали́бам в Афганиста́не», — заяви́л он сего́дня на пре́сс-конфере́нции в Пари́же, обвини́в Ира́н та́кже в подде́ржке таки́х движе́ний, как ХАМА́С и «Хезболла́х». Бернс пригрози́л, что е́сли Ира́н в ближа́йшие две-три неде́ли не всту́пит в перегово́ры о свое́й я́дерной програ́мме, то са́нкции про́тив страны́ бу́дут ужесточены́ «как в конте́ксте ООН, так и вне его́». «Мы не мо́жем предста́вить себе́ стаби́льный и миролюби́вый Бли́жний Восто́к, е́сли Ира́н завладе́ет я́дерным ору́жием», — сказа́л он.

(http://www.vesti.ru/doc.html?id=125817)

語彙　обвини́ть《в + 前》［完］ ～で非難する　подде́ржка【女】支援　экстреми́ст【男】過激派　палести́нский【形】パレスチナの　поставля́ть［不完］供給する　ору́жие【中】武器　Лива́н【男】レバノン　тали́б【男】タリバン兵〔複で〕タリバン　движе́ние【中】グループ　ХАМА́С【男】ハマス　Хезболла́х【男】ヒズボラ　пригрози́ть［完］強く警告する　я́дерная програ́мма【女】核開発計画　са́нкция【女】制裁　ужесточи́ть［完］厳しくする　конте́кст【男】コンテクスト　предста́вить себе́《対》［完］～を思い描く　стаби́льный【形】安定した　миролюби́вый【形】平和を希求する　Бли́жний Восто́к【男】中東　завладе́ть《造》［完］～を所持する　я́дерное ору́жие【中】核兵器

訳例　　　　アメリカ、パレスチナ領内での過激派支援でイランを非難

　アメリカのニコラス・バーンズ国務副長官は、イランがパレスチナ領内、レバノンおよびイラクで過激派を支援しているとして非難した。パリでの記者会見で、副長官は「イラン政府はアフガニスタンのタリバンへ武器提供を続けている」と述べた上で、ハマスやヒズボラなどのグループを支援している点についてもイランを批判した。さらにバーンズ副長官は、イランが2～3週間以内に核開発計画に関する交渉に応じなければ、対イラン制裁措置は「国連を背景にしたものも、そうでないものも」一層強化されるであろうと強く警告した。米国務副長官は「イランが核兵器を保有することになれば、我々は平和な安定した中東を思い描くことはできない」と述べた。

（2007年6月13日報道）

重要語句

обвиня́ть [不完] **обвини́ть** [完]《в＋前》〜の点で非難する〔名詞形〕**обвине́ние**【中】非難 Надо прекрати́ть **взаи́мные обвине́ния**. 非難の応酬はやめるべきだ。

осужда́ть [不完] **осуди́ть** [完]《対》〜を非難する Росси́я **осуди́ла** я́дерное испыта́ние в КНДР. ロシアは北朝鮮の核実験を**非難**した。〔名詞形〕**осужде́ние**【中】非難 Евросою́з всегда́ реши́тельно **выступа́л с осужде́нием** тера́ктов. 欧州連合は一貫してテロ行為を強く**非難**してきた。

упрека́ть [不完] **упрекну́ть** [完]《対》《в＋前》〜を…の点で批判する〔名詞形〕**упрёк**【男】非難 На э́тот раз **упрёков** в а́дрес э́той страны́ из его́ уст **не услы́шано**. 今回は、この国への**非難**は彼の口からは**聞かれなかった**。

критикова́ть《対》[不完]〜を批判する〔名詞形〕**кри́тика**【女】批判、批難《主》подверга́ться/подве́ргнуться кри́тике 〜が批判を浴びる Наш пе́рвый прое́кт **подве́ргся серьёзной кри́тике** со стороны́ Лива́на. 我々の当初の案はレバノン側から**強い反発を受けた**。

возраже́ние【中】異議、反発 вызыва́ть возраже́ния у ря́да стран 複数国の反発を招く〔動詞形〕**возража́ть** [不完] **возрази́ть** [完]反論する、異議を唱える

сомне́ние【中】疑い、疑念 выража́ть/вы́разить сомне́ние 〜に疑いを差し挟む ста́вить/поста́вить《対》под сомне́ние 〜を疑問視する Он **поста́вил под сомне́ние то, что** сего́дня бу́дет подро́бно обсужда́ться ход перегово́ров ме́жду двумя́ стра́нами. 彼は、今日は二国間交渉の進め方について突っ込んだ話し合いは**ないだろう**と述べた。〔類義〕**подозре́ние**【中】疑惑、疑念 Росси́я предлага́ла Ира́ну обогаща́ть ура́н на свое́й террито́рии, что́бы **снять подозре́ния** в разрабо́тке я́дерного ору́жия. ロシアはイランに対し、核兵器開発の**疑惑を払拭する**ためロシア国内でウラン濃縮を行うよう提案した。

провока́ция【女】挑発（行為）Я́дерное испыта́ние в Се́верной Коре́е — **серьёзная провока́ция**, кото́рая создаёт угро́зу междунаро́дному ми́ру. 北朝鮮の核実験は世界平和を脅かす**重大な挑発行為**である。**провокацио́нный**【形】挑発的な

оскорбля́ть [不完] **оскорби́ть** [完]侮辱する Посо́л Росси́и в Эсто́нии заяви́л, что перено́с Бро́нзового солда́та **оскорби́л чу́вства** ру́сского наро́да. 駐エストニア露大使は「兵士像の移設はロシア国民の**感情を傷つけた**」と述べた。〔派生〕**оскорбле́ние**【中】侮辱、屈辱 **оскорби́тельный**【形】侮辱的な、屈辱的な

шанта́ж【男】恫喝 «энергети́ческий шанта́ж» エネルギー恫喝〔動詞形〕**шантажи́ровать** [不完]恫喝する

Совбéз ООН прúнял резолю́цию по Ирáну

Совéт Безопáсности ООН единоглáсно прúнял нóвую резолю́цию, ужесточáющую сáнкции в отношéнии Ирáна. Докумéнт, в чáстности, предусмáтривает запрéт на предоставлéние зáймов Ирáну по лúнии прави́тельств, а тáкже эмбáрго на э́кспорт Ирáном вооружéний. Сáнкции предполагáют заморáживание финáнсовых счетóв 13 компáний и 15 физúческих лиц, причáстных к проéктам, свя́занным с обогащéнием урáна и разрабóткой ракéтных носúтелей, а тáкже вúзовые ограничéния, эмбáрго на постáвку орýжия из Ирáна и призы́в отказáться от продáжи Тегерáну орýжия и выделéния кредúтов. Тегерáну отвóдится 60 дней на приостанóвку свои́х я́дерных прогрáмм, не свя́занных с мúрными це́лями, пóсле чего СБ приступит к обсуждéнию нóвых сáнкций. Резолю́ция призывáет Тегерáн вернýться к переговóрам.

（http://www.vesti.ru/doc.html?id=95044）

語　彙　резолю́ция【女】決議 ужесточáть［不完］厳しくする сáнкция【女】制裁 запрéт《на＋対》【男】〜の禁止 предоставлéние【中】提供、供与 заём〔複 зáймы で〕【男】借款 эмбáрго【中】禁輸 вооружéние【中】武器 заморáживание【中】凍結 финáнсовый счёт【男】金融口座 физúческое лицó【中】自然人 причáстный《к＋与》【形】〜に関与する разрабóтка【女】開発 ракéтный носúтель（＝ракетоносúтель）【男】ブースター（ミサイルのロケット部分）вúзовый【形】ビザの ограничéние【中】制限 постáвка【女】供給 выделéние кредúтов【中】融資の実施 отводúться《与》［不完］〜に与える приостанóвка【女】停止

訳　例　　　　　　　**国連安保理、イラン関連決議を採択**
　国連安全保障理事会は、対イラン制裁を強化する新たな決議を全会一致で採択した。決議文書には、イランへの政府間借款の供与禁止、イランによる武器輸出禁止などが盛り込まれている。制裁措置には、ウラン濃縮とミサイル発射装置の開発に関係している企業13社と15の個人の金融口座の凍結、ビザ発給の制限、イランからの武器輸出禁止措置が含まれ、イラン政府への武器売却と融資の停止を呼びかける内容となっている。イラン政府には、平和利用とは無関係の核開発計画の停止に60日の猶予が与えられ、その後、安保理は新たな制裁措置の論議に入ることになっている。決議は、交渉へ復帰するようイラン政府に求めている。

（2007年3月24日報道）

重要語句

obostréние【中】緊迫化・悪化 ～ отношéний Росси́и и Гру́зии ロシアとジョージアの関係悪化〔動詞形〕обостря́ть［不完］обостри́ть［完］《対》～を先鋭化させる、悪化させる Подде́ржка «Хезболла́х» со стороны́ Си́рии и Ира́на обостря́ет конфли́кт. シリアとイランがヒズボラを支援していることが**対立に拍車をかけている**。

эскала́ция【女】エスカレーション「激化」США не стремя́тся к **эскала́ции конфли́кта** с Се́верной Коре́ей. 米国は北朝鮮との**対立激化**を望んでいない。

са́нкция【女】**制裁 (措置)** экономи́ческая са́нкция 経済制裁〔類義〕эмба́рго【中】〔不変〕禁輸措置 Сове́т Безопа́сности отмени́л **эмба́рго на и́мпорт** необрабо́танных алма́зов из Либе́рии. 安保理はリベリアからのダイヤ原石の**輸入禁止措置**を解除した。

◆ экономи́ческая блока́да「経済封鎖」

запре́т《на＋対》【男】～の禁止 сохраня́ть запре́т на поста́вки ору́жия в Кита́й 中国への武器輸出禁止を継続する〔同義〕запреще́ние【中】禁止すること

ограниче́ние《на＋対》【中】制限 ～ на торго́влю 貿易の制限

замора́живать［不完］заморо́зить［完］凍結する США заморо́зили счета́ XAMAC. 米国はハマスの口座を凍結した。〔名詞形〕замора́живание【中】凍結

вводи́ть［不完］ввести́［完］《対》(措置を) 導入・発動する Бы́ли введены́ са́нкции про́тив «Сухо́го», а та́кже про́тив Ро̀соборонэ̀кспорта. スホーイ社とロスオボロンエクスポルト〔ロシア兵器輸出公団〕への**制裁措置が発動された**。〔名詞形〕введе́ние【中】発動 Сове́т Безопа́сности ООН единоду́шно проголосова́л за неме́дленное введе́ние эмба́рго на поста́вки ору́жия в Кот д'Ивуа́р. 国連安保理は全会一致でコートジボアールへの武器禁輸措置の**即時実施**を決議した。〔類義〕наложи́ть《対》《на＋対》［完］（～ に … を）発動する наложи́ть запре́т на и́мпорт мя́са 肉の**輸入禁止措置を発動する**

制裁措置に関係する表現

ужесточа́ть［不完］ужесточи́ть［完］《対》～を強化する〔名詞形〕ужесточе́ние《生》【中】～の強化〔反義〕ослабля́ть［不完］осла́бить［完］《対》～を緩和する、緩める〔名詞形〕ослабле́ние《生》【中】～の緩和

сня́ть《対》《с＋生》［完］（～ から … を）解除する〔同義〕отменя́ть［不完］отмени́ть［完］《対》～を解除する〔名詞形〕отме́на《生》【女】～の解除

продли́ть［完］《対》～を延長・継続する〔名詞形〕продле́ние《生》【中】～の延長・継続

«Золото́й африка́нский сли́ток»

Росси́йская пре́сса комменти́рует 12-дне́вное африка́нское турне́ председа́теля КНР Ху Цзиньта́о. «Поднебе́сная нара́щивает своё могу́щество на Чёрном контине́нте», — пи́шет газе́та «Газе́та» — «А́фрика спеши́т удовлетвори́ть энергети́ческие аппети́ты са́мой бы́строразвива́ющейся эконо́мики в ми́ре». «Коммерса́нт» отмеча́ет, что Ху Цзиньта́о бу́дет лобби́ровать размеще́ние кита́йских миротво́рцев на Чёрном контине́нте. «Пеки́н откры́то начина́ет полномасшта́бную экспа́нсию в А́фрику. Кита́й как вели́кая держа́ва получа́ет не́кий междунаро́дный сертифика́т, утвержда́ющий его́ гео́полити́ческое ли́дерство», — резюми́рует обозрева́тель.

(http://news.bbc.co.uk/hi/russian/russia/newsid_6315000/6315911.stm#3)

語　彙　сли́ток【男】塊 пре́сса【女】プレス、新聞 комменти́ровать〔不完〕論説する КНР =Кита́йская наро́дная респу́блика【女】中華人民共和国 Поднебе́сная【女】中国 нара́щивать〔不完〕拡大する могу́щество【中】影響力 Чёрный контине́нт【男】アフリカ大陸 удовлетвори́ть〔完〕満足させる энергети́ческий【形】エネルギーの бы́строразвива́ющийся【形】急速に発展している лобби́ровать〔不完〕ロビー活動を行う размеще́ние【中】（兵力の）派遣 миротво́рец【男】〔複で〕平和維持部隊 полномасшта́бный【形】本格的な экспа́нсия【女】拡張、「影響力拡大」держа́ва【女】大国 не́кий【形】ある種の сертифика́т【男】証明書、「お墨付き」утвержда́ть〔不完〕確認する гео́полити́ческий【形】地政学的な ли́дерство【中】リーダーシップ резюми́ровать〔不完〕まとめる、結論づける обозрева́тель【男】評論家

訳　例　　　　　「アフリカの金塊」

　ロシアの新聞各紙は、胡錦濤中国国家主席の12日間のアフリカ歴訪について論評している。ガゼータ紙は「中国はアフリカ大陸での自国の影響力を増大させている。世界で最も急速な発展を見せる［中国］経済のエネルギーへの渇望を、アフリカは急いで満たそうとしている」と記している。コメルサント紙は、胡錦濤主席がアフリカでの中国の平和維持部隊の展開受け入れへの働きかけを強めるであろうと指摘している。記事は「中国政府は、アフリカへの影響力拡大に本格的に乗り出した。大国としての中国は、国際社会から地政学的なリーダーとしても認知されつつある」とまとめている。

（2007年1月31日報道）

重要語句

держа́ва【女】**大国** экономи́ческая держа́ва 経済大国 вое́нная держа́ва 軍事大国 я́дерная держа́ва 核大国 нѐфтедобыва́ющая держа́ва 石油大国 культу́рная держа́ва 文化大国〔派生〕сѝпердержа́ва/свѐрхдержа́ва【女】**超大国**

однополя́рный【形】**一極的な**〔名詞形〕однополя́рность【女】一極主義〔反義〕многополя́рный【形】**多極的な**〔名詞形〕многополя́рность【女】多極主義 Росси́я выступа́ет за **многополя́рный мир**. ロシアは**多極主義的な世界**に賛成している。

гегемони́зм【男】**覇権主義**〔類義〕экспансиони́зм【男】拡張主義

интере́сы〔複で〕**利益** национа́льные интере́сы 国益 Таки́е подхо́ды вне́шней поли́тики соотве́тствуют и **интере́сам глоба́льного разви́тия**, и **национа́льным интере́сам страны́**. そのような外交政策上のアプローチは、グローバルな発展という利益と、我が国の国益に合致する。★単数形 **интере́с**【男】は「関心・興味」Мы занима́лись открове́нной и откры́той диску́ссией по вопро́сам, представля́ющим **взаи́мный интере́с**. 我々は**互いの関心**となる諸問題を率直に話し合った。

гѐополи́тика【女】**地政学** гѐополити́ческий【形】**地政学的な** На́ша страна́ занима́ет гѐополити́чески ва́жное простра́нство. 我が国は**地政学的に重要な場所**に位置する。

сотру́дничество【中】**協力** < сотру́дничать 協力する〔類義〕**сосуществова́ние**【中】**共存** < сосуществова́ть 共存する ми́рное сосуществова́ние 平和共存

дру́жба【女】**友好**〔類義〕**добрососе́дство**【中】善隣

◆尖閣問題に関する日本政府の見解

Как истори́чески, так и с то́чки зре́ния междунаро́дного пра́ва очеви́дно, что острова́ Сенка́ку явля́ются **исконной террито́рией** Япо́нии. Действи́тельно, Япо́ния **эффекти́вно контроли́рует** их. **Пробле́мы территориа́льного суверените́та**, кото́рая должна́ быть решена́ относи́тельно острово́в Сенка́ку, не существу́ет. 尖閣諸島が**日本固有の領土**であることは歴史的にも国際法上も明らかであり，現に我が国はこれを**有効に支配**している。尖閣諸島をめぐり解決すべき**領有権の問題**はそもそも存在しない。

中国語固有名詞のロシア語表記

　本文の Поднебе́сная は「天下」の直訳で、「中国」の置換表現として頻出（→ **StepUp** ）。翻訳された漢字熟語の推測は難しい。例：«Пусть сопе́рничают сто школ»「百家争鳴」。地名は伝統的な方言表記と北京音表記が併存。例：「香港」Гонко́нг (Сянга́н)「澳門」Мака́о (Аомы́нь). 歴史的にロシア語別称を持つ地名も。Порт-Арту́р「旅順」。要人名は「人民日報」Жэньми́н Жииба́о 電子版も参考になる。Си Цзиньпи́н 習近平（国家主席）Ли Кэця́н 李克強（首相）Ван И 王毅（外相）Ма Инцзю 馬英九（台湾総統）。

«Ось зла» осталась без КНДР

Северная Корея свернёт свою ядерную программу под контролем МАГАТЭ — на шестисторонних переговорах в Китае удалось принять итоговый документ по одной из острейших международных проблем. За сотрудничество Пхеньяну обещали энергетическую помощь. Россия всегда была сторонником дипломатического пути решения этого вопроса. Стороны договорились создать пять совместных рабочих групп. Одна из них будет специально заниматься нормализацией отношений между Токио и Пхеньяном. Другая группа — нормализацией отношений между Пхеньяном и США. В совместном заявлении говорится, что Вашингтон обязуется вычеркнуть Пхеньян из списка стран-пособников терроризма, предпринять соответствующие дипломатические шаги для нормализации отношений с КНДР.

(http://www.vesti.ru/doc.html?id=115237)

語　彙　«Ось зла»【女】悪の枢軸 КНДР［ка-эн-дэ-эр］= Корейская Народная Демократическая Республика【女】〔不変〕北朝鮮（朝鮮民主主義人民共和国）свернуть［完］停止する МАГАТЭ［ма-га-тэ］【中】〔不変〕国際原子力機関（IAEA）итоговый【形】とりまとめの сторонник【男】支持者 совместный【形】共同の нормализация【女】正常化 обязываться（-зуюсь, -зуешься）〔不完〕義務を負う вычеркнуть［完］除く пособник【男】共犯者 соответствующий【形】しかるべき

訳　例　　　　　　　**北朝鮮抜きとなった「悪の枢軸」**

　「北朝鮮は、IAEAの管理下で核開発計画を停止する」―中国で開かれていた六カ国協議は、最も深刻な国際問題の1つについて、最終文書のとりまとめに成功した。協力への見返りとして、北朝鮮政府にはエネルギー支援が約束された。この問題の外交的解決をロシアは一貫して主張してきた。各国は、5つの合同作業グループを設置することで合意に達し、日朝および米朝の関係正常化については、それぞれ専門の作業部会を設けて個別に扱う運びとなった。共同声明では、アメリカが北朝鮮をテロ支援国家のリストから外し、北朝鮮との関係正常化のためにしかるべき外交的手段を講じることが唱えられている。

（2007年2月13日報道）

重要語句

изоли́ровать [完] 孤立させる Представи́тель го̀сдепарта́мента США заяви́л, что «и́менно ира́нский режи́м свои́ми де́йствиями **изоли́рует себя́** от остально́го ми́ра». 米国務省報道官は、「イランの体制がその行動により**自らを**世界から**孤立させている**」と述べた。〔名詞形〕**изоля́ция**【女】孤立 **изоли́рование**【中】孤立化

выполня́ть [不完] **вы́полнить** [完] **実行・履行する** ~ заключённое соглаше́ние 合意を実行する〔名詞形〕**выполне́ние**【中】履行 выполне́ние тре́бований междунаро́дного соо́бщества 国際社会の要求の履行

обяза́тельство【中】義務〔派生〕**обя́зывать** [不完] **обяза́ть** [完] 義務を負わせる Резолю́ция СБ ООН **обя́зывает** Ира́н прекрати́ть рабо́ты по обогаще́нию ура́на. 国連安保理決議はイランにウラン濃縮作業停止を**義務づけている**。

наста́ивать [不完] **настоя́ть** [完]《на + 前》~に固執する То́кио **наста́ивает на ужесточе́нии са́нкций** в отноше́нии КНДР. 日本政府は北朝鮮に対する**制裁強化**を強く主張している。

давле́ние【中】圧力 То́лько **междунаро́дное давле́ние** мо́жет останови́ть террори́стов. **国際的圧力**があってはじめてテロリストを押さえ込むことができる。〔同義〕**нажи́м**【男】締め付け Дипломати́ческий **нажи́м** США и Кита́я на КНДР мо́жет привести́ к паде́нию режи́ма в Пхенья́не. 米国と中国が**外交的締め付けを強化する**なら、北朝鮮の体制崩壊につながる可能性がある。

жёсткий【形】強硬な Глава́ Пентаго́на явля́ется **сторо́нником жёстких мер** в отноше́нии КНДР. 米国防長官は、対北朝鮮**強硬派**だ。〔類義〕**бескомпроми́ссный**【形】妥協しない〔反義〕**ги́бкий**【形】柔軟な ~ курс 柔軟策

«я́стреб»【男】タカ派〔反義〕**«го́лубь»**【女】ハト派 ★通常〔複〕で使う。В америка́нской администра́ции существу́ют **«го́луби»** и **«я́стребы»**. アメリカの政権内には**ハト派とタカ派**がいる。

◆ **госуда́рство-спо́нсор террори́зма**【中】テロ支援国家（= страна́-посо́бник террори́зма; страна́, подде́рживающая террори́зм）〔関連〕**страна́ (госуда́рство) -изго́й**「ならず者国家」**«Ось зла»**「悪の枢軸」 ◆ **война́ с террори́змом**「テロとの闘い」Для успе́шной **борьбы́ с террори́змом** необходи́мо поня́ть ко́рни э́того явле́ния. **テロとの闘い**を成功させるためには、それが発生する根源を理解しなければならない。

◆ **столкнове́ние цивилиза́ций**「文明の衝突」

Махму́д Абба́с: мы кра́йне заинтересо́ваны в координа́ции пози́ций с Росси́ей

Глава́ Палести́нской национа́льной администра́ции Махму́д Абба́с наме́рен обсуди́ть с Влади́миром Пу́тиным усло́вия проведе́ния междунаро́дной конфере́нции по Бли́жнему Восто́ку.

— «Гаа́рец» писа́ла о том, что под контро́ль палести́нцев перейдёт 90% террито́рий За́падного бе́рега реки́ Иорда́н и се́ктор Га́за. Это пра́вда?

— Для перехо́да к оконча́тельному эта́пу урегули́рования мы должны́ реши́ть пробле́му возвраще́ния бе́женцев, террито́рий и мно́жество други́х серьёзных пробле́м.

— Вы мо́жете сказа́ть, что ста́нет ба́зой для перегово́ров?

— Осно́вой ста́нет «Доро́жная ка́рта». В дополне́ние к э́тому чле́ны Организа́ции Исла́мская конфере́нция при́няли ара́бскую инициати́ву.

(http://www.vesti.ru/doc.html?id=132540)

語　彙　кра́йне【副】極めて　заинтересо́ванный《в＋前》【形】～に関心を抱いている　координа́ция【女】調整　Бли́жний Восто́к【男】中東　контро́ль【男】管理　се́ктор Га́за【男】ガザ地区　оконча́тельный【形】最終的な　эта́п【男】段階　бе́женец【男】難民　ба́за【女】基盤、たたき台　дополне́ние【中】追加　исла́мский【形】イスラムの　ара́бский【形】アラブの　инициати́ва【女】イニシアチブ

訳　例　　**アッバス議長「調整役としてのロシアの役割に大いに期待」**

パレスチナ自治政府のアッバス議長は、中東問題に関する国際会議の開催条件についてプーチン大統領と協議したいとしている。

問：「ハ・アーレツ」紙が、ヨルダン川西岸地区の90％とガザ地区がパレスチナ側の管理に移管されると報道したが、真偽のほどは？

答：問題解決の最終段階への移行には、難民帰還や領土返還、及び他の重要問題の解決が不可欠だ。

問：話し合いのたたき台になるのは？

答：基本は「ロードマップ」だ。これに加えて、イスラム諸国会議機構加盟国がアラブ・イニシアチブを採択している。

(2007年7月30日報道)

重要語句

Бли́жний Восто́к【男】中東　ми́рный проце́сс на Бли́жнем Восто́ке 中東和平プロセス　**бли́жневосто́чный**【形】中東の　бли́жневосто́чное урегули́рование 中東和平

Палести́на【女】パレスチナ ◆ **Организа́ция освобожде́ния Палести́ны**（ООП）パレスチナ解放機構（PLO）★ **ФАТХ**〔不変〕ファタハ　**ХАМА́С**〔不変〕ハマス　※しばしば движе́ние ФАТХ／ХАМА́С とも。**ХАМА́С** ведёт ожесточённую борьбу́ за власть с **движе́нием ФАТХ**. ハマスはファタハと激しい権力闘争を繰り広げている。

палести́нский【形】パレスチナの ◆ **Палести́нская автоно́мия** パレスチナ自治区 ★ **се́ктор Га́за** ガザ地区　В 2002 году́ прави́тельство Изра́иля постанови́ло вы́строить загражде́ние **на За́падном берегу́ Иорда́на**. 2002 年にイスラエル政府はヨルダン川西岸に壁を作ることを決定した。

фундаментали́зм【男】原理主義　исла́мский фундаментали́зм イスラム原理主義〔派生〕**фундамента́льный**【形】原理主義の　**фундаментали́ст**〔人〕【男】原理主義者

радикали́зм【男】過激主義〔派生〕**радика́льный**【形】過激な　**радика́лы**〔人〕〔複で〕過激派

ислами́ст【男】イスラム主義者　**ислами́стский**【形】イスラム主義の ★「原理主義」に通じるニュアンスを伴う。一般の「イスラム教徒・イスラム教の」は　мусульма́нин／мусульма́нский（исла́мский）◆ **«Бра́тья-мусульма́не»**【複】「ムスリム同胞団」

сиони́ст【男】シオニスト　**сиони́стский**【形】〜の　сиони́стское движе́ние シオニスト運動

а̀нтисемити́зм【男】反ユダヤ主義〔関連〕**исла̀мофо́бия**【女】イスラム嫌い

поселе́ние【中】入植地　На оккупи́рованных террито́риях Изра́иль постро́ил **поселе́ния,** в кото́рых прожива́ют о́коло 400〔четырёхсо́т〕ты́сяч челове́к. イスラエルは占領地域に入植地を建設し 40 万人が暮らしている。〔関連〕**евре́йский поселе́нец**【男】ユダヤ人入植者

перегово́рный【形】交渉の　〜 проце́сс 交渉プロセス　**перегово́рщик**【男】交渉人〔複で〕交渉団

возобновля́ть〔不完〕**возобнови́ть**〔完〕再開する　〜 перегово́ры 交渉を再開する

ми́рный【形】平和の、和平の　ми́рное урегули́рование 平和的解決　ми́рное соглаше́ние 和平協定

◆ **«Доро́жная ка́рта»**「ロードマップ」★ 2003 年に国連、EU、露、米がとりまとめた 3 段階からの和平プロセス案。この語は中東和平以外の場面でも使われるようになった。

◆ **«Ара́бская весна́»**「アラブの春」★ 2010 〜 12 年に発生したアラブ諸国での反政府騒乱の総称。チュニジア・エジプト・リビア・イエメンで政変。

君主国と君主 (→ 2-3)

Вели́кое ге́рцогство Люксембу́ргское ルクセンブルグ**大公国** ★ вели́кий ге́рцог 大公

Кня́жество Мона́ко モナコ**公国** ★ князь 公

Короле́вство 王国 Короле́вство Таила́нд タイ王国 ★ коро́ль 国王 короле́ва 女王

Султана́т Ома́н オマーン国 ★ султа́н スルタン。 султана́т は「スルタン国」の意

Эмира́т 首長国 Объединённые Ара́бские Эмира́ты（ОАЭ）アラブ首長国連邦（UAE）

地名による「○○政府」の表し方 (→ 2-4)

首都名は当該国政府を指す。首都名の前に официа́льный をつけることも多い。

Москва́ приве́тствовала уси́лия Пакиста́на по борьбе́ с террористи́ческими организа́циями на свое́й террито́рии. **ロシア政府**は、パキスタンが自国領内のテロ組織対策を強化していることを歓迎した。

«Газпро́м» заяви́л о наме́рении ограни́чить поста́вки га́за в том слу́чае, е́сли **официа́льный Ки́ев** не пога́сит долги́ за то́пливо. ガスプロムは、**ウクライナ政府**が燃料代金の未払い分を支払わなければ、ガス供給を制限すると発表した。

国名の代わりに使われる表現 (→ 2-13)

Страна́ восходя́щего со́лнца 「日出づる国」 **日本**

Страна́ у́тренней све́жести 「朝の鮮さの国」 **朝鮮** ※韓国にも北朝鮮にも用いる

Импе́рия поднебе́сная 「天下の帝国」 **中国** ※中国語の「天下」（「世界」ないし「中国」を表す）の翻訳借用

О́стров свобо́ды 「自由の島」 **キューバ**

дя́дя Сэм 「アンクル・サム」 **米国**

Страна́ улы́бок 「微笑の国」 **タイ** ★ страна́ Бе́лого слона́ 「白象の国」 とも

Земля́ обетова́нная 「約束の地」 **イスラエル** ★ Свята́я Земля́ 「聖地」 とも

Свято́й Престо́л 「聖座」 **バチカン**

Зелёный контине́нт 「緑の大陸」 **オーストラリア**

cf. Чёрный контине́нт 「黒い大陸」 アフリカ ледо́вый контине́нт 「氷の大陸」 南極 ста́рый Свет/ контине́нт 「旧世界／旧大陸」 ヨーロッパ Но́вый Свет 「新世界」 北米

査証制度

　入国査証 ви́за（ビザ）の諸要件は、相手国との関係の現状が最も目に見える形となるだけに、外交関係の報道で頻繁に取り上げられる。その際、ви́зовый режи́м という表現が多用されることに注目したい。

◆関係改善へ向かう場合の措置

отме́на ви́зового режи́ма［ви́зы］/ отменя́ть - отмени́ть ви́зовый режи́м［ви́зу］「ビザ撤廃」 введе́ние безви́зового режи́ма / вводи́ть - ввести́ безви́зовый режи́м「ビザ免除」 упроще́ние ви́зового режи́ма / упроща́ть - упрости́ть ви́зовый режи́м「ビザ発給の簡略化」 облегче́ние ви́зового режи́ма / облегча́ть - облегчи́ть ви́зовый режи́м「ビザ緩和」

例：Европе́йская коми́ссия реши́ла нача́ть перегово́ры об отме́не ви́зового режи́ма с Се́рбией.　欧州委員会は**ビザ免除をめぐる交渉を**セルビアと開始することを決定した。

◆関係悪化に向かう場合の措置

введе́ние ви́зового режи́ма / вводи́ть - ввести́ ви́зовый режи́м「ビザ取得義務化」 ужесточе́ние ви́зового режи́ма / ужесточа́ть - ужесточи́ть ви́зовый режи́м「ビザ発給の厳格化」 ограниче́ние на вы́дачу ви́зы / ограни́чивать - ограни́чить вы́дачу ви́зы「ビザ発給の制限」

例：«По́сле возмо́жного вступле́ния Украи́ны в НАТО неизбе́жно и́ли почти́ неизбе́жно, ра́но и́ли по́здно бу́дет введён ви́зовый режи́м»「仮にウクライナが NATO に加盟することになれば、早晩**ビザ取得の義務化**は不可避、ないしほぼ不可避となろう」（2008 年 6 月 14 日の露副首相の発言）。★人的交流の多い CIS 諸国およびバルト諸国との関係では、査証問題はロシアにとって重要な外交カードとなりうる。

◆他国に比べロシアの査証制度の厳格さ・煩雑さは有名であるが、近年いくつかの変化が出てきている。

① 2013 年よりオンライン申請システムが稼働開始。

②観光や親族訪問で自国民が多数訪問するタイ・トルコ・イスラエルなどに加え、韓国とも相互査証免除協定締結。他方、東欧諸国には EU 加盟に伴い査証取得が新たに必要になる国も。

③観光目的のフェリー旅客に、72 時間まで無査証滞在を認める制度の導入（サハリンのコルサコフ・ウラジオストク・ペテルブルグなどの指定された港に限る）。

④スポーツイベントの観客を対象とした期間限定の無査証入国の実施検討。

ФРС сни́зила ста́вку на 0,75 проце́нтного пу́нкта

Федера́льная резе́рвная систе́ма (ФРС) США пони́зила ба́зовую проце́нтную ста́вку на 0,75 проце́нтного пу́нкта — до 3,5% годовы́х. Как говори́тся в заявле́нии ФРС, сниже́ние ста́вки обусло́влено ожида́ниями ослабле́ния эконо́мики. Америка́нский Центроба́нк пошёл на чрезвыча́йное сниже́ние впервы́е за после́дние семь лет. Тако́е реше́ние при́нято в связи́ с увеличе́нием угро́зы спа́да америка́нской эконо́мики на фо́не обва́ла мировы́х фо́ндовых ры́нков и увеличе́ния безрабо́тицы в США. ФРС в своём сообще́нии признаёт, что фина́нсовые усло́вия в США и экономи́ческие прогно́зы для страны́ ухудша́ются, существу́ет риск ослабле́ния эконо́мики. За сниже́ние ста́вки проголосова́ли во́семь из девяти́ чле́нов Комите́та по откры́тым ры́нкам ФРС.

(http://www.vesti.ru/doc.html?id=158349)

語　彙　ФРС [эф-эр-э́с] = Федера́льная резе́рвная систе́ма【女】連邦準備制度理事会（FRB）сни́зить［完］引き下げる ста́вка【女】金利 проце́нтный【形】%の пункт【男】ポイント ба́зовая проце́нтная ста́вка【女】基準金利 заявле́ние【中】声明 обусло́вить［完］〜が原因となる ожида́ние【中】期待、予想 ослабле́ние【中】弱化 Центроба́нк【男】中央銀行 пойти́ на《対》［完］〜に打って出る чрезвыча́йный【形】緊急の сниже́ние【中】引き下げ увеличе́ние【中】増大 угро́за【女】脅威 спад【男】失速 на фо́не《生》［熟］〜を背景に обва́л【男】暴落 безрабо́тица【女】失業 фина́нсовые усло́вия〔複〕金融状況 ухудша́ться［不完］悪化する риск【男】リスク Комите́т по откры́тым ры́нкам【男】公開市場委員会

訳　例　　　**FRB が金利を 0.75%引き下げ**

　米連邦準備制度理事会（FRB）は、基準金利を0.75％引き下げ、年3.5％とした。FRBの声明では、金利の引き下げは経済見通しが弱まったことが要因であるとしている。米国の中央銀行が緊急利下げに踏み切ったのは7年ぶりのことである。当時の利下げ決定は、世界の証券市場の暴落と米国内の失業者数の増加を背景に、アメリカ経済が失速する危険が増大したことが理由であった。声明の中でFRBは、米国の金融状況と経済見通しが悪化しており、景気の下ぶれリスクが残っていることを認めている。FRB公開市場委員会の9人の委員のうち8人が利下げに賛成した。

（2008年1月22日報道）

重要語句

эконо́мика【女】経済 перехо́д с пла́новой эконо́мики на ры́ночную 計画経済 から市場経済への移行 **эконо́мический【形】~の** замедле́ние экономи́ческого ро́ста 経済成長の鈍化、「景気減速」〔派生〕**ма̀кроэконо́мика【女】** マクロ経済 **мѝкроэконо́мика【女】** ミクロ経済

фина́нсы〔複で〕**金融・財政〔財務〕фина́нсовый【形】~の** фина́нсовый ры́нок/се́ктор 金融市場／部門 фина́нсовое учрежде́ние 金融機関 раскрыва́ть информа́цию о фина́нсовом состоя́нии компа́нии 会社の財務状況についての情報を開示する

◆ **де́нежная поли́тика「通貨政策」** cf. де́нежно-креди́тная поли́тика 通貨金融政策

опера́ция【女】オペレーション ~ на откры́том ры́нке 公開市場オペレーション

центра́льный банк〔Центроба́нк, ЦБ〕【男】中央銀行（→ StepUp **）** **Центроба́нк** рассма́тривает сниже́ние инфля́ции и обеспе́чение стаби́льности цен как гла́вную цель де́нежно-креди́тной поли́тики. **中央銀行**はインフレ抑制と物価安定の確保を通貨金融政策の主たる目的としている。

◆ **Председа́тель Центра́льного ба́нка Росси́йской Федера́ции**（Ба́нка Росси́и）ロシア中央銀行総裁

купю́ра【女】紙幣〔同義〕**банкно́т【男】банкно́та【女】銀行券** сторублёвая купю́ра〔банкно́та〕100ルーブル札※ сторублёвый банкно́т とは言わない。

моне́та【女】硬貨 ЦБ плани́рует замени́ть **10-рублёвые банкно́ты** моне́тами того́ же досто́инства. 中央銀行は、**10ルーブル紙幣**を同額面の硬貨に切り替える予定である。

◆ **проце́нтная ста́вка「金利」**（= учётная ста́вка）ба́зовая ~ 公定歩合（= ключева́я ста́вка）Центра́льный Банк Япо́нии при́нял реше́ние **подня́ть проце́нтную ста́вку на 0,25%.** 日銀は**金利を 0.25% 引上げる**決定を行った。

показа́тель【男】指標 ★ **Основны́е экономи́ческие показа́тели** 主要な経済指標 ◆ **валово́й вну́тренний проду́кт（ВВП）【男】国内総生産（GDP）ВВП Росси́и в 2007 году́** дости́гнет 1 триллио́на 250 миллиа́рдов в до́лларовом эквивале́нте. ロシアの**07 年の GDP は**ドル換算で 1 兆 2500 億ドルに達するだろう。★**国民総生産（GNP）は валово́й национа́льный проду́кт（ВНП）◆ де́нежный агрега́т 通貨供給量** Де́нежный агрега́т в а́вгусте в Япо́нии соста́вил 1,8%. 8 月の日本の**マネーサプライは** 1.8％増だった。cf. нали́чное де́нежное обраще́ние 通貨流通高 ◆ **междунаро́дные резе́рвы**〔複で〕**外貨準備高** ★露中央銀行は 07 年 9 月まで **золотовалю́тные резе́рвы（ЗВР）「金外貨保有高」**と称していた（こちらの言い方も一般的に知られた言い方）

В конце́ и́юля инфля́ция заме́длилась практи́чсски до нуля́

Инфля́ция в Росси́и в после́днюю неде́лю ию́ля не превы́сила 0,04% и по ито́гам ме́сяца мо́жет соста́вить 0,8%. В опублико́ванном монито́ринге Мѝнэкономразви́тия рост потреби́тельских цен в РФ в ию́ле теку́щего го́да прогнози́ровался на у́ровне 0,8-1,0%. Как объясни́л исто́чник в Мѝнэкономразви́тия, инфля́ция пре́жде всего́ вы́звана ро́стом цен на продово́льственные това́ры, в пе́рвую о́чередь на хлеб. В конце́ ме́сяца рост цен на хлеб заме́длился. Кро́ме того́, при перерасчёте инфля́ции по бо́лее широ́кой гру́ппе това́ров уде́льный вес ро́ста цен на хлеб оказа́лся ме́ньше, чем в предвари́тельных расчётах. Пла́новый показа́тель по инфля́ции в РФ в теку́щем году́ устано́влен на у́ровне 8,0%. По ито́гам пе́рвого полуго́дия рост потреби́тельских цен в Росси́и соста́вил 5,7%. По оце́нкам Мѝнэкономразви́тия, инфля́ция во второ́м полуго́дии 2007 го́да соста́вит 2,2-2,5%, что на 0,2-0,4% ни́же, чем в аналоги́чном пери́оде про́шлого го́да.

（http://www.vesti.ru/doc.html?id=133000）

語彙 инфля́ция【女】インフレ（率）заме́длиться［完］伸びが落ちる превы́сить［完］越える монито́ринг【男】モニタリング потреби́тельские це́ны〔複で〕消費者物価 теку́щий【形】この прогнози́роваться［不完・完］予測される продово́льственный【形】食料の перерасчёт【男】再計算 удели́ть［完］割く пла́новый показа́тель【男】目標値 установи́ть［完］設定する

訳 例　　　　**7月のインフレ率、実質0%に低下**

　ロシアの7月最終週のインフレ率は＋0.04％にとどまり、1カ月間では＋0.8％になる見通しだ。経済発展省が公表したモニタリングでは、今年7月のロシアの消費者物価の伸びは、＋0.8〜1.0％の範囲と予想されていた。経済発展省筋によれば、インフレ原因となったのは、主に食料品価格、とりわけパン価格の上昇であったが、パン価格の上昇傾向は月末には鈍化した。また、より広い品目でインフレ率を算定し直すと、パン価格上昇の占める比重は先の算定よりも低くなる。本年のロシアのインフレ目標値は＋8.0％に設定されている。上半期のロシアの消費者物価上昇率は＋5.7％だった。経済発展省は、2007年下半期のインフレ率は、昨年同期より0.2〜0.4％低い＋2.2〜2.5％を見込んでいる。

（2007年8月2日報道）

重要語句

инфля́ция 【女】 インフレ、インフレ率 ба́зовая инфля́ция, очи́щенная от сезо́нных колеба́ний 季節調整済みのコア・インフレ率 За янва́рь-ию́ль 2007 г. инфля́ция соста́вила 6,6%, прибли́зившись к прошлого́днему у́ровню. 2007 年 1 ～ 7 月期の**インフレ率**は 6.6％で、昨年のレベルに近づいている。◆ **вклад в инфля́цию**「**インフレ寄与度**」★ продтова́ры 食料品（青果物 плодоовощна́я проду́кция とそれ以外に分ける）、непродово́льственные това́ры 非食料品、пла́тные услу́ги населе́нию 財・サービスがインフレへ影響を及ぼした割合を示す数値。**инфляцио́нный** 【形】 **インフレの Инфляцио́нные ри́ски** остаю́тся высо́кими. **インフレリスク**は高い水準にある。

дефля́ция 【女】 デフレ В тече́ние десятиле́тия **дефля́ция** разъеда́ла япо́нскую эконо́мику, остава́ясь одно́й из гла́вных причи́н стагна́ции не́когда бу́рно расту́щей Страны́ Восходя́щего со́лнца. **デフレ**は 10 年にわたって日本経済をむしばみ、かつては成長めざましかった「日出づる国」の不況の要因の 1 つとなっていた。

це́ны 〔複〕（単 цена́） **物価、価格** ～ на бензи́н ガソリン価格 повыше́ние цен 価格上昇（= приро́ст цен）сниже́ние〔паде́ние〕цен 価格下落 ◆ **дина́мика цен**「**値動き**」 **Дина́мика цен** на това́ры повседне́вного спро́са **стаби́льная**. 日用品の**値動き**は安定している。◆ **И́ндекс потреби́тельских цен**（**ИПЦ**）「**消費者物価指数**」（**CPI**）**Ба́зовый и́ндекс потреби́тельских цен**（**БИПЦ**）コア消費者物価指数（Core CPI）

ска́зываться 〔不完〕 сказа́ться 〔完〕《на ＋前》〔完〕 ～に影響を及ぼす **На ро́сте потреби́тельских цен** в значи́тельной сте́пени **сказа́лось** повыше́ние цен на хлеб и зерновы́е культу́ры. パンおよび穀物価格の上昇は**消費者物価の伸び**にかなりの**影響を及ぼした**。

темп 【男】 テンポ С ма́я повы́сились **те́мпы ро́ста цен** на продово́льственные това́ры. 5 月以降、食料品の**価格上昇のテンポ**が加速している。

приостанови́ться 〔完〕 **横ばいになる**〔類義〕 заме́длиться 〔完〕 **鈍化する** Рост отпускны́х цен на зерно́ **приостанови́лся**. 穀物の売渡し価格の伸びは**横ばいに**なった。

統計としての「物価」

це́ны производи́телей промы́шленных това́ров 工業製品生産者物価
це́ны производителе́й сельхозпроду́кции 農業生産者価格
сво́дный и́ндекс цен строи́тельной проду́кции 建築資材総合物価指数

Дóллар подорожáл на 10 копéек, а éвро на 9 копéек

С 22 áвгуста Центробáнк установи́л официáльный курс дóллара в размéре 25,8429 рубля́ за дóллар. Курс повы́сился на 10,21 копéйки. Официáльный курс éвро повы́сился на 8,89 копéйки и состáвил 34,8259 рубля́ за éвро. Рéзкое подорожáние основнóй пáры валю́т свя́зано как с собы́тиями на ры́нке FOREX и бéгством из Росси́и капитáлов, так и с внутри́российскими фáкторами. «Карти́на покá для рубля́ негати́вная, но всё э́то тендéнция врéменная, э́то не перелóм трéнда. При улучшéнии мировóй ситуáции с ликви́дностью рубль, естéственно, бýдет дорожáть. Так как цéны [на нефть] вы́ше 62 [шести́десяти двух] дóлларов за бáррель, то э́то привóдит к профици́ту бюджéта и рубль обречён на удорожáние», — заключи́л анали́тик.

(http://www.vesti.ru/doc.html?id=135281)

語　彙　подорожáть〔完〕高くなる　установи́ть〔完〕定める　официáльный курс【男】公式レート　éвро【男】〔不変〕ユーロ　рéзкий【形】急激な　подорожáние【中】価格上昇　основнóй【形】主要な　валю́та【女】通貨　ры́нок FOREX〔фóрэкс〕【男】外国為替市場　бéгство【中】流出　капитáл【男】資本　фáктор【男】要因　карти́на【女】全般的状況　негати́вный【形】否定的な　тендéнция【女】傾向　врéменный【形】一時的な　перелóм【男】転機　тренд【男】基調、トレンド　ликви́дность【女】流動性　бáррель【男】バレル　профици́т бюджéта【男】歳入黒字　обречённый《на＋対》必然的に～に向かう＜обрéчь 被動

訳　例　　　　米ドル 10 コペイカ高、ユーロは 9 コペイカ高

　中央銀行は、8月22日の公式レートを、1米ドル＝25.8429ルーブルとした。これは10.21コペイカのドル高・ルーブル安である〔10.21コペイカ切り上がった〕。ユーロの公式ルートは8.89コペイカのユーロ高・ルーブル安の〔8.89コペイカ切り上がり〕1ユーロ＝34.8259ルーブルとなった［→次頁注参照］。2つの主要通貨の急激な上昇は、外国為替市場での出来事とロシアからの資本流出に加え、ロシア国内の諸要因が関係している。アナリストは「ルーブルにとっては状況は全体的に悪いが、この傾向は一時的で基調の変化ではない。流動性に関わる国際情勢が改善されれば、当然ルーブル高になる。［原油］価格が1バレル62ドルを超えると、歳入黒字に繋がるので必然的にルーブル高に向かうだろう」と結論している。

（2007年8月21日報道）

重要語句

валю́та【女】**通貨、外貨** национа́льная валю́та 自国通貨 конверти́руемость валю́ты 通貨兑換性 валю́тный【形】**通貨／外貨の** валю́тный контро́ль 為替規制〔管理〕◆ Междунаро́дный валю́тный фонд（МВФ）「国際通貨基金」（IMF）

курс【男】レート курс валю́т 為替レート курс до́ллара ⌊по отноше́нию⌋ к рублю́ 対ルーブルドル相場 ◆ официа́льный курс ЦБ「中央銀行公式レート」★ ロシアでは、民間銀行や両替商は、中央銀行公式レートに縛られずに売買レート設定可。

колеба́ться［不完］**変動する**（→ StepUp ）Курс до́ллара **колеба́лся** в диапазо́не 25,94–26,02 руб./до́ллар. ドル相場は1ドル＝25.94〜26.02ルーブルの水準でも**み合った**。★「変動為替相場制」は **режи́м пла́вающего валю́тного ку́рса**

обновля́ть［不完］обнови́ть［完］**更新する** Курс до́ллара к рублю́ **обнови́л 7-ле́тний ми́нимум** на фо́не продолжа́ющегося паде́ния америка́нской валю́ты к е́вро на ры́нке FOREX. 対ルーブル米ドル相場は、外国為替市場でドル安ユーロ高が続いていることを背景に、**過去7年間で最安値を更新した**。

ры́нок【男】**市場** валю́тный ры́нок 外国為替市場〔類語〕би́ржа【女】**取引所** Моско́вская межба́нковская валю́тная би́ржа モスクワ銀行間通貨取引所（ММ ВБ）

торгова́ть《造》［不完］**〜を取引する** Тре́йдер — челове́к, кото́рый **торгу́ет валю́той** на ры́нке FOREX. トレーダーとは外為市場で**通貨を取引する**人のことである。торгова́ться［不完］**取引される** В нача́ле торго́в в Нью-Йо́рке до́ллар США **торгова́лся с повыше́нием** про́тив япо́нской ие́ны. ニューヨーク市場では、取引開始時にはドルは円に対し**値を上げて取引された**。

торг〔複 торги́, -го́в〕《造》【男】**〜の取引**〔複で〕**市場取引** Наибо́лее ча́сто испо́льзуемыми **в торга́х валю́тами** явля́ются: до́ллар США（USD），е́вро（EUR），япо́нская ие́на（JPY），фунт сте́рлингов（GBP），швейца́рский франк（CHF）. **通貨取引**で最もよく使われるのは米ドル、ユーロ、日本円、英ポンド、スイスフランである。

вмеша́тельство【中】**介入**（= интерве́нция）**Éсли бы не вмеша́тельство ЦБ,** курс до́ллара дости́г бы 30 рубле́й. **中央銀行の介入がなければ**、1ドル＝30ルーブルに達していただろう。

◆ психологи́ческий барье́р〔у́ровень〕「心理的な壁〔水準〕」Курс **проби́л психологи́ческий у́ровень** в 1,3 до́ллара за е́вро. 相場は1ユーロ＝1.3米ドルの**心理的水準を突破した**。

注）34,8259 рубля́ とあっても、放送では概数にして 34 рубля́ 82 копе́йки と読むのが普通。

Падéние и́ндекса РТС па 1,7% — до 1820 пу́нктов

И́ндекс РТС упáл на 1,7% до значéния 1820,65 пу́нкта. Исходя́ из ситуáции в ми́ре, падéние на ры́нке закономéрно, мéры предпри́нятые монетáрными властя́ми для ликвидáции кри́зиса недостáточны, а для восстановлéния довéрия на ры́нке кредитовáния потрéбуется ми́нимум два мéсяца. Экономи́ст отмéтил, что сегóдняшнее падéние и́ндекса РТС вы́звано всё тéми же кри́зисными явлéниями в ми́ре. «Éсли посмотрéть мировы́е ры́нки, то сегóдня Дóу-Джóнс откры́лся в ми́нусе, европéйские ры́нки снижáются на 0,5%. Соотвéтственно и у нас». Все с надéждой ожидáют, когдá же падéние на би́ржах смéнится подъёмом.

(http://www.vesti.ru/doc.html?id=135304)

語　彙　и́ндекс【男】指標、指数 РТС〔эр-тэ-э́с〕=Росси́йская Торгóвая Систéма【女】ロシア取引システム（RTS）значéние【中】数値 пункт【男】ポイント исходя́ из《生》〔熟〕～からすれば закономéрный【形】当然な предприня́ть мéры〔完〕手段を講じる монетáрные влáсти〔複〕金融当局 ликвидáция【女】解消 недостáточный【形】不十分な довéрие【中】信頼 кредитовáние【中】クレジット、ローン Дóу-Джóнс【男】ダウ・ジョーンズ（ダウ平均株価 и́ндекс Дóу-Джóнса のこと）соотвéтственно【副】同様に смени́ть〔完〕取ってかわる подъём【男】上昇 пáру мéсяцев〔熟〕２カ月程度の間

訳　例　　　　**RTS 指数 1.7％下げ、1820 ポイントまで下落**

　ロシア取引システム（RTS）指数は、1.7％下がって、1820.65ポイントまで下落した。世界の状況からして市場の下落は当然のことであるが、危機解消のために金融当局が執った措置は十分とはいえず、金融市場の信用が回復するには最低でも２カ月は必要だろう。あるエコノミストは、今日のRTS指数の下落は、世界の同様の危機的状況が引き起こしたと指摘、「世界の市場に目を向ければ、ダウ・ジョーンズは下げて始まり、ヨーロッパ市場も0.5％ほど下げている。我が国もこれにつられた格好になっている」と説明している。市場の下落が上昇へ転じることを誰もが待望している。

（2007年8月21日報道）

重要語句

це́нная бума́га【女】有価証券 ры́нок це́нных бума́г (= фо́ндовый ры́нок, фо́ндовая би́ржа) 証券市場 а́кция【女】株式 А́кции «Газпро́ма» сни́зились на 1.96%. ガスプロム株は 1.96％ 値を下げた。акционе́р【男】株主 акционе́рный 【形】株式の акционе́рное о́бщество 株式会社〔関連〕**котиро́вка**【女】相場 **Котиро́вка а́кций** компа́нии ру́хнули на 46%. 同社の株価は 46％ も下げた。 облига́ция【女】債権 Госуда́рственная краткосро́чная облига́ция (ГКО) 短期 国債 фью́черс【男】先物取引

инве́стор【男】投資家 институцио́нные〔коллекти́вные〕инве́сторы 機関投資 家〔類義〕◆ игро́к ры́нка/игро́к на ры́нке「市場プレーヤー」

оборо́т【男】取引 Оборо́ты торго́в остаю́тся на сре́дних у́ровнях. 取引高は平 均的水準に留まっている。

обва́л【男】急落〔反義〕(ре́зкий) скачо́к【男】高騰 Слу́хи о возмо́жности но́вого скачка́ цен на нефть вы́звали обва́л на фо́ндовой би́рже. 原油価格 が再び上昇する可能性があるとの噂から、株式市場は**急速に値を下げた**。

приостанови́ть〔完〕停止する Торги́ обыкнове́нными а́кциями «Аэрофло́та» в РТС бы́ли приостано́влены на 1 час из-за ро́ста цены́ а́кций бо́лее, чем на 10% по сравне́нию с цено́й откры́тия теку́щего дня. RTS 取引所でアエロフ ロート社普通株は、同日の取引開始時に比べ 10％以上上昇したため、1 時間にわたり取 引が**停止された**。

IPO〔ай-пи-о́〕(= Перви́чное публи́чное предложе́ние)【中】新規株式公開 Банк **провёл** о́чень успе́шное **IPO**, суме́в привле́чь о́коло 8 миллиа́рдов до́лларов. 銀行は**株式公開**を成功裏に**実施し**、800 億ドルの資金調達に成功した。〔関連〕 **размеще́ние а́кций**【中】株式の売り出し **ли́стинг**【男】株式の上場 Компа́ния плани́рует провести́ ли́стинг на РТС. 会社は RTS 取引所への**上場を予定してい る**。эми́ссия【女】発行 (= вы́пуск) дополни́тельная (но́вая) эми́ссия а́кций 株式追加発行

会社の形態

Откры́тое акционе́рное о́бщество (ОАО)「公開型株式会社」他の株主の同意な しに自由に株式を譲渡・売買できる。Закры́тое акционе́рное о́бщество (ЗАО)「閉 鎖型株式会社」株の譲渡は設立者間などに限定され自由にできない。О́бщество с ограни́ченной отве́тственностью (ООО)「有限会社」◆ **РАО (Росси́йское акционе́рное о́бщество)「ロシア株式会社」**国の保有株式分が半数超の株式会社。 А́кции ОАО РАО «ЕЭС Росси́и» сни́зились на 0,7%. 公開型ロシア株式会社「ロ シア統一エネルギーシステム」の株式は 0.7％下げた。★ РАО «ЕЭС» は 92 年以降国 内電力の独占企業だったが、08 年 7 月に分割・解体。

Центробанк отозвал лицензию у московского банка «Иберус»

Центробанк России отозвал лицензию на осуществление банковских операций у коммерческого банка «Иберус». Банк не выявлял операции, подлежащие обязательному контролю, и не направлял по ним сообщения в Росфинмониторинг. В первой половине августа 2007 года пятью резидентами-клиентами банка были осуществлены платежи в пользу нерезидентов по сомнительным сделкам. Получателями денежных средств являлись 5 оффшорных компаний. Со счетов этих компаний денежные средства по их поручениям переводились в пользу нерезидентов-клиентов банков Латвии, Литвы, Эстонии, Киргизии через корреспондентские счета, открытые в некоторых украинских банках.

(http://www.vesti.ru/doc.html?id=137054)

語　彙　отозвать〔完〕取り消す　лицензия【女】営業免許　осуществление【中】実行　банковская операция【女】銀行業務　коммерческий【形】商業の　выявлять〔不完〕明らかにする　операция【女】取引　подлежащий《与》【形】～する義務のある　обязательный【形】義務的な　направлять〔不完〕送る　Росфинмониторинг【男】ロシア金融監督庁　резидент【男】居住者　клиент【男】顧客　осуществить платёж〔完〕支払いを実行する　в пользу《生》〔熟〕～に対して　нерезидент【男】非居住者　сомнительный【形】疑わしい　сделка【女】取引　товар【男】商品　получатель【男】受取人　денежные средства〔複で〕資金　оффшорный【形】海外の（英 offshore）　зарегистрировать〔完〕登記する　счёт【男】口座　переводиться〔不完〕送金される　корреспондентский счёт【男】コルレス口座（外貨送金（決済）用に国外銀行に開設された口座）

訳　例　　　　　中央銀行、モスクワのイベルス銀行の免許取消

　ロシア中央銀行は、商業銀行「イベルス銀行」の銀行業免許を取り消した。同行は、監視が義務づけられている取引を明らかにせず、それらに関する連邦金融監督庁への報告も怠っていた。疑惑を持たれている取引では、2007年8月上半期に、居住者である同行顧客5人が非居住者に代金を振り込んでいる。振込先〔送金の受取人〕となっていたのは海外の5つの会社で、これらの会社の口座からは、会社側の指示でラトビア、リトアニア、エストニア、キルギスの銀行顧客である非居住者に向けて、複数のウクライナの銀行に開設されたコルレス口座を経由して送金が実施されていた。

（2007年9月5日報道）

重要語句

банк【男】銀行 **ба́нковский**【形】〜の ба́нковская ка́рта キャッシュカード заблоки́ровать ба́нковскую ка́рту（紛失時に）キャッシュカードを止める ★カードの 暗証番号 は **ПИН-код**（PIN-code）。**ПИН-код** не до́лжен быть изве́стен посторо́нним ли́цам. カード暗証番号は他人に知られてはいけない.〔派生〕**банки́р**【男】銀行家 **банкома́т**【男】ATM снима́ть де́ньги с банкома́та〔че́рез банкома́т〕ATM で現金をおろす

счёт〔複 счета́〕【男】口座 откры́ть ба́нковский счёт 銀行口座を開く замора́живание счёта 口座凍結 но́мер рублёвого/валю́тного счёта ルーブル／外貨建て口座番号 ★口座番号と名義人名に加えて、行名、支店所在地、SWIFT なども含めた詳細を **ба́нковские реквизи́ты** と呼ぶ。

вкла́д【男】預金、預け入れ（= депози́т）срок вкла́да 預入期間 **Вкла́д принима́ется** то́лько от лиц, получа́ющих пе́нсии из Пенсио́нного фо́нда Росси́йской Федера́ции. お預入は連邦年金基金から年金を受給されている方に限らせていただきます.〔動詞形〕**вкла́дывать/вложи́ть** 投資する（= инвести́ровать）вкла́дывать де́ньги в образова́ние 教育に投資する

переводи́ть［不完］**перевести́**［完］送金する перевести́ сре́дства на ба́нковский счёт 銀行口座に送金する〔名詞形〕**де́нежный перево́д**【男】送金

доро́жный чек【男】トラベラーズチェック В э́том ба́нке **обнали́чивание доро́жных че́ков** в америка́нских до́лларах произво́дится без коми́ссии. この銀行では米ドル建ての**トラベラーズチェックの換金は**手数料無料だ.〔類語〕**ве́ксель**【男】手形

лице́нзия【女】免許 приостановле́ние де́йствия лице́нзии и аннули́рование лице́нзии 免許停止 と免許の取り消し Но́вый комме́рческий банк **получи́л лице́нзию** от Центра́льного Ба́нка **на осуществле́ние ба́нковских опера́ций**. 新しい商業銀行は中央銀行から**銀行業の免許**を受けた。

◆ **получе́ние / предоставле́ние креди́та** 「融資を引き出す／与えること」 незако́нное 〜不正融資〔関連〕◆ **невозвра́т**［**неплатёж**］**креди́тов** 借金の返済不履行、「踏み倒し・焦げ付き」 **Невозвра́ты по потреби́тельским креди́там** пока́ не дости́гли крити́ческого у́ровня. 消費性ローンの焦げ付きは、まだ危機的なレベルにまでは至っていない。

◆ **отмыва́ние**（**легализа́ция**）**де́нег** 「マネーロンダリング」〔動詞〕**отмыва́ть** ［不完］**отмы́ть**［完］**де́ньги** 資金洗浄する

Ипоте́ку — в ма́ссы

Популя́рность ипоте́ки в стране́ превосхо́дит ожида́ния прави́тельства, но досту́пность жилья́ для населе́ния всё ещё далека́ от жела́емой. С одно́й стороны́, за весь про́шлый год ипоте́чных креди́тов населе́нию вы́дали в два с полови́ной ра́за бо́льше, чем плани́ровалось. С друго́й стороны́, воспо́льзоваться ипоте́чным креди́том спосо́бны то́лько 10% населе́ния страны́. Пе́рвый ви́це-премье́р призыва́л вводи́ть но́вые вариа́нты ипоте́ки, в том числе́ для молоды́х семе́й, и семе́й, име́ющих пра́во на получе́ние уже́ с 2010 го́да ба́зового матери́нского капита́ла. «Éсли вы взя́ли три го́да наза́д ипоте́чный креди́т по ста́вке 15% годовы́х, то, соотве́тственно, вы сего́дня мо́жете пойти́ взять но́вый креди́т под 11% и тем са́мым креди́т, взя́тый ра́нее и́ли дорого́й, досро́чно погаси́ть» — заяви́л генера́льный дире́ктор ОАО «Аге́нтство по ипоте́чному жили́щному кредитова́нию».

(http://www.vesti.ru/doc.html?id=115819)

語　彙　ипоте́ка【女】住宅ローン〔モーゲージローン〕(= ипоте́чный креди́т) популя́рность【女】人気 превосходи́ть《対》[不完] ～を越える досту́пность【女】(取得の) 容易さ плани́роваться [不完] 計画される спосо́бный + 不定形【形】～する能力がある вводи́ть [不完] 導入する вариа́нт【男】種類 пра́во на получе́ние【中】受給資格 матери́нский капита́л【男】「母親資本」★２人以上の子供を産んだ母親への国からの育児支援金　взять креди́т [完] ローンを借りる генера́льный дире́ктор【男】社長

訳　例　　　　　　　　　**多くの人々に住宅ローンを**

　国内の住宅ローン人気は政府の予想を上回っているが、庶民にとって、住宅取得はまだまだ容易ではないのが実情だ。昨年１年間で、住宅ローンの貸出数は予想の2.5倍に増加した一方で、ローン融資の審査基準に適合するのは国民全体の10％に過ぎない。第一副首相は、若年家庭や、2010年から始まる「基礎母親資本」の受給権を持つ家庭を対象とした、新たな住宅ローン制度の導入を呼びかけた。(株) 住宅抵当クレジット社長の話:「３年前に年利15％で住宅ローンを借りた方でも、今なら年利11％で新たにローンを組み、以前に借りたローンや高い金利のローンの繰り上げ返済に充てることが可能です。」
（2007年4月3日報道）

重要語句

креди́т【男】クレジット、ローン（＝ссу́да）су́мма креди́та 借入金額 получи́ть/взять ба́нковский креди́т 銀行ローンを組む верну́ть креди́т ローンを返済する кред́итный【形】～の креди́тная ка́рта クレジットカード〔派生〕кредитова́ние【中】融資 срок кредитова́ния 融資期間〔類義〕ипоте́ка【女】①批当権 ②住宅ローン〔モーゲージローン〕ипоте́чный【形】～の ～ креди́т 住宅ローン〔有担保ローン〕заёмщик【男】借入人 зало́г【男】担保 поручи́тель【男】保証人 Потреби́тельский креди́т быва́ет двух ви́дов: **с зало́гом** 〔поручи́телями〕и **без зало́га** 〔поручи́телей〕. 消費性ローンには担保〔保証人〕を要するものと、不要のものの二種類がある。

страхо́вка【女】保険 страхово́й【形】保険の страхово́й по́лис 保険証書 страхово́й догово́р 保険契約 страхова́я компа́ния 保険会社 страхова́я вы́плата 保険金の支払い

застрахова́ть［完］保険をかける Я **застрахо́ван от несча́стных слу́чаев**. 私は事故保険に入っている。〔派生〕страхова́ние【中】保険（加入）**Страхова́ние жи́зни** в Росси́и не ра́звито. ロシアでは生命保険は広まっていない。страхова́тель【男】保険加入者 застрахо́ванный【男】被保険者 страхо́вщик【男】保険会社

платёж［-тежа́, -у́...］【男】支払い Чем бо́льше срок креди́та, тем ме́ньше **ежеме́сячные платежи́.** ローン期間が長くなるほど、毎月の支払額は小さくなる。

проду́кт【男】〔金融・保険〕商品 Банк вво́дит **но́вый креди́тный проду́кт** для физи́ческих〔юриди́ческих〕лиц. 銀行が個人〔法人〕向けローン新商品を発売する。

ローン・保険商品

◆ **креди́тный проду́кт** ローン 商品 ★жили́щный креди́т 住宅ローン образова́тельный креди́т 教育ローン а́втокреди́т 自動車ローン потреби́тельский креди́т（＝ креди́т на неотло́жные ну́жды）消費性ローン

◆ **страхово́й проду́кт** 保険商品 ★страхова́ние жи́зни 生命保険 ли́чное страхова́ние 個人保険（доброво́льное медици́нское страхова́ние 任意の医療保険 страхова́ние от несча́стных слу́чаев 事故保険 страхова́ние выезжа́ющих за рубе́ж 海外旅行保険 накопи́тельное страхова́ние 貯蓄保険など）иму́щественное страхова́ние 物保険（страхова́ние на слу́чай пожа́ра［от огня́]）火災保険 страхова́ние от краж 盗難保険など）страхова́ние отве́тственности 責任保険（主に企業向け）обяза́тельное страхова́ние а́втогражда́нской отве́тственности（ОСА́ГО）自動車強制保険

Росси́я и Афганиста́н подпи́шут соглаше́ние об урегули́ровании до́лга

Соглаше́ние об урегули́ровании до́лга Афганиста́на пе́ред бы́вшим СССР мо́жет быть подпи́сано в Москве́ 6 а́вгуста 2007 го́да. Долг Афганиста́на составля́ет о́коло 11 млрд. до́лларов. Договорённость об урегули́ровании задо́лженности была́ дости́гнута в ра́мках Пари́жского клу́ба. Сто́роны вы́йдут «на глубо́кое списа́ние», то есть Афганиста́ну бу́дет спи́сано до 80-90% до́лга. В феврале́ 2007 го́да во вре́мя визи́та главы́ росси́йского МИДа в Афганиста́н обсужда́лся вопро́с о списа́нии задо́лженности. «Мы обсуди́ли конкре́тные прое́кты, по кото́рым на́ши экономи́ческие инвестицио́нные компа́нии мо́гут плодотво́рно и взаимополе́зно сотру́дничать. Дополни́тельные возмо́жности для э́того поя́вятся вско́ре, по́сле того́, как бу́дут завершены́ все форма́льности с урегули́рованием задо́лженности Афганиста́на пе́ред Росси́ей».

(http://www.vesti.ru/doc.html?id=133039)

語彙 долг《пе́ред＋造》【男】～に対する債務 млрд.＝ миллиа́рд задо́лженность 【女】負債 Пари́жский клуб【男】パリクラブ списа́ние【中】帳消し、債務削減 списа́ть［完］帳消しにする конкре́тный【形】具体的な прое́кт【男】プロジェクト инвестицио́нный【形】投資の плодотво́рно【副】実り多く взаймополе́зно【副】相互利益に資する仕方で сотру́дничать［不完］協力する дополни́тельный【形】追加的な по́сле того́, как…［熟］～した後に форма́льность【女】形式、手続き

訳例 **ロシア・アフガニスタン、債務問題解決に関する合意書に署名へ**

　アフガニスタンの旧ソ連に対する債務問題の解決に関する合意書の調印が、07年8月6日にモスクワで行われる可能性が出てきた。アフガニスタンの債務は約110億ドルに上る。債務解決の合意は、パリクラブの枠組みで得られた。両国は「大幅な債務削減」で合意し、アフガニスタン側債務の80 〜 90％が帳消しになる。07年2月にロシア外相がアフガニスタンを訪問した際、債務削減の問題が話し合われた。「我々は、我が国の投資会社が、双方にとって有益かつ実りある仕方で協力するための具体的プランについて話し合った。アフガニスタンの対ロシア債務問題の解決に必要な手続きが完了すれば、そのためのさらなる可能性は直ちに現れることだろう」［と外相は述べた］。

（2007年8月3日報道）

重要語句

до́лг〔複 долги́〕【男】借金、債務 вне́шний долг 対外債務 долгово́й【形】債務の облегчи́ть долгово́е бре́мя 債務の負担を軽減する〔類義〕обяза́тельство【中】債務 задо́лженность【女】負債

вы́плата【女】支払い(= платёж, упла́та) Соглаше́ния определя́т конкре́тные су́ммы вы́плат. 合意文書では、支払いの具体的金額を定めている。

проце́нты〔複で〕利息 плати́ть проце́нты по долга́м 債務の利息分を支払う

погаси́ть〔完〕返済する〔同義〕рассчита́ться〔完〕支払う〔名詞形〕погаше́ние【中】返済 Герма́ния до́лго выступа́ла про́тив досро́чного погаше́ния росси́йского до́лга из-за поте́рь платеже́й по проце́нтам. 受取利子額が減ることから、ロシアの債務の繰上げ返済にドイツは長く反対してきた。★ロシア側から見れば「支払利子額」

отсро́чить〔完〕繰り延べる、延期する(= отложи́ть)〔関連〕морато́рий【男】猶予、モラトリアム(= отсро́чка) морато́рий на погаше́ние долго́в 債務返済猶予

кредито́р【男】債権者 страна́-кредито́р【女】債権国 Сро́ки погаше́ния бу́дет определя́ть сама́ страна́-кредито́р. 返済期間については債権国自身が決定する。

должни́к【男】債務者 страна́-должни́к【女】債務国 МВФ разраба́тывает план защи́ты от банкро́тства для стра́н-должнико́в. IMFは財政破綻から債務国を守るプランを策定している。◆Пари́жский клуб「パリクラブ」〔主要債権国会議〕Ло́ндонский клуб「ロンドンクラブ」〔民間債権銀行団〕

дефо́лт【男】デフォルト、債務不履行(= отка́з от упла́ты до́лга) объяви́ть дефо́лт по свои́м долга́м 自らの債務にデフォルトを宣言する

списа́ть〔完〕帳消しにする списа́ние【中】帳消し、棒引き、減債

по́мощь【女】援助 экономи́ческая по́мощь 経済援助 ◆официа́льная по́мощь [в це́лях] разви́тия (ОПР)「政府開発援助」(ODA) Япо́ния выделя́ет из своего́ бюдже́та по статье́ ОПР о́коло 15-20 млрд. долл. ежего́дно. 日本は国の予算から毎年150～200億ドルをODA項目に振り向けている。

страна́-до́нор【女】援助国(до́нор【男】とも) Герма́ния — втора́я страна́-до́нор для Арме́нии по́сле США. アルメニアにとってドイツはアメリカに次ぐ援助国である。

грант【男】無償資金協力、無償援助 Япо́ния предоста́вит Кирги́зии грант на осуществле́ние образова́тельной програ́ммы по разви́тию челове́ческих ресу́рсов. 人的資源開発の教育プログラム実施のため、日本はキルギスに無償資金協力を実施する。

В Жене́ве пройдёт очередно́й ра́унд консульта́ций о вступле́нии РФ в ВТО

Очередно́й ра́унд консульта́ций о присоедине́нии Росси́и ко Всеми́рной торго́вой организа́ции открыва́ется в жене́вской штаб-кварти́ре ВТО. Вы́несенные на обсужде́ние 10 разде́лов в основно́м каса́ются вопро́сов контро́ля тамо́женных сто́имостей, примене́ния тамо́женных процеду́р и функциони́рования свобо́дных экономи́ческих зон. Одновреме́нно состоя́тся многосторо́нние консульта́ции по ветерина́рным и фи́тосанита́рным ме́рам. Отде́льно — по про́сьбе ря́да стран-экспортёров, — бу́дет рассмо́трен вопро́с о поста́вках ри́са. Большинство́ стран, представи́тели кото́рых выступа́ли на после́днем заседа́нии рабо́чей гру́ппы, подчёркивали необходи́мость скоре́йшего заверше́ния проце́сса присоедине́ния Росси́и к ВТО. Наибо́лее сло́жный разде́л — се́льское хозя́йство. Тем не ме́нее, все перегово́ры мо́гут быть завершены́ до конца́ го́да.

（http://www.vesti.ru/doc.html?id=131376）

語　彙　очередно́й【形】定例の ра́унд【男】ラウンド ВТО［вэ-тэ-о́］= Всеми́рная торго́вая организа́ция【女】世界貿易機関（WTO）присоедине́ние【中】加盟 штаб-кварти́ра【女】本部 вы́нести［完］上程する разде́л【男】項目 контро́ль【男】コントロール тамо́женная сто́имость【女】関税率 примене́ние【中】適用 тамо́женная процеду́ра【女】通関手続 функциони́рование【中】機能すること ветерина́рные и фи́тосанита́рные ме́ры〔複で〕衛生植物検疫措置 отде́льно【副】個別に поста́вка【女】供給、輸出

訳　例　　　　　ジュネーブでロシア WTO 加盟交渉開催

　ジュネーブの世界貿易機関（WTO）本部で、継続中のロシアのWTO加盟交渉が再開される。今回の話し合いでは、主に関税率の設定、通関手続の適用の仕方および自由貿易地域の機能に関係した10項目が取り上げられる。これと同時に、衛生植物検疫措置に関する多国間交渉も行われるほか、輸出国側の求めでコメ輸出の問題も別個に検討される。先回の作業部会の交渉では、代表が発言に立った国の大半は、ロシアのWTO 加盟プロセスの妥結を急ぐ必要があるとの立場を明らかにした。最大の難関は農業分野であるが、年末までに交渉が妥結する可能性もある。

（2007年7月23日報道）

重要語句

вне́шняя торго́вля【女】貿易 〔類義〕◆ внешнеэкономи́ческая де́ятельность
「対外経済活動」торго́вый【形】貿易の、通商の ◆ торго́вый партнёр「貿易相手国」
Основны́ми торго́выми партнёрами Росси́и среди́ стран да́льнего
зарубе́жья бы́ли Герма́ния, Нидерла́нды, Кита́й, Ита́лия, Ту́рция, Япо́ния,
По́льша, США, Соединённое Короле́вство и Фра́нция. 非 CIS 諸国で露の主要
な貿易相手国は、独、蘭、中、伊、土、日、波、米、英、仏であった。★ CIS 諸国は
бли́жнее зарубе́жье という。◆ торго́вый бала́нс「貿易収支」Са́льдо торго́вого
бала́нса в январе́-ию́ле 2007 го́да сложи́лось положи́тельное и соста́вило
82,5 млрд. до́лларов США. 07 年 1 ～ 7 月期の貿易収支は 825 億米ドルの黒字と
なった。〔関連〕объём товарооборо́та「貿易高」Объём товарооборо́та ме́жду
двумя́ стра́нами в январе́-сентябре́ 2007 го́да увели́чился на 30%. 2 国間の
2007 年 1 ～ 9 月期の貿易高は 30％増であった。

тамо́жня【女】税関 тамо́женный【形】税関の тамо́женная деклара́ция 税関申
告書

по́шлина【女】関税（= тамо́женный тари́ф）обнули́ть по́шлины 関税を撤廃す
る Ввозны́е по́шлины на самолёты би́знес-авиа́ции сни́жены с 20 до 10%.
ビジネス用航空機の輸入関税が 20％から 10％に引き下げられた。〔関連〕тари́фные
барье́ры〔複で〕関税障壁 сни́зить ～ 関税障壁を引き下げる

экспорт【男】輸出 экспортный【形】～の экспортёр【男】輸出国〔者〕〔反義〕
и́мпорт【男】輸入 и́мпортный【形】～の импортёр【男】輸入国〔者〕
И́мпортные по́шлины не должны́ бу́дут превыша́ть 3-4 проце́нта от
сто́имости това́ра. 輸入関税は物品価格の 3 ～ 4％を超えてはならない。

эмба́рго【中】禁輸 ★輸出入に用いる。Европе́йский Сою́з ввёл эмба́рго на
экспорт мя́са из Брита́нии. EU がイギリスからの食肉の輸出禁止処置を発動した。
Стра́ны европе́йского контине́нта одна́ за друго́й снима́ют эмба́рго на
и́мпорт говя́дины. ヨーロッパ各国は次々と牛肉の輸入禁止処置を解除している。

◆ режи́м наибо́льшего благоприя́тствования（РНБ）「最恵国待遇」(= режи́м
наибо́лее благоприя́тствуемой на́ции) Сто́роны предоста́вили друг дру́гу
режи́м наибо́льшего благоприя́тствования. 両国は相互に最恵国待遇を付与し
た。

◆ соглаше́ние о свобо́дной торго́вле「自由貿易協定」(FTA) Япо́ния и Сингапу́р
подписа́ли соглаше́ние о свобо́дной торго́вле. 日本とシンガポールは自由貿易
協定に調印した。

◆ Транс-тихоокеа́нское партнёрство（ТТП）「環太平洋経済協定」(TTP)

Утверждена́ целева́я програ́мма «Юг Росси́и (2008-2012 го́ды)»

Прави́тельство РФ утверди́ло конце́пцию федера́льной целево́й програ́ммы (ФЦП) «Юг Росси́и». Ключево́й це́лью програ́ммы явля́ется повыше́ние благосостоя́ния и ка́чества жи́зни населе́ния Ю́жного федера́льного о́круга. Устано́влено, что преде́льный прогно́зный объём финанси́рования програ́ммы за счёт средств федера́льного бюдже́та составля́ет 52 млрд. 100 млн. рубле́й. На финанси́рование прое́ктов в сфе́ре промы́шленного произво́дства, а́гропромы́шленного и тури́стско-рекреацио́нного ко́мплексов бу́дет напра́влено 95% средств из всех исто́чников финанси́рования програ́ммы. При э́том о́коло 90% средств на финанси́рование програ́ммы из внебюдже́тных исто́чников бу́дут составля́ть инвести́ции в комме́рческие высо̀кодохо́дные прое́кты в э́той сфе́ре. Го̀сзака́зчиком-координа́тором ФЦП определён Минрегио́н Росси́и.

(http://www.vesti.ru/doc.html?id=126237)

語　彙　конце́пция【女】骨格 целево́й【形】重点の ключево́й【形】鍵となる повыше́ние【中】向上 благосостоя́ние【中】福祉 ка́чество【中】質 преде́льный【形】上限の прогно́зный【形】予想の финанси́рование【中】資金拠出 сре́дство〔複で〕資金 промы́шленное произво́дство【中】工業生産 а́гропромы́шленный【形】農工の тури́стско-рекреацио́нный【形】観光娯楽の ко́мплекс【男】コンプレクス、「産業」 напра́вить〔完〕振り向ける внебюдже́тный【形】予算外の инвести́ция【女】投資 комме́рческий【形】商業的な высо̀кодохо́дный【形】高利潤の ча́стный【形】民間の го̀сзака́зчик【男】国側発注者 координа́тор【男】調整役 определи́ть〔完〕割当てる

訳　例　　「南部ロシア」重点計画（2008 ～ 12 年）承認
　連邦政府は連邦重点計画「南部ロシア」の骨格を承認した。この計画は、南部連邦管区の住民福祉と生活の質の向上を主眼としたもので、連邦予算から計画への歳出上限予定額を521億ルーブルとすることが決まった。重点計画総額の95％は、工業、農工および観光娯楽の各産業分野のプロジェクトに振り向けられる。また、予算外資金からの計画への拠出額の約9割は、この分野の収益性の高い商業プロジェクトへの投資が占める。この国家重点計画の国側の発注・調整主体は、連邦地域省に決定した。

（2007年6月15日報道）

重要語句

бюдже́т【男】**予算** госуда́рственный бюдже́т (= го̀сбюдже́т) 国家予算 Президе́нт подписа́л федера́льный зако́н «О **федера́льном бюдже́те** на 2008 и на пла́новый перио́д 2009 и 2010 годо́в». 大統領は「08年度および09～10年度計画期間の**連邦予算**に関する連邦法」に署名した。★ロシアの国家予算は翌年度とそれに続く2年間の пла́новый перио́д「計画期間」の3カ年予算 (бюдже́т на три го́да/ трёхле́тний бюдже́т)

бюдже́тный【形】**予算の** ~ дефици́т 歳入赤字〔派生〕**внѐбюдже́тный**【形】**予算外の** внѐбюдже́тные сре́дства 予算外資金 ★予算には計上されないが、政府が管理する資金

бала́нс【男】**収支**〔関連〕**дохо́ды**〔複〕**歳入、収入** нало́говые ~ 税収 **расхо́ды**〔複〕**歳出、支出** Прави́тельство обеща́ет увели́чить на 40% **бюдже́тные расхо́ды** на здра̀воохране́ние. 政府は保健への**予算支出**を40%増やすことを約束した。

нало́г【男】**税 нало́говый**【形】**税の** Нало́говый ко́декс 租税法〔国税基本法〕 нало́говая инспе́кция 税務署 запо́лнить нало́говую деклара́цию 税務申告書に記載する〔派生〕**нало̀гообложе́ние**【中】**課税 налогоплате́льщик**【男】**納税者**

финанси́рование【中】**資金拠出、財政支出** исто́чник финанси́рования 財源〔動詞形〕**финанси́ровать**〔不完〕**資金を拠出する、財政支出する**

долгосро́чный【形】**長期の**〔類義〕**среднесро́чный**【形】**中期の кратко-сро́чный**【形】**短期の**

целево́й【形】**目的 (цель) を持つ、「特別～・重点～」**◆ **федера́льная целева́я програ́мма** (ФЦП)「**連邦重点計画**」〔特別プログラム〕★以下の分野で複数年計画を立案・実施。«Разви́тие социа́льной инфраструкту́ры» 社会インフラ整備 «Разви́тие тра́нспортной инфраструкту́ры» 交通インフラ整備 «Но́вое поколе́ние» 新世代〔教育・子育て〕 «Безопа́сность и эколо́гия» 安全と環境 «Разви́тие нау́ки и техноло́гий» 科学技術発展 «Разви́тие регио́нов» 地域発展 «Разви́тие госуда́рственных институ́тов» 国の制度発展

ロシア連邦政府の主要財源 (→ StepUp)

нало́г на доба́вленную сто́имость (НДС) 付加価値税 (VAT) **акци́з** 物品税 ★石油、アルコール、たばこ、自動車の売却時に発生。**нало́г на дохо́ды физи́ческих лиц** 個人所得税 **нало́г на при́быль организа́ций** 企業利潤税 **сбо́ры за по́льзование объе́ктами живо́тного ми́ра и за по́льзование объе́ктами во́дных биологи́ческих ресу́рсов** 動物・水中生物資源利用に係る賦課金 **во́дный нало́г** 水税 **госуда́рственная по́шлина** 国家税 ★裁判所に納付する訴訟申立手数料や、団体・法人の登記手数料・所有権登記手数料等を指す。**нало́г на добы́чу поле́зных ископа́емых** (НДПИ) 天然資源採取税

※年金・医療・社会保障基金の統一財源であった **еди́ный социа́льный нало́г** (ЕСН) 統一社会税は、2010年廃止 (年金掛金制度へ移行)。

Пу́тин предложи́л вкла́дывать в «голубы́е фи́шки»

Влади́мир Пу́тин предложи́л рассмотре́ть возмо́жность вложе́ния го́синвести́ций в росси́йские «голубы́е фи́шки» для активиза́ции фо́ндового ры́нка. «Что за ограниче́ния по возмо́жности вложе́ния в на́ши "голубы́е фи́шки"?» — спроси́л Пу́тин у мини́стров экономи́ческого бло́ка прави́тельства. Глава́ МЭРТ в отве́т призна́лся, что «ограниче́ний нет». Тогда́ Пу́тин уточни́л: «Прави́тельство вкла́дывает в иностра́нные це́нные бума́ги, почему́ в на́ши пока́ не вкла́дывает совсе́м?» В отве́т глава́ Минфи́на сказа́л, что вложе́ния э́тих средств в росси́йские це́нные бума́ги бу́дет име́ть два отрица́тельных эффе́кта. С одно́й стороны́, это вы́зовет увеличе́ние де́нежных средств, кото́рые про́сто ося́дут на счета́х ба́нков. Вторы́м фа́ктором мо́жет стать то, что таки́е ма́ссовые влива́ния при нера́звитом фо́ндовом ры́нке мо́гут повы́сить спекуляти́вный хара́ктер э́того ры́нка.

（http://www.vesti.ru/doc.html?id=122286）

語　彙　вкла́дывать〔不完〕投資する «голубы́е фи́шки»〔複〕「ブルーチップ」★収益性、成長性、安定性に優れた優良銘柄 вложе́ние【中】投資すること го́синвести́ция【女】国家投資 активиза́ция【女】活性化 уточни́ть〔完〕明確にする отрица́тельный【形】否定的な эффе́кт【男】効果 осе́сть［ося́ду, -ся́дешь…]〔完〕溜まる влива́ние【中】注入 нера́звитый【形】未成熟な спекуляти́вный【形】投機的な

訳　例　　　　プーチン大統領、優良銘柄への投資を提案

　プーチン大統領は、証券市場活性化のためロシアの優良銘柄への国家投資の可能性を検討するよう提案した。大統領は経済関係閣僚に「我が国の優良銘柄へ投資する上での制限はあるか」と尋ねたが、経済発展相は「制限はない」ことを認めた。さらに大統領が「政府は外国有価証券には投資しているのに、なぜ自国の有価証券には一切投資しないのか」と質問すると、経済発展相は、第一に銀行口座に預けられたままとなる資金が増大する恐れがあること、第二に未成熟な証券市場に大量の資金が投入されれば、市場の投機性を煽る危険性があることの2点を挙げ、国内の有価証券への国家投資による悪影響が懸念されると答えた。

（2007年5月21日報道）

重要語句

инвести́ция【女】投資（→ StepUp ）госуда́рственная инвести́ция（го̀синвести́ция）国家投資〔公共投資〕～ в основно́й капита́л 固定資本投資〔生産に必要な手段への投資、「設備投資」〕прямы́е/ко́свенные инвести́ции〔複〕直接／間接投資 **Прямы́е иностра́нные инвести́ции** и ссу́ды на 73,6 млрд. долл. США поступи́ли в эконо́мику Росси́и в пе́рвом полуго́дии 2007 г. 2007 年上半期のロシア〔経済〕への**外国からの直接投資**及び融資・信用供与の総額は 736 億ドルに上った。**инвестицио́нный**【形】投資のинвестицио́нный фонд 投資ファンド инвестицио́нный риск 投資リスク инвестицио́нная акти́вность 投資の活発さ ◆ **инвестицио́нный кли́мат**「投資環境」Заключе́ние соглаше́ния приведёт к измене́нию **инвестицио́нного кли́мата**, подни́мет инвестицио́нный ре́йтинг и созда́ст но́вые рабо́чие места́. 合意の締結は、**投資環境**を変化させて投資格付けを引き上げ、新たな雇用を創出するだろう。◆ **Федера́льная а́дресная инвестицио́нная програ́мма**（ФАИП）「連邦指定投資計画」〔中期の公共投資計画〕**инве́стор**【男】投資家 Нидерла́нды бы́ли не то́лько **главне́йшим инве́стором** в росси́йскую эконо́мику, но постепе́нно расши́рили своё прису́тствие в се́кторе добы́чи то̀пливно-энергети́ческих ресу́рсов. オランダはロシア〔経済〕に対する**主たる投資国**であっただけでなく、徐々に燃料エネルギー原料採掘分野での存在感を増していった。

привлека́ть〔不完〕**привле́чь**〔完〕**инвести́цию** 投資を呼び込む〔名詞形〕**привлече́ние инвести́ций** 投資の呼び込み Президе́нт РАО «ЕЭС» заяви́л, что необходи́мо **привле́чь инвести́ций** на су́мму о́коло 30 миллиа́рдов до́лларов, что́бы избежа́ть «брэйка́утов». ロシア統一エネルギー社社長は、「大停電」（breakout）の回避には 300 億ドル規模の**投資を呼び込む**必要があると述べた。

вкла́дывать〔不完〕**вложи́ть**〔完〕投資する **вложе́ние**【中】投資・資本投資 госуда́рственные капита́льные вложе́ния 国の公共投資 **Капита́льные вложе́ния** в произво́дство пищевы́х проду́ктов бы́ли привлека́тельными для иностра́нных инве́сторов. 食料品生産への**資本投資**は外国人投資家にとって魅力あるものだった。〔反義〕**ухо́д**〔**уте́чка**〕**капита́ла**【男】資本流出

спекуля́ция【女】投機 **спекуляти́вный**【形】投機的な Сего́дняшние торги́ **но́сят спекуляти́вный хара́ктер**. 今日の取引は**投機的だ**。〔関連〕**хедж-фо́нд**【男】ヘッジファンド

Ры́нок разви́тия инфраструкту́ры в РФ соста́вит \$1 трлн. за 10 лет
Одни́м из са́мых перспекти́вных в ми́ре ры́нков счита́ется ры́нок разви́тия инфраструкту́ры в Росси́и. В росси́йской эконо́мике иду́т зна́чимые структу́рные проце́ссы в наибо́лее ва́жных инфраструкту́рных сегме́нтах — в элѐктроэнерге́тике и на тра́нспорте. «Мы наме́рены осуществи́ть долгосро́чные страте́гии разви́тия це́лого ря́да инфраструкту́рных отрасле́й. Э́то даст возмо́жность реализова́ть на́ши глоба́льные конкуре́нтные преиму́щества. Че́рез террито́рию Росси́и бу́дут проло́жены важне́йшие евразийские тра́нспортные коридо́ры. У нас размести́ся крупне́йшие логисти́ческие це́нтры.» [— сказа́л и.о. пе́рвого вѝце-премье́ра] Кро́ме того́, Росси́я бу́дет расширя́ть междунаро́дную торго́влю элѐктроэне́ргией и оказа́ние услу́г в сфе́ре коммуника́ций.

（http://www.vesti.ru/doc.html?id=139366）

語　彙　разви́тие【中】発展、整備　инфраструкту́ра【女】インフラ　трлн. ＝ триллио́н【男】兆　перспекти́вный【形】将来性のある　зна́чимый【形】重要な　структу́рный【形】構造の　проце́сс【男】プロセス　инфраструкту́рный【形】インフラの　сегме́нт【男】部門　элѐктроэнерге́тика【女】電力産業　тра́нспорт【男】輸送　осуществи́ть〔完〕実現する　о́трасль【女】分野　реализова́ть〔不完〕実現する　глоба́льный【形】グローバルな　конкуре́нтный【形】競争上の　преиму́щества〔複〕長所　проложи́ть〔完〕敷設する　евразийский【形】ユーラシアの　коридо́р【男】回廊　размести́ться〔完〕配置される　логисти́ческий【形】ロジスティック〔物流〕の　торго́вля《造》【女】〜の販売　элѐктроэне́ргия【女】電力　оказа́ние【中】示すこと　услу́га【女】便宜　сфе́ра【女】分野　коммуника́ция【女】通信

訳　例　　**ロシアのインフラ整備市場規模は 10 年間で1兆ドルに**

　世界で最も有望な市場の１つと目されるロシアのインフラ整備市場。ロシア経済では、最重要インフラ分野である電力と輸送分野で、大規模な構造変革が進んでいる。「我々が目指すのは、インフラ分野全体の整備に向けた長期戦略の実現だ。それが達成されれば、我が国の国際競争上の長所を十分に発揮することが可能になる。ロシア領内を通過するユーラシア随一の輸送ルートが敷設され、我が国に大規模な物流拠点が置かれることになる」［と副首相代行は述べた］。さらに、ロシアは電力の国際取引を拡大し、通信分野でも優遇措置を広げてゆく計画だ。

（2007年9月21日 報道）

重要語句

инфраструктýра【女】**インフラストラクチャー** ★インフラのいろいろ бázовая ~ 基礎インフラ городскáя ~ 都市インフラ коммунáльная ~ 公共インフラ трáнспортная ~交通インフラ дорóжная ~道路インフラ железнодорóжная ~鉄道〔аэро〕портóвая ~港湾〔空港〕インフラ информациóнная ~情報インフラ олимпúйская ~オリンピック関連インフラ

инфраструктýрный【形】**インフラの** инфраструктýрные проéкты インフラ整備計画

крýпный【形】**大規模な**〔同義〕**масштáбный**【形】приступáть к реализáции крýпных〔масштáбных〕проéктов 大規模事業の実施に取りかかる

развúтие【中】**発展、整備** Планúруется подписáние трёх инвестициóнных соглашéний по **развúтию инфраструктýры пóрта** на сýмму 1 млрд. дóлларов. 10億ドル規模の**港湾インフラ整備事業**への投資に関し、3つの合意書への調印が予定されている。

создáние【中】**建設** ~ инфраструктýры インフラ建設 Предусмóтрено **создáние крýпных узловы́х аэропóртов** — так называемых хáбов. いわゆる「ハブ空港」と呼ばれる**大規模な基幹空港の建設**も計画されている。

модернизáция【女】**近代化** модернизáция àвтодорóг/систéмы àвиаперевóзок 自動車道路／航空輸送システムの近代化〔動詞形〕**модернизúровать**《対》〔不完〕**~ を近代化する**〔類義〕**обновлéние**【中】**更新**

чáстный【形】**民間の** расширя́ть партнёрство с чáстными компáниями 民間企業との提携を拡大する ◆ ~ **капитáл**「民間資本」 Мы намéрены привлекáть и **чáстный капитáл**, и госудáрственные инвестúции. 我々は**民間資本**も国の投資も誘致するつもりだ。

конкурèнтоспосóбность【女】**競争力** Мы бýдем повышáть **глобáльную конкурèнтоспосóбность** отéчественных инфраструктýрных компáний. 我々は自国のインフラ企業の**国際競争力**を高めてゆく。**конкурéнтный**【形】**競争の конкурéнт**【男】**競合他社**

трáнспорт【男】**交通・輸送**（= перевóзка）железнодорóжный ~鉄道輸送〔関連〕**логúстика**【女】**物流、ロジスティック логистúческий**【形】**~の** логистúческий терминáл 物流ターミナル

аукциóн【男】**入札、オークション** провестú откры́тый аукциóн на постáвку《生》~（物品納入の）一般競争入札を実施する ◆ **стать победúтелем аукциóна**〔完〕「落札する」〔類義〕**кóнкурс**【男】**コンペ**〔関連〕**заключúть контрáкт**〔完〕契約を結ぶ

Сре́дняя цена́ на жильё в Москве́ сни́зилась на 1,4%

В пери́од с 27 по 31 а́вгуста сре́дняя сто́имость жилья́ на втори́чном ры́нке в Москве́ сни́зилась на 1,4% - до 4724 до́лларов за квадра́тный метр. При э́том сре́дняя цена́ предложе́ния в пане́льных дома́х сни́зилась незначи́тельно на 0,24% до 4140 до́лларов за квадра́тный метр, в кирпи́чных дома́х — на 2,62% до 5486 до́лларов за метр. Ли́дерами ро́ста среди разли́чных ти́пов домо́в ста́ли 5-ти эта́жные пане́льные дома́ (плюс 1,1%), а аутса́йдерами 6-8-ми эта́жные кирпи́чные дома́ (ми́нус 1,7%). Объём предложе́ния на втори́чном ры́нке за неде́лю сни́зился на 3,71%. За а́вгуст 2007 го́да сто́имость жилья́ на моско́вском ры́нке сни́зилась на 0,3% по сравне́нию с ию́лем. Сейча́с говори́ть о нача́ле ро́ста цен ра́но. Оконча́ние стагна́ции бу́дет свя́зано с тем, что вернётся акти́вность делов́ых предложе́ний на ры́нок, но э́то не означа́ет, что це́ны попо́лзут вверх.

（http://www.vesti.ru/doc.html?id=136828）

語　彙　жильё【中】住宅 втори́чный ры́нок【男】中古市場 квадра́тный метр【男】平米 предложе́ние【中】供給 пане́льный【形】パネル工法の незначи́тельно【副】僅かに кирпи́чный【形】レンガ工法の отме́тить［完］記録する ли́дер【男】リーダー тип【男】タイプ аутса́йдер【男】競争のビリ оконча́ние【中】終焉 стагна́ция【女】低迷 деловы́е предложе́ния〔複〕ビジネスプロポーザル поползти́［完］徐々に動く

訳　例　モスクワ市内の住宅平均価格1.4%下がる

　8月27日から31日までのモスクワ市内の中古住宅市場の販売価格は1.4％下落し、1㎡あたり4724ドルとなった。このうち、パネル工法集合住宅の平均販売価格は僅かに下がり（0.24％）1㎡あたり4140ドル、レンガ工法集合住宅の平均販売価格は2.62％下がって1㎡あたり5486ドルであった。様々なタイプの住宅のうち、値上がり幅が大きかったのは5階建てパネル工法住宅（+1.1％）で、逆に値下がり幅が大きかったのは6～8階建てレンガ工法住宅であった。中古住宅市場の販売戸数は1週間で3.71％減少した。モスクワ市場の住宅価格は、2007年8月期全体では7月期に比べ0.3％下落した。価格が上昇に転じたと見るのは現時点では時期尚早だ。ビジネスプロポーザルの活況が市場に戻れば、低迷傾向も終焉に向かうだろうが、それでも一本調子で価格が上昇するとは言えないだろう。

（2007年9月3日報道）

重要語句

недви́жимость【女】不動産 ры́нок недвижи́мости 不動産市場〔類語〕**жильё**【中】
住宅 перви́чный/втори́чный ры́нок жилья́ 新築住宅／中古住宅市場
новостро́йки〔複で〕新築住宅〔反義〕**втори́чное жильё**【中】中古住宅
строи́тельный【形】建設〔строи́тельство〕⑭ На ры́нке за́городной недви́жимости
ожида́ется **строи́тельный бум.** 郊外不動産市場で**建設ブーム**の兆候がある。
предложе́ние【中】供給、「販売」цена́ предложе́ния 販売価格 **Объём предложе́ния**
на перви́чном ры́нке жилья́ Москвы́ в ма́е соста́вил 328 объе́ктов. 5 月のモ
スクワの新築住宅〔マンション〕市場の分譲**販売棟数**は 328 棟であった。
сре́дневзве́шенный【形】平均の（= сре́дний）сре́дневзве́шенная сто́имость
〔цена́〕квадра́тного ме́тра жилья́ 住宅〔マンション〕平均分譲価格（㎡）
стагна́ция【女】不振、低迷（= засто́й）Остано́вка ро́ста рынка, нача́вшаяся
в конце́ про́шлого го́да, явля́ется не сезо́нным явле́нием, а **серьёзной**
стагна́цией. 昨年末から始まった市場の伸び悩みは、季節的現象ではなく**深刻な低迷**
である。〔動詞形〕**стагни́ровать**〔不完〕**不振が続く** Ры́нок недви́жимости мо́жет
стагни́ровать и до конца́ теку́щего го́да. 年末まで不動産市場の**低迷が続く可能性**
がある。
корре́кция【女】調整 Бы́стрый рост до́лжен привести́ к перегре́ву ры́нка,
что потре́бует **пери́ода корре́кции.** 急激な価格上昇は市場の過熱に繋がるのは必
至で、**調整期間**が必要となる。〔関連〕**реце́ссия**【女】リセッション、景気後退

住宅の種類（工法別）

моноли́тные дома́ 鉄骨〔鉄筋〕コンクリート工法集合住宅 **пане́льные дома́** コ
ンクリートパネル工法集合住宅 **кирпи́чные дома́** レンガ工法集合住宅 **кирпи́чно-**
моноли́тные дома́ レンガ・鉄筋コンクリート工法集合住宅 ★断熱の為に壁にレンガ
を使用してある。**реконструи́руемые дома́** 再生集合住宅 ★歴史的建造物を大規模
修繕したもの。 市内中心部にあることが多く高級。**та́ун-ха́усы** タウンハウス ★郊外
型独立家屋タイプの集合住宅。**котте́джи** コテージ ★郊外型一軒家。**пент-ха́усы** ペ
ントハウス

住宅の等級

типово́е жильё 平均的マンション
жильё повы́шенной комфо́ртности セミ・ハイグレードマンション
эли́тное жильё 高級マンション、「億ション」

Suzuki плани́рует экспорти́ровать в РФ дешёвые автомоби́ли

Дешёвые моде́ли автомоби́лей, произведённых Suzuki Motor в И́ндии специа́льно для развива́ющихся ры́нков, компа́ния наме́рена экспорти́ровать в Росси́ю. Сто́имость тако́го автомоби́ля с однолитро́вым дви́гателем не должна́ превы́сить 800.000 ие́н. Та́кже Suzuki плани́рует увели́чить прода́жу свои́х автомоби́лей в Росси́и до 50 тыс. в год к 2014 го́ду. Сейча́с Suzuki заво́зит в Росси́ю маши́ны, со́бранные на заво́де в Ве́нгрии. Япо́нская компа́ния запу́стит в 2009 году́ заво́д в Санкт-Петербу́рге, где наме́рена производи́ть кроссо́вер Grand Vitara с объёмом дви́гателя от 2 [двух] до 2,7 [двух и семи́ деся́тых] ли́тров и легково́й SX4 с дви́гателем от 1,5 [полу́тора] до 2 ли́тров. Пло́щадь заво́да соста́вит 500 тыс. квадра́тных ме́тров, производи́тельность — снача́ла 5 тыс. автомоби́лей в год, по́зже мо́щности плани́руется довести́ до 30 тыс. в год.

(http://www.vesti.ru/doc.html?id=136948)

語　彙　моде́ль【女】車種 произвести́［完］生産する развива́ющийся ры́нок【男】新興市場 сто́имость【女】価格 однолитро́вый【形】1リットルの дви́гатель【男】エンジン увели́чить［完］拡大する прода́жа【女】販売 завози́ть［不完］輸送してくる собра́ть［完］組立てる запусти́ть［完］稼働させる кроссо́вер【男】クロスオーバー車 объём дви́гателя【男】排気量 легково́й【形】乗用の производи́тельность【女】生産量 мо́щность【女】（生産）能力

訳　例　　　　　　　　　　**スズキ、ロシアに低価格車輸出を計画**

　スズキ自動車は、インドで生産している新興市場向けに開発した低価格車を、ロシアへ輸出する計画だ。1000ccエンジン搭載車の価格は、80万円以下に抑える。さらに、スズキ自動車は、2014年までにロシアでの自社の自動車販売を年5万台に拡大する計画である。現在、スズキはハンガリー工場で組み立てた自動車をロシアで販売している。同社は2009年にサンクト・ペテルブルグ工場を稼働させ、2000 ～ 2700ccクラスのクロスオーバー車「グランド・ビタラ」と1500 ～ 2000ccクラスの乗用車SX4 を生産する予定だ。工場の敷地面積50万㎡、当初の生産台数は年産5000台だが、将来的には生産能力を上げ、年産3万台を目指す。

　（2007年9月4日報道）

重要語句

производи́ть [不完] **произвести́** [完]《対》〜を生産する〔同義〕**выпуска́ть** [不完] **вы́пустить** [完]《対》Че́рез два го́да **начну́т выпуска́ть** [производи́ть] внедоро́жники，2 年後にはオフロード車の**生産が**始まる。〔名詞形〕**произво́дство**【中】生産 запусти́ть/нача́ть произво́дство 生産を開始する **Пуск но́вого заво́да для произво́дства** пика́пов и седа́нов наме́чен на 2010 год. ピックアップ車とセダン車を**生産する新工場は**、2010 年に**操業開始**予定だ。

производи́тель【男】メーカー кру́пне́йший мирово́й 〜 автомоби́лей 世界最大の自動車メーカー〔類義〕**а̀втопроизводи́тель**【男】自動車メーカー

производи́тельность【女】生産能力（= мо́щность）**Годова́я производи́тельность** заво́да соста́вит 200 ты́сяч маши́н. 工場の**年間生産能力**は 20 万台である。

◆ **производи́ть/произвести́**《対》**по лице́нзии**「〜をライセンス生産する」

◆ **OEM** [о-и-э́м] **-произво́дство**「OEM 生産」

конце́рн【男】コンツェルン、「大手〜会社」**Япо́нский автомоби́льный конце́рн** име́ет страте́гию «завоёвывать ры́нок не цено́й, а ка́чеством». 日本の大手自動車会社は「価格ではなく質で市場を席巻する」という戦略を持っている。

◆ **матери́нская компа́ния**「親会社」（= компа́ния-учреди́тель）〔反義〕**доче́рняя компа́ния**「子会社」стопроце́нтная 〜 100 ％子会社 В произво́дстве при́мут уча́стие и специали́сты **доче́рней компа́нии**. 生産には**子会社**の専門家も携わる。

моде́ль【女】モデル、車種 **инома́рка**【女】外車 В 2007 году́ на росси́йском ры́нке бу́дет про́дано 2,28 млн. но́вых легковы́х автомоби́лей, **росси́йских моде́лей** среди́ них бу́дет 680 ты́сяч (29,8%), а **инома́рок** — 1,6 млн. (70,2%). 2007 年のロシア国内市場の新車乗用車の販売予想台数は 228 万台で、**ロシア車**は 68 万台 (29.8%)、**外国車**は 160 万台 (70.2%) になる見通しだ。★ロシア人は「**国産**」を **оте́чественный** という

ди́лер【男】ディーラー официа́льный 〜正規販売店

а̀втосало́н【男】①**自動車販売店** Подразделе́ния Toyota Bank бу́дут рабо́тать то́лько в **а̀втосало́нах официа́льных ди́леров** Toyota. トヨタ銀行の支店は、トヨタ車**正規販売店**の店舗内に営業を限定する。★07 年トヨタは、顧客向け自動車ローン業務を扱う銀行の設立をロシア中央銀行から認可された。②**モーターショー** Токи́йский а̀втосало́н – 2007 東京モーターショー 2007

Нефтянье спекуля́нты поста́вили реко́рд

Цена́ на нефть поста́вила очередно́й истори́ческий реко́рд. В хо́де торго́вой се́ссии цена́ октя́брьского контра́кта на Нью-Йо́ркской би́рже подняла́сь до отме́тки в 81,24 до́ллара. Уча́стники нефтяно́го ры́нка серьёзно не восприня́ли реше́ния ОПЕ́К увели́чить кво́ту на добы́чу не́фти с ноября́ на 500 ты́сяч ба́ррелей в день. В настоя́щий моме́нт экспе́рты прогнози́руют уменьше́ние запа́сов не́фти бо́лее чем на 2 млн. ба́ррелей, а бензи́на — на 800 тыс. ба́ррелей. Анали́тик сказа́л, что рост цены́ на нефть но́сит спекуляти́вный хара́ктер. Это мо́жно заключи́ть на основа́нии того́, что в Нью-Йо́рке бли́жний фью́черс сто́ит деше́вле да́льнего, тогда́ как обы́чно наблюда́ется обра́тная карти́на. Нача́ло отопи́тельного сезо́на в США, в при́нципе, должно́ спосо́бствовать увеличе́нию сто́имости не́фти, но не всегда́ э́тот фа́ктор сраба́тывает.

（http://www.vesti.ru/doc.html?id=138871）

語　彙　нефтяно́й【形】原油・石油の спекуля́нт【男】投機筋 реко́рд【男】記録 контра́кт【男】契約 ОПЕ́К【女】〔不変〕石油輸出国機構（OPEC）кво́та【女】割当量、生産枠 добы́ча не́фти【女】原油生産 запа́с【男】在庫 заключи́ть［完］結論づける на основа́нии того́, что…［熟］〜を根拠に бли́жний фью́черс【男】期近物 да́льний фью́черс【男】期先物 отопи́тельный сезо́н【男】暖房期 сраба́тывать［不完］作用する

訳　例　　**原油価格が最高値を更新、投機的動きが原因**

　原油価格が再び歴史的最高値を更新した。ニューヨーク市場の取引時間中に10月渡しの原油価格は81ドル24セントまで上昇した。OPEC（石油輸出国機構）は11月から原油生産枠を日量50万バレル引き上げることを決めたが、市場参加者は増産決定を真剣に受け止めなかった。現段階で専門家は、原油在庫は200万バレル、ガソリン在庫は80万バレル減少すると予測している。あるアナリストは、原油価格の上昇は投機的性格を帯びていると語った。この見方は、ニューヨークの原油先物市場の期近物が期先物より安く、通常とは逆の状況であることからも裏付けられる。一般に、米国で暖房期に入ると原油価格の上昇を招くが、その要因が常に作用するとは限らない。

（2007年9月19日報道）

重要語句

то́пливо【中】燃料 ископа́емое то́пливо 化石燃料 биото́пливо バイオ燃料〔同義〕
энергоноси́тель【男】燃料 ★主に石油・ガス・石炭を指す。**Сниже́ние цен на энергоноси́тели** вряд ли произойдёт в ближа́йшие го́ды. 向こう数年間は燃料価格が下落することはないだろう。〔関連〕**энерге́тик**【男】エネルギー企業 **альтернати́вная эне́ргия**【女】代替エネルギー（→ **StepUp**）

нефть【女】原油、石油 повыше́ние/сниже́ние сто́имости не́фти 原油価格の上昇／下落 ★ **Ма́рка（сорт）не́фти** 原油銘柄 Urals（Ура́лс）ウラルス原油（ロシア産原油の代表銘柄）Brent（Брэнт）ブレント（北海原油）WTI（米テキサス産原油）

◆ **чёрное зо́лото**「黒い金」＝石油、原油 Организа́ция стран-экспортёров не́фти объяви́ла о реше́нии сократи́ть/увели́чить **объём добы́чи «чёрного зо́лота»** на 500 ты́сяч ба́ррелей в су́тки. OPEC は**原油生産量**を日量 50 万バレル減産／増産すると発表した。

нефтяно́й【形】石油の нефтяна́я компа́ния 石油会社 нефтяно́й магна́т 石油王 нефтяно́й гига́нт 石油メジャー нефтяны́е де́ньги [до́ллары] オイルマネー［ダラー］

добы́ча【女】採掘・採取、生産 Кита́й купи́л **пра́во на добы́чу не́фти** в Казахста́не. 中国がカザフスタンの**石油採掘権**を購入した。Урага́н стал причи́ной **сокраще́ния добы́чи не́фти**. ハリケーンは**石油生産**減少の原因となった。〔動詞形〕
добыва́ть〔不完〕добы́ть〔完〕《対》～を採掘する Белору́ссия и Ира́н бу́дут вме́сте **добыва́ть нефть**. ベラルーシとイランが共同で**石油採掘**を行う。
перераба́тывать〔不完〕перерабо́тать〔完〕《対》～を加工する、精製する〔関連〕**нефтеперераба́тывающий**【形】石油精製の ～ заво́д 石油精製所
запа́с【男】在庫 сокраще́ние запа́сов не́фти 原油在庫の減少

◆ **стратеги́ческий запа́с не́фти**「戦略石油備蓄」〔国家備蓄〕На 30 ию́ня прави́тельство Япо́нии располага́ло **стратеги́ческим запа́сом не́фти** в разме́ре о́коло 321（трёхсо́т двадцати́ одного́）миллио́на ба́ррелей. 6 月 30 日の時点で、日本政府は 3 億 2100 万バレルの**石油の国家備蓄**を有していた。★ロシアは鉱物・燃料等の地下資源・食料等の国家備蓄データを機密としてきたが、2013 年 7 月、石油・ガス埋蔵量を機密リストから除外。〔関連〕**извлека́емые запа́сы** 可採埋蔵量 ★ロシア式の石油・ガス埋蔵量分類、地質調査に基づく 7 段階方式（A-C2 を запа́сы, D1-D3 を ресу́рсы とする）であったが、国際的な商業採算性に基づく分類方式へ移行予定。

石油製品 Нефтяны́е проду́кты

кероси́н【男】灯油 бензи́н【男】ガソリン ★ A-76/Аи-80（低オクタン・価格が安価）Аи-92（日本のレギュラー相当）Аи-95（プレミアム（ハイオク）相当）Аи-95e（EU 基準適合プレミアム）ди́зельное то́пливо【中】ディーゼル燃料（軽油）мазу́тное то́пливо【中】重油 авиацио́нное то́пливо【中】航空燃料 на́фта【女】ナフサ

«Газпро́м» заверши́л сде́лку по вхожде́нию в прое́кт «Сахали́н-2»

Акционе́ры «Сахали́н Эне́рджи» и «Газпро́м» подписа́ли фина́льные докуме́нты, кото́рые означа́ют заверше́ние сде́лки по вхожде́нию «Газпро́ма» в прое́кт «Сахали́н-2». «Газпро́м» до́лжен был приобрести́ 50 проце́нтов плюс одна́ а́кция в «Сахали́н Эне́рджи». В результа́те «Шелл» бу́дет владе́ть 27,5% [двадцатью́ семью́ с полови́ной проце́нтами] а́кций, а «Мицу́и» и «Мицуби́си» — 12,5 % [двенадцатью́ с полови́ной проце́нтами] и 10% [десятью́ проце́нтами] а́кций соотве́тственно. Прое́кт «Сахали́н-2» предусма́тривает разрабо́тку двух месторожде́ний. Сумма́рные запа́сы углеводоро́дов э́тих месторожде́ний превыша́ют 150 миллио́нов то́нн не́фти и 500 миллиа́рдов куби́ческих ме́тров га́за. Второ́й эта́п прое́кта предполага́ет строи́тельство 2 но́вых морски́х платфо́рм, двух ли́ний 800-киломе́трового трубопрово́да и термина́ла по отгру́зке не́фти.

(http://www.vesti.ru/doc.html?id=96431)

語　彙　вхожде́ние【中】参入 фина́льный【形】最終の заверше́ние【中】完結 приобрести́〔完〕取得する владе́ть〔不完〕保有する соотве́тственно【副】それぞれ разрабо́тка【女】開発 месторожде́ние【中】油田・ガス田 сумма́рный【形】総体の углеводоро́д【男】炭化水素燃料〔石油・天然ガス〕куби́ческий метр【男】立方メートル эта́п【男】段階 морска́я платфо́рма【女】洋上プラットフォーム трубопрово́д【男】パイプライン термина́л【男】ターミナル отгру́зка【女】積み出し

訳　例　　ガスプロム社、サハリン２プロジェクト参入問題決着

　サハリンエナジー社の株主とガスプロム社は、サハリン２計画へのガスプロム社の参入を認める最終的な文書に調印した。ガスプロム社はサハリンエナジー株式の50％プラス1株を取得することになった。その結果、各社の株式保有割合は、シェル27.5％、三井［物産］12.5％、三菱［商事］10％となる。サハリン２計画では二鉱区の開発が予定されている。これら油田・ガス田［の炭化水素燃料］の総埋蔵量は、石油が1億5000万トン、天然ガスは5000億立方メートルを越える。計画の第二段階では、２基の新たな洋上プラットフォーム、800キロメートルのパイプライン２本、原油積み出し用ターミナルの建設などが予定されている。

（2007年4月18日報道）

重要語句

месторожде́ние【中】〔天然資源・鉱物 поле́зные ископа́емые の〕産地 лице́нзия на разрабо́тку месторожде́ния 開発許可〔採掘許可〕аукцио́н на пра́во разрабо́тки месторожде́ния 開発権の入札 ★具体的に「油田」「ガス田」「鉱山」とすると良い。**Запа́сы га́за в но́вом месторожде́нии** оце́ниваются в 3,7 триллио́на кубо́метров. **新ガス田の埋蔵量**は 3 兆 7000 億立方米と見積もられる。〔類義〕**сква́жина**【女】油井、ガス井 Добы́ча га́за на **пе́рвой сква́жине** начала́сь в 2006 году́. **最初のガス井**からの採掘は 2006 年に始まった。〔関連〕**разве́дочное буре́ние**【中】「試掘」провести́ ~ в Мексика́нском зали́ве メキシコ湾で試掘を行う

нефтега́зовый【形】石油・ガスの Анали́тики свя́зывают де́ятельность Министе́рства приро́дных ресу́рсов с очередны́ми попы́тками взять **кру́пные нефтега́зовые прое́кты** под контро́ль госуда́рственных компа́ний. アナリストは、天然資源省の動きを、**大規模な石油・ガスプロジェクト**を国営企業の管理下に置こうとする従来からの試みの一環と見ている。

приро́дный газ【男】天然ガス сжи́женный приро́дный газ（СПГ）液化天然ガス（LPG）〔関連〕**подзе́мное храни́лище га́за**（ПХЗ）【中】「天然ガス地下貯蔵施設」

◆ **«голубо́е то́пливо»**「青い燃料」= 天然ガス **Подорожа́ние «голубо́го то́плива»** уда́рит по карма́нам потреби́телей. **天然ガスの価格上昇**は消費者の財布を直撃する。

поставля́ть［不完］**поста́вить**［完］《対》**~を供給する** поставля́ть обору́дование для га́зодобы́чи ガス採掘に必要な設備機材を供給する

поста́вка【女】供給〔量〕стаби́льная поста́вка добы́той не́фти 採掘原油の安定供給 **Поста́вки** сахали́нского сжи́женного приро́дного га́за в Япо́нию закро́ют 8% потре́бности э́той страны́ в голубо́м то́пливе. サハリンから日本へ**供給**される LP ガスは、日本の天然ガス需要の 8％をカバーする。

поставщи́к［-á, -ý...］【男】供給国 Росси́я явля́ется основны́м **поставщико́м** га́за в За́падную Евро́пу. ロシアは西欧の主要ガス**供給国**である。〔類義〕**добыва́ющая страна́**【女】産出国 ★字義的には「採集国」

трубопрово́д【男】パイプライン **По трубопрово́ду** нефть поступа́ет в порт и вы́возится та́нкерами-гига́нтами на междунаро́дный ры́нок. 原油は**パイプライン**を通して港に運ばれ、巨大タンカーで国際市場に向けて輸出される。**трубопрово́дный**【形】**~の** трубопрово́дный тра́нспорт パイプライン輸送

Росрыболо́вство наме́рено ввести́ вре́менный запре́т на вы́лов кра́ба

Возмо́жность введе́ния вре́менного запре́та на вы́лов кра́ба в Росси́и рассма́тривает Росрыболо́вство. Рыболо́вы в настоя́щее вре́мя многокра́тно превыша́ют допусти́мые но́рмы вы́лова кра́ба, и е́сли вы́лов не ограни́чить, то че́рез 5 [лет] в росси́йских во́дах его́ не бу́дет. Ме́ры по защи́те популя́ции кра́ба, при́нятые Минсельхо́зом в конце́ весны́, когда́ был введён запре́т на вы́воз за преде́лы исключи́тельной экономи́ческой зо́ны РФ живы́х кра́бов «с це́лью борьбы́ с незако́нным про́мыслом и для сохране́ния запа́сов», результа́тов не да́ли. «Е́сли мы с япо́нской стороно́й договори́мся, что борьба́ с так называ́емым ННН (незако́нным, нерегули́руемым, несообща́емым) про́мыслом бу́дет вести́сь обе́ими сторона́ми, тогда́ мы мо́жем верну́ться к разгово́ру об э́кспорте живо́го кра́ба, но то́лько с тамо́женной террито́рии РФ».

〈http://www.vesti.ru/doc.html?id=136975〉

語　彙　введе́ние【中】導入 вы́лов【男】捕獲、漁 краб【男】カニ Росрыболо́вство【中】ロシア漁業庁 рыболо́в【男】漁業者 многокра́тно【副】数倍 превыша́ть〔不完〕越える допусти́мый【形】許容される но́рма【女】量 популя́ция【女】個体群 вы́воз【男】搬出 преде́лы〔複で〕境界 незако́нный【形】違法な про́мысел【男】漁 сохране́ние【中】維持 запа́с【男】資源量 торго́вец【男】取引業者 перерабо́тчик【男】加工業者 обнару́жить〔完〕発見する объём【男】量 ННН＝IUU（Irregular 非合法 Uncontrolled 非管理 Unreported 非通告）нерегули́руемый【形】非管理の несообща́емый【形】非通告の вести́сь〔不完〕行われる

訳　例　　　　**ロシア漁業庁、一時的にカニ漁禁止の意向**

　ロシア漁業庁（当時）は、国内でのカニ漁を一時的に禁止する案を検討している。現在漁業者は許容される漁獲量〔最大持続生産量（MSY）〕を数倍上回るカニを捕獲しており、漁獲量を制限しなければ、5年後にはロシアの水域から消滅しかねない。農業省は、カニの個体群を保護する手段として、「違法操業を食い止め資源を守るため」として、春の終わりにロシアの排他的経済水域からの活カニ搬出〔輸出〕を禁じたが、成果は上がっていない。「ロシア・日本双方が、いわゆるIUU漁業対策の実行で合意できるなら、我々は活ガニ輸出に関する話し合いの場に戻る用意がある。ただし、ロシアの通関手続きを経ることが条件だ」。

　（2007年9月4日報道）

重要語句

рыболо́вство【中】漁業、水産（= ры́бный про́мысел）Жи́тели села́ **за́няты рыболо́вством.** 村民は**漁業に従事**している。〔類義〕**рыбохозя́йство**【中】漁業

рыболо́вный【形】漁業の рыболо́вная компа́ния 水産会社 рыболо́вная зо́на 漁業専管水域 Изно́с **рыболо́вного фло́та** мо́жет привести́ к тому́, что Росси́я потеря́ет до́ступ к богате́йшим биоресу́рсам откры́тых райо́нов Мирово́го океа́на. **漁船団**の老朽化は、世界の公海上の豊かな生物資源へのアクセスをロシアが失うことに繋がりかねない。

ры́бный【形】魚の ры́бная проду́кция 水産加工品〔関連〕**рыба́к**【男】漁業者（= моря́к）

ресу́рсы〔複で〕資源 ры́бные ～漁業資源 во́дные биологи́ческие ～水産生物資源

лови́ть〔不完〕**вы́ловить**〔完〕《対》～を捕獲する〔名詞形〕**вы́лов**【男】捕獲〔同義〕**добы́ча**【女】捕獲、採取 ～ ры́бы 漁獲（量）по́лный запре́т на добы́чу осетро́вой икры́ キャビアの全面的な採取禁止 ★公式な場面では **изъя́тие** も使う。Мы склоня́емся к тому́, что́бы на како́е-то вре́мя запрети́ть **промы́шленное изъя́тие кра́ба.** 一定期間カニの捕獲を禁止する方向で検討している。

про́мысел【男】漁業〔商業目的での採取、捕獲〕Тра́улер **вёл разрешённый про́мысел** трески́ в экономи́ческой зо́не Норве́гии. トロール船はノルウェーの経済水域で許可を得てタラ漁を行っていた。〔派生〕**промысло́вый**【形】漁業の промысло́вый лов ры́бы 漁業〔同義〕**рыбопромысло́вый**【形】漁業の рыбопромысло́вое су́дно 漁船

кво́та【女】割当量 **Кво́ты на промы́шленный вы́лов осетро́вых** не выдаю́тся после́дние четы́ре го́да. チョウザメの漁獲量の割り当ては過去４年間ゼロである。

культиви́рование【中】養殖 ～ во́дных биоресу́рсов 水産生物資源の養殖 ★「養殖する」は **выра́щивать**. Австрали́йцы собира́ются **выра́щивать тунца́.** オーストラリア人が**マグロ養殖**を始める。

поставля́ть〔不完〕**поста́вить**〔完〕《対》～を供給〔輸出入〕する Живо́го кра́ба **продолжа́ют поставля́ть** в пре́жних объёмах. 活ガニは従来量の**供給**が続いている。

перерабо́тка【女】加工〔関連〕**плаву́чий кра́бо-**〔**ры́бо-**〕**консе́рвный заво́д**【男】蟹工船／工船

браконье́р【男】密漁 **браконье́рский**【形】～の Браконье́рская проду́кция из осетро́вых ви́дов рыб, а та́кже из лосо́сёвых, кра́бов и морски́х гре́бешков подлежи́т уничтоже́нию. **密漁された**チョウザメ類、サケ・マス類、カニ類、ホタテ貝などを原料とする**水産製品**は廃棄処分されることになっている。

Зóна нàнотехнолóгий

В Тóмской óбласти [пéрвый вѝце-премьéр] инспектѝровал строѝтельство так называ́емой особой экономѝческой зóны тèхнико-внедрéнческого тѝпа — там, где промы́шленность и наýка свя́заны воедѝно. Гла́вная цель визѝта [пéрвого вѝце-премьéра] в Тóмскую óбласть — вы́яснить, как здесь сегóдня рабóтает сóзданная год наза́д осóбая экономѝческая зóна. Э́то, согла́сно за́мыслу, сою́з бѝзнеса и наýки, котóрый позволя́ет разраба́тывать и внедря́ть нóвые технолóгии, создава́ть произвóдства. Почтѝ всё то, что увѝдел [пéрвый вѝце-премьéр], да́же вода́, очѝщенная нàнофѝльтром, котóрую он пил, — пока́ лишь проéкты. Сегóдня в осóбой экономѝческой зóне зарегистрѝровано лишь четы́ре так называ́емых резидéнта-предприя́тия, котóрые спосóбны внедря́ть нóвые технолóгии, а рабóтает всегó лишь однó.

(http://www.vesti.ru/doc.html?id=123989)

語　彙　нàнотехнолóгия【女】ナノテクノロジー　инспектѝровать［不完］視察する　осóбая экономѝческая зóна【女】経済特区　тèхнико-внедрéнческий【形】技術導入の　воедѝно【副】一体的に　вы́яснить［完］明らかにする　за́мысел【男】構想　разраба́тывать［不完］開発する　внедря́ть［不完］導入する　технолóгия【女】テクノロジー　произвóдство【中】生産　очѝстить［完］浄化する　нàнофѝльтр【男】ナノフィルター　проéкт【男】試作品　резидéнт【男】（工業団地の）入居企業

訳　例　　　　　　　　　　**ナノテク特区**

　[第一副首相は] トムスク州の産学一体の「技術導入型経済特区」の整備現場を視察した。[第一副首相の] トムスク州訪問は、1年前に設置された経済特区の運営状況の検証を主な目的としている。構想では、産学が一体となり、新技術の開発と導入から生産までを行うことになっている。しかし、[第一副首相] が試飲したナノフィルター浄化水も含め、視察したものはいずれも試作品段階に留まっている。現在、新技術開発能力を有する企業として登録されたいわゆる「入居企業」は4社だけで、そのうち実際に操業しているのはわずか1社にとどまっている。

（2007年5月31日報道）

重要語句

предприя́тие【中】企業 ве́нчурное ～ ベンチャー企業（= ве́нчурная компа́ния）совме́стное ～ 合弁企業 многонациона́льное ～多国籍企業 ма́лые и сре́дние предприя́тия 中小企業

предпринима́тель【男】事業〔起業・企業〕家 же́нщина-предпринима́тель 女性企業家 **предпринима́тельский**【形】事業〔起業・企業〕の предпринима́тельская де́ятельность 企業活動

предпринима́тельство【中】事業〔起業・企業〕дух предпринима́тельства 企業家精神 Существу́ющая систе́ма налогообложе́ния не стимули́рует разви́тие **ма́лого и сре́днего предпринима́тельства**. 現行税制は**中小企業**の発展を促していない。〔同義〕**би́знес**【男】ビジネス、「企業」ма́лый/сре́дний/кру́пный ～小（零細）／中／大企業

индустри́я【女】産業（= промы́шленность）музыка́льная ～ 音楽産業 строи́тельная ～建設産業 тури́ндустри́я 旅行産業、観光業 секс-индустри́я 性風俗産業 игрова́я ～ゲーム産業 иго́рная ～賭博産業 ★スロット店やカジノ経営。

изобрета́ть〔不完〕**изобрести́**〔完〕《対》～を発明〔新規開発〕する **Изобретён** са́мый большо́й в ми́ре телеви́зор, ширина́ диагона́ли экра́на кото́рого составля́ет 110 дю́ймов. 画面の対角線の長さが 110 インチの世界最大のテレビが**新たに開発された**。

изобрета́тель【男】**発明者 изобрете́ние**【中】**発明**〔類語〕**откры́тие**【中】**発見**〔関連〕**нови́нка**【女】**新製品、新開発品**

иннова́ция【女】技術革新 Одна́ из приорите́тных зада́ч — э́то разви́тие **иннова́ций** в ма́лом би́знесе. 小規模企業の**技術革新の浸透**は優先課題の１つだ。

техноло́гия【女】テクノロジー высо́кая ～ ハイテク（= хай-те́к）передова́я ～先端技術〔派生〕**на̀нотехноло́гия**【女】ナノテクノロジー

пате́нт【男】**特許**〔動詞形〕**патентова́ть**〔不完〕**запатентова́ть**〔完〕**特許を取る** Учёные наме́рены **запатентова́ть своё изобрете́ние**. 研究者らは**発明の特許を申請する**予定だ。

ロシアの経済特区 Осо́бая экономи́ческая зо́на（ОЭЗ）（→ **StepUp**）

Промы́шленно-произво́дственнàя зо́на（ППЗ）**工業生産型特区** ※最大面積 40 平方キロ.

Тѐхнико-внедре́нческая зо́на（ТВЗ）**技術導入〔研究開発〕型特区** ※最大面積 4 平方キロ.

Тури́стско-рекреацѝо́ннàя зо́на（ТРЗ）**観光・レクリエーション型特区**

Порто́вая осо́бая экономи́ческая зо́на（ПОЭЗ）**港湾型特区** ※物流拠点を中心とした特区（空港・河港も含む）。最大面積 50 平方キロ.

★経済特区の存続期間は 49 年。国営企業 **ОАО «Осо́бые экономи́ческие зо́ны»** が経済特区の開発・管理を独占。

Чи́стая при́быль «Ра́мблер Ме́диа» за I полуго́дие 2007 го́да соста́вила $6,7 млн. В пе́рвом полуго́дии 2007 го́да оди́н из крупне́йших прова́йдеров интерне́т- и ме́диа-услу́г в Росси́и «Ра́мблер Ме́диа» получи́л чи́стую при́быль в разме́ре 6,7 млн. до́лларов. EBITDA «Ра́мблера», генери́рующего бо́льшую часть при́были от размеще́ния рекла́мы, включа́я конте́кстную рекла́му и product placement, соста́вила в отчётный пери́од 0,6 млн. до́лларов. Ежеме́сячное коли́чество уника́льных посети́телей порта́ла Rambler.ru в пе́рвой полови́не 2007 го́да вы́росло бо́лее чем на 40% и дости́гло 28,6 млн. челове́к. В а́вгусте «Ра́мблер» закры́л сде́лку по приобрете́нию 25% а́кций производи́теля конте́кстной рекла́мы ЗАО «Бегу́н», что увели́чило до́лю со́бственности «Ра́мблера» в Бегуне́ до 50,1%.

(http://www.vesti.ru/doc.html?id=139874)

語　彙　при́быль【女】利益 полуго́дие【中】半年 прова́йдер【男】プロバイダ услу́га【女】サービス вы́ручка【女】売上高 увели́читься［完］増加する EBITDA［эби́тда］（Earnings Before Interest Tax Depreciation and Amortization）税引前・利払い前・償却前利益 генери́ровать［不完］生み出す размеще́ние【中】掲載 рекла́ма【女】広告 конте́кстная рекла́ма【女】検索連動型広告 отчётный【形】報告の коли́чество уника́льных посети́телей【中】ユニーク・ビジター〔サイト訪問者〕数 порта́л【男】ポータルサイト закры́ть сде́лку［完］取引をまとめる приобрете́ние【中】取得（すること）со́бственность【女】所有

訳　例　　ランブレル・メディア社、07 年上半期の純利益は 670 万ドル

　ロシア最大手のインターネットプロバイダ・メディアサービス企業「ランブレル・メディア」は、07年上半期に670万ドルの純利益を上げた。ランブレル社は、コンテキスト広告とプロダクト・プレイスメントを含む広告掲載料を収益の柱としており、同社の当期EBITDAは60万ドルとなった。ポータルサイトRambler.ruの月間ユニーク・ビジター数は、07年上半期は約40％増の286万人に達した。8月にランブレル社は、検索連動型広告制作会社である閉鎖型株式会社ベグン社の株式の25％取得で合意し、ランブレル社のベグン社株の保有比率は50.1％に増加した。

（2007年9月25日報道）

重要語句

управля́ть《造》〔不完〕〜を経営する Компа́ния **управля́ет се́тью** из 120 суперма́ркетов. 会社は店舗数120のスーパーマーケット**チェーンを経営**している。〔派生〕**управле́ние**《造》【中】〜の経営 управле́ние компа́нией 会社経営 **управле́нческий**【形】経営の 〜 консалтинг 経営コンサルティング управле́нческий кри́зис 経営危機 **управле́нец**【男】経営者〔類語〕**ме́неджер**【男】マネージャー、中間管理職（部課長）★ **руково́дство компа́нии** 経営陣 генера́льный дире́ктор 社長 сове́т директоро́в 取締役会

бухга́лтерский【形】帳簿の、会計の 〜 учёт 簿記 〜 бала́нс 貸借対照表〔関連〕

при́быль【女】利益、収益〔反義〕**убы́ток**【男】損益

ма́ркетинг（марке́тинг も可）【男】マーケティング провести́ ма́ркетинг マーケティングを行う **ма́ркетинговый**【形】〜の ма́ркетинговая компа́ния マーケティング会社

банкро́т【男】破産、倒産 Арбитра́жный суд Москвы́ **призна́л ЮКОС банкро́том**. モスクワ市仲裁裁判所は**ユコス社の破産を認定**した。〔同義〕**банкро́тство**【中】破産 процеду́ра банкро́тства 破産手続 ★法的には **несостоя́тельность**. Федера́льный зако́н «О несостоя́тельности（банкро́тстве）» 連邦破産法〔関連〕**фина́нсовый крах** 財政破綻

вы́купить〔完〕買収する（＝ приобрести́）Компа́ния плани́рует **вы́купить** 10% свои́х а́кций — тако́е реше́ние бу́дет при́нято акционе́рами на внеочередно́м о́бщем собра́нии. 会社側は、臨時株主総会で株主の承認が得られれば、自社株の10%を**買収する**予定である。

слия́ние【中】〔企業・経営の〕**合併、統合** слия́ние и поглоще́ние 企業合併と買収（M&A）Популя́рные в Росси́и се́ти магази́нов **объяви́ли о слия́нии**. ロシアで有名な小売チェーンが**合併を発表**した。〔関連〕**хо́лдинг**【男】ホールディング、持株会社 ◆ **враждéбное поглощéние**「敵対的買収」

◆ **контро́льный паке́т а́кций**「支配株式」★会社経営を左右する数量の株式。理論上は発行済み株式の50%以上だが、実際には20%程度から経営に影響を与えるので、具体的数値が不明なら「過半数」と訳さないのが得策。Облада́телем **контро́льного паке́та а́кций** ста́нет консо́рциум «А́льфа-Групп». **支配株式**を取得するのは、アルファ・グループ・コンソーシアムになる見通しである。

Росси́и грози́т дефици́т трудовы́х ресу́рсов

«Росси́и в ближа́йшее вре́мя грози́т дефици́т трудовы́х ресу́рсов в ря́де профессиона́льных групп», — счита́ет мини́стр здра́во-охране́ния и социа́льного разви́тия РФ. Он плани́рует вы́ступить в ра́мках «прави́тельственного ча́са» в Госду́ме с докла́дом о ме́рах по повыше́нию у́ровня за́нятости населе́ния, обеспече́нию безопа́сных усло́вий труда́, сниже́нию травмати́зма на произво́дстве. «В ближа́йшие го́ды мы в РФ не ожида́ем напряжённой ситуа́ции на ры́нке труда́, не ви́дим большо́й пробле́мы, свя́занной в безрабо́тицей. Мы ожида́ем, что, напро́тив, в Росси́и бу́дет чётко просма́триваться дефици́т трудовы́х ресу́рсов по определённым квалификацио́нным и профессиона́льным гру́ппам», — сказа́л [он]. Реши́ть пробле́му дефици́та ка́дров в Росси́и помо́жет ко́мплекс мероприя́тий. «Э́то селекти́вная трудова́я мигра́ция, эффекти́вное управле́ние сто́имостью трудовы́х ресу́рсов посре́дством установле́ния экономи́чески обосно́ванного минима́льного разме́ра опла́ты труда́».

(http://www.vesti.ru/doc.html?id=121277)

語　彙　грози́ть《与》[不完] 〜を脅かす дефици́т【男】不足 трудовы́е ресу́рсы〔複で〕労働資源 за́нятость【女】就業率 труд【男】労働 травмати́зм【男】ケガ напряжённый【形】切迫した просма́триваться[不完] 認められる квалификацио́нный【形】熟練した селекти́вный【形】選択的な мигра́ция【女】移住 обосно́ванный【形】根拠ある минима́льный разме́р опла́ты труда́ (МРОТ)【男】「最低賃金」

訳　例　　　　　　　　　　**ロシア、労働力不足の恐れ**

　連邦保健・社会発展相は「近い将来ロシアは多くの専門職種で労働力不足に陥る可能性がある」との見方を示した。大臣は、国民の就業率の向上、安全な労働環境の整備、労働災害を減らすための取り組みついて、議会の「政府の時間」で報告を行うことになっている。保健相は「我々は、ロシアの労働市場が切迫した状況になることは近い将来はないと判断しているし、失業に関わる大きな問題も認められない。むしろ、国内で一部の熟練職種・専門職の労働力不足の傾向が顕著になると見ている」と述べた。大臣は、国内の人材不足問題を解決するには、「選択的な労働移住や、経済的根拠に基づく最低賃金設定を通した労働対価の効果的な調整」など総合的な対策が必要だと述べた。

（2007年5月16日報道）

重要語句

труд〔-á〕【男】**労働** усло́вия труда́ 労働条件 би́ржа труда́ 職業安定所 ◆ **мини́ма́льный разме́р опла́ты труда́**（МРОТ）「**最低賃金**」★ロシアでは１カ月分（16 年１月現在で 6204 ルーブル）**трудово́й**【形】**労働の** трудово́й догово́р 労働契約 ◆ **трудова́я кни́жка**「**労働手帳**」★就職・解雇・転職の経歴を記載。勤務先が保管義務を負う。〔派生〕**трудоустро́йство**【中】就職 **трудого́лик**【男】ワーカホリック（= работого́лик）

зарпла́та（= за́работная пла́та）【女】**賃金** Вы́плата за́работной пла́ты в ви́де спиртны́х напи́тков, наркоти́ческих веще́ств, ору́жия, боеприпа́сов не допуска́ется. 酒類、麻薬、武器、弾薬での**賃金の支払い**は認めない。（連邦労働法 Трудово́й Ко́декс РФ ст. 131）

рабо́чий【形】**労働の** иностра́нная рабо́чая си́ла 外国人労働力 ★個々の外国人労働者は **гастарба́йтер**. ◆ **рабо́чее ме́сто** ① **職場** Уча́стники забасто́вки покѝнули свои́ **рабо́чие места́**. スト参加者は**職場**を放棄した。② 「**雇用**」 созда́ть но́вые рабо́чие места́ 新たな雇用を創出する Крупне́йший производи́тель электро́нной те́хники объяви́л о **сокраще́нии 20 ты́сяч рабо́чих мест**, что составля́ет 6 проце́нтов от всех за́нятых на его́ предприя́тиях. 最大手電機メーカーがグループ企業の全従業員の6%に当たる**2万人の雇用削減**を発表した。

за́нятость【女】**雇用**〔率〕части́чная/по́лная за́нятость パートタイム／フルタイム雇用 стажиро́вка и вре́менная за́нятость 研修と短期雇用 ★失業者や若年者の試用期間付き雇用を指す ◆ **Госуда́рственная слу́жба за́нятости населе́ния**「**国家雇用庁**」★日本の公共職業安定所に相当。〔関連〕**безрабо́тица**【女】**失業**〔率〕 **Безрабо́тица** в Япо́нии **с учётом сезо́нных измене́ний** сни́зилась до 3,6 проце́нта. 日本の**季節調整済失業率**は 3.6％に低下した。〔関連〕**вака́нсия**【女】**求職** **увольне́ние**【中】**解雇**

работода́тель【男】**雇用者** рабо́тник【男】**従業員** Рабо́тники заво́да тре́буют суще́ственного повыше́ния зарпла́ты. 工場従業員は大幅な賃上げを求めている。◆ **гра́фик**〔режи́м〕**рабо́ты** 勤務形態 ★по́лный/непо́лный рабо́чий день 全日／半日勤務 свобо́дный гра́фик 自由勤務〔関連〕**пятидне́вная рабо́чая неде́ля** 週休二日制

профсою́з【男】**労働組合** Профсою́зы дости́гли соглаше́ния с руково́дством компа́нии. 組合側は経営側と合意に達した。〔関連〕**коллекти́вный**【形】**団体の** коллекти́вный догово́р 団体協約〔労働協約〕коллекти́вные перегово́ры 団体交渉

забасто́вка【女】**ストライキ** ◆ **предупреди́тельная ~**「**警告スト**」★欧州等でしばしば取られる時限ストライキ戦術。

StepUp

世界各国の中央銀行 (→ 3-1)

Банк Япо́нии 日本銀行

Федера́льная резе́рвная систе́ма（ФРС）連邦準備制度（FRB、米中央銀行相当機関）

Центра́льный банк Евро́пы（ЦБЕ）ヨーロッパ中央銀行

Банк А́нглии イングランド銀行（Центра́льный банк Великобрита́нии 英中央銀行とも）

相場の「上げ」、「下げ」の表現 (→ 3-3)

Курс до́ллара **повы́сился/сни́зился.** ドル相場が**上がった／下がった**。

Е́вро **подорожа́л.** ユーロが**高くなった**。〔類義〕подскочи́л 急騰した подро́с やや値を上げた вы́рос 値上がり（続伸）した укрепи́лся 強くなった

До́ллар **подешеве́л.** ドルが**安くなった**。〔類義〕ре́зко упа́л 急落した ослабе́л 弱くなった теря́ет пози́цию 安くなっている

通貨に関する表現 (→ 3-3)

зелёные〔複〕「米ドル」★米ドル紙幣の裏面が緑色であることから

ба́ксы〔複〕ドル ★米語〔俗〕buck（s）から 100 ба́ксов　100 ドル

деревя́нные〔複〕ルーブル 500 деревя́нных　500 ルーブル

◆ **америка́нская валю́та** 米ドル **еди́ная европе́йская валю́та** ユーロ

★ америка́нский рубль, европе́йский рубль と呼ぶこともある

紙幣の通称 (→ 3-3)

черво́нец【男】10 ルーブル **полти́нник**【男】50 ルーブル **со́тня, сторублёвка**【女】100 ルーブル **пятисо́тка**【女】500 ルーブル **кусо́к**【男】1000 ルーブル ★ «лимо́н» は миллио́н рубле́й [до́лларов] の意

Стабилизацио́нный фонд（＝Стабфо́нд）「安定化基金」 (→ 3-9)

　90 年代の経済破綻を教訓に創設された、石油歳入の黒字分を積み立て経済安定化に資するための政府基金。このおかげで対外債務の繰り上げ完済に成功した。08 年 2 月に廃止され、基金の 3/4 は原油価格の急落に備えるための Резе́рвный фонд「準備基金」に、残りが Фонд национа́льного благосостоя́ния「国民福祉基金」へ移管された。

投資に関連する語彙 (→ 3-10)

（инвестицио́нный）**ре́йтинг**【男】（投資）格付け Ре́йтинговое аге́нтство

повы́сило ре́йтинг Росси́и до инвестицио́нного у́ровня. 格付け会社はロシアの**格付け**を投資適格まで**引き上げた。**

привлека́тельный 【形】魅力ある комме́рчески привлека́тельные предложе́ния 商業的に魅力ある提案 **привлека́тельность 【女】魅力** Предпринима́емые ме́ры повы́сят **привлека́тельность** энерге́тики для би́знеса. 企業にとってエネルギー事業の魅力を高める手段が講じられる。

перегре́в 【男】過熱 В Росси́и существу́ет опа́сность **перегре́ва ры́нка недви́жимости.** ロシアでは、**不動産市場が過熱する**恐れがある。〔類語〕**(мы́льный) пузы́рь 【男】バブル** Бум на фо́ндовом ры́нке грози́т **преврати́ться в (мы́льный) пузы́рь.** 証券市場で続くブームが**バブルに変わる**おそれがある。★経済記事では単にпузы́рь とすることもある

взнос 【男】預入金 Минима́льная су́мма первонача́льного **взно́са** — 1 000 ру́блей. 最低**預入**開始金額は 1000 ルーブルから。

инса́йдер-тре́йдинг 【男】インサイダー取引 «Инса́йдер-тре́йдинг» — э́то прода́жа а́кций с испо́льзованием вну́тренней закры́той информа́ции о состоя́нии компа́нии и ры́нка. **インサイダー取引**とは、企業や市場の状況に関する内部の秘密情報を用いて株を売ることである。

■ альтернати́вная эне́ргия 代替エネルギー (→ 3-14)

со́лнечная энерге́тика/ ге́лиоэнерге́тика 太陽光エネルギー **вѐтроэнерге́тика** 風力エネルギー **гѐотерма́льная энерге́тика** 地熱エネルギー **водоро́дная энерге́тика** 水素エネルギー **биома́сса 【女】バイオマス** (= биомате́рия)

◆ **торго́вля кво́тами 「排出枠取引」** Япо́ния и Росси́я начина́ют перегово́ры о **торго́вле кво́тами на вы́бросы углеки́слого га́за.** 日本とロシアは、**二酸化炭素の排出枠取引**に関する交渉を開始する。

■ 経済特区の льго́ты 優遇処置 (→ 3-17)

части́чное и́ли по́лное **освобожде́ние от упла́ты нало́гов** 税の減免処置 («нало́говые кани́кулы» とも)

части́чное и́ли по́лное **освобожде́ние от и́мпортных /э́кспортных по́шлин** 輸入・輸出関税の減免

госуда́рственные **льго́тные креди́ты** 国の優遇融資

упрощённый поря́док регистра́ции предприя́тий, въе́зда-вы́езда иностра́нных гра́ждан 会社登記・外国人の出入国**手続きの簡略化**

ロシアの主な産業分類

Тòпливно-энергети́ческий ко́мплекс（ТЭК）**燃料エネルギーコンプレクス**〔複合体〕нефтяна́я промы́шленность 石油産業 га́зовая промы́шленность ガス産業 у́гольная промы́шленность 石炭産業 элѐктроэнерге́тика 電力産業

Металлурги́ческий ко́мплекс 冶金コンプレクス чёрная металлурги́я 鉄鋼 цветна́я металлурги́я 非鉄金属

Воèнно-промы́шленный ко́мплекс（ВПК）**軍 産 複 合 体**（Оборо̀нно-промы́шленный ко́мплекс「防衛コンプレクス」とも）

Авиацѝонно-косми́ческий ко́мплекс（АКК）**航空宇宙コンプレクス** боева́я авиа́ция 軍用機製造 гражда́нская авиа́ция 民間機製造 раке́тная те́хника ロケット技術

Связь（тѐлекоммуника́ции）**и информатиза́ция 通信・情報産業** фикси́рованная связь 固定〔電話〕通信 ме́стная телефо́нная связь 地域電話通信 междугоро́дняя и междунаро́дная свя́зи 地域間〔長距離〕・国際通信 моби́льная связь 移動体通信 спу́тниковая связь 衛星通信 телевизио́нное и звуково́е веща́ние テレビ・ラジオ放送 проводно́е веща́ние 有線放送 почто́вая связь 郵便

Хими́ческий ко́мплекс 化学コンプレクス хими́ческая промы́шленность 化学工業 нѐфтехими́ческая промы́шленность 石油化学工業

Лесна́я, дѐревообраба́тывающая и целлюлòзно-бума́жная промы́шленность 林業、木材加工、パルプ・製紙業

Строи́тельство 建設業

Лёгкая промы́шленность и произво́дство това́ров дли́тельного по́льзования 軽工業および耐久消費財製造 тексти́льная промы́шленность 繊維産業 шве́йная промы́шленность 縫製産業 коже́венная, мехова́я и обувна́я промы́шленность 製革、毛皮、製靴産業

Машѝностро́ительный ко́мплекс 機械製造コンプレクス машѝностроѐние 機械製造（произво́дство станко́в и инструме́нтов 工作機械・工具製造 электротехни́ческая промы́шленность 電子機械器具製造）тра́нспортное машѝностроѐние 輸送機械製造（автомоби́лестроение 自動車製造 произво́дство подвижно́го соста́ва для желе́зных доро́г 鉄道車両製造 произво́дство городско́го пассажи́рского элѐктротра́нспорта 市内電気旅客車両製造 произво́дство мотоци́клов и велосипе́дов 自動二輪・自転車製造 авиацио́нная промы́шленность 航空機製造 морско́е и речно́е судостро́ение 造船）сельскохозя́йственное машѝностроѐние 農業機械製造 произво́дство подъёмно-тра́нспортного обору́дования クレーン製造

Агропромы́шленный ко́мплекс 農工コンプレクス **се́льское хозя́йство** 農業 **растениево́дство** 農作物栽培 **животново́дство** 畜産 **пищева́я и перераба́тывающая промы́шленность** 食品・加工産業 （**спиртова́я промы́шленность** 酒類原料用アルコール製造業 **ликёрово́дочная промы́шленность** リキュール・ウォッカ製造業 **вино́дельческая промы́шленность** ワイン製造業 ）**рыбохозя́йственный ко́мплекс** 水産業コンプレクス

Тра́нспортный ко́мплекс 運輸コンプレクス **сухопу́тный тра́нспорт** 陸上輸送 （**железнодоро́жный тра́нспорт** 鉄道輸送 **автомоби́льный тра́нспорт** 自動車輸送 ）**во́дный тра́нспорт** （**морско́й тра́нспорт** 海上輸送 **вну́тренний во́дный тра́нспорт** 内水輸送（湖水・河川））**авиацио́нный тра́нспорт** 航空輸送 **трубопрово́дный тра́нспорт** パイプライン輸送 **промы́шленный тра́нспорт** 産業輸送 （クレーン等 ）**городско́й пассажи́рский тра́нспорт** 都市旅客輸送 **рекреацио́нный тра́нспорт** 観光輸送

◆ **Непроизво́дственная сфе́ра** 非製造業
Сфе́ра обслу́живания サービス産業分野
Фина́нсы 金融
Вну́тренняя торго́вля 国内販売業 **о́птовая торго́вля** 卸売業 **ро́зничная торго́вля** 小売業
Жили́щно-коммуна́льное хозя́йство （ЖКХ） 住宅公共サービス **жили́щный фонд** 住宅ファンド **коммуна́льные предприя́тия** 住宅サービス企業

Сориенти́ровать вое́нную доктри́ну Росси́и на противостоя́ние с НА́ТО призва́л председа́тель комите́та по оборо́не Госду́мы

Сове́т безопа́сности Росси́и сообщи́л, что Москва́ разраба́тывает но́вую национа́льную страте́гию безопа́сности, отвеча́ющую «гѐополити́ческой и вое́нно-полити́ческой обстано́вке» и, в ча́стности, тому́, что «укрепля́ются вое́нные сою́зы, осо́бенно НА́ТО». Содержа́ние но́вой реда́кции вое́нной доктри́ны прокомменти́ровал бы́вший замести́тель мини́стра оборо́ны Росси́и. «Возраста́ние ро́ли вое́нного фа́ктора в ми́ре — э́то реа́льность, но э́то отню́дь не то, чего́ добива́ется Росси́я». Он призва́л к перегово́рам «по ограниче́нию и сокраще́нию вооруже́ний, по нераспростране́нию ору́жия ма́ссового пораже́ния, по ограниче́нию опа́сных ви́дов вое́нной де́ятельности».

（http://news.bbc.co.uk/hi/russian/russia/newsid_6439000/6439923.stm）

語　彙　сориенти́ровать《на＋対》［完］〜に軌道修正する вое́нная доктри́на【女】軍事ドクトリン НА́ТО【女／中】北大西洋条約機構（NATO） оборо́на【女】国防 разраба́тывать［不完］策定する страте́гия【女】戦略 отвеча́ть《与》［不完］〜に対応する обстано́вка【女】状況 укрепля́ться［不完］強化される вое́нный сою́з【男】軍事同盟 прокомменти́ровать［完］コメントする возраста́ние【中】増大 фа́ктор【男】要因 реа́льность【女】現実 отню́дь не【副】決して〜でない добива́ться《生》［不完］〜を得ようと求める призва́ть《к＋与》［完］〜を求める сокраще́ние【中】削減 вооруже́ние【中】軍備 нераспростране́ние【中】不拡散 ору́жие ма́ссового пораже́ния【中】大量破壊兵器

訳　例　**露下院国防委員長、「NATO との対抗に軍事ドクトリンの軸足移せ」**
　ロシア連邦安全保障会議は、ロシア政府が「地政学的および軍事・政治的環境」、とりわけ「軍事同盟、特にNATOが強化されつつある」ことに対応した新たな国家安全保障戦略を策定中であることを明らかにした。元国防次官が新しい軍事ドクトリンの内容についてコメントし、「世界中で軍事的要因の役割が増大しているのは事実だが、それは決してロシアが得ようと願っている状況ではない」と述べた。同議員は「軍備の制限と削減、大量破壊兵器の不拡散、危険な軍事的活動の制限」に関する交渉の開始を呼びかけた。
　（2007年3月11日報道）

重要語句

вое́нный【形】**軍事的な、軍事の** вое́нная те́хника「装備品」★車両・戦車・装甲車などを指す。【男】**軍人**（= военнослу́жащий）

си́ла【女】**武力** Кита́йский парла́мент разреши́л **примени́ть си́лу** про́тив Тайваня. 中国国会が、台湾への**武力行使**を容認した。〔複で〕**軍隊、兵力** → вооружённые си́лы

ору́жие【中】**武器** ору́жие ма́ссового пораже́ния 大量破壊兵器

вооружа́ть〔不完〕**вооружи́ть**〔完〕**武装させる**〔派生〕**вооруже́ние**【中】**武装** **вооружённый**【形】**武装した** ◆ **Вооружённые си́лы**（ВС）**Росси́йской Федера́ции**〔複〕**ロシア連邦軍**（正式名称）cf. вооружённая группиро́вка「武装勢力」

оборо́на【女】**国防・軍事（力）** Не́которые стра́ны ми́ра **укрепля́ют оборо́ну** в уще́рб эконо́мике. 世界には経済を犠牲にしても**軍事力増強**を続ける国がある。〔類義〕**защи́та**【女】**保護、守り** Национа́льные интере́сы Росси́и в вое́нной сфе́ре заключа́ются **в защи́те её незави́симости**. 国の独立を守ることは、軍事分野でのロシアの国益である。

самооборо́на【女】**自衛** ◆ **Си́лы самооборо́ны Япо́нии** 自衛隊 ★ Сухопу́тные /Возду́шные/Морски́е си́лы самооборо́ны 陸上（ССОО）／航空（ВССО）／海上（МССО）自衛隊

безопа́сность【女】**安全、安全保障** обеспече́ние национа́льной безопа́сности 国の安全保障の確保 ★元々は обеспе́чение であるが обеспече́ние が優勢になりつつある。

страте́гия【女】**戦略 стратеги́ческий**【形】**戦略的な** стратеги́ческое партнёрство 戦略的パートナーシップ

◆ **национа́льные интере́сы**〔複〕**国益** Национа́льные интере́сы — э́то совоку́пность сбаланси́рованных интере́сов ли́чности, о́бщества и госуда́рства. **国益**とは、個人・社会および国家のバランスのとれた利益の総体である。

угро́за【女】**脅威 Серьёзную угро́зу** национа́льной безопа́сности страны́ **представля́ет** терроризм. テロリズムは国の安全保障に**重大な脅威となる**。〔動詞形〕 **угрожа́ть**〔不完〕**脅かす、脅威となる**〔類語〕**вы́зов**【男】**挑戦** отвеча́ть〔отреаги́ровать〕 на любы́е угро́зы и вы́зовы сего́дняшнего дня 今日のあらゆる脅威と挑戦に対応する

стабилиза́ция【女】**安定化**〔反義〕**дестабилиза́ция**【女】**不安定化**

ロシアの安全保障・軍事政策指針

«**Страте́гия национа́льной безопа́сности Росси́йской Федера́ции до 2020 го́да**»「**2020 年までのロシア連邦安全保障戦略**」★安全保障政策全般に関わる基本文書 «**Вое́нная доктри́на Росси́йской Федера́ции**»「**ロシア連邦軍事ドクトリン**」★ ロシア版「防衛大綱」

Уче́ния стран ШОС «Ми́рная ми́ссия-2007» прошли́ успе́шно

«Уче́ния "Ми́рная ми́ссия-2007" прошли́ успе́шно», — заяви́л пе́рвый замести́тель мини́стра оборо́ны журнали́стам. На бри́финге по заверше́нии уче́ний он отме́тил, что оце́нку де́йствий подразделе́ний вооружённых сил ка́ждого госуда́рства даду́т их руководи́тели. «Все поста́вленные це́ли и зада́чи уче́ний вы́полнены в по́лном объёме. Применя́лись практи́чески все силовы́е структу́ры: и Министе́рство оборо́ны, и МВД, вну́тренние войска́, ГУИН, а кро́ме того́, в ра́мках Министе́рства оборо́ны практи́чески все рода́ войск: и артилле́рия, и мотострелко́вые войска́, и авиа́ция, и ВДВ», — отме́тил пе́рвый замглавы́ Минооборо́ны. «Согласо́вывать де́йствия в ра́мках э́тих структу́р и родо́в войск сло́жно, а когда́ прихо́дится э́то де́лать в ра́мках согласова́ния де́йствий вооружённых сил шести́ госуда́рств — э́то ещё сложне́е».

(http://www.vesti.ru/doc.html?id=134918)

語　彙　уче́ние【中】演習 ми́ссия【女】使命 заверше́ние【中】終了 подразделе́ние【中】（大隊以下の）部隊 поста́вить цель〔完〕目標を立てる в по́лном объёме〔熟〕完全に применя́ться〔不完〕使用・動員される силовы́е структу́ры〔複〕「力の機関」〔軍・治安機関〕вну́тренние войска́〔複〕内務省軍〔国内軍〕ГУИН（= Гла́вное Управле́ние по исполне́нию наказа́ний МВД РФ）【中】内務省刑務総局〔刑務所を管轄する部署〕род во́йск〔複 рода́ войск〕【男】兵科 артилле́рия【女】砲兵 мотострелко́вые войска́〔複〕機械化歩兵部隊〔自動車化狙撃兵〕авиа́ция【女】航空部隊 ВДВ（= Возду́шно-деса́нтные войска́）〔複〕空挺部隊

訳　例　**上海協力機構加盟国「平和の使命─2007」演習が成功裏に終了**

　国防第一次官は、記者団に「平和の使命─2007」演習が成功裏に終了したことを明らかにした。演習終了後のブリーフィングで、第一次官は各国部隊の活動については、それぞれの国〔の指導者〕が個別に評価すると述べた。さらに第一次官は、「当初の演習の課題と目標は完全に達成された。国防省、内務省、内務省軍〔国内軍〕、刑務総局など事実上すべての「力の機関」が動員され、国防省からは砲兵部隊、機械化歩兵部隊、航空部隊、空挺部隊など、ほぼ全兵科の部隊が参加した」と指摘した。「諸機関や部隊間の活動の調整は複雑だが、6カ国の軍の行動を調整するのはさらに困難を極める」。

（2007年8月17日報道）

重要語句

кома́ндующий《造》【男】～司令官 ～ многонациона́льными си́лами 多国籍軍司令官 ★造格支配に注意〔派生〕**главнокома́ндующий**《造》【男】～総司令官 ～ Воѐнно-возду́шными си́лами 空軍総司令官 ◆ **Верхо́вный Главнокома́ндующий**【男】**最高総司令官** Согла́сно Конститу́ции Президе́нт Росси́йской Федера́ции явля́ется **Верхо́вным Главнокома́ндующим Вооружёнными Си́лами Росси́йской Федера́ции.** 憲法によれば、ロシア連邦大統領は、**ロシア連邦軍の最高総司令官**である。〔類義〕**команди́р**《生》【男】**指揮官、上官** команди́р подво́дной ло́дки 潜水艦艦長

◆ **Генера́льный штаб Вооружённых Сил РФ**（= **Гѐншта́б**）【男】**ロシア連邦軍参謀本部** Нача́льник Генера́льного шта́ба 参謀総長

а́рмия【女】**軍** Росси́йская а́рмия ロシア軍（一般的呼称）**арме́йский**【形】**軍の** **войска́**〔複、単 во́йско〕①独立兵科としての**部隊**〔軍〕Косми́ческие войска́（КВ）宇宙部隊〔宇宙軍〕②各軍内の**兵科**〔部隊〕инжене́рные войска́ 工兵（→ StepUp ）

ロシア連邦軍の軍種と独立兵科

Сухопу́тные войска́（СВ）〔複〕**地上軍 Вое́нно-Морско́й Флот**（ВМФ）【男】**海軍 Воѐнно-возду́шные си́лы**（ВВС）〔複〕**空軍**（2015 年より **Возду́шно-косми́ческие си́лы**（ВКС）〔複〕**航空宇宙軍**に改組）**Раке́тные войска́ стратеги́ческого назначе́ния**（РВСН）〔複〕**戦略ロケット部隊**〔戦略ミサイル軍〕**Войска́ возду̀шно-косми́ческой оборо́ны**（ВВК）〔複〕**航空・宇宙防衛部隊**（2015 年に空軍と統合）**Возду́шно-деса́нтные войска́**（ВДВ）〔複〕**空挺部隊**〔空挺軍〕

部隊編成単位

〔**подразделе́ние** 下位区分（батальо́н まで）**объедине́ние** 編成単位 **соедине́ние** 戦略単位〕

расчёт	班（部隊の最小単位。海軍は боева́я часть、空軍は звено́ 編隊〔3、4 機〕）
отделе́ние	分隊（砲兵では расчёт ору́дия、戦車兵では экипа́ж が相当）
взвод	小隊（2 ～ 4 の отделе́ние で構成）
ро́та	中隊（2 ～ 4 の взвод で構成。砲兵は батаре́я、騎兵中隊は эскадро́н）
батальо́н	大隊（2 ～ 4 以上 の ро́та で構成。砲兵では дивизио́н、空軍は эскадри́лья「飛行大隊」）
полк	連隊（数個の батальо́н から構成、空軍は а̀виапо́лк）
брига́да	旅団（полк より大きく диви́зия より小さい）
диви́зия	師団　**ко́рпус** 軍団　**а́рмия** 軍

вое́нный о́круг（ВО）**軍管区**★ За́падный, Ю́жный, Цетра́льный, Восто́чный の 4 軍管区（2010 年〜）。地上軍・海軍・空軍等を統合的に運用する **Оператѝвно-стратегѝческое кома́ндование**（ОСК）「**作戦・戦略コマンド**」の役割を果たす。

Срок слу́жбы в а́рмии сокраща́ется до го́да

Федера́льным зако́ном предусма́тривается перехо́д на 12-ме́сячную вое́нную слу́жбу по призы́ву, измене́ния и отме́на ря́да основа́ний для предоставле́ния гра́жданам отсро́чек от призы́ва на вое́нную слу́жбу, а та́кже освобожде́ние от призы́ва на вое́нную слу́жбу студе́нтов, проше́дших подгото́вку на вое́нных ка́федрах и око́нчивших образова́тельные учрежде́ния вы́сшего профессиона́льного образова́ния. Кро́ме того́ все сро́ки альтернати́вной слу́жбы сокращены́ в два ра́за. Перехо́д на одногоди́чный срок вое́нной слу́жбы стал возмо́жен благодаря́ реализа́ции федера́льной целево́й програ́ммы по перехо́ду на контра́ктный спо́соб комплектова́ния соедине́ний и часте́й. В настоя́щее вре́мя в Вооружённых си́лах РФ насчи́тывается о́коло 206 ты́сяч контра́ктников из числа́ солда́т и сержа́нтов.

(http://www.vesti.ru/doc.html?id=155117)

語　彙　слу́жба = вое́нная слу́жба【女】兵役 перехо́д на《対》【男】〜への移行 призы́в【男】徴兵 отме́на【女】廃止 основа́ние【中】事由 предоставле́ние【中】付与 < предоставля́ть отсро́чка【女】猶予 освобожде́ние【中】免除 пройти́ подгото́вку［完］(予備役士官の) 養成課程を修了する вое́нная ка́федра【女】「軍事課程」образова́тельные учрежде́ния вы́сшего профессиона́льного образова́ния［複で］「高等専門教育機関」(大学を指す) альтернати́вная слу́жба【女】代替奉仕 сократи́ть［完］短縮する одногоди́чный【形】1年の реализа́ция【女】実施 контра́ктный【形】契約 (контра́кт) 制の комплектова́ние【中】兵員補充 насчи́тываться［不完］数えられる контра́ктник【男】契約軍人 солда́т【男】兵卒 сержа́нт【男】軍曹

訳　例　　　　　　　　　　**兵役期間、1年に短縮**

　[新たな] 連邦法には、徴兵による兵役期間の12カ月制への移行と、複数の徴兵猶予事由の廃止や見直し、さらに軍事課程の予備役士官コースを修了した大学卒業者を徴兵免除にすることが盛り込まれている。加えて、すべての代替奉仕の期間が半分に短縮された。兵役1年制への移行は、戦略単位及び部隊の兵員補充の契約制移行に関する連邦重点計画の実施により実現した。現時点でロシア軍の兵卒・軍曹のうち、約20万6000人が契約軍人である。

(2008年1月1日報道)

重要語句

во́инский【形】**軍人の** во́инская обя́занность 兵役義務 ★ロシアでは 18 歳以上 27 歳未満の男子が招集対象 ◆ **во́инское зва́ние「軍階級名」**（p. 295 参照）
солда́ты и матро́сы 兵卒と水兵 старши́ны и ми́чманы 下士官 офице́ры 士官、将校 ★連邦軍と、内務省軍、国境警備隊などの「準軍隊」、対外諜報庁（СВР）、連邦保安庁（ФСБ）などの治安機関で使用。〔関連〕**специа́льное зва́ние「特殊階級名」** ★内務省（МВД）〔警察〕、連邦移民庁（ФМС）、麻薬流通管理庁（ФСКН）、税関庁（ФТС）等で使用。во́инское зва́ние と共通する部分が多いが、一部の階級名が存在しない。

◆ **повыше́ние/сниже́ние в во́инском зва́нии**〔階級の〕**昇任／降任** Полко́вник получи́л〔пошёл на〕повыше́ние. 大佐が**昇任した**。

присво́ить《与》《対》〔完〕**～に…を授ける** В 1943 г. Жу́кову **бы́ло присво́ено зва́ние** Ма́ршала Сове́тского Сою́за. 1943 年にジューコフにソ連邦元帥の**階級が授与された**。

запа́с【男】**予備役** Генера́л-полко́вник запа́са 予備役大将〔関連〕**в отста́вке**〔熟〕**退役の** подполко́вник в отста́вке 退役中佐

вое́нный【形】**軍の** вое́нный биле́т 軍人手帳 вое́нная слу́жба 軍務 ★徴兵による兵役と職業軍人の勤務の双方を指す。◆ **вое́нная ка́федра「軍事課程」** ★大学に設置される予備役士官養成課程。「軍事学専攻科」ではない。修了者は大学卒業時に予備役少尉に任じられる。◆ **вое́нный комиссариа́т（= военкома́т）「徴兵事務所」** ★新兵募集のほか予備役・退役軍人に関わる業務全般を扱う。

военнослу́жащий【男】**軍人**〔類義〕**во́ин**【男】《雅》**戦士** **бое́ц**【男】**戦士**

призы́в【男】〔兵役への〕**招集** ★春（4 月）と秋（10 月）の年 2 回 С сего́дняшнего дня начина́ется **осе́нний призы́в на вое́нную слу́жбу**. 今日から秋の**招集が**始まった。

призва́ть〔完〕**招集する** В военкома́те плани́руют **призва́ть** о́коло 100 **новобра́нцев**. 徴兵事務所では約 100 人の**新兵招集**を計画している。〔類義〕**мобилизова́ть**〔不完・完〕**動員する**〔反義〕**демобилизова́ть**〔不完・完〕**動員解除する**

призывни́к【男】（徴兵による）**召集兵**〔同義〕**солда́т сро́чной слу́жбы, солда́т-сро́чник**【男】「期間任務兵」〔反義〕**контра́ктник**【男】**契約軍人** ★軍と雇用契約 контра́кт を結んだ軍人。危険地域での勤務は контра́ктник に限定

◆ **альтернати́вная гражда́нская слу́жба「代替市民奉仕」** ★良心的兵役拒否者（思想・宗教上の信条から兵役を拒否する）に課せられる非軍事部門（主に病院や老人施設など）での義務的奉仕。**альтернати́вщик**【男】**～に就いている者**

Стратеги́ческая авиа́ция сно́ва на боево́м дежу́рстве

Президе́нт Росси́и при́нял реше́ние о возобновле́нии полётов росси́йской стратеги́ческой авиа́ции в отдалённых райо́нах. «С 1992 го́да РФ в односторо́ннем поря́дке прекрати́ла полёты свое́й стратеги́ческой авиа́ции в отдалённых райо́нах. На́шему приме́ру, к сожале́нию, после́довали не все стра́ны. Это со́здало определённые пробле́мы для безопа́сности Росси́и, и поэ́тому мно́ю при́нято реше́ние о возобновле́нии полётов росси́йской стратеги́ческой авиа́ции на постоя́нной осно́ве», — сказа́л он. «Боево́е дежу́рство уже́ начало́сь, в нём уча́ствуют 20 стратеги́ческих ракетоно́сцев. С сего́дняшнего дня дежу́рство бу́дет осуществля́ться на регуля́рной осно́ве, и оно́ но́сит стратеги́ческий хара́ктер. Сейча́с подня́вшиеся уже́ в во́здух самолёты пробу́дут в во́здухе 20 часо́в с дозапра́вкой, во взаимоде́йствии с Военно-морски́м фло́том».

(http://www.vesti.ru/doc.html?id=134942)

語　彙 стратеги́ческая авиа́ция【女】戦略航空機 возобновле́ние【中】再開 полёт【男】飛行 отдалённый【形】遠方の в односторо́ннем поря́дке〔熟〕一方的に после́довать《与》〔完〕～に倣う определённый【形】一定の на постоя́нной осно́ве〔熟〕通常〔24時間〕体制で боево́е дежу́рство【中】警戒監視, 警戒パトロール осуществля́ться〔不完〕行われる пробы́ть〔完〕留まる дозапра́вка【女】（航空機による）燃料補給 взаимоде́йствие【中】協調行動

訳　例　　　　**戦略航空機、再びパトロール態勢へ**

　露大統領は、ロシアの戦略航空機の遠隔地飛行を再開する決定を下した。大統領は、「1992年以降、ロシアは遠隔地での戦略航空機の飛行を一方的に中止した。残念ながら、すべての国が我が国の範に倣った訳ではなく、国の安全保障に一定の問題が生じる状況となった。その結果、我が国の戦略航空機の24時間体制での飛行を再開する決定を下すに至った」と述べた上で、「警戒監視はすでに開始されており、20機の戦略ミサイル搭載機が任務に就いている。本日より定期的な警戒活動の実施が予定されているが、これは戦略的性格を帯びたものである。すでに飛び立った航空機は、海軍との協力の下、給油を受けながら20時間飛行を続ける」と語った。

（2007年8月17日報道）

重要語句

авиа́ция【女】航空隊 ★ да́льняя авиа́ция 遠距離航空隊 фронтова́я авиа́ция 前線航空隊 арме́йская авиа́ция 陸軍航空隊 вое́нно-тра́нспортная авиа́ция 軍事輸送航空隊

бомби́ть《対》〔完〕~を**爆撃する**（= сбросить бомбы）Ю́жную часть го́рода обы́чно **бомбя́т** либо по ноча́м, либо на рассве́те. 町の南部は通常夜間か明け方に**砲撃される**。

бомбардирова́ть〔不完・完〕**爆撃〔空爆〕する** Авиа́ция НА́ТО бомбардирова́ла Белгра́д. NATO軍機がベオグラードを**空爆した**。〔名詞形〕бомбардиро́вка【女】**爆撃** Вое́нный самолёт **по оши́бке подве́рг бомбардиро́вке** жило́й дом. 軍用機が民家を**誤爆**した。

полёт【男】**飛行** разве́дывательный полёт（= развед полёт）偵察飛行 высота́ полёта 飛行高度 4 се́верокоре́йских истреби́теля вы́нудили америка́нский самолёт-шпио́н Ар-Си-135 прерва́ть **полёт** и верну́ться на свою́ ба́зу на Окина́ве. 北朝鮮の戦闘機4機が米軍のRC-135偵察機の**飛行を**妨げたため、沖縄の基地へ帰還を余儀なくされた。

вто́ргнуться《в+ 対》〔完〕**侵入する** Два самолёта **вто́рглись в возду́шное простра́нство** сосе́дней страны́. 2機の航空機が隣国の**領空を侵犯した**。

◆ подня́ть на перехва́т《生》〔完〕（侵犯の恐れのある機に）**緊急発進〔スクランブル〕させる** Истреби́тели ВВС Япо́нии **бы́ли по́дняты на перехва́т** неопо́знанного самолёта. 空自の要撃機が国籍不明機に**緊急発進**を行った。

軍用機のいろいろ　　※代表的モデル名を（　）に記す。

штурмови́к 攻撃機（Су-25）**свѐрхзвуково́й истреби́тель** 超音速戦闘機（Су-27К）истреби́тель-перехва́тчик 迎撃〔要撃〕機（Су-27）**да́льний истреби́тель-перехва́тчик** 長距離迎撃機（МиГ-31）**стратеги́ческий бомбардиро́вщик** 戦略爆撃機（ТУ-160）**многоцелево́й истреби́тель с вертика́льным взлётом и поса́дкой** 多用途垂直離着陸戦闘機〔VTOL機〕（Як-141）истреби́тель-бомбардиро́вщик 戦闘爆撃機（Су-34）**самолёт «стелс»**〔невиди́мка〕ステルス機 самолёт-разве́дчик〔-шпио́н〕偵察機 противоло́дочный самолёт（Ту-142）対潜哨戒機 самолёт ДРЛОУ（да́льнего ра̀диолокацио́нного обнаруже́ния и управле́ния）早期警戒管制機（А-50）（露原意は「長距離レーダー発見管制機」）★ АВАКС（英 AWACS から）とも。 вое́нно-тра́нспортный самолёт〔軍事〕輸送機（Ан-124 «Русла́н»）авиацио́нный то̀пливозапра́вщик 空中給油機（Ил-78Т）боево́й вертолёт 戦闘ヘリコプター（Ка-50 «Чёрная аку́ла»）**кора́бельный вертолёт** 艦載ヘリコプター（Ка-25）**беспило́тный авиацио́нный ко́мплекс** 無人機

Росси́йско-америка́нские уче́ния начина́ются в Япо́нском мо́ре
На обши́рной аквато́рии от Владивосто́ка до проли́ва Лаперу́за сего́дня начну́тся совме́стные уче́ния «Тихоокеа́нский орёл». Росси́йским и америка́нским моряка́м предстои́т отрабо́тать 13 ключевы́х эпизо́дов — э́то совме́стное трале́ние, вертолётное уче́ние, артиллери́йские стре́льбы, аре́ст су́дна-наруши́теля и оказа́ние по́мощи кораблю́, те́рпящему бе́дствие. Для преодоле́ния ми́ноопа́сных райо́нов предполага́ется заде́йствовать объединённую гру́ппу тра́льщиков ТОФ и ВМС США. К по́иску те́рпящего бе́дствие су́дна впервы́е бу́дет привлечён ба́зовый патру́льный самолёт Р-3С «Орио́н». Уче́ния «Тихоокеа́нский орёл» ста́нут одни́ми из са́мых масшта́бных в исто́рии вое́нного сотру́дничества двух стран.

（http://www.vesti.ru/doc.html?id=140296）

語　彙　обши́рный【形】広大な аквато́рия【女】海域 проли́в Лаперу́за【男】宗谷海峡 моря́к【男】海軍軍人 предстоя́ть《与》＋不定形［不完］～には…することが待っている отрабо́тать［完］成し遂げる эпизо́д【男】〔想定の〕事態 трале́ние【中】掃海作業 вертолётный【形】ヘリコプターの артиллери́йский【形】砲の стрельба́【女】〔複 стре́льбы〕射撃 аре́ст【男】捕捉 су́дно-наруши́тель【中】違反船 терпе́ть бе́дствие［不完］遭難する преодоле́ние【中】克服 ми́ноопа́сный【形】機雷の危険がある заде́йствовать［完］作業を開始する ТОФ ＝ Тихоокеа́нский флот【男】ロシア太平洋艦隊 ВМС ＝ вое́нно-морски́е си́лы〔複〕（米）海軍 по́иск【男】捜索 привле́чь《к＋与》［完］～に参加させる ба́зовый【形】主力の патру́льный самолёт【男】哨戒機 Р-3С［пэ-три-э́с］

訳　例　　　　　　　　　　　　**日本海で米口演習始まる**
　ウラジオストクから宗谷海峡までの広大な海域で、今日から共同演習「太平洋の鷲」が始まる。米口両海軍は13の主な状況での演習を行うことになっている。これには、共同の掃海訓練、ヘリコプターを使った訓練、射撃演習、違反船捕捉および海難船救助訓練が含まれている。機雷敷設海域での掃海訓練では、太平洋艦隊と米海軍の掃海艇が1つのチームとなって活動する。遭難船の捜索［訓練］には主力哨戒機P3Cオライオンが初めて参加する。「太平洋の鷲」演習は、両国の軍事協力史上、最も規模の大きな演習の1つとなる。
　（2007年9月28日報道）

重要語句

авиано́сец【男】〔不活動名詞扱い〕**空母** полётная па́луба авиано́сца フライトデッキ　США плани́руют напра́вить **авиано́сец «Карл Ви́нсон»** к берега́м Коре́йского полуо́строва. 米国は朝鮮半島沿岸に**空母**「カールビンソン」を派遣する計画である。　★「**米海軍**」**ВМС**（＝ Вое́нно-морски́е си́лы）**США** В совме́стных уче́ниях принима́ют уча́стие два корабля́ **ВМС США**. 共同演習には**米海軍**の艦船２隻が参加している。

кре́йсер〔複 кре́йсеры/крейсера́〕【男】**巡洋艦** раке́тные крейсера́ ти́па «Сла́ва» スラーバ級ミサイル巡洋艦 ◆ **тяжёлый авианесу́щий кре́йсер「重航空巡洋艦」** 実質的には航空母艦〔空母〕だが、ロシア海軍の公式分類では「巡洋艦」と称する

эсми́нец（＝ эска́дренный миноно́сец）【男】**駆逐艦** эска́дренные миноно́сцы ти́па «Совреме́нный» ソブレメンヌィ級駆逐艦

деса́нтный кора́бль【男】**揚陸艦** Больши́е деса́нтные корабли́ ти́па «Ива́н Ро́гов» イワン・ロゴフ級大型揚陸艦 Ма́лые деса́нтные корабли́ на возду́шной поду́шке 小型エアクッション揚陸艇〔揚陸用ホバークラフト〕

подво́дная ло́дка【女】**潜水艦**（＝ субмари́на）★ **а́томный подво́дный кре́йсер стратеги́ческого назначе́ния 戦略**〔ミサイル〕原子力潜水艦 **тяжёлый а́томный подво́дный кре́йсер с баллисти́ческими раке́тами 弾道ミサイル**〔重〕原子力潜水艦 подво́дная ло́дка с крыла́тыми раке́тами 巡航ミサイル潜水艦 **многоцелева́я а́томная подво́дная ло́дка** 多用途原潜〔攻撃原潜〕

противоло́дочный【形】**対潜の** больши́е противоло́дочные корабли́ ти́па «Удало́й» ウダロイ級大型対潜艦〔駆逐艦〕

морско́й тра́льщик【男】**掃海艇**〔類義〕**противоми́нный кора́бль**【男】**対機雷戦艦艇 вспомога́тельное су́дно**【中】**支援艦**

экранопла́н【男】**ホバークラフト гидросамолёт**【男】**飛行艇**

ми́на【女】**機雷** ★陸上で使用される場合は「地雷」**торпе́да**【女】**魚雷** А́томная подво́дная ло́дка «Курск», затону́вшая в Ба́ренцевом мо́ре, поги́бла в результа́те **взры́ва торпе́ды**. バレンツ海で沈没した原潜「クルスク」の事故原因は**魚雷の爆発**だった。

◆ **спусти́ть**《対》**на́ воду**〔完〕**～を進水させる На́ воду спусти́ли** ди́зель-электри́ческую подво́дную ло́дку «Санкт-Петербу́рг». ディーゼル電気潜水艦「サンクトペテルブルグ」の**進水式が行われた**。

Почти боевы́е де́йствия

В Ни́жнем Таги́ле откры́лась пя́тая Междунаро́дная вы́ставка вое́нной те́хники. Вы́ставку уже́ назва́ли конкуре́нтом àвиасало́на МАКС. Вы́ставка вооруже́ний Russian Expo Arms прово́дится на Ура́ле уже́ в пя́тый ра́з, но е́сли ра́ньше на полиго́не демонстри́ровали боевы́е возмо́жности исключи́тельно сухопу́тных войск, то сего́дня стреля́ли и с самолётов, и с вертолётов. Авиа́ция бомби́т вероя́тного проти́вника с во́здуха, та́нки и БМП бьют по нему́ из пу́шек. Пехо́та подде́рживает брòнете́хнику из гранатомётов. Бо́льшая часть экспона́тов вы́ставки размести́лась в павильо́нах. Это нове́йшие систе́мы электро́нного управле́ния, систе́мы слеже́ния, опти́ческие прибо́ры.

(http://www.vesti.ru/doc.html?id=112913)

語彙　вы́ставка【女】博覧会 конкуре́нт【男】競争相手 àвиасало́н【男】航空ショー МАКС =Междунаро́дный Авиациòнно-Косми́ческий Сало́н「モスクワ国際航空宇宙ショー」полиго́н【男】演習場 демонстри́ровать［不完］実演する исключи́тельно【副】限定して стреля́ть［不完］射撃する вероя́тный【形】想定上の проти́вник【男】敵 танк【男】戦車 БМП［бэ-эм-пэ́］【女】歩兵戦闘車 пу́шка【女】大砲 пехо́та【女】歩兵 брòнете́хника【女】装甲車両 гранатомёт【男】てき弾発射装置 экспона́т【男】展示品 размести́ться［完］置かれる павильо́н【男】パビリオン электро́нное управле́ние【中】電子制御 слеже́ние【中】追跡 опти́ческий【形】光学の прибо́р【男】装置

訳例　　　　**まるで実戦さながら**
　ニジニー・タギルで5回目となる国際兵器博覧会が始まった。この博覧会はモスクワ国際航空宇宙ショー（MAKS）に匹敵するとの評価をすでに得ている。兵器博覧会「ロシアン・エキスポ・アームズ」は、ウラル地方で過去5回開催されている。これまで演習場での実演は地上軍向け兵器に限定されていたが、今日は航空機・ヘリコプターも射撃を行った。航空部隊が敵［に見立てた標的］を空から攻撃すると、戦車や歩兵戦闘車が同標的に向けて砲撃を行い、歩兵はてき弾発射装置で装甲車を支援していた。最新の電子制御システムや、追跡システム、光学機器など、出品された展示品の大部分はパビリオン内に置かれた。
（2006年7月11日報道）

重要語句

учéние【中】（軍事）演習〔同義〕манёвры【複】（戦略単位での）大規模演習 ★単数形 манёвр は実戦における「機動作戦」の意。

◆ огнестрéльное орýжие「火器」〔類語〕стрелкóвое орýжие「軽火器」★刀剣類は холóдное орýжие という。

пистолéт【男】拳銃、ピストル ~ Макáрова（ПМ）マカロフ拳銃 пистолéт-пулемёт 短機関銃、サブマシンガン（«Клин», «Кедр»）★日本では「機関拳銃」（陸自）「高性能機関短銃」（海保）と組織によって呼称が違う。

автомáт【男】自動小銃（AK-74）~ с оптúческим прицéлом 光学照準器付き ~ с ночны́м прицéлом 夜間照準器付き、~ с гранатомётом, штык-ножóм てき弾発射器、銃剣つき

пулемёт【男】機関銃 ~ Калáшникова カラシニコフ機関銃（ПК）ручнóй ~ 軽機関銃 крýпнокалúберный ~ 重機関銃〔直：大口径機関銃〕едúный ~ 汎用機関銃

винтóвка【女】ライフル銃 штурмовáя ~ 突撃ライフル銃（米 M-16）снáйперская винтóвка Драгунóва SVD ドラグノフ狙撃銃（СВД）

гранáта【女】榴弾 ручнáя ~手榴弾 мúна【女】地雷 противотáнковая ~ 対戦車地雷（TM-62M）противопехóтная ~対人地雷（ПМИ）

миномёт【男】迫撃砲 огнемёт【男】火炎放射器 гранатомёт【男】てき弾発射機 ручнóй противотáнковый гранатомёт（РПГ）対戦車てき弾発射筒（RPG）гранатомёт с реактúвной противотáнковой гранáтой 対戦車ロケットランチャー

танк【男】戦車 T-90C был разрабóтан на бáзе легендáрного тáнка T-72. T-90S は有名な T-72 戦車を基に開発された。〔派生〕танкúст【男】戦車兵

бронúрованный【形】装甲の Бронúрованная развёдывательно-дозóрная машúна 装甲偵察車（БРДМ-2）★ БТР［бэ-тэ-эр］（= брòнетранспортёр）【男】装甲人員輸送車（БТР-80）БМП［бэ-эм-пэ］（= боевáя машúна пехóты）【女】歩兵戦闘車（БМП-3）БМД［бэ-эм-дэ］（= боевáя машúна десáнта）【女】空挺戦闘車（БМП-4）★空から投下可能。〔派生〕брòнежилéт【男】防弾チョッキ брòнестеклó【中】防弾ガラス

гáубица【女】榴（りゅう）弾砲 самохóдная гáубица 自走式榴弾砲（«Гвоздúка»）пýшка【女】大砲、砲 противотáнковая ~対戦車砲（«СПРУТ-Б»）самохóдная ~自走砲（«Мста-С»）

◆ самохóдная артиллерúйская устанóвка「自走砲」зенúтная самохóдная устанóвка 対空自走砲（«Шúлка»）

Российскую ПРО ждёт «Триу́мф»

В ближа́йшие дни в ВВС Росси́и на боево́е дежу́рство засту́пит но́вый зени́тно-раке́тный ко́мплекс с назва́нием «Триу́мф». Устано́вка С-400 мо́жет поража́ть все ти́пы возду́шных це́лей — от баллисти́ческих раке́т сре́дней да́льности до самолётов. По слова́м вое́нных, э́та систе́ма — но́вый шаг к модерниза́ции росси́йской ПРО и укрепле́нию стратеги́ческой оборо́ны страны́. По́сле того́, как но́вый ко́мплекс прошёл боевы́е стре́льбы, верхо́вное кома́ндование отда́ло прика́з о перево́де устано́вок на боево́е дежу́рство. С-400 «Триу́мф» предназна́чен для заме́ны устаре́вших раке́т семе́йств С-200 и С-300 и со́здан для пораже́ния крыла́тых раке́т, самолётов и бо́еголо́вок нестратеги́ческих баллисти́ческих раке́т в широ́ком диапазо́не высо́т на да́льности до 400 киломе́тров.

(http://www.vesti.ru/doc.html?id=132187)

語　彙　ПРО〔про〕(= противораке́тная оборо́на)【女】ミサイル防衛 боево́е дежу́рство【中】実戦配備 заступи́ть〔完〕就く зени́тно-раке́тный ко́мплекс【男】地対空ミサイルシステム поража́ть〔不完〕迎撃する баллисти́ческая раке́та【女】弾道ミサイル боевы́е стре́льбы〔複で〕実弾発射実験 верхо́вное кома́ндование【中】最高司令部 заме́на【女】交換 устаре́вший【形】古くなった семе́йство【中】シリーズ крыла́тая раке́та【女】巡航ミサイル бо́еголо́вка【女】弾頭 нестратеги́ческий【形】非戦略の диапазо́н【男】域 да́льность【女】距離

訳　例　　　　　　　　　「トリウンフ」が待つロシアのミサイル防衛
　ロシア空軍は近日中に新型地対空ミサイルシステム「トリウンフ」を実戦配備する。S-400ミサイルシステムは、中距離弾道ミサイルから航空機まであらゆる空中目標を迎撃する能力を持つ。軍関係者は、このシステムはロシアのミサイル防衛の近代化と、国の戦略防衛強化にとって新たな一歩だと述べている。新システムは実弾発射訓練を終えた後、最高司令部から実戦配備に移す命令が下された。S-400「トリウンフ」は旧式のS-200、S-300シリーズの後継として位置づけられ、射程400キロまでの広い高度域で巡航ミサイル、航空機および非戦略〔戦術〕ミサイル弾頭を迎撃するために開発された。
　(2007年7月27日報道)

重要語句

раке́та【女】ロケット、ミサイル（→ StepUp ）Максима́льная да́льность **крыла́той раке́ты «Томага́вк»** с яде́рным заря́дом — 2500 км, с обы́чным (450кг) — 1300 км. 巡航ミサイル「トマホーク」の最大射程は、核弾頭搭載時は 2500km、通常弾頭（450kg）搭載時は 1300km である。

◆ **баллисти́ческая раке́та**「弾道ミサイル」Росси́йские подво́дные ло́дки произвели́ успе́шный **испыта́тельный пуск баллисти́ческой раке́ты**. ロシアの潜水艦が弾道ミサイルの**発射実験**を行い成功した。

раке́тный【形】ミサイル・ロケットの зени́тный раке́тный ко́мплекс 対空ミサイルシステム（«Бук-1М», «То́чка-У» «Ока́»）самохо́дный противота́нковый раке́тный ко́мплекс 自走対戦車誘導弾システム（«Штурм-С»）

◆ **противораке́тная оборо́на (ПРО)**「ミサイル防衛」В Япо́нии размещены́ **ко́мплексы противораке́тной оборо́ны Patriot**. 日本には、ミサイル防衛システム「パトリオット」が配備されている。★防衛省・自衛隊では「ペトリオット」と表記

противовозду́шный【形】防空の противовозду́шные систе́мы 防空システム

реакти́вный【形】ロケット・ミサイルの реакти́вная систе́ма за́лпового огня́ 多連装ロケット弾システム（9К51 «Град», 9К58 «Смерч»）переносно́й реакти́вный ко́мплекс 携帯式ミサイルシステム（«Игла́», 米 «Сти́нгер» スティンガー）

◆ **ко́мплекс управля́емого вооруже́ния**「誘導弾システム」★誘導弾は управля́емый снаря́д

◆ **кассе́тные бо́мбы**〔複〕「クラスター爆弾」При уча́стии ООН проведено́ не́сколько конфере́нций, где рассма́тривался вопро́с о **запре́те кассе́тных бомб**. 国連が関与する複数の会議が開かれ、**クラスター爆弾禁止**に関する問題が話し合われた。

弾道ミサイル

мѐжконтинента́льная баллисти́ческая раке́та (МБР) 大陸間弾道ミサイル (ICBM) ★射程 5500km 以上

баллисти́ческая раке́та сре́дней да́льности (БРСД) 中距離弾道ミサイル (IRBM) ★射程 1000km 以上 5500km 以下

баллисти́ческая раке́та ма́лой да́льности (БРМД) 短距離弾道ミサイル (SRBM) ★射程 500km 以上 1000km 以下

баллисти́ческая раке́та подво́дных ло́док (БРПЛ) 潜水艦発射弾道ミサイル

Делега́ция МИД Япо́нии инспекти́рует демонта́ж спи́санных а́томных субмари́н
Делега́ция МИД Япо́нии, проводя́щая в Примо́рском кра́е инспе́кцию реализа́ции междуна́родного прое́кта по демонта́жу спи́санных а́томных субмари́н Тихоокеа́нского фло́та Росси́и (ТОФ), прибыла́ на вое́нный заво́д «Звезда́» в го́роде Большо́й Ка́мень. На заво́де делега́ция во главе́ с замести́телем мини́стра иностра́нных дел Япо́нии познако́мится с выполне́нием росси́йской стороно́й усло́вий междуна́родного прое́кта по демонта́жу и утилиза́ции спи́санных а́томных субмари́н. Пе́рвое межправи́тельственное соглаше́ние о демонтаже́ и утилиза́ции пяти́ АПЛ «Ви́ктор-3» за счёт средств Япо́нии бы́ло дости́гнуто в ноябре́ 2005 го́да в ра́мках междуна́родной програ́ммы «Звезда́ Наде́жды» по утилиза́ции вы́веденных из соста́ва ТОФ подво́дных ло́док. Прое́кт «Звезда́ Наде́жды» ориенти́рован на предотвраще́ние экологи́ческих пробле́м, кото́рые мо́гут вы́звать находя́щиеся на «кла́дбищах корабле́й» спи́санные а́томные субмари́ны, а та́кже на обеспече́ние я́дерной безопа́сности на Тихоокеа́нском и Се́верном фло́тах Росси́и.

(http://www.vesti.ru/doc.html?id=132940)

語 彙 инспекти́ровать〔不完〕査察する демонта́ж〔-а,-у /-а́, -у́〕【男】解体 спи́санный【形】退役の инспе́кция【女】査察 утилиза́ция【女】再利用 АПЛ (＝а́томная подво́дная ло́дка)【女】原潜 за счёт средств《生》〔熟〕〜の経費負担で вы́вести из соста́ва《生》〔完〕〜から除外する ориенти́ровать《на+ 対》〔完〕〜を目指す предотвраще́ние【中】防止 экологи́ческий【形】環境の кла́дбище【中】墓場

訳 例 日本外務省代表団、退役原潜解体事業を査察
　ロシア太平洋艦隊の退役原潜を解体する国際事業の実施状況を、沿海州地方で査察中の日本外務省の代表団が、ボリショイ・カメニ市のズベズダ軍事工場に到着した。日本の外務副大臣を長とする査察団は、工場内で退役原潜の廃棄と再利用に関する国際事業のロシア側実施環境の調査を行う。05年11月、太平洋艦隊の退役潜水艦再利用に関する国際プログラム「希望の星」の一環として、日本側の経費負担でビクターⅢ級原潜５隻を解体・再利用することが初めて決まり、二国間合意が調印された。「希望の星」計画は、いわゆる「船の墓場」に係留中の退役原潜が原因となる可能性がある環境汚染を防止し、ロシア太平洋艦隊と北方艦隊の原子力安全を確保することを目的としている。
　（2007年8月2日報道）

重要語句

◆ **го́нка вооруже́ний**「軍拡競争」Размеще́ние ПРО в Евро́пе приведёт к **но́вой го́нке вооруже́ний**. ヨーロッパへのミサイル防衛システム配備は**新たな軍拡競争**に繋がる。

вое́нные расхо́ды〔複〕**軍事費** рост вое́нных расхо́дов 軍備費の増大

разоруже́ние【中】**兵器の廃棄**（→ 4-11）я́дерное/биологи́ческое/хими́ческое разоруже́ние 核兵器／生物兵器／化学兵器の廃棄〔動詞形〕**разоружа́ть**〔不完〕**разоружи́ть**〔完〕《対》～**を武装解除する、廃棄する**

уничтоже́ние【中】（完全な）**廃棄** уничтоже́ние ору́жия ма́ссового пораже́ния 大量破壊兵器の完全廃棄〔同義〕**демонта́ж**〔-а, -у... /-а́, -у́...〕【男】**廃棄**（= ликвида́ция）

сокраща́ть〔不完〕**сократи́ть**〔完〕**削減する** По Моско́вскому догово́ру, о́бе стра́ны **обязу́ются сокраща́ть** свои я́дерные боеголо́вки. モスクワ条約によれば、両国は核弾頭を**削減すること**を義務づけられている。

сокраще́ние【中】**削減** Основно́й це́лью догово́ра бы́ло установле́ние безопа́сного бала́нса в Евро́пе **за счёт сокраще́ния обы́чных вооружённых сил**. 条約の主な目的は、**通常戦力削減による**欧州での安全保障バランスの確立にあった。

утилиза́ция【女】**リサイクル、再利用、「解体」Утилиза́ция** одно́й АПЛ обхо́дится в 800 миллио́нов ие́н. 原子力潜水艦1隻あたりの**解体処理**費用は8億円に上る。

я́дерный【形】**核の** я́дерное ору́жие（= термоя́дерное ору́жие）核兵器 я́дерная держа́ва 核大国 запре́т на я́дерные испыта́ния 核実験の禁止 нераспростране́ние я́дерного ору́жия 核兵器の不拡散 В 2000 году́ Росси́ей был ратифици́рован **Догово́р о всеобъе́млющем запреще́нии я́дерных испыта́ний**（ДВЗЯИ）. 2000年にロシアが**包括的核実験禁止条約**（CTBT）を批准した。

радиоакти́вный【形】**放射能を含む** жи́дкие радиоакти́вные отхо́ды 液体放射能廃棄物

◆ **ору́жие ма́ссового пораже́ния**「**大量破壊兵器**」★ я́дерное ору́жие 核兵器 биологи́ческое ору́жие 生物兵器 хими́ческое ору́жие 化学兵器 радиологи́ческое ору́жие 放射能兵器（放射性物質を散布する「汚い爆弾」。核兵器とは別）を指す。

инспе́кция【女】**査察**〔団〕междунаро́дная инспе́кция 国際査察 **Инспе́кция МАГАТЭ** подтверди́ла остано́вку я́дерного реа́ктора в КНДР. IAEA の査察団が、北朝鮮の原子炉の停止を確認した。（→ StepUp ）〔動詞形〕**инспекти́ровать**〔不完〕**査察する** Специали́сты **инспекти́ровали** я́дерные объе́кты. 専門家らが核施設を**査察した**。

Ожесточённые бои идут на границе Израиля с Ливаном

На юге Ливана, в районе оккупированной Израилем территории началась интенсивная перестрелка между боевиками шиитской террористической группировки «Хезболлах» и израильскими военными. С израильской стороны ведётся ответный обстрел. Стороны используют ракеты, миномёты, артиллерию. Одновременно с этим ливанские боевики нанесли ракетный удар по израильской радиолокационной станции на горе Хермон. В этом районе также завязалась ожесточённая перестрелка. Данные о потерях с обеих сторон пока не поступали. Израильские военные считают, что боевики «Хезболлах» решили выполнить своё давнее обещание об открытии «второго фронта интифады», и ожидают дальнейшего обострения ситуации на границе.

(http://www.vesti.ru/doc.html?id=846)

語　彙　ожесточённый【形】激しい　бой【男】戦闘　оккупировать〔完〕占領する　интенсивный【形】激しい　перестрелка【女】銃撃戦　боевик【男】戦闘員　шиитский【形】シーア派の　террористическая группировка【女】テロ組織　ответный обстрел【男】（火器での）反撃　нанести удар《по＋与》〔完〕～を攻撃する　радиолокационный【形】レーダーの　завязаться〔完〕始まる　потеря【女】〔複で〕損害　интифада【女】インティファーダ〔パレスチナ抵抗運動〕　обострение【中】緊迫化

訳　例　　　　　　　　**イスラエル・レバノン国境で激しい戦闘**

　レバノン南部のイスラエル占領地域で、シーア派テログループ「ヒズボラ」の戦闘員とイスラエル軍兵士との間で激しい銃撃戦が始まった。イスラエル側も反撃しており、双方が、ミサイル、迫撃砲、火砲を使用している。これと同時に、レバノン側の戦闘員がヘルモン山上のイスラエル軍のレーダー基地をミサイルで攻撃した。この地区でも激しい銃撃戦が始まった。双方の被害に関する情報はまだ入ってきていない。イスラエル軍は、ヒズボラ側が「インティファーダの第二戦線を開く」という従来からの主張を実行に移したと見ており、国境付近での状況はさらに緊迫を増しそうだ。

（2002年4月10日報道）

重要語句

бой〔複 бои́, боёв〕【男】戦闘〔類義〕сраже́ние【中】会戦 «Цуси́мское сраже́ние»「対馬会戦」＝日本海海戦（1905 年）би́тва【女】会戦 Би́тва за Берли́н ベルリン攻防戦 вое́нная кампа́ния〔опера́ция〕【女】軍事作戦 заверше́ние вое́нной опера́ции 軍事作戦の終了〔関連〕гражда́нская война́【女】内戦 восста́ние【中】蜂起 бунт【男】反乱 госуда́рственный переворо́т【男】クーデター（＝ путч）

враг【男】敵（＝ проти́вник）вра́жеский【形】敵の вра́жеский самолёт 敵の航空機 ★ вражде́бный は「敵対的な」вражде́бные де́йствия 敵対行為

партиза́н【男】ゲリラ партиза́нский【形】〜の Про́тив америка́нских войск в Ира́ке ведётся партиза́нская война́. イラク駐留米軍に対してゲリラ戦が展開されている。

боеви́к【男】（反政府側の）戦闘員・兵士〔類義〕банди́т【男】武装勢力の構成員 ★ 政府側治安部隊の隊員は силови́к. вооружённая группиро́вка【女】武装勢力〔незако́нное〕ба́ндформирова́ние【中】〔非合法〕武装勢力 повста́нец【男】蜂起兵 повста́нческий【形】蜂起の повста́нческие группиро́вки 反乱グループ〔類義〕мяте́жник【男】反乱軍兵士

столкнове́ние【中】衝突 Ме́жду двумя́ стра́нами мо́жет произойти́ вое́нное столкнове́ние. 両国間に軍事衝突が発生する可能性がある。

ата́ка【女】攻撃（＝ нападе́ние）соверши́ть но́вую ата́ку на го́род 町に再び攻撃を行う〔派生〕контрата́ка【女】反撃 Войска́ предприня́ли контрата́ку на аэропо́рт. 軍が空港奪還のため反撃に出た。

атакова́ть《対》〔不完・完〕攻撃する Гру́ппа боевико́в атакова́ла опо́рный пункт а́рмии. 武装グループが軍の拠点を攻撃した。〔同義〕напада́ть〔不完〕напа́сть〔完〕《на ＋対》〜を攻撃する（＝ наноси́ть/нанести́ уда́р《по ＋与》）Боевики́ напа́ли на росси́йскую вое́нную ба́зу. 武装勢力がロシアの軍事基地を攻撃した。

◆ откры́ть ого́нь〔完〕発砲する Пограни́чники откры́ли ого́нь на пораже́ние по су́дну-наруши́телю. 国境警備隊は威嚇のため違反船に向けて発砲した。

сопротивле́ние【中】抵抗 ока́зывать/оказа́ть сопротивле́ние 抵抗する Боевики́ оказа́ли милиционе́рам вооружённое сопротивле́ние. 武装勢力は警察隊に武器を使って抵抗した。〔動詞形〕сопротивля́ться〔不完〕《与》〜に抵抗する Боевики́, кото́рые ожесточённо сопротивля́лись, уничто́жены. 武装勢力は激しく抵抗したが掃討された。

Морато́рий зако́нчился деса́нтом

Изра́иль расширя́ет масшта́бы вое́нной опера́ции в Лива́не. В ночь на сре́ду изра́ильский возду́шный деса́нт вы́садился на окра́ине Баальбе́ка. Как сообща́ют инфо̀рмаге́нтства со ссы́лкой на лива́нских вое́нных, ре́йду прдше́ствовали по ме́ньшей ме́ре пять а̀виауда́ров по це́лям в го́роде. По не́которым да́нным, израильтя́не намерева́лись захвати́ть одного́ из команди́ров «Хезболлы́», кото́рый находи́лся в го́спитале в Баальбе́ке. Прѐсс-слу́жба А́рмии оборо́ны Изра́иля скупа́ на коммента́рии. По её да́нным, опера́ция заверше́на. Все солда́ты без поте́рь верну́лись на изра́ильскую ба́зу. Захва́чены не́сколько боевико́в. «Ре́йтер», со ссы́лкой на лива́нские исто́чники, говори́т по ме́ньшей ме́ре о трои́х заде́ржанных. Кро́ме того́, в результа́те э́той опера́ции поги́бли пять ми́рных жи́телей.

(http://www.vesti.ru/doc.html?id=113164)

語　彙　морато́рий【男】（攻撃の）一時停止 деса́нт【男】空挺部隊 расширя́ть《対》［不完］～を拡大する масшта́б【男】規模 вое́нная опера́ция【女】軍事作戦 вы́садиться［完］降下する окра́ина【女】郊外 инфо̀рмаге́нтство【中】通信社 со ссы́лкой《на＋対》［熟］～を引用して рейд【男】襲撃 предше́ствовать［不完］先立つ а̀виауда́р【男】空からの攻撃 намерева́ться＋不定形［不完］～する意図である захвати́ть《対》［完］～を捕らえる скупо́й《на＋対》【形】～に控えめである заде́ржать《対》［完］～を捕捉する

訳　例　　　　　　　　　　　**空挺部隊投入で攻撃再開**

　イスラエルがレバノンでの軍事作戦の規模を拡大している。水曜未明、イスラエル軍空挺部隊がバアルベカ郊外に降下した。複数の通信社は、レバノン軍関係者の話として、襲撃作戦に先立ち、市内の複数の目標に対して少なくとも5回の空爆が行われたと伝えている。複数の情報筋は、イスラエル軍はバアルベカ市内の病院にいるヒズボラの指揮官1名の捕捉を意図していたとしているが、イスラエル国防軍広報はコメントを控えている。同筋によれば、作戦はすでに終了し、兵士全員が被害なくイスラエル軍基地に帰還した。[ヒズボラ側の] 戦闘員数名が拘束された。ロイター伝は、レバノン情報筋の話として、少なくとも3人が拘束されたとしている。作戦の結果民間人5人が死亡した。

（2006年8月2日報道）

重要語句

стреля́ть〔不完〕**射撃・砲撃する** Сна́йпер **стреля́л** с расстоя́ния 200 ме́тров. 狙撃手は 200m の距離から**撃った**。 Танк **стреля́л** во́зле многоэта́жных домо́в. 戦車はマンション脇から**砲撃した**。〔名詞形〕**стрельба́**（複 стре́льбы）【女】**射撃、砲撃**〔類義〕**вы́стрелить**〔完〕**発砲する** Омо́новцы не́сколько раз вы́стрелили в во́здух. 特殊部隊（ОМОН）が数回空に向けて**発砲した**。〔名詞形〕**вы́стрел**【男】**発砲**

расстреля́ть〔完〕**銃殺する** Боевики́ **расстреля́ли** 15 ми́рных жи́телей. 武装集団が民間人 15 人を**射殺した**。

обстре́л【男】**砲撃** Центр го́рода **подве́ргся масси́рованному обстре́лу** из артилле́рии. 町の中心部は火砲による**激しい攻撃**を受けた。

àвиауда́р【男】**空爆** нанести́ ～《по ＋与》～を空爆する〔同義〕**àвианалёт**【男】**空爆** Но́чью истёк 48-часово́й **морато́рий на àвианалёты** на юг Лива́на. 夜半にレバノン南部に対する 48 時間の**空爆停止期限**が過ぎた。

штурм【男】 **強襲、急襲**〔作戦〕（＝ **рейд**） По́сле трёхчасово́й подгото́вки силовики́ **на́чали затяжно́й штурм**. 3 時間の準備の後、治安部隊は**長時間の強襲作戦**を開始した。〔動詞形〕**штурмова́ть**《対》〔不完〕**～を強襲・急襲する**（＝ ворва́ться《в ＋対》）

окружа́ть〔不完〕**окружи́ть**〔完〕**包囲する** Во вре́мя Второ́й Мирово́й войны́ **Ленингра́д был окружён** не́мцами. 第二次大戦中レニングラードは独軍に包囲された。

захва́тывать〔不完〕**захвати́ть**〔完〕《対》**～を占拠する** Гонко́нг был захва́чен **Великобрита́нией** в 1842 году́ и до 1997 го́да остава́лся её коло́нией. 1842 年に香港は英国に占領され、1997 年までその植民地であった。

оккупа́ция【女】**占領**〔派生〕**оккупа́нт**【男】**占領軍、占領者 оккупи́ровать**〔不完・完〕**占領する** В 1939 году́ **Варша́ва была́ оккупи́рована** ги́тлеровскими войска́ми. 1939 年にワルシャワはヒトラーの軍隊に**占領された**。

уничтожа́ть〔不完〕**уничто́жить**〔完〕**殲滅する、殺害する** Глава́ ба́нды **был уничто́жен** спѐцслу́жбами. 武装集団のリーダーは特殊部隊によって**殺害された**。〔類義〕**ликвиди́ровать**〔完〕**掃討する**（p.177 参照）

плен【男】**捕虜** попа́сть в плен 捕虜になる **пле́нный**【男】**捕虜（人）**допра́шивать/допроси́ть пле́нных 捕虜を尋問する〔派生〕**военнопле́нный**【男】**戦時捕虜** Жене́вская Конве́нция об обраще́нии с военнопле́нными 捕虜の待遇に関するジュネーブ条約

Изра́иль согла́сен на прекраще́ние огня́

Кабине́т мини́стров Изра́иля одо́брил предло́женные усло́вия переми́рия. В заявле́нии генсе́ка ООН говори́тся, что договорённость о прекраще́нии огня́ дости́гнута в хо́де проведённых им консульта́ций с премье́р-мини́стром Лива́на и премье́р-мини́стром Изра́иля, напра́вленных на исполне́ние резолю́ции 1701, единогла́сно одо́бренной накану́не Сове́том Безопа́сности. О́ба ли́дера согласи́лись с тем, что прекраще́ние вражде́бных де́йствий начнёт де́йствовать 14 а́вгуста в 5:00 по Гри́нвичу. В соотве́тствии с резолю́цией 1701, континге́нт ЮНИФИ́Л [вре́менные миротво́рческие си́лы ООН в ю́жном Лива́не] бу́дет увели́чен с ны́нешних 2 ты́сяч почти́ до 15 ты́сяч слу́жащих и наде́лен но́вым манда́том, предусма́тривающим бо́льшие полномо́чия. С ухо́дом А́рмии оборо́ны Изра́иля из ю́жного Лива́на в э́том райо́не должны́ быть размещены́ миротво́рцы ООН и солда́ты лива́нской а́рмии.

（http://news.bbc.co.uk/hi/russian/news/newsid_4787000/4787863.stm）

語　彙　прекраще́ние огня́【中】停戦 переми́рие【中】停戦 напра́вить на《対》[完]〜に向ける исполне́ние【中】実行 по Гри́нвичу [熟] グリニッジ標準時で континге́нт【男】（PKO）部隊 ЮНИФИ́Л 国連レバノン暫定隊（UNIFIL = United Nations Interim Force in Lebanon）миротво́рческие си́лы〔複〕平和維持部隊 увели́чить [完] 増強する наде́лить《対》《造》[完]〜に…を付与する манда́т【男】権限 полномо́чие【中】 全権 ухо́д【男】 撤退 размести́ть [完] 配置する миротво́рец〔複で〕平和維持隊

訳　例　　　　　　　**イスラエル、停戦に合意**

　イスラエル内閣は提示を受けていた停戦条件を了承した。国連事務総長の声明では、昨日安全保障理事会が全会一致で採択した安保理決議1701の履行に向け、事務総長とレバノン首相・イスラエル首相との間で協議が行われ、停戦合意に至ったと述べられている。両国首脳はグリニッジ標準時間8月14日午前5時をもって敵対行為を停止することで合意した。安保理決議1701によれば、国連レバノン暫定隊は、隊員数が現在の2000人から約15000人に増強され、新たにより大きな権限を付与される。イスラエル国防軍の南レバノンからの撤退に伴い、この地域には国連平和維持隊とレバノン軍が展開する。
　（2006年8月13日報道）

重要語句

бежа́ть [不完] 逃走する Проти́вник **бежа́л**. 敵は敗走した。〔名詞形〕**бе́гство** 【中】 逃走、敗走 Э́то бы́ло сде́лано **для пресече́ния возмо́жного бе́гства** террори́стов под ви́дом ми́рных жи́телей. この措置はテロリストが一般市民を装って逃走するのを防止するために取られた。〔関連〕**бе́женец** 【男】難民 ла́герь бе́женцев 難民キャンプ

отступле́ние 【中】撤退 (= отхо́д) Все **пути́ к отступле́нию** отре́заны. 退路はすべて断たれている。〔動詞形〕**отступа́ть** [不完] **отступи́ть** [完] 撤退する (= отходи́ть/отойти́ 退却する)

вы́вести [完] 引き上げる、撤退する〔名詞形〕**вы́вод** 【男】撤退 Радика́льные ислами́сты потре́бовали от То́кио **объяви́ть о вы́воде войск** из Ира́ка. イスラム過激派は、イラクからの**部隊の撤退を表明する**よう日本政府に要求した。

переми́рие 【中】停戦、休戦 **Переми́рие вступи́ло в си́лу** в понеде́льник у́тром. 休戦は月曜日の朝に発効した。〔同義〕**прекраще́ние огня́** 停戦 **прекраще́ние боевы́х де́йствий** 戦闘行為の停止

сдава́ться [不完] **сда́ться** [完] 降伏・投降する Банди́там предлага́ли **доброво́льно сда́ться**. 武装勢力には自発的に投降する機会が与えられた。〔同義〕◆ **сложи́ть ору́жие** [完] 武器を置く、「投降する」 Им был предъя́влен ультима́тум **сложи́ть ору́жие** в тече́ние 48 часо́в. 彼らには48時間以内に**投降する**よう最後通告が出された。

капитуля́ция 【女】降伏 безогово́рочная капитуля́ция 無条件降伏〔関連〕**разоруже́ние** 【中】武装解除 я́дерное/хими́ческое разоруже́ние 核武装／化学兵器の放棄〔関連〕**демобилиза́ция** 【女】動員解除〔反義〕**мобилиза́ция** 【女】動員 о́бщая ～総動員

миротво́рец 【男】平和維持隊員 **миротво́рческий** 【形】平和維持活動の По чи́сленности континге́нта, заде́йствованного в **миротво́рческих опера́циях** ООН, Росси́я занима́ет лишь 40-е ме́сто. 国連平和維持活動への参加隊員数で、ロシアは40位に留まっている。◆ **миротво́рческие си́лы** 〔複〕平和維持部隊〔維持軍〕 (= миротво́рческий континге́нт) ★日本の法律上は「平和維持隊」と表記する。◆ **опера́ция по поддержа́нию ми́ра** 「平和維持活動」(PKO)

размеще́ние 【中】配置、派遣、展開 **Размеще́ние оо́новских миротво́рцев** в Дарфу́ре бу́дет осно́вываться на договорённости с прави́тельством Суда́на. ダルフールへの**国連平和維持隊の展開**は、スーダン政府との合意に基づいて行われることになろう。〔動詞形〕**размеща́ть** [不完] **размести́ть** [完]《対》～を配置〔派遣・展開〕する

Росси́я испыта́ла свѐрхмо́щную ва́куумную бо́мбу

Росси́йская а́рмия испыта́ла но́вую ва́куумную бо́мбу, мо́щность кото́рой мо́жет сравни́ться то́лько с я́дерными боевы́ми заря́дами. Замести́тель нача́льника генера́льного шта́ба Росси́и заяви́л, что созда́ние но́вого бо̀еприпа́са не наруша́ет ни оди́н из подпи́санных Москво́й междунаро́дных догово́ров, и его́ примене́ние не приво́дит к загрязне́нию окружа́ющей среды́. Разрабо́тка росси́йских специали́стов в четы́ре ра́за мощне́е америка́нской, а температу́ра в це́нтре разры́ва вы́ше в два ра́за. Взры́вчатое вещество́, испо́льзованное в но́вой бо́мбе, име́ет бо́льшую разруши́тельную си́лу, чем троти́л. Ме́жду тем, незави́симый вое́нный обозрева́тель счита́ет, что но́вая бо́мба — всего́ лишь увели́ченная ве́рсия бо̀еприпа́са, кото́рый уже́ име́лся на вооруже́нии у Росси́и и говори́ть о технологи́ческом проры́ве нельзя́.

（http://news.bbc.co.uk/hi/russian/russia/newsid_6990000/6990475.stm）

語　彙　свѐрхмо́щный【形】超強力な ва́куумный【形】真空の сравни́ться《с＋造》［完］〜と比較する заря́д【男】砲弾 бо̀еприпа́с【男】爆弾 загрязне́ние【中】汚染 окружа́ющая среда́【女】環境 разрабо́тка【女】開発品 разры́в【男】爆破 взры́вчатое вещество́【中】爆薬 разруши́тельная си́ла【女】破壊力 троти́л【男】TNT火薬 увели́чить［完］大型化する технологи́ческий проры́в【男】新開発技術

訳　例　　　　　**ロシアが超強力真空爆弾の実験**

　ロシア軍は、破壊力が核爆弾に匹敵するという新型の真空爆弾の実験を行った。ロシア軍参謀総長代理は、新爆弾の開発はロシアが署名した国際条約に一切違反せず、使用されたとしても環境汚染を起こさないと語った。ロシアの専門家が開発したこの爆弾は、アメリカの［同型爆弾の］4倍の威力を持ち、爆心地の温度は2倍以上である。新型爆弾に使用される爆薬は、TNT火薬より大きな破壊力を持つ。だが、ある民間の軍事評論家は「新型爆弾はロシアがすでに兵器として保有している爆弾を大型化しただけで、全く新しい技術とは言えない」との見方を示している。

（2007年9月12日報道）

重要語句

Воѐнно-промы́шленный ко́мплекс（ВПК）【男】**軍産複合体、軍需産業**
конве́рсия ВПК 軍需産業の民需転換

разрабо́тка【女】**開発** США заверши́ли **разрабо́тку специа́льных кассе́тных бомб**, оснащённых механи́змом самоуничтоже́ния. 米国は自爆装置を搭載した**特殊クラスター爆弾の開発**を完了した。〔動詞形〕**разраба́тывать**［不完］**разрабо́тать**［完］《対》〜を開発する

бо̀еприпа́сы（= боевы́е припа́сы）〔複〕**弾薬** ★銃弾・砲弾・手榴弾・地雷・ロケット弾などの総称。通常は〔複〕だが、個別の兵器について単数形 **бо̀еприпа́с** を用いる例も散見される。Результа́ты испыта́ний со́зданного **авиацио́нного бо̀еприпа́са** показа́ли, что он по свое́й эффекти́вности соизмери́м с **я́дерным бо̀еприпа́сом**. 開発された**航空機搭載爆弾**の実験結果は、これが効果性の点で**核爆弾**に匹敵することを証明した。

неразорва́вшийся【形】**不発の Неразорва́вшиеся** япо́нские **бо́мбы** обнару́жены на се́веро-восто́ке Кита́я. 旧日本軍の**不発弾が**中国東北部で見つかった。

◆ **навигацио́нная систе́ма**（= систе́ма наведе́ния）「**ナビゲーションシステム**」
★アメリカは GPS（Джи-Пи-Э́с）、ロシアは **ГЛОНА́С**（Глоба́льная навигацио́нная систе́ма）

◆ **ра̀диолокацио́нная систе́ма**（РЛС）（= рада́рная систе́ма）「**レーダーシステム**」
РЛС «Воро́неж» вхо́дит в соста́в систе́мы предупрежде́ния о раке́тном нападе́нии（СПРН）. **レーダーシステム「ボロネジ」**は弾道ミサイル早期警戒システム（BMEWS）の一部である。

шпиона́ж【男】**スパイ**（事件）вое́нный шпиона́ж 軍事スパイ промы́шленный шпиона́ж 産業スパイ двойно́й шпиона́ж 二重スパイ Суд вы́нес пригово́р — 10 лет лише́ния свобо́ды **за шпиона́ж** в по́льзу иностра́нного госуда́рства. 裁判所は外国政府のために**スパイ活動を働いた罪で**自由剥奪10年の判決を言い渡した。★スパイ（人）は шпио́н

разве́дка【女】**偵察、諜報** вне́шняя разве́дка 対外諜報活動 **разве́дчик**【男】**諜報員、スパイ разве́дывательный**【形】**諜報の、インテリジェンスの Разве́дывательные слу́жбы** собира́ют информа́цию о наме́рениях проти́вников для защи́ты госуда́рственной безопа́сности. **諜報機関**は、国家の安全を守るため敵の意図に関する情報収集を行う。

уте́чка【女】**漏洩** 〜 секре́тной информа́ции 機密情報の漏洩 ★刑法では「国家機密の漏洩」は «разглаше́ние госуда́рственной та́йны»（УК РФ ст. 283）。

StepUp

兵役問題に関する語彙 (→ 4-3)

дедовщи́на【女】「新兵いじめ」★ «Дедовщи́на» — э́то униже́ния, издева́тельства и наси́лие со стороны́ старослу́жащих. «Дедовщи́на» とは、先輩兵から加えられる屈辱、いじめ、暴力行為を指す。★ボス的存在の先輩兵を «дед» と呼ぶことから。軍隊内で新兵に規律を体で覚えさせる「しつけ」の意味で使われていたが、行き過ぎた暴力から死者が発生する事件が相次ぎ、社会問題化。海軍では **годко́вщина** という。

дезерти́р【男】脱走兵〔派生〕**дезерти́ровать**〔不完・完〕脱走する Из во́инской ча́сти **дезерти́ровали** тро́е солда́т. 軍の部隊から 3 人の兵士が**脱走した**。

◆ «коси́ть от а́рмии»〔不完〕(俗) 徴兵を逃れる〔同義〕**уклоне́ние от призы́ва** 徴兵逃れ(逃れる者は **уклони́ст**)

★レニングラード包囲 **блока́да Ленингра́да** (1941 ～ 44) の生存者は **блока́дник** とよばれ、退役軍人 **ветера́н** とほぼ同等の優遇措置を受けられる。

ミサイル раке́та のいろいろ (→ 4-7)

зени́тная раке́та 対空ミサイル противокора́бельная раке́та 対艦ミサイル противоло́дочная раке́та 対潜ミサイル подво́дная раке́та 水中ミサイル («Шквал») крыла́тая раке́та 巡航ミサイル противолокацио́нная раке́та 対レーダーミサイル противокосми́ческая раке́та 対衛星ミサイル

«земля́-земля́» 地対地 «земля́-во́здух» 地対空 «во́здух-земля́» 空対地 «во́здух-во́здух» 空対空 «во́здух-кора́бль» 空対艦

ロシアが関係する主な軍縮条約 (→ 4-8)

Догово́р о сокраще́нии стратеги́ческих наступа́тельных вооруже́ний (СНВ) 戦略兵器削減条約 (START)

Догово́р о сокраще́нии стратеги́ческих наступа́тельных потенциа́лов (СНП) 「モスクワ条約」(SORT)

Догово́р об обы́чных вооружённых си́лах в Евро́пе (ДОВСЕ) 欧州通常戦力条約 (CFE 条約) ★ Росси́я приостанови́ла уча́стие в **ДОВСЕ.** ロシアは CFE 条約の履行を停止した。

核開発 я́дерная програ́мма (→ 4-8)

а́томный/я́дерный реа́ктор【男】原子炉 ★ легково́дный реа́ктор 軽水炉 тяжелово́дный реа́ктор 重水炉

плуто́ний【男】プルトニウム **ура́н**【男】ウラン высоко̀обогащённый/ ни́зкообогащённый ура́н 高濃縮／低濃縮ウラン В Росси́и сосредото́чено 45 проце́н-

тов мировы́х мо́щностей по **обогаще́нию ура́на**, 全世界のウラン濃縮処理能力の 45％はロシアに集中している。　**я́дерные/ра̀диоакти́вные отхо́ды**〔複〕核〔放射性〕**廃棄物** утилиза́ция я́дерных отхо́дов 核廃棄物の再利用
а́томная бо́мба【女】原子爆弾 водоро́дная бо́мба【女】**水素爆弾**
◆ **закры́тый го́род「閉鎖都市」**★兵器開発拠点都市。かつては地図にも載らず Арзама́с-16（現サローフ市。核弾頭を製造）のように番号で呼ばれたので、**го́род - почто́вый я́щик** とも称された。

⬛ ロシア３軍の兵科 Рода́ во́йск

地上軍：Мотострелко́вые войска́ 機械化歩兵〔自動車化狙撃兵〕Та́нковые войска́ 戦車兵 Раке́тные войска́ и артилле́рия ロケット部隊・砲兵 Войска́ противовозду́шной оборо́ны 部隊防空兵
海軍：Надво́дные си́лы 海上艦部隊 Подво́дные си́лы 潜水艦部隊 Морска́я авиа́ция 海軍航空隊 Войска́ берегово́й оборо́ны 沿岸部隊
航空宇宙軍：Бомбардиро́вочная авиа́ция 爆撃機航空隊 Штурмова́я авиа́ция 攻撃機航空隊 Истреби́тельная авиа́ция 戦闘機航空隊 Разве́дывательная авиа́ция 偵察機航空隊 Тра́нспортная авиа́ция 輸送機航空隊 Специа́льная авиа́ция 特殊航空隊 Зени́тные раке́тные войска́ 高射ミサイル兵 Ра̀диотехни́ческие войска́ 電波技術兵
★**戦闘支援兵科 Специа́льные войска́**（３軍にほぼ共通）Разве́дывательные войска́ 偵察部隊 Войска́ свя́зи 通信兵 Войска́ ра̀диоэлектро́нной борьбы́ 電波電子戦〔無線技術〕部隊 Войска́ радиацио́нной, хими́ческой и биологи́ческой защи́ты（РХБ защи́ты）放射線・化学・生物防護兵〔CBR保護兵〕Инжене́рные войска́ 工兵〔海軍は Морски́е инжене́рные войска́ 海軍工兵部隊〕Во́инские ча́сти и учрежде́ния ты́ла 後方部隊・施設 Войска́ техни́ческого обеспече́ния 技術保障部隊

※このほか海軍には Войска́ гидрографи́ческого обеспече́ния 水路学部隊、Войска́ поиско̀во-спаса́тельного обеспече́ния 捜索救援部隊、Войска́ гѝдро-метеорологи́ческого обеспече́ния 気象部隊、航空宇宙軍には Войска́ свя́зи, ра̀дио-техни́ческого обеспече́ния и автоматизи́рованных систе́м управле́ния 通信・電波技術保障・自動化運用部隊がある。

Пе́рвое в э́том году́ заседа́ние Госсове́та

Пу́тин призва́л чле́нов Госсове́та обрати́ть внима́ние на профила́ктику престу́пности и рабо́тать над устране́нием причи́ны криминализа́ции о́бщества. «Зарубе́жный и наш со́бственный о́пыт пока́зывают, что и́менно на эта́пе профила́ктики мо́жно эффекти́вно противоде́йствовать практи́чески всем ви́дам преступле́ний. Наме́тились пе́рвые положи́тельные сдви́ги. Так, за 6 ме́сяцев теку́щего го́да на 4,4% сни́зилась у́личная престу́пность. Сократи́лось коли́чество тя́жких и осо́бо тя́жких преступле́ний. Ме́жду тем, криминоге́нная обстано́вка в стране́ продолжа́ет остава́ться сло́жной. По-пре́жнему высо́к у́ровень организо́ванной и рециди́вной престу́пности, практи́чески ка́ждое тре́тье бытово́е преступле́ние соверша́ется под возде́йствием алкого́ля», — посе́товал он.

(http://www.vesti.ru/doc.html?id=128272)

語　彙　Госсове́т【男】国家評議会 профила́ктика【女】予防 престу́пность【女】犯罪 устране́ние【中】除去 криминализа́ция【女】犯罪化 на эта́пе《生》～の段階で противоде́йствовать《与》[不完]～に対抗する вид【男】種類 наме́титься [完] 現れる сдвиг【男】成果 сократи́ться [完] 減少する тя́жкий【形】重大な криминоге́нный【形】犯罪発生の原因となる обстано́вка【女】状況 организо́ванная престу́пность【女】組織犯罪 рециди́вная престу́пность【女】累犯 бытово́е преступле́ние【中】家庭での犯罪 под возде́йствием《生》～[熟]の影響下で алкого́ль【男】アルコール посе́товать [完] 嘆く

訳　例　　　　　　　　　　**本年最初の国家評議会開催**

　プーチン大統領は、国家評議会の委員を前に犯罪予防の重要性に触れ、社会の犯罪化に繋がる要因の除去に努めるよう求めた。大統領は現状を憂慮し、「あらゆる犯罪に効果的に対処しうるのは、予防段階をおいて他にないことは、諸外国および我が国の経験から明白である。その成果も現れ始めている。一例を挙げれば、今年度過去6カ月間に街頭犯罪の発生件数は4.4％減少した。『重大な犯罪』および『特に重大な犯罪』の件数も減少した。しかし、我が国の犯罪を生み出す状況は未だ厳しい。組織犯罪や累犯は依然として高いレベルにあり、家庭での犯罪の3件に1件は飲酒が関係している」と述べた。

　(2007年6月29日報道)

重要語句

зако́н【男】法律、法（→ StepUp ）соблюда́ть/соблюсти́ зако́н 法を守る〔関連〕
зако̀нопослу́шный【形】法律を守る зако̀нопослу́шные гра́ждане 善良な市民
пра́во【中】①法、法律〔派生〕правово́й【形】法の、法に依拠する　правово́е
госуда́рство 法治国家 правовой механи́зм защи́ты интеллектуа́льной со́бственности
知的所有権保護の法的メカニズム пра̀воохрани́тельный【形】法〔秩序〕守護の ◆
пра̀воохрани́тельные о́рганы「司法機関、治安機関」★検察、内務省〔警察〕、連
邦保安庁、税務警察を指す〔類語〕силовы́е структу́ры〔複〕警察・治安機関 ②権
利 права́ челове́ка〔複で〕人権〔派生〕пра̀возащи́тный【形】人権保護の、人権擁
護の ◆ пра̀возащи́тная организа́ция「人権団体」

преступле́ние【中】犯罪（→ StepUp ）соверша́ть/соверши́ть преступле́ние
罪を犯す ★刑法の定める罪を犯すこと（УК ст.14）。道徳上の「罪」は грех。〔類義〕
престу́пность【女】（総体としての）犯罪 организо́ванная престу́пность 組織犯
罪 борьба́ с престу́пностью 犯罪対策〔派生〕престу́пный【形】犯罪の、犯罪に絡
む престу́пное соо́бщество 犯罪組織 престу́пная группиро́вка 犯罪集団 На́до
ужесточи́ть борьбу́ с организа́циями, **отмыва́ющими престу́пные дохо́ды**.
犯罪で得た資金の洗浄に関わる組織への対策強化が必要だ。престу́пник【男】犯罪者
（= злоумы́шленник）

пра̀вонаруше́ние【中】法律違反、違法行為 Велико́ **число́ пра̀вонаруше́ний**
соверша́емых подро́стками. 十代前半の若者による**違法行為**の件数は極めて多い。◆
администрати́вное　　**пра̀вонаруше́ние**　　「行政的違法行為」　　★ Ко́декс　об
администрати́вных пра̀вонаруше́ниях「行政的違法行為法」で処罰（過料や行政拘
留）される преступле́ние より軽度の違反行為.（→ StepUp ）

◆ **обще́ственная безопа́сность**「公共の安全」★「公安・治安」とも訳せるが、概
念は「公共の秩序」（обще́ственный поря́док）に近い

уголо́вный【形】刑法の、刑法犯の уголо́вное де́ло 刑事事件 ◆ **уголо́вный**
ко́декс（УК）刑法 **уголо̀вно-процессуа́льный ко́декс**（УПК）刑事訴訟法
уголо̀вно-исполни́тельный ко́декс（УИК）刑事執行法〔関連〕**уголо́вник**
【男】刑法犯

кримина́л【男】①犯罪 ②犯罪組織 Президе́нт обеща́л вы́чистить ры́нки от
кримина́ла. 大統領は市場からの**犯罪組織**排除を約束した。**кримина́льный**【形】
犯罪の кримина́льный авторите́т 犯罪組織の大物 **кримина́лист**【男】犯罪学専
門家

Ге́нпрокурату́ре Росси́и сократи́ли полномо́чия

В Росси́и официа́льно на́чало функциони́ровать но́вое ве́домство — Сле́дственный комите́т при Генера́льной прокурату́ре. Образова́ние Сле́дственного комите́та означа́ет серьёзное сокраще́ние полномо́чий Генера́льной прокурату́ры. Прокуро́ры отны́не лиша́ются своего́ гла́вного пра́ва — возбужда́ть уголо́вные дела́ и руководи́ть хо́дом сле́дствия. Они́ бу́дут лишь ука́зывать сле́дователям на допу́щенные те́ми наруше́ния зако́на, а та́кже отменя́ть необосно́ванные постановле́ния сле́дователей о возбужде́нии дел. Пра́во возбужда́ть дела́ про́тив вы́сших должностны́х лиц, депута́тов и суде́й перехо́дит от ге́нпрокуро́ра к председа́телю Сле́дственного комите́та. Изве́стный адвока́т наде́ется, что благодаря́ но́вой систе́ме «сле́дствие ста́нет бо́лее объекти́вным и непредвзя́тым».

(http://news.bbc.co.uk/hi/russian/russia/newsid_6983000/6983439.stm)

語　彙　ге́нпрокурату́ра (= генера́льная прокурату́ра)【女】最高検察庁 сократи́ть［完］縮小する функциони́ровать［不完］機能する Сле́дственный комите́т【男】捜査委員会 сокраще́ние【中】削減 лиша́ться《生》［不完］〜を失う возбужда́ть《対》［完］〜を提起する сле́дствие【中】捜査 ука́зывать《与》《на＋対》〜に…を指摘する сле́дователь【男】取調官 возбужде́ние【中】提起 судья́〔複 су́дьи, суде́й［суде́й］, су́дьям〕【男】（変化は【女】）裁判官 адвока́т【男】弁護士 объекти́вный【形】客観的な непредвзя́тый【形】先入観のない

訳　例　　**ロシア最高検察庁の権限縮小**

　ロシアでは新たな機関「最高検察庁付属捜査委員会」が正式に発足した。捜査委員会の設立は、最高検察庁の権限の大幅縮小を意味する。今後、検察官は刑事事件の提起（＝立件）と捜査指揮という主要な権限を失うことになる。検察官の役割は、取調官が犯した法令違反の指摘や、取調官が根拠不十分なまま下した刑事事件提起［立件］決定の取消しに限定される。政府高官や国会議員、裁判官に対する刑事事件提起権は、検事総長から捜査委員会委員長へ移る。ある著名な弁護士は、新方式は「より客観的で予断を排した捜査に寄与する」と述べている。［→次頁開み参照］

（2007年9月7日報道）

重要語句

поли́ция【女】 警察　В 2011 г. росси́йскую мили́цию переименова́ли в «поли́цию». 2011 年にロシア警察の名称は «поли́ция» に変更された。

полице́йский ①【形】警察の ～ автомоби́ль 警察車両、パトカー ②【男】警察官 (= сотру́дник поли́ции)

мили́ция【女】 警察　★旧ソ連および 2011 年までのロシアでの警察組織の呼称.（→ **StepUp**）крими́нальная мили́ция 刑事警察 мили́ция обще́ственной безопа́сности 公共安全警察〔治安警察〕**милице́йский**【形】警察の милице́йская фо́рма 警察官の制服 **милиционе́р**【男】警察官 ★犯罪者の隠語では **мент**〔複 менты́,【形】**менто́вский**〕や **му́сор**（「ポリ公」）ともいう

Гла́вное Управле́ние (ГУ) МВД【中】内務総局 ★各連邦管区・連邦構成主体に設置される地方警察本部組織.◆警察署の名称 **УВД** [у-вэ-дэ́]【中】内務局 (= Управле́ние вну́тренних дел) ★地区・行政区（райо́н）を管轄. **ОВД** [о-вэ-дэ́]【中】内務部 (= Отде́л/Отделе́ние вну́тренних дел)★市（го́род）を管轄.

прокурату́ра【女】検察 Генера́льная прокурату́ра 最高検察庁 В тече́ние 90 лет в Росси́и сле́дствие находи́лось **под влия́нием прокурату́ры**. ロシアでは 90 年間にわたって、**検察の影響のもとに捜査が行われた**。**прокуро́р**【男】検察官 генера́льный прокуро́р 検事総長

◆ **возбужда́ть** [不完] **возбуди́ть** [完] **уголо́вное де́ло**「刑事事件を提起する」〔立件する、捜査を開始する〕**Возбуждено́ уголо́вное де́ло** по статье́ 105〔сто пя́той〕УК РФ «Уби́йство». 刑法 105 条「殺人」の容疑で**捜査が始まった**。〔名詞形〕**возбужде́ние уголо́вного де́ла**【中】刑事事件の提起〔捜査の開始、立件〕

рассле́дование【中】捜査 провести́ тща́тельное рассле́дование 徹底した捜査を行う **Заверше́но рассле́дование** де́ла о корру́пции. 汚職事件の**捜査**が終了した。〔動詞形〕**рассле́довать** [不完・完]**捜査する**〔関連〕**операти́вник**【男】（現場の）**捜査員**（= сы́щик）

разы́скивать [不完] **разыска́ть** [完]《対》**～を捜索する**、「指名手配する」〔名詞形〕**ро́зыск**【男】①**捜索** ро́зыск без ве́сти пропа́вших 行方不明者の捜索 ②「**指名手配**」объяви́ть《対》в федера́льный ро́зыск ～を全国〔連邦全土〕に指名手配する находи́ться в ро́зыске 指名手配中である ◆ **уголо́вный ро́зыск** 内務省刑事部〔関連〕**о́быск и вы́емка** 家宅捜索と押収 **допро́с**【男】尋問〔動詞形〕**допра́шивать/допроси́ть**《対》～を尋問する

фо́торобот【男】モンタージュ写真 На основа́нии показа́ний очеви́дцев **соста́влен фо́торобот** подозрева́емого —молодо́го челове́ка славя́нской вне́шности. 目撃者の証言に基づき、犯人と思われるスラブ系の若い男の**モンタージュ写真を作成**した。

◆ **Сле́дственный комите́т РФ (СКР)**「ロシア連邦捜査委員会」 ★重要事件の捜査権限を持つ大統領直属機関。2010 年、最高検察庁付属捜査委員会（Сле́дственный комите́т при Генера́льной прокурату́ре）より改組された。

Прекращено́ уголо́вное пресле́дование подозрева́емого в подры́ве «Не́вского экспре́сса»

Уголо́вное пресле́дование [подозрева́емого] по де́лу о подры́ве по́езда «Не́вский экспре́сс» прекращено́. «Сле́дствие должно́ бы́ло предъяви́ть [подозрева́емому] в тридцатидне́вный срок обвине́ния по де́лу о подры́ве по́езда "Не́вский экспре́сс", но э́того не случи́лось. Он был отпу́щен в ка́честве подозрева́емого под подпи́ску о невы́езде, кото́рая спустя́ 10 су́ток, в соотве́тствии с зако́ном, переста́ла де́йствовать. Таки́м о́бразом, уголо́вное пресле́дование моего́ подзащи́тного в ра́мках э́того де́ла прекращено́», — сказа́л защи́тник. Вме́сте с тем, [он] сообщи́л, что сле́дствие предъяви́ло [подозрева́емому] обвине́ния в ра́мках но́вого де́ла по статья́м «причине́ние сре́дней тя́жести вреда́ здоро́вью» и «грабёж» УК РФ. «Предвари́тельное рассле́дование бли́зится к заверше́нию», — отме́тил адвока́т.

（http://www.vesti.ru/doc.html?id=140414）

語　彙　прекрати́ть［完］中止する уголо́вное пресле́дование【中】「刑事責任の追及」（→5-15）подры́в【男】爆破 сле́дствие【中】捜査当局 отпусти́ть［完］釈放する подозрева́емый【男】容疑者 подпи́ска о невы́езде【女】「現在地を離れない旨の誓約」спустя́《対》【前】～経ってから предъяви́ть обвине́ние［完］公訴提起する причине́ние вреда́ здоро́вью【中】傷害 тя́жесть【女】（罪やケガの）重さ предвари́тельное рассле́дование【中】「公判前取調べ」

訳　例　　　**「ネフスキー・エクスプレス」爆破事件容疑者、不起訴に**

「ネフスキー・エクスプレス」列車爆破事件で、[容疑者への] 刑事責任の追及が中止された（＝不起訴処分になった）。弁護士は「捜査当局は30日間の期限内に [容疑者に対し] 行うべき公訴提起手続を行わなかった。容疑者は「現在地を離れない旨の誓約」により釈放されたが、この処置は法的には10日で効力を失うため、本件での依頼人に対する刑事責任の追及は中止された」と述べた。一方、弁護士は、捜査当局がこれとは別に容疑者を「健康に中程度の危害を加えた罪」（＝傷害事件）と「強盗の罪」で公訴提起したことを明らかにし、「公判前取調は終結に近づいている」と語った。

（2007年9月28日報道）

※容疑者氏名は伏せた。

重要語句

сле́дствие【中】取調、（広義での）捜査 По́лным хо́дом идёт сле́дствие по де́лу о тера́кте. 全力でテロ事件の捜査が進められている。сле́дователь【男】取調官（= суде́бный сле́дователь）→ предвари́тельное рассле́дование ★〔複〕は「捜査当局」が適訳の文脈もある。сле́дственный【形】取調べの ◆ сле́дственный изоля́тор（= СИЗО́）拘置所 ★「公判前取調べ」から判決までの期間の未決勾留施設。операти́вно-сле́дственная гру́ппа 捜査・取調班 ★ операти́вный は「現場で作業する」のニュアンス。◆ по операти́вным да́нным〔熟〕捜査当局の情報によれば По операти́вным да́нным, похи́щенный нахо́дится в го́рном райо́не. 捜査当局の情報によれば、誘拐された被害者は山岳地帯にいる模様である。

потерпе́вший【男】被害者（потерпе́вшая【女】）очеви́дец【男】目撃者 свиде́тель【男】証人 свиде́тельство【中】証言 доказа́тельство【中】証拠 веще́ственное ～物証 ули́ка【女】証拠 ★犯行を裏付ける状況証拠や、犯行に使用された凶器を指す。а́либи【中】〔不変〕アリバイ

◆ предвари́тельное рассле́дование「公判前取調べ」「刑事事件の提起」から「検察官への обвини́тельное заключе́ние 起訴状送付」までのプロセス（大まかに言えば逮捕後の取調べ）を指す。①比較的重い犯罪について、内務省・検察・保安機関に在籍する сле́дователь「取調官」（「予審官」。ロシアの сле́дователь は裁判所所属でないから「予審判事」は不適切）が行う предвари́тельное сле́дствие「予審」と ②軽微な犯罪について дознава́тель「捜査官」が担当する дозна́ние「捜査」がある。

◆ подозрева́емый【男】「容疑者」〔被疑者〕と обвиня́емый【男】「被疑者」〔被告〕★「公判前取調べ」から предъяви́ть обвине́ние「公訴提起」（→ 5-15）が決定するまでは подозрева́емый、決定後は обвиня́емый と呼ぶ。※「公判前取調べ」を捜査の１つと見る説と、公判手続の１つとする説が併存する。〔　〕は後者説によるもの。

◆ ме́ра пресече́ния「身柄保全処分」（УПК гл.13）★「公判前取調べ」を逃れたり、刑事事件の真相解明を妨害したり、犯罪行為を継続する恐れのある場合に取られる処分。ロシアの刑訴法では заключе́ние под стра́жу「勾留」（その状態に置かれることは содержа́ние под стра́жей（под＋ 造格！）УПК ст. 108, 109）の他、подпи́ска о невы́езде「現在地を離れない旨の誓約」、ли́чное поручи́тельство「身柄委託」、зало́г「保証金」〔保釈金〕、дома́шний аре́ст「自宅拘禁」（подпи́ска о невы́езде よりも外出が制限され、面会や通信物の受発信、電話なども禁止）など複数の身柄保全処分が規定されている。

Задержан подозреваемый в изнасиловании и убийстве школьника

Задержан подозреваемый в жестоком убийстве школьника в Санкт-Петербурге. «Сотрудники уголовного розыска установили, что преступление совершил неработающий гражданин Узбекистана. По запросу российских правоохранительных органов он задержан по месту проживания. Сейчас решается вопрос о его экстрадиции в Россию», — сказал источник. Тело учащегося 6-го класса с черепно-мозговой травмой, ножевыми ранениями и следами насильственных действий сексуального характера обнаружили 19 августа. Прокуратура возбудила уголовное дело по статье 105 часть 2 пункт «к» УК. Эта статья предусматривает наказание от восьми до 20 лет лишения свободы, либо пожизненное заключение.

(http://www.vesti.ru/doc.html?id=142278)

語彙　задержать〔完〕拘束する　изнасилование【中】性的暴行　убийство【中】殺人　жестокий【形】残忍な　установить〔完〕断定する　запрос【男】照会　место проживания【中】居住地　экстрадиция【女】身柄引渡し　черепно-мозговая травма【女】頭部のケガ〔頭蓋骨骨折〕　ножевое ранение【中】刃物での切り傷　след〔-á〕【男】跡　насильственные действия сексуального характера「暴力による性的行為の強要」　обнаружить〔完〕発見する　наказание【中】刑罰　лишение свободы【中】自由剥奪　пожизненное заключение【中】終身刑

訳例　　男子児童暴行殺害事件で容疑者拘束

　サンクト・ペテルブルグで起きた残忍な児童殺害事件で、容疑者が身柄を拘束された。当局筋は、「刑事部〔の捜査員〕は、無職のウズベキスタン人による犯行と断定した。ロシアの治安機関の照会により、容疑者は居所で拘束され、現在、ロシアへの被疑者の身柄引渡しについて協議されている」と明らかにした。殺害された6年生の男子児童の遺体は、8月19日に発見されたが、頭蓋骨骨折の他に刃物による切り傷が多数あり、性的虐待を受けた痕跡も残されていた。検察は、刑法105条2項K号の罪で刑事事件として捜査を開始していた。この罪が定める量刑は、8年以上20年以下の自由剥奪または終身刑となっている。

（2007年10月11日報道）

重要語句

убийство【中】殺人　заказно́е уби́йство 嘱託殺人・暗殺　се́рия уби́йств 連続殺人事件　соверши́ть уби́йство 殺人を犯す　**Де́ло об уби́йстве** журнали́стки раскры́то. 女性記者**殺害事件**の全容が明らかになった。★ **де́ло раскры́то** は「**事件の構図**〔全容〕**が明らかになった**」の意味。犯人の指名手配や逮捕時のニュースに頻出。〔動詞形〕**убива́ть**〔不完〕**уби́ть**〔完〕《対》～**を殺害する**　уби́тый/уби́тая 殺害された人（= же́ртва）**уби́йца**【男・女】〔変化は【女】〕殺人犯　Операти́вно-сле́дственная гру́ппа **установи́ла уби́йцу.** 捜査班は**殺人犯を特定した。**〔関連〕**ки́ллер**【男】（英 killer から）殺し屋（заказно́е уби́йство を請け負う者を指す）**манья́к**【男】変質者

изнаси́лование【中】強姦、暴行〔動詞形〕**наси́ловать/изнаси́ловать**《対》～**に暴行する**　★ロシア刑法上は изнаси́лование の被害者は女性だけ。同性間の性的暴行は наси́льственные де́йствия сексуа́льного хара́ктера「暴力による性的行為の強要」の別条項で規定。しかし、報道では区別なく изнаси́лование を使っている。〔関連〕**сексуа́льное домога́тельство**（хара́смент）セクシャルハラスメント

задержа́ние【中】拘束、逮捕〔動詞形〕**заде́рживать**〔不完〕**задержа́ть**〔完〕《対》～**を拘束・逮捕する**　**Заде́ржаны** исполни́тели преступле́ния. 事件の実行犯が**逮捕**〔拘束〕**された。**〔同義〕**аре́ст**【男】**逮捕**　о́рдер на аре́ст 逮捕状、手配書〔動詞形〕**аресто́вывать**〔不完〕**арестова́ть**〔完〕《対》～**を逮捕する**　**Аресто́вано** 5 челове́к **по подозре́нию** в подгото́вке кру́пного теракта. 大規模なテロを準備していた**疑いで**5人が**逮捕された。**★刑事実務での задержа́ние/аре́ст の差については → **StepUp**〔関連〕**изоля́тор вре́менного содержа́ния**【男】（警察署の）**留置場**（身柄拘束後 48 時間〔最長 72 時間〕まで収容）

лови́ть〔完〕**捕まえる**　лови́ть престу́пника с по́мощью ка́мер наблюде́ния（слеже́ния）犯人検挙に監視カメラを利用する〔類義〕**пойма́ть**〔完〕**捕らえる**　**По́йман вино́вник** ДТП, в кото́ром поги́бли 4 челове́ка. 4 人の死者を出した交通事故の**容疑者が捕まった。**

◆ **ме́сто происше́ствия**「**事件現場**」осмо́тр ме́ста происше́ствия 実況見分

◆ **«по горя́чим следа́м»**「**事件発生直後に**」Благодаря́ своевре́менным де́йствиям сотру́дников слу́жбы «02» ежесу́точно раскрыва́ется от 3 до 5 преступле́ний **«по горя́чим следа́м».** 02 番担当職員の迅速な対応のおかげで、毎日 3 ～ 5 件の事件が**発生直後に**犯人検挙に至っている。※ 02 は日本の 110 番にあたる。

◆ **«с поли́чным»**「**現行犯で**」（= на ме́сте преступле́ния〔происше́ствия〕）Престу́пник **с поли́чным** был заде́ржан поли́цией. 犯人は警察に**現行犯で**逮捕された。

Иностра́нный студе́нт пострада́л из-за де́вушки

В Воро́неже избит студе́нт из Йе́мена. Пострада́вший нахо́дится в больни́це в тяжёлом состоя́нии. О́коло 5 часо́в утра́ гру́ппа иностра́нных студе́нтов из 7 челове́к отдыха́ла в ночно́м клу́бе. Ме́жду двумя́ иностра́нцами и ме́стными посети́телями произошёл конфли́кт из-за де́вушки. Охра́нникам удало́сь его́ ула́дить и отпра́вить иностра́нцев — граждани́на Йе́мена и палести́нца — домо́й. Одна́ко по доро́ге они́ реши́ли купи́ть ещё спиртно́го. В э́тот моме́нт у торго́вого павильо́на, к кото́рому подошли́ иностра́нцы, останови́лись две маши́ны, из кото́рых вы́шли о́коло 9 челове́к, вооружённые деревя́нными пру́тьями. Они́ оттолкну́ли в сто́рону палести́нца и изби́ли йе́менца, по́сле чего́ се́ли в маши́ну и уе́хали. Пострада́вший — студе́нт 2 ку́рса госунивесите́та, напра́влен в областну́ю больни́цу в тяжёлом состоя́нии, второ́й иностра́нец не пострада́л. Прокурату́ра возбуди́ла уголо́вные дела́ по статье́ «нанесе́ние тя́жких теле́сных поврежде́ний».

(http://www.vesti.ru/doc.html?id=93699)

語　彙　изби́ть［完］殴打する　в тяжёлом состоя́нии［熟］重傷を負って　ме́стный【形】地元の　посети́тель【男】店の客　охра́нник【男】警備員　ула́дить конфли́кт［完］騒ぎを静める　спиртно́е【中】酒類　павильо́н【男】商店〔客が店内に入れる平屋建て店舗〕　оттолкну́ть в сто́рону［完］押しのける　прут〔複 пру́тья〕【男】棒　нанесе́ние【中】加害　теле́сное поврежде́ние【中】身体への怪我、「傷害」

訳　例　　　　**外国人留学生が暴行される、女性問題が原因**

　ボロネジでイエメン人留学生が殴られる事件があった。被害者は病院に入院しているが重傷だ。朝5時頃、外国人留学生7人のグループが、客としてナイトクラブに来ていたところ、うち2人と地元の客らが女性を巡り口論となった。店の警備員が一旦騒ぎを収め、イエメン人とパレスチナ人の留学生は帰宅した。しかし、途中で2人が酒を買おうと道路脇の商店に立ち寄ったところ、木の棒で武装した9人ほどの男が車2台に分乗して近づき、パレスチナ人留学生を突き倒してイエメン人にも暴行を加え、車で逃走した。被害者の国立大学2年生は、重傷を負い州立病院に運ばれた。もう1人の外国人留学生にはケガはなかった。検察は重傷害罪で捜査を開始した。

（2007年3月11日報道）

重要語句

инциде́нт【男】**事件 Инциде́нт** произошёл о́коло 17.00. **事件は**午後 5 時頃発生した。

прича́стный《к + 与》【形】**関与している** Все **прича́стные к преступле́нию** бу́дут на́йдены. 犯行に関わった者は全員見つかるだろう。〔名詞形〕**прича́стность**《к + 与》【女】**～への関与** Они́ категори́чески отве́ргли свою́ **прича́стность к инциде́нту**. 彼らは**事件への関わり**を強く否定した。

ударя́ть〔不完〕**уда́рить**〔完〕**殴る ～** потерпе́вшую кулако́м 被害女性を素手で殴る **уда́р**【男】**殴打、暴行 Уда́ры наноси́ли** бейсбо́льными би́тами и ножо́м. 野球バットやナイフで**暴行が加えられた**。〔同義〕**избива́ть**〔不完〕**изби́ть**〔完〕**殴る、暴行を加える** С де́сяток молоды́х люде́й **зве́рски избива́ли** прохо́жего. 10 人ほどの若者が、通りがかった人に**殴る蹴るの暴行を加えた**。〔名詞形〕**избие́ние**【中】**暴行** группово́е избие́ние 集団暴行 ★法律上「傷害」は **причине́ние вреда́ здоро́вью**「健康への危害」という。

ра́нить〔不完・完〕**ケガを負わせる** В це́нтре го́рода **тяжело́ ра́нили** двух челове́к. 市内中心部で 2 人が**重傷を負う事件があった**。**ране́ние**【中】**ケガ、負傷** получи́ть ране́ние ケガを負う нанести́ ране́ние《与》～にケガを負わせる

хулига́н【男】**暴行犯、フーリガン** ★集団で暴力行為をはたらく者を指し、サッカーの試合に乗じて暴れる者に限定されない。 **хулига́нство**【中】**暴力行為** Пока́ не изве́стно, была́ ли се́рия нападе́ний осно́вана на по́чве национа́льной неприя́зни и́ли э́то обыкнове́нное **хулига́нство**. 一連の襲撃事件が民族主義的偏見を背景としたものか、単なる**暴力行為**かは明らかではない。〔関連〕**экстреми́стская группиро́вка**【女】**過激集団 фана́т**【男】**熱狂的ファン** футбо́льные фана́ты サッカーの熱狂的なファン **скинхе́д**【男】**スキンヘッド**（= скин）**ксенофо́бия**【女】**排外主義、外国人嫌い**

скры́ться〔完〕**逃走する** Престу́пники застрели́ли милиционе́ра и **скры́лись**. 犯人らは警察官 1 人に向かって発砲し**逃走した**。〔同義〕◆**(и) след просты́л**《生》〔熟〕〔口語〕**～が姿を消した〔逃走した〕** К прие́зду поли́цейских напада́вших **и след просты́л**. 警察官が到着する前に襲撃犯は**姿をくらました**。

ли́чность【女】**身元 Ли́чность** тре́тьей же́ртвы пока́ не устано́влена. 3 人目の犠牲者の**身元は**まだ判明していない。

◆ **по подозре́нию**《в+ 前》**～の疑いで По подозре́нию в** соверше́нии уби́йства был заде́ржан 38-ле́тний бизнесме́н. 殺人の疑いで 38 歳の会社経営者が逮捕された。

Бунт в коло́нии: дво́е поги́бших

Число́ пострада́вших в результа́те волне́ний в воспита́тельной коло́нии соста́вило 13 челове́к. От полу́ченных ране́ний сконча́лся операти́вный дежу́рный коло́нии. Он был доста́влен в реанима́цию, но врача́м не удало́сь спасти́ его́ жизнь. Волне́ния в воспита́тельной коло́нии начали́сь во вто́рник в 22:15 по ме́стному вре́мени, когда́ гру́ппа воспи́танников коло́нии поки́нула помеще́ния свои́х отря́дов. В це́лях пресече́ния противопра́вных де́йствий часовы́ми посто́в бы́ло применено́ огнестре́льное ору́жие на предупрежде́ние. Оди́н воспи́танник получи́л смерте́льное ране́ние. В настоя́щее вре́мя ситуа́ция в исправи́тельном учрежде́нии взята́ под контро́ль. На ме́сто ЧП вы́ехало руково́дство ГУ ФСИН и прокуро́р о́бласти, ведётся прове́рка.

(http://www.vesti.ru/doc.html?id=143111)

語 彙 бунт【男】暴動 пострада́вший【男】死傷者 волне́ния〔複〕暴動 воспита́тельная коло́ния【女】教育矯正収容施設（少年刑務所相当（→ p.189）） сконча́ться〔完〕亡くなる дежу́рный【男】当直 доста́вить〔完〕運ぶ реанима́ция【女】集中治療室 помеще́ние【中】収容棟 отря́д【男】班 в це́лях《生》〔熟〕～の目的で пресече́ние【中】阻止 противопра́вный【形】法に反する часово́й【男】歩哨 пост【男】監視所 предупрежде́ние【中】警告 смерте́льное ране́ние【中】致命傷 исправи́тельное учрежде́ние【中】矯正施設 взять под контро́ль〔熟〕掌握する ЧП［чэ-пэ́］（= чрезвыча́йное положе́ние）非常事態 ГУ = гла́вное управле́ние 総局 ФСИН = Федера́льная слу́жба исполне́ния наказа́ний 連邦刑罰執行庁 прове́рка【女】調査

訳 例 　　　　　　　　矯正施設で暴動、2人死亡

　教育矯正収容施設で発生した暴動で、死傷者数は13人に達した。現場の当直職員1人が大ケガを負い集中治療室に運ばれたが、医師団の治療の甲斐なく死亡した。矯正施設での暴動は、現地時間火曜日22時15分に発生し、収容者の一部が所属する班の居住棟から脱走した。これ〔違法行為〕を阻止するため、監視所の歩哨が警告のために発砲したところ、弾が収容者の少年にあたり、少年は死亡した（＝致命傷を負った）。現在、矯正施設内は平静を取り戻している。暴動（＝非常事態）の発生現場には、調査のためすでに刑執行庁総局幹部と州の検察官が向かった。

（2007年10月17日報道）

重要語句

вандали́зм 【男】 暴力・破壊行為 ★具体的な行為 разбива́ть / разби́ть о́кна 〔витри́ны〕窓ガラス〔ショーウインドー〕を割る поджига́ть / подже́чь 放火する гра́бить/разгра́бить магази́ны 店を略奪する перевора́чивать/переверну́ть му́сорные ба́ки ゴミ箱をひっくり返す

волне́ния 【複】 暴動 студе́нческие волне́ния 学生暴動〔類語〕**беспоря́дки**〔複〕 騒動、混乱 **Беспоря́дки** ути́хли. 騒ぎは沈静化した。 В столи́це вновь **вспы́хнули беспоря́дки**. 首都では再び**混乱が発生した**。**столкнове́ние**【中】衝突 **В хо́де столкнове́ний** пострада́ло бо́лее сорока́ челове́к. 衝突の際 40 人以上が負傷した。

бунт 【男】暴動 «Кримина́льные авторите́ты» **спровоци́ровали бунт** и дестабилизи́ровали обстано́вку в исправи́тельных коло́ниях. 複数の犯罪組織のリーダー格が**暴動を扇動し**、刑務所〔矯正施設〕内を混乱させた。**бунтовщи́к**【男】 暴動参加者

погро́м 【男】 集団破壊行為 ★襲撃・略奪・虐殺を含む。**Погро́мы** начали́сь с дра́ки. けんかが発端となり**大規模な暴動**に発展した。〔動詞形〕**громи́ть**〔不完〕 **разгроми́ть**〔完〕《対》〜を襲撃・略奪する О́коло 50 челове́к в ма́сках **громи́ли** торго́вые ряды́ на ры́нке. 覆面をした 50 人ほどが市場の売り場を**襲撃した**。

◆ **буты́лка с зажига́тельной сме́сью**【女】 火炎瓶 Они́ заброса́ли мили́цию камня́ми и **буты́лками с зажига́тельной сме́сью**. 彼らは警察に石や**火炎瓶**を投げつけた。〔同義〕**кокте́йль Мо́лотова**【男】「モロトフ・カクテル」★ソ連外相モロトフの名から。

водомёт 【男】 放水銃 слезоточи́вый газ 【男】 催涙ガス Поли́ция Эсто́нии попыта́лась разогна́ть демонстра́нтов **водомётами и слезоточи́вым га́зом**. エストニアの警察当局は、**放水銃や催涙ガスを使って**デモ参加者を解散させようとした。

поря́док 【男】秩序 навести́ поря́док 秩序をもたらす ◆ **стра́жи поря́дка**〔複で〕 「秩序の番人」＝警察 **Стра́жи поря́дка** задержа́ли уча́стников погро́мов. 警察が暴動参加者を拘束した。

◆ коменда́нтский час 「外出禁止令」ввести́/отмени́ть 〜外出禁止令を出す／解除する По́сле кру́пных беспоря́дков в столи́це **был введён коменда́нтский час**. 大規模な暴動が発生したため、首都に**外出禁止令が出された**。〔類義〕◆ вое́нное положе́ние 「戒厳令」В декабре́ 1981 в По́льше **бы́ло введено́ вое́нное положе́ние**. 81 年 12 月ポーランドに**戒厳令が敷かれた**。◆ чрезвыча́йное положе́ние (ЧП [чэ-пэ́]) 「非常事態」

◆ взять ситуа́цию под контро́ль 「事態を掌握する」 Ситуа́ция была́ оконча́тельно **взята́** властя́ми под контро́ль. ようやく当局が**事態を掌握**した。

В Москве́ освобождён бизнесме́н, похи́щенный банди́тами с це́лью вы́купа
В результа́те спѐцопера́ции освобождён предпринима́тель, за кото́рого похи́тившие его́ престу́пники тре́бовали 100 тыс. до́лларов США. Накану́не в 9 часо́в утра́ в отде́л по борьбе́ с организо́ванной престу́пностью УВД За́падного администрати́вного о́круга Москвы́ обрати́лся генера́льный дире́ктор одно́й из фирм. Он сообщи́л, что три дня наза́д неизве́стными был похи́щен учреди́тель э́той комме́рческой структу́ры. 23 сентября́ в 17:00 в хо́де совме́стной опера́ции сотру́дниками це́нтра «Т» (по борьбе́ с террори́змом) Гла́вного управле́ния МВД Росси́и по ЦФО и операти́вниками УВД За́падного о́круга похи́щенный бизнесме́н был освобождён, а его́ похити́тели заде́ржаны. Похити́телями оказа́лись тро́е нерабо́тающих. Дво́е прожива́ют в Москве́, а оди́н — в Подо́льском райо́не Подмоско́вья. Заде́ржанные проверя́ются на прича́стность к организо́ванной престу́пности.

(http://www.vesti.ru/doc.html?id=85820)

語　彙 похи́тить［完］誘拐する банди́т【男】犯罪集団の一員 вы́куп【男】身代金 спѐцопера́ция【女】特殊作戦 УВД［у-вэ-дэ́］= Управле́ние вну́тренних дел【中】内務局（警察署相当）учреди́тель【男】創業者 комме́рческая структу́ра【女】会社 совме́стный【形】合同の ЦФО = Центра́льный федера́льный о́круг 中央連邦管区 похити́тель【男】誘拐犯 проверя́ться на прича́стность《к ＋与》［不完］～への関与が調査される

訳　例　　　　　**身代金目的で誘拐された実業家が解放される**
　特殊作戦の結果、誘拐されていた会社経営者が解放された。犯人側は身代金10万米ドルを要求していた。昨日午前9時、モスクワ市西行政区内務局の組織犯罪対策課に、ある会社の社長から「3日前に会社の創業者が何者かによって誘拐された」と届け出があった。ロシア内務省中央連邦管区総局T（テロ対策）センターと西行政区内務局［の捜査員］が合同で作戦を展開していたところ、9月23日17時に実業家は解放され、犯人は逮捕された。誘拐の実行犯は、2人がモスクワ市内、別の1人はモスクワ郊外ポドリスク地区に住む無職の3人と判明した。組織犯罪への関与について、逮捕された3人の調べが続いている。
　（2006年9月24日報道）

重要語句

похище́ние【中】略取誘拐 **похища́ть**［不完］**похи́тить**《対》［完］〜を誘拐する

◆ **увезти́ в неизве́стном направле́нии**［完]「どこかへ連れ去る」Террори́сты захвати́ли предпринима́теля и **увезли́ его́ в неизве́стном направле́нии**. テロリストらは会社経営者を捕らえ、**どこかへ連れ去った**。★ в +《前》に注意（в +《対》ではない！）

похити́тель【男】誘拐犯 Пока́ никаки́х тре́бований о вы́купе **похити́тели** не вы́двинули. 今のところ**誘拐犯**からは身代金の要求は一切出されていない。

похи́щенный【男】(**похи́щенная**【女】) 誘拐された人 Операти́вно-сле́дственная гру́ппа установи́ла местонахожде́ние **похи́щенной** и освободи́ла её. 捜査班は、**誘拐された女性**の居場所を特定し、女性を解放した。

зало́жник【男】人質 Францу́зская журнали́стка **была́ взята́ в зало́жники**. フランス人女性記者が**捕まり人質となった**。★ в +《複数主格と同形の対格》は身分・状態を表す（例：кандида́т в президе́нты）

◆ **заяви́ть о свое́й отве́тственности**《за+ 対》［完]「〜犯行声明を出す」(= взять на себя́ отве́тственность) Ни одна́ группиро́вка **не заяви́ла о свое́й отве́тственности за похище́ние**. 誘拐事件の犯行を認める声明を出したグループはない。

вы́куп【男】身代金 заплати́ть соли́дный **вы́куп** 高額の身代金を支払う освободи́ть《対》без［упла́ты] **вы́купа** 身代金の支払いなく〜を解放する Похити́тели, узна́в от же́нщины координа́ты её ро́дственников, связа́лись с ни́ми и **потре́бовали вы́куп**. 犯人は、女性から親族の住所や電話番号を聞き出して、**身代金を要求**する連絡をしていた。

отпуска́ть［不完］**отпусти́ть**［完］《対》〜を解放する Де́вочка **была́ отпу́щена** похити́телями в ночь с 25 на 26 а́вгуста. 女児は 8 月 26 日未明に**解放された**。〔同義〕**освобожда́ть**［不完］**освободи́ть**［完］《対》〜を解放する〔名詞形〕**освобожде́ние**【中】解放 За его́ **освобожде́ние** похити́тели потре́бовали 100 тыс. до́лларов США. 犯人側は、彼の**解放**に 10 万米ドルを要求した。

це́лый【形】無事な〔同義〕**невреди́мый**【形】ケガをしていない Хотя́ фами́лия похи́щенной же́нщины не сообща́ется, даётся информа́ция, что сего́дня она́ **це́лой и невреди́мой** верну́лась на ро́дину. 誘拐されていた女性の名前は明らかにされていないが、女性は**無事でケガもなく**、今日帰国したとのことである。★ це́лой/невреди́мой は様態を表す造格。cf. Он верну́лся домо́й **уста́лым**. 彼は**疲れて**家に帰った。

В Москве́ из двух о́фисов укра́ли 3 миллио́на рубле́й

На ю́ге Москвы́ неизве́стные похи́тили бо́лее 3 миллио́нов рубле́й из о́фисных помеще́ний двух комме́рческих компа́ний. В дежу́рную часть обрати́лся дире́ктор кру́пной элѐктротехни́ческой компа́нии, кото́рый сообщи́л, что накану́не у́тром дво́е неизве́стных по пожа́рной ле́стнице че́рез окно́ прони́кли в о́фис, располо́женный на пя́том этаже́ зда́ния, вскры́ли сейф и соверши́ли кра́жу 50 ты́сяч рубле́й. По́сле э́того злоумы́шленники прони́кли че́рез кры́шу сосе́днего зда́ния, разби́в окно́ на четвёртом этаже́, в о́фис друго́й фи́рмы, взлома́ли сейф и похи́тили 3 миллио́на 180 ты́сяч рубле́й.

(http://www.vesti.ru/doc.html?id=142460)

語　彙　о́фис【男】事務所 укра́сть［完］盗む похи́тить［完］盗む о́фисный【形】事務所の помеще́ние【中】場所 комме́рческая компа́ния【女】民間会社 обрати́ться в дежу́рную часть［熟］警察に通報する элѐктротехни́ческий【形】電気技術の пожа́рная ле́стница【女】非常階段 прони́кнуть［完］忍び込む расположи́ть［完］～にある вскры́ть［完］こじ開ける сейф【男】金庫 кра́жа【女】盗み злоумы́шленник【男】犯人 разби́ть［完］割る взлома́ть［完］こじ開ける

訳　例　　**モスクワ市内で連続事務所荒し、300万ルーブル盗まれる**

　モスクワ市南部の2つの会社の事務所から、何者かが300万ルーブル以上の現金を盗む事件があった。昨日の朝、大手電気機器会社社長から、「建物の5階にある事務所に、身元不詳の2人が非常階段から窓を破って侵入し、こじ開けられた金庫から5万ルーブルが盗まれた」と警察に通報があった。犯行後、犯人は屋根伝いに隣の建物にも忍び込み、4階の窓を割って別の会社の事務所に侵入、金庫を壊し318万ルーブルを奪った。

（2007年10月12日報道）

重要語句

воровáть［不完］**своровáть**［完］《対》〜を盗む В Росси́и **ворова́ли, вору́ют и бу́дут ворова́ть**. ロシアは**万年泥棒天国**。★半ば諺的に頻出する表現。〔名詞形〕
воровство́【中】盗み Да́чный сезо́н зако́нчен — начина́ется **сезо́н воровства́** на да́чных уча́стках. ダーチャシーズンが終了すると、ダーチャのある地区では**泥棒シーズン**が始まる。

вор【男】泥棒（人）вор-карма́нник スリ ◆ **вор-барсе́точник**（または вор-борсе́точник）★ барсе́тка/борсе́тка「ポーチバッグ」をねらう犯罪者。状況によって「ひったくり犯」とも「車上ねらい」とも訳せる。Как то́лько **барсе́точник** разби́л стекло́ и схвати́л из сало́на портфе́ль, полице́йские его́ задержа́ли. **犯人は**ガラスを割って車内からカバンを盗み出したところを警察官に逮捕された。

красть［不完］**укра́сть**［完］**盗む** При нападе́нии на води́теля изве́стного певца́ бы́ли **укра́дены** материа́лы для но́вого альбо́ма. 有名歌手の運転手が襲われた際に、新しいアルバムの素材が**盗まれた**。〔名詞形〕**кра́жа**【女】**盗み Карма́нные кра́жи** соверша́ются в часы́ пик во вре́мя поса́дки и вы́садки из ваго́нов. **ス リの犯行は**列車からの乗降時をねらいラッシュ時間帯に行われる。В пери́од ле́тних отпуско́в в го́роде активизи́руются **кварти́рные кра́жи**. 都市部では夏の休暇期間中に**空き巣**被害が増加する。

гра́бить［不完］**огра́бить**［完］**強奪する、盗む** На желе́зной доро́ге **гра́бят** преиму́щественно в ночно́е вре́мя. 鉄道で**窃盗事件が発生する**のは夜間に集中している。

граби́тель【男】**強奪犯** С ме́ста преступле́ния **граби́тели** скры́лись на поджида́вшей их автомаши́не. **強奪犯**は待っていた車に乗り込んで現場から逃走した。

ограбле́ние【中】**強奪事件** ограбле́ние ба́нка 銀行襲撃〔強盗〕事件

разбо́й【男】〔暴力を伴う〕**強盗 разбо́йный**【形】〜の В связи́ с де́лом о **разбо́йном нападе́нии** на инкасса́торскую маши́ну был заде́ржан сотру́дник филиа́ла ба́нка. 現金輸送車**襲撃事件**に関連して銀行支店の行員が逮捕された。

вымога́тельство【中】**恐喝 вымога́тель**【男】**恐喝犯**

「盗み」の意味での «похище́ние»

法律用語では похище́ние は人間を対象とする場合に限られ（「略取誘拐」）、財物の場合は хище́ние「窃取」（窃盗・詐取・強盗など他人の財物を奪う行為の総称）を用いる。しかし、報道では財物についても похище́ние を使うことが多い。Из ча́стной колле́кции бы́ло **совершено́ похище́ние** карти́н изве́стного худо́жника. 個人コレクションから有名画家の絵が**盗まれた**。

Пенсионе́рка лиши́лась 400 ты́сяч рубле́й

«"Телефо́нные моше́нники" вы́манили у пенсионе́рки из го́рода Бердск Новосиби́рской о́бласти реко́рдную для э́того ви́да преступле́ний су́мму — 400 ты́сяч рубле́й», — сообщи́л сотру́дник пре́сс-слу́жбы областно́го ГУВД. Днём в четве́рг 69-ле́тней жи́тельнице Бе́рдска позвони́л неизве́стный и, сымити́ровав го́лос сы́на, сообщи́л, что сбил на маши́не челове́ка. Молодо́й челове́к сказа́л, что, «чтобы его́ не посади́ли», необходи́мо 150 ты́сяч рубле́й. Де́ньги ну́жно бы́ло переда́ть курье́ру, кото́рый ждал же́нщину в це́нтре Новосиби́рска. Же́нщина взяла́ с собо́й все нали́чные де́ньги, име́ющиеся в до́ме, и отдала́ их неизве́стному мужчи́не в усло́вленном ме́сте. Лишь че́рез не́которое вре́мя она́ догада́лась позвони́ть сы́ну и узна́ла, что ста́ла же́ртвой моше́нников. По да́нному фа́кту прово́дится тща́тельная прове́рка, ведётся ро́зыск престу́пников.

(http://www.vesti.ru/doc.html?id=144652)

語　彙　лиши́ться［完］失う　моше́нник【男】詐欺師　вы́манить《у ＋生》《対》［完］～から…をだまし取る　реко́рдный【形】記録的な　сымити́ровать［完］まねる　сбить《対》［完］～をはねる　посади́ть［完］〔俗〕（刑）務所にぶち込む　курье́р【男】配達人　име́ться［不完］存在する、ある　усло́вленный【形】指定された　догада́ться ＋不定形［完］～すべきことに気づく

訳　例　　　**年金生活者の女性が 40 万ルーブルをだまし取られる**

　いわゆる「電話詐欺」グループが、ノボシビルスク州ベルドスクに住む年金生活者の女性から40万ルーブルをだまし取る事件が起きた。州内務総局の報道官は、この種の犯罪としては過去最高の被害額と述べている。木曜日の昼間、ベルドスクに住む69歳の女性に、息子を装った（＝声色をまねた）若い男から「車で人をはねてしまった。刑務所に送られないためには15万ルーブルが必要だ」という内容の電話がかかってきた。ノボシビルスク中心部で待つ配達人に金を渡すよう指示された女性は、自宅に置いてあった現金をすべて持ち出し、指定場所で面識のない男に手渡した。数時間後、不審に思った女性が息子に電話をかけ、詐欺被害に遭ったことがわかった。現在、この事件の詳しい調べが進められており、警察は犯人の行方を追っている。

（2007年10月26日報道）

обма́н【男】**詐欺、欺すこと** обма́нщик【男】**詐欺師** обма́нывать〔不完〕
обману́ть〔完〕**欺す** По оце́нкам экспе́ртов, число́ **обма́нутых вкла́дчиков**
составля́ет о́коло 10 миллио́нов. 専門家の見方では、**欺されて出資した人**は 1000
万人に上る。◆ **обма́нутый до́льщик（соинве́стор）**「**欺された区分所有者**」★共
同住宅の購入費用を支払ったのに、業者の雲隠れや違法転売が原因で部屋の引き渡しを受
けられない人のこと。〔類義〕**выма́нивать**〔不完〕**вы́манить**〔完〕《y ＋生》《対》
〜から…を**だまし取る**

моше́нничество【中】**詐欺**（＝ махина́ция）страхово́е моше́нничество 保険金
詐欺 Интерне́т-моше́нничество ネット詐欺 соверша́ть моше́нничество с земе́льными
уча́стками 土地に絡む詐欺をはたらく ◆ **телефо́нное моше́нничество**「**電話詐
欺**」★いわゆる「振り込め詐欺」と同様の手口の詐欺（ただし、ロシアでは銀行口座に振
り込ませるのではなく、現金で受け渡す事例が多い）

моше́нник【男】**詐欺師** Ки́бер-моше́нники サイバー詐欺師 Заде́ржан **моше́нник**,
кото́рый дёшево продава́л че́рез Интерне́т несуществу́ющую те́хнику. ネッ
ト上で電気製品を安く販売すると装い、金を**だまし取っていた男**が逮捕された。
моше́ннический【形】**詐欺の** Он **моше́нническим путём присво́ил** земе́льные
уча́стки о́бщей пло́щадью 35 миллио́нов квадра́тных ме́тров. 彼は総面積 350
万平米の土地を**詐取した**。

афе́ра〔口語では афёра も〕【女】**詐欺** бра́чная афёра **結婚詐欺** афери́ст【男】
афери́стка【女】**詐欺師** Афери́сты моше́нническим путём забира́ли де́ньги.
詐欺師らは巧妙な仕方で金をだまし取っていた。〔類義〕**лохотро́н**【男】〔俗〕**詐欺**
лохотро́нный【形】**〜の** **лохотро́нщик**【男】**〜師**〔関連〕**фи́шинг**【男】フィッ
シング詐欺

лову́шка【女】罠 попа́сть в лову́шку 罠にかかる

недобросо́вестный【形】**悪質な** недобросо́вестная компа́ния 悪徳業者
дове́рчивый【形】**欺されやすい、嘘を信じた** Слу́чаев, когда́ лжестрои́тельные
фи́рмы бессле́дно исчеза́ют вме́сте с деньга́ми **дове́рчивых гра́ждан**,
предоста́точно. 偽建設業者が**欺された人々**から手にした金と共に跡形もなく消える事
例は跡を絶たない。
◆ **фина́нсовая пирами́да**「**ネズミ講**」Де́йствовавшее в нача́ле 1990-х годо́в
МММ ста́ло крупне́йшей «**фина́нсовой пирами́дой**» в исто́рии Росси́и. 90
年初めの МММ 事件はロシア史上最大の**ネズミ講事件**となった。★一説では 1000 万人
が関わったとされる

В Петербу́рге изъя́то бо́лее 100 ты́сяч пира́тских DVD

«В Петербу́рге сотру́дники ОБЭП обнару́жили склад с кру́пной па́ртией контрафа́ктных ди́сков с фи́льмами»,— сообща́ет прѐсс-слу́жба ГУВД Петербу́рга и Ленингра́дской о́бласти. В хо́де осмо́тра помеще́ний бы́ло изъя́то свы́ше 103 ты́сяч DVD-ди́сков. Кро́ме ди́сков, изъя́то и 13 ты́сяч полиграфи́ческих этике́ток к ви́деофи́льмам. В настоя́щий моме́нт сотру́дники ОБЭП устана́вливают, кому́ принадлежи́т па́ртия контрафа́кта, а та́кже ме́сто её произво́дства и кана́лы сбы́та.

(http://www.vesti.ru/doc.html?id=140071)

語　彙　изъя́ть［完］押収する　пира́тский【形】海賊版の　DVD［ди-ви-ди́］ ОБЭП［обэ́п］＝ Отде́л по борьбе́ с экономи́ческими преступле́ниями【男】 経済犯罪対策課　склад【男】 倉庫　кру́пная па́ртия ＋《生》［熟］大量の〜 контрафа́ктный【形】偽造・模造の　полиграфи́ческий【形】印刷の　этике́тка【女】 ラベル、レッテル　принадлежа́ть《与》［不完］〜に帰属する　контрафа́кт【男】偽造品　кана́лы сбы́та〔複で〕販売ルート

訳　例　　　　　**ペテルブルグで 10 万枚の海賊版 DVD 押収**

　ペテルブルグ・レニングラード州内務総局は、「ペテルブルグ市内で、経済犯罪対策課［の捜査員］が海賊版映画ディスクの大量に保管されている倉庫を発見した」と発表した。家宅捜索では、10万3000枚のDVDディスクが押収された。ディスクの他に映画の印刷ラベル1万3000枚も押収された。現在、経済犯罪対策課が、大量の偽造品の所有者と製造場所ならびに販売ルートについて調べを進めている。

（2007年9月26日報道）

　В 2006 г. в Росси́и наибо́льшее коли́чество подде́лок выявля́ется среди́ оде́жды и о́буви, на второ́м ме́сте стоя́т конди́терские изде́лия и проду́кты пита́ния, тре́тье ме́сто занима́ют парфюме́рия и косме́тика, алкого́льная и таба́чная проду́кция. Лишь на четвёрном ме́сте стоя́т наруше́ния прав со́бственности на а́удио, ви́део и програ́ммную проду́кцию. 2006 年にロシアで最も偽造品が多かったのは衣料品・靴で、２番目に菓子・食品、３番目は香水・化粧品および酒・たばこ製品であった。音楽・映像・コンピュータソフトなどの所有権の侵害は第４位である。(http://www.vesti.ru/doc.html?id=118319)

重要語句

подде́лывать〔不完〕подде́лать〔完〕《対》〜を偽造・模造する Престу́пники **подде́лывают всё** — оде́жду, лека́рства, стро̀йматериа́лы, парфюме́рию. 犯罪者は、衣料品や薬、建築資材から香水に至るまであらゆるものを偽造してしまう。〔派生〕**подде́лка【女】偽造、模造 Подде́лка** банкно́т пресле́дуется по зако́ну.「銀行券の**偽造**は法により処罰されます」（紙幣に印刷されている警告文）

подде́льный【形】偽造の Заде́ржана ба́нда, торгова́вшая **подде́льными води́тельскими удостовере́ниями**. 偽造免許証を売買していたグループが検挙された。〔類義〕**нелицензио́нный【形】非正規の、違法な** нелицензио́нное програ́ммное обеспече́ние 違法コピーされたコンピュータソフト〔同義〕**ле́вый【形】**〔俗〕**違法な** «ле́вый» това́р コピー商品

контрафа́кт【男】偽造品、偽物 контрафа́ктный【形】偽造の Контрафа́кт в 5-6 раз деше́вле, чем лицензио́нный диск. 偽物のディスクは本物の 1/5 ないし 1/6 の値段である。〔反義〕**оригина́л【男】本物、オリジナル** Вне́шне **контрафа́кт** почти́ не отлича́ется от **оригина́ла**. 外見上偽物は本物とほとんど区別がつかない。

фальши́вка【女】偽造品 Те, кто торгу́ет **фальши́вками**, получа́ют баснсло́вные при́были. 偽造品を扱う業者は莫大な利益を手にする。**фальши́вый【形】偽物の** Води́тель пыта́лся дать взя́тку инспе́ктору ГИБДД **фальши́вой тысячерублёвой купю́рой**. 運転手は交通警察官に偽の 1000 ルーブル札で賄賂を渡そうとした。

пира́тство【中】①海賊版製造行為 ви́део-пира́тство 映像ソフトの海賊版作成 ②船舶に対する「海賊行為」（УК ст. 277）**пира́тский【形】海賊版の** Операти́вники пресекли́ де́ятельность сра́зу двух **подпо́льных це́хов по изготовле́нию пира́тских ди́сков**. 捜査員は一度に２カ所の**海賊版ディスクの密造工場**を摘発した。**пира́т【男】海賊版製造業者 Пира́ты** не пла́тят ни нало́гов, ни а́вторских гонора́ров. 偽造品製造業者は税金も作者への印税も払わない。

суррога́т【男】「代用品」★主に酒や燃料の偽造品をさす。С пуга́ющей быстрото́й растёт спи́сок жертв **алкого́льного суррога́та**. 驚異的な勢いで密造酒の犠牲者数が増加している。**суррога́тный【形】「代用品の」** Есть не́которые регио́ны, в кото́рых реализу́ется то́лько **нека́чественное суррога́тное то́пливо**. ある地域では、粗悪な密造燃料しか売られていない所もある。cf. **суррога́тная мать「代理母」**★ суррога́т を愛飲〔愛用〕する母親のことではない

Чино́вник торгова́л нарко́тиками че́рез Интерне́т

Аресто́ван руководи́тель одного́ из подразделе́ний Федера́льной слу́жбы по контро́лю за незако́нным оборо́том нарко́тиков (ФСКН) РФ, кото́рый подозрева́ется в сбы́те нарко́тиков в кру́пном разме́ре. В по́ле зре́ния Управле́ния со́бственной безопа́сности ФСКН Росси́и попа́л подполко́вник поли́ции※, организова́вший торго́влю нарко́тиками че́рез Интерне́т. Сде́лки по прода́же запрещённых веще́ств осуществля́ла его́ бли́зкая ро́дственница. При э́том, свои́ де́йствия наркоторго́вцы уме́ло маскирова́ли, испо́льзуя тайники́. По ме́сту жи́тельства его́ соо́бщницы сотру́дники УСБ ФСКН Росси́и обнару́жили и изъя́ли бо́лее 1 килогра́мма геро́ина, электро́нные весы́, ба́нковские ка́рты, 245 ты́сяч рубле́й.

(http://www.vesti.ru/doc.html?id=135314)

語 彙　нарко́тик【男】麻薬 Федера́льная слу́жба по контро́лю за незако́нным оборо́том нарко́тиков（ФСКН）【女】連邦麻薬流通監督庁 сбыт【男】密売 разме́р【男】量 попа́сть в по́ле зре́ния《生》[熟] 〜の監視網に入る（内偵捜査で容疑者として浮かぶ） торго́вля《造》【女】〜の販売 сде́лка【女】取引 прода́жа【女】販売 запрещённый【形】禁止された вещество́【中】物質 осуществля́ть [不完] 実行する ро́дственница【女】身内の女性 наркоторго́вец【男】麻薬売人 уме́ло【副】<уме́лый 巧みに маскирова́ть [不完] 隠す тайни́к【男】隠し場所 соо́бщник【男】共犯者 геро́ин【男】ヘロイン

訳 例　　　　**公務員がインターネットで麻薬売買**

　連邦麻薬流通監督庁（ФСКН）の部隊長が、大量の麻薬の密売に関わっていた疑いで逮捕された。麻薬流通監督庁個人安全局が、同庁所属の中佐がネットを通じた麻薬取引に関わっている事実をつかんで発覚した。実際に麻薬〔禁止薬物〕を販売していたのは中佐の親族の女性で、犯行が発覚しないように2人（＝麻薬密売人）は隠し場所を設けていた。この共犯女性の自宅からは、ヘロイン1kg、電子式秤、複数のキャッシュカードと現金24万5千ルーブルが発見され、麻薬流通監督庁個人安全課が押収した。

（2007年8月21日報道）

※連邦麻薬流通監督庁ФСКНの捜査員も полице́йский と呼ぶ。

重要語句

нарко́тик【男】麻薬（→ StepUp）сла́бый/си́льный ～ソフトドラッグ／ハードドラッグ синтети́ческий нарко́тик 合成麻薬

наркоти́ческий【形】麻薬の За после́дние 10 лет коли́чество россия́н, **употребля́ющих наркоти́ческие вещества**, вы́росло в не́сколько раз и составля́ет о́коло 6 миллио́нов челове́к. この10年で**麻薬を使用する**ロシア人は数倍に増え約600万人に上っている。〔関連〕 на̀рколаборато́рия 麻薬密造工場 на̀р코би́знес 麻薬ビジネス на̀рコди́ллер 麻薬ディーラー на̀ркобаро́н 麻薬組織のボス на̀ркокарте́ль【男】麻薬カルテル

наркома́ния【女】麻薬中毒・乱用 Наркома́ния явля́ется одно́й из наибо́лее о́стрых пробле́м, стоя́щих пе́ред Росси́ей. **麻薬乱用は**ロシアが抱える最も深刻な問題の1つだ。

наркома́н【男】**наркома́нка**【女】麻薬中毒者 Наркома́нка по́сле очередно́й до́зы вы́бросила с шесто́го этажа́ своего́ трёхле́тнего сы́на. **麻薬中毒の女性**が、薬物を使用した後、自分の3歳の息子を6階から投げ落とした。

на̀ркозави́симый【形】麻薬依存の В Росси́и о́коло 4 миллио́нов подро́стков употребля́ют нарко́тики, среди́ э́тих несовершенноле́тних 1 миллио́н — **на̀ркозави́симые**. ロシアでは10代の若者の約400万人が**麻薬を使用**しており、それら未成年者のうち100万人が**麻薬依存状態**である。

конфискова́ть〔完〕**没収・押収する** В результа́те успе́шной опера́ции про́тив на̀ркома́фии **бы́ло конфиско́вано** бо́лее 10 тонн кока́ина. 麻薬組織取り締まりの結果、10トンのコカインの**押収に成功した**。〔同義〕**изъя́ть**〔完〕Заде́ржан мужчи́на, у кото́рого **изъя́та кру́пная па́ртия табле́ток э́кстази** — 1364 шту́ки. 1364錠に上る**大量のエクスタシー錠剤**を隠し持っていた男が逮捕された。

сбыт【男】販売 Он загото́вил марихуа́ну **с це́лью сбы́та**. 彼は乾燥大麻を**販売目的で**栽培していた。**сбы́тчик**【男】売人 Ро́зничные сбы́тчики — э́то ли́ца, кото́рые непосре́дственно сбыва́ют нарко́тики потреби́телям. **密売人**とは、麻薬を客に直接販売する者をいう。

конопля́【女】大麻 О́коло двух гекта́ров **дикорасту́щей конопли́** уничто́жили на̀рكополице́йские. 麻薬警察が約2ヘクタールの**野生の大麻**を処分した。

марихуа́на【女】乾燥大麻〔マリファナ〕

гаши́ш【男】大麻樹脂〔ハシシ〕

анфетами́н【男】アンフェタミン、覚せい剤 Изъя́та кру́пная па́ртия **анфетами́на** высо́кой сте́пени очи́стки. 純度の高い**覚せい剤**が大量に押収された。

При получе́нии взя́тки заде́ржан сотру́дник ГИБДД

Сотру́дник ГИБДД заде́ржан при получе́нии взя́тки в Ни́жнем Но́вгороде. Об э́том ИТАР-ТАСС сообщи́ли в Сле́дственном управле́нии при прокурату́ре Нижегоро́дской о́бласти. Представи́тели ве́домства отказа́лись назва́ть су́мму взя́тки, сосла́вшись на интере́сы сле́дствия. В управле́нии поясни́ли, что заде́ржанный сотру́дник ГИБДД отка́зывался вы́дать ме́стному жи́телю докуме́нты в страхову́ю компа́нию. Уголо́вное де́ло в отноше́нии него́ возбуждено́ по статье́ «покуше́ние на да́чу взя́тки» УК РФ.

(http://www.vesti.ru/doc.html?id=143060)

語　彙　взя́тка【女】賄賂　ГИБДД〔ги-бэ-дэ-дэ́〕= Госуда́рственная инспе́кция безопа́сности доро́жного движе́ния【女】国家道路交通安全監督局〔交通警察〕 Сле́дственное управле́ние при прокурату́ре【中】 検察捜査本部〔正式には Сле́дственное управле́ние Сле́дственного комите́та при прокурату́ре 検察付属捜査委員会捜査本部〕сосла́ться на《対》〔完〕〜を引き合いに出す、〜を理由に挙げる　интере́сы сле́дствия〔複で〕捜査上の理由　вы́дать〔完〕発行する　страхова́я компа́ния【女】保険会社　покуше́ние【中】企て、「〜未遂」да́ча【女】与えること

訳　例　　　　　　　　　　収賄で交通警察官を逮捕

　ニジニー・ノブゴロドで、交通警察官が賄賂を受け取ったところを逮捕された。ニジニー・ノブゴロド検察〔付属捜査委員会の〕捜査本部がイタルタス通信に明らかにした。検察報道官は、賄賂の額については「捜査上明らかにできない」として言及を避けた。同本部によると、逮捕された交通警察官は、地元在住の男性に保険会社に提出するための書類の発行を拒否し続けていた。この男性についても、刑法の「贈賄未遂」の疑いで捜査が進められている。

（2007年10月16日報道）

　«бытова́я корру́пция»「日常的賄賂」一般市民が日常生活で遭遇する不当な金銭要求。特に問題化しているのは、警察官（末端の交通警察官 инспе́ктор ГИБДД （гибэдэдэ́шник/га́йшник の腐敗は著しい）、高等教育機関（入試や単位取得、卒業資格などに関連する事案）、徴兵事務所（兵役逃れ）、医療分野（手術時の医師への賄賂など）である。

重要語句

взя́тка【女】賄賂 получе́ние/да́ча взя́тки 収賄／贈賄 брать взя́тку 賄賂を受け取る **Сре́дний разме́р взя́тки** в тра́нспортной мили́ции в 2007 году́ соста́вил 3500 рубле́й. 交通警察における**賄賂の平均額**は、2007 年は 3500 ルーブルだった。

взя́точник【男】（**взя́точница**【女】）賄賂を要求する者、収賄側 **Взя́точники** обеща́ли прекрати́ть несуществу́ющее уголо́вное де́ло в отноше́нии руководи́телей комме́рческого ба́нка. 収賄側は、商業銀行幹部らに対する架空の刑事事件をでっち上げた上で、「捜査を打ち切りにしてやる」と持ちかけていた。

взя́точничество【中】贈収賄 Уголо́вное пресле́дование явля́ется са́мым зна́чимым инструме́нтом в **борьбе́ со взя́точничеством**. 刑事責任の追及は、贈収賄事件を防ぐ上で最も有効な手段である。

тре́бовать〔不完〕要求する Они́ **тре́бовали 2 миллио́на до́лларов за** предоставле́ние лице́нзии на добы́чу драгоце́нных мета́ллов для одного́ из ме́стных предприя́тий. 彼らは、地元企業に貴金属採掘の許可を与える**見返りとして、200 万ドルを要求**していた。

корру́пция【女】汚職 **Искорене́ние корру́пции** явля́ется одни́м из ва́жных усло́вий социа́льно-экономи́ческого ро́ста. **汚職の根絶**は、社会と経済の成長にとって最も重要な要件の１つである。◆ **администрати́вная корру́пция**「行政汚職」★職務に絡み公務員が収賄側となる事件のこと

коррупцио́нный【形】汚職の、汚職にまつわる В 2006 году́ мили́цией бы́ло вы́явлено почти́ 24 ты́сячи **коррупцио́нных преступле́ний**（на 16 проце́нтов бо́льше, чем го́дом ра́нее）, в том числе́ бо́лее 8600 фа́ктов взя́точничества. 2006 年に警察によって検挙された**汚職に関連した犯罪**は 2 万 4 千件（前年比 16％増）で、内 8600 件は贈収賄事例であった。

коррумпи́рованный【形】腐敗した、汚職にまみれた **коррумпи́рованность**【女】汚職度、腐敗度 В **ре́йтинге коррумпи́рованности** стран, соста́вленном в 2015 г. Transparency International, Украи́на заняла́ 130-е ме́сто из 168-ми стран, а Росси́я — 119-е ме́сто. トランスペアレンシー・インターナショナルが 15 年にまとめた**「腐敗認識指数」**ランキングによると、168 カ国中ウクライナは 130 位、ロシアは 119 位であった。

злоупотребля́ть〔不完〕**злоупотреби́ть**〔完〕《造》～を乱用する ～ вла́стью 権力を乱用する〔名詞形〕**злоупотребле́ние**《造》【中】～の乱用 ～ должностны́ми полномо́чиями 職権乱用〔類義〕**превыше́ние должностны́х полномо́чий**【中】越権行為 **хала́тность**【女】職務怠慢

Взрыв в Тольятти: 8 погибших и 56 раненых

В пассажирском автобусе в Тольятти сработало безоболочное взрывное устройство. В результате взрыва погибли восемь, пострадали 56 человек. В настоящий момент существует несколько версий случившегося. Согласно одной из версий, в пассажирском автобусе был совершён теракт. По второй версии, взрыв случился в результате самопроизвольного взрыва бомбы, перевозимой одним из пассажиров. В этой связи оперативники изучают личности погибших и пострадавших в результате взрыва. «По факту взрыва автобуса и гибели людей в Тольятти возбуждено уголовное дело по трём статьям УК РФ — терроризм, убийство двух и более лиц, совершённое общеопасным способом и незаконное хранение оружия и взрывного устройства»,— сообщили в следственном управлении по Самарской области СК при прокуратуре РФ.

(http://www.vesti.ru/doc.html?id=145355)

語　彙　взрыв【男】爆発 погибший【男】死者 раненый【男】負傷者 пассажирский【形】旅客用の сработать［完］作動する безоболочный［完］外被のない＜ без+оболочка「覆い」★いわゆる「手製爆弾」（圧力鍋や水筒など金属製の密閉容器を使ったものは含まない）взрывное устройство【中】爆発物 уточняться［不完］確認される пострадать［完］被害を受ける、死傷する версия【女】見方、説 теракт【男】テロ случиться［完］偶然発生する самопроизвольный【形】勝手な гибель【女】死亡 общеопасный【形】公共の危険となる СК＝следственный комитет

訳　例　　　　　　　　　　**トリヤッチで爆発、8人死亡56人負傷**

　トリヤッチの路線バス車内で手製の簡易爆弾が爆発した。この爆発で、8人が死亡し56人が負傷した。事件については複数の見方が現段階で浮上している。バス車内でテロが実行されたとする説がある一方で、乗客の1人が運んでいた爆弾が誤って爆発したという見方もあり、捜査当局が爆発事件の死者・負傷者の身元を調べている。トリヤッチのバス爆発事件で死者が出た事態をうけ、連邦検察庁捜査委員会サマーラ州捜査本部は、「テロリズム、公共に危険を及ぼす仕方による2人以上の殺人、違法な武器および爆発物所持の3つの容疑で捜査を開始した」と発表した。

　（2007年10月31日報道）

重要語句

террóр【男】テロ **террористи́ческий**【形】テロの **терáкт**（террористи́ческий акт）【男】テロ行為、テロ事件 Терáкт рассма́тривается в ка́честве основнóй ве́рсии взры́ва. 爆発は**テロ**だったとの見方が有力視されている。

заложи́ть［完］（爆弾を）**仕掛ける** Неизве́стная же́нщина позвони́ла в поли́цию и сообщи́ла, что **в зда́нии зало́жена бóмба**. 警察に女性の声で「建物に爆弾を仕掛けた」という電話があった。〔同義〕**замини́ровать**［完］（爆弾を）**仕掛ける** Сообще́ние о том, что **замини́рован торгóвый кóмплекс** поступи́ло по телефóну «02». 「ショッピングセンターに爆弾を仕掛けた」との通報が警察（02番）にあった。★上記2例は受動構文だが、（第三者ではなく）犯人からの電話であることが言外に読み取れる

взрыв【男】**爆発** Мóщный взрыв прогреме́л в ночь на пя́тницу в гла́вном зда́нии университе́та. 金曜未明に、大学の本館の建物で**大きな爆発があった**。

взрывнóй【形】**爆発の、爆弾の** взрывнóе устрóйство 爆発物 ★手製爆弾を指す。〔関連〕**взрывча́тка**【女】**爆薬**（= взры́вчатое вещество́） Бóмба содержа́ла óколо 4,5 кг **взрывча́тки**. 爆弾には約4.5キロの**爆薬**が使われていた。**взры́вотéхник**【男】**爆発物処理専門家**

взрыва́ть［不完］**взорва́ть**［完］**爆発させる** В лóндонском метрó **бы́ли взóрваны** три **бóмбы**, и однá **взорвала́сь** в автóбусе. ロンドンの地下鉄で3つの爆弾が爆発し、バス車内でも爆弾1つが**爆発した**。〔同義〕**сраба́тывать**［不完］**срабо́тать**［完］（爆発物が）**作動する Взрывнóе устрóйство срабóтало** срáзу пóсле тогó, как все пассажи́ры поки́нули пóезд. 乗客全員が列車を離れた直後に**手製の爆弾が爆発した**。

троти́л【男】TNT火薬 **троти́ловый**【形】〜の ◆ **в троти́ловом эквивале́нте**「TNT火薬換算で」Ря́дом с синагóгой сработáло взрывнóе устрóйство мóщностью óколо **300 грамм в троти́ловом эквивале́нте**. ユダヤ教礼拝所近くで、**TNT火薬換算で約300グラム相当の**威力の爆発物が爆発した。

самоде́льный【形】**手製の** самоде́льное взрывнóе устрóйство 手製爆弾〔関連〕

подозри́тельный【形】**不審な Подозри́тельный предме́т**, обнару́женный вóзле спóрткóмплекса, оказáлся муляжóм взрывнóго устрóйства. スポーツ施設付近で発見された**不審物**は、爆弾の形をした偽物とわかった。

обезвре́живать［完］**обезвре́дить**［完］**爆弾を処理する** ★原義は「無害化する」Специали́сты МВД оцепи́ли ме́сто, и **бóмба былá обезвре́жена**. 内務省の専門家が現場を封鎖し、**爆弾を処理した**。

В Бе́лом до́ме изуча́ют ви́деоза́пись с бен Ла́деном

Бе́лый дом получи́л ко́пию ви́деоза́писи выступле́ния Уса́мы бен Ла́дена, с кото́рым «террори́ст но́мер оди́н» до́лжен вы́ступить в шесту́ю годовщи́ну тера́ктов 11 сентября́ 2001 го́да. В Бе́лом до́ме приступи́ли к ана́лизу содержа́ния ви́деоза́писи. Ра́нее оди́н из ислами́стских интерне́т-са́йтов объяви́л, что в ближа́йшее вре́мя обнаро́дует ви́деообраще́ние главы́ террористи́ческой се́ти «Аль-Ка́ида». Э́тот ро́лик до́лжен ста́ть пе́рвым изображе́нием «террори́ста но́мер оди́н» за после́дние 3 го́да. Е́сли э́то произойдёт, то ви́деоза́пись ста́нет документа́льным подтвержде́нием того́, что бен Ла́ден жив и по-пре́жнему направля́ет террористи́ческое подпо́лье. После́днее ви́деообраще́ние бен Ла́дена бы́ло размещено́ в Интерне́те в октябре́ 2004 го́да.

(http://www.vesti.ru/doc.html?id=137437)

語　彙　ви́деоза́пись【女】ビデオ映像　ко́пия【女】コピー　годовщи́на【女】記念日　ана́лиз【男】分析　ислами́стский【形】イスラム過激派の　ви́деообраще́ние【中】ビデオ声明　террористи́ческая сеть【女】テロネットワーク　«Аль-Ка́ида» アル・カイダ　ро́лик【男】短いフィルム　изображе́ние【中】映像　документа́льный【形】文書の（「物的証拠となる」のニュアンスで）подтвержде́ние【中】確証　направля́ть〔不完〕指揮する　террористи́ческое подпо́лье【中】地下テロ組織　размести́ть〔完〕載せる

訳　例　　**米ホワイトハウス、ビンラディンの録画ビデオを分析中**

　ホワイトハウスは、「世界で最も危険なテロリスト」ウサマ・ビンラディンが、2001年9月11日のテロ事件の6周年に行った演説と見られるビデオ映像のコピーを入手した。ホワイトハウスはビデオの内容分析に取りかかった。これに先立ち、イスラム過激派のサイトは、近くテロ組織「アル・カイダ」最高指導者の演説ビデオが公開されると予告していた。このビデオは、「世界でも最も危険なテロリスト」の3年ぶりの映像となる。実際に公開されれば、ビンラディンが現在も生存しており、地下でテロ活動を指揮している決定的証拠となる。ビンラディンの演説ビデオが最後にネット上に掲載されたのは2004年10月であった。

（2007年9月7日報道）

重要語句

сме́ртник【男】сме́ртница【女】自爆テロ犯 ★ террори́ст-сме́ртник, сме́ртник-камика́дзе とも。Была́ раскры́та подпо́льная сеть по вербо́вке и подгото́вке террори́стов-сме́ртников. 自爆テロ志願者のスカウトと養成を行っていた地下ネットワークが摘発された。

шахи́д【男】шахи́дка【女】（イスラム過激派の）自爆テロ犯＜アラビア語「殉教」（証し）より。◆«по́яс шахи́да»「シャヒード・ベルト」★自爆テロ犯が体に巻き付ける爆弾付き胴巻きのこと。При вхо́де на аэродро́м охра́на задержа́ла двух подозри́тельных же́нщин, одна́ из кото́рых взорвала́ на себе́ «по́яс шахи́да». 空港の入り口で警備隊が２人の不審な女性を拘束したところ、そのうちの１人が**体に巻き付けていた爆弾**を爆発させた。

ислами́ст【男】イスラム主義者 ислами́стский【形】イスラム主義の ислами́стский экстреми́зм イスラム過激主義 ★ ислами́ст/ислами́стский は、「イスラム過激派」の否定的ニュアンスを伴う。特に後者は исла́мский「イスラムの」と混同しないこと。

междунаро́дный террори́зм【男】国際テロリズム〔類義〕транснациона́льный террори́зм 国境を越えるテロ〔関連〕**Интерпо́л**【男】国際刑事警察機構（ICPO、インターポール）

а̀нтитерро́р【男】テロ対策、反テロ活動 а̀нтитеррористи́ческий【形】～の〔類語〕ко̀нтр-террористи́ческий テロ対策の

спецна́з【男】特殊部隊 ★ロシアのテロ・治安対策特殊部隊 «А́льфа» アルファ部隊 «Вы́мпел» ビンペル部隊〔連邦保安庁のテロ対策特殊部隊〕ОМО́Н〔омо́н〕（Отря́д Мили́ции Осо́бого Назначе́ния）警察特殊部隊〔内務省〕

предотвраща́ть〔不完〕предотврати́ть〔完〕**未然に防ぐ** За после́дние дни бы́ло проведено́ не́сколько задержа́ний боевико́в, обнару́жен склад ору́жия и **предотвращён тера́кт**. この数日間に戦闘員数名が逮捕されて武器の保管場所が発見され、**テロは未然に防がれた**。

ликвиди́ровать〔完〕掃討する Соединённые Шта́ты провели́ опера́цию, в хо́де кото́рой **был ликвиди́рован** Уса́ма Бин Ла́ден. 米国が実施した作戦において、ウサマ・ビンラディンは**掃討された**。★ уничтожа́ть/уничто́жить「殲滅する、殺害する」と同義だが、「殺害」を婉曲的に表すときに使う。〔名詞形〕**ликвида́ция**【女】掃討 опера́ция по ликвида́ции боевико́в 武装勢力掃討作戦 ★事故災害のコンテキストでは ликвиди́ровать/ликвида́ция は「復旧作業」を指す

◆«Исла́мское госуда́рство»（ИГ）/ «Исла́мское госуда́рство Ира́ка и Лева́нта»（ИГИЛ）「イスラム国」（IS/ISIL）★放送メディアではИГИЛ〔発音はиги́л〕が多用される。

В Пе́нзе нача́лся суд над бы́вшим главо́й Октя́брьского райо́на

Суд над бы́вшим главо́й администра́ции Октя́брьского райо́на Пе́нзы нача́лся 24 апре́ля. Его́ обвиня́ют в получе́нии взя́тки в кру́пном разме́ре. По предвари́тельным да́нным, пригово́р бу́дет оглашён не ра́нее, чем че́рез ме́сяц. Сра́зу по́сле нача́ла заседа́ния адвока́т бы́вшего чино́вника вы́сказался про́тив прису́тствия журнали́стов. По́сле недо́лгих пре́ний ви́део- и фотосъёмку разреши́ли, но лишь до нача́ла допро́сов свиде́телей. Сам подсуди́мый лица́ не пря́тал и держа́лся уве́ренно. При получе́нии су́ммы в 130 тыс. рубле́й в декабре́ 2006 го́да [бы́вший глава́ администра́ции] был заде́ржан сотру́дниками ФСБ. Вину́ свою́ в хо́де сле́дствия он не призна́л.

(http://www.vesti.ru/doc.html?id=118197)

語 彙　суд《над ＋造》【男】〜に対する裁判 обвиня́ть《対》《в＋前》［不完］〜を…の罪に問う пригово́р【男】判決 огласи́ть［完］言い渡す пре́ния〔複〕弁論 ви́део- и фотосъёмка【女】ビデオ及び写真による撮影 подсуди́мый【男】被告人 пря́тать《対》［不完］〜を隠す держа́ться уве́ренно［不完］自信ありげに振る舞う вина́【女】罪

訳 例　　　　　　　**ペンザで元オクチャブリ地区長の裁判始まる**

　ペンザ市の元オクチャブリ地区長に対する裁判が4月24日に始まった。元地区長は多額収賄の罪で起訴されている。これまでの所では、判決の言い渡しは早くても1カ月以上先になる見込みだ。開廷後、元区長の弁護士が報道関係者の傍聴に異議を申し立てたが、短い弁論の後、証人尋問が始まる前までの条件でビデオと写真の撮影が許可された。被告人本人は顔を隠すこともなく、自信満々な様子であった。[元地区長は]2006年12月、13万ルーブルを受け取った所を連邦保安庁に逮捕された。捜査段階で、本人は罪を認めていない。
　(2007年4月24日報道)

ロシアの連邦上級裁判所

Конституцио́нный суд РФ 憲法裁判所（憲法と法令の整合性の審査が主たる役割）

Верхо́вный суд РФ 連邦最高裁判所（民事事件・刑事事件を審理）

Вы́сший арбитра́жный суд РФ 連邦最高仲裁裁判所（経済紛争などの解決）

重要語句

привлека́ть [不完] **привле́чь** [完]《対》**к уголо́вной отве́тственности** 刑事責任を問う Студе́нтов, устана́вливающих пира́тские програ́ммы, **привлекли́ к уголо́вной отве́тственности**. 海賊版ソフトをインストールしていた学生らが**刑事責任を問われた。**

обвини́тельный 【形】起訴の　◆ **обвини́тельное заключе́ние**「起訴状」★ предвари́тельное сле́дствие を経た事件の起訴状。дозна́ние を経た事件の起訴状は **обвини́тельный акт** と呼ぶ（→ 5-3）

◆ **предъяви́ть обвине́ние** [完]「公訴提起する」Ки́ллеру пока́ **не предъя́влено обвине́ние**. 殺人犯はまだ**公訴提起されていない**。★公判が維持できるとの結論に至り「起訴状」（обвини́тельное заключе́ние）を作成するプロセス。この段階で подозрева́емый から **обвиня́емый**「被疑者〔被告〕」に（→ 5-3）

◆ **прекрати́ть уголо́вное пресле́дование**「刑事責任の追及中止」**Прекращено́ уголо́вное пресле́дование** в отноше́нии обвиня́емого в уби́йстве студе́нта. 学生殺害事件の被疑者に対する**刑事責任の追及が中止された**。★ подозрева́емый/обвиня́емый の死亡や、真犯人の出現、犯罪自体の不成立、恩赦等が理由となる（УПК гл.4.）。 日本の刑訴法上の概念としては「不起訴」や「公訴棄却」「免訴」が近い

◆ **утверди́ть обвини́тельное заключе́ние/обвини́тельный акт** [完]「**起訴状を承認する**」★ 検察官 が起訴状 にサインすること（起訴状は書面右上の《УТВЕРЖДАЮ》の文言以下、検察官の氏名・官位の記載が続く）。その後、起訴状は裁判所へ送られる。 Прокуро́р **утверди́л обвини́тельное заключе́ние** по уголо́вному де́лу в отноше́нии 18-ле́тней жи́тельницы, обвиня́емой в уби́йстве своего́ ребёнка. 検察官は自分の子供を殺害した罪で18歳の女性を**裁判所に起訴した**（＝起訴状を承認した）。

подсуди́мый【男】〔〔公判〕**被告人**」★事件が裁判所に送致された後の обвиня́емый の呼び方。〔関連〕**обвини́тель**【男】訴追人 госуда́рственный обвини́тель 公訴人〔検察官 прокуро́р のこと〕ча́стный обвини́тель 私訴人 ★ロシアの刑事事件では検察官が**公訴 госуда́рственное обвине́ние** を提起するが、犯罪被害者による**私訴 ча́стное обвине́ние** も認められている点が我が国と大きく異なる

「容疑者」から「被告」の呼称の推移（まとめ）

①「公訴提起」前の容疑者は **подозрева́емый** →②「公訴提起」が決まったら **обвиня́емый** →③裁判所に起訴された後は **подсуди́мый** →④有罪判決が下ったら **осуждённый**（→ 5-17）

Прокурóр огласи́т обвине́ние «би́тцевскому манья́ку»

Моско́вский городско́й суд сего́дня приступа́ет к слу́шанию по существу́ уголо́вного де́ла так называ́емого «би́тцевского манья́ка», обвиня́емого в 49 уби́йствах и трёх покуше́ниях на уби́йство. Ожида́ется, что на предстоя́щем заседа́нии прокуро́р огласи́т обвини́тельное заключе́ние, по́сле чего́ подсуди́мый вы́скажет свою́ пози́цию. Проце́сс бу́дет проходи́ть в откры́том режи́ме. Накану́не в суде́ была́ сформи́рована колле́гия прися́жных по да́нному де́лу, в кото́рую вошли́ 12 основны́х и шесть запасны́х заседа́телей. О том, что́бы проце́сс проходи́л с уча́стием прися́жных, проси́л сам подсуди́мый в хо́де предвари́тельных слу́шаний. Суд, согла́сно де́йствующему законода́тельству, хода́тайство [подсуди́мого] удовлетвори́л. Адвока́т [подсуди́мого] заяви́л, что его́ подзащи́тный «по́лностью признаёт свою́ вину́».

（http://www.vesti.ru/doc.html?id=138257）

語　彙　обвине́ние【中】起訴状　слу́шание【中】審理　по существу́〔熟〕本格的に　заседа́ние【中】審理　колле́гия прися́жных【女】陪審団　прися́жный【男】陪審員　запасно́й【形】予備の　заседа́тель【男】陪審員　предвари́тельное слу́шание【中】　予備審問　хода́тайство【中】請願、請求　удовлетвори́ть〔完〕認める　подзащи́тный【男】（弁護人から見た）被告人

訳　例　　　　　　検察が「ビツェフスク殺人鬼」の起訴状朗読へ
　モスクワ市裁判所は、今日から49件の殺人事件と３件の殺人未遂で訴追された「ビツェフスク殺人鬼」に対する刑事裁判の審理に本格的に入る。これから行われる法廷での審理では、検察側が起訴状を朗読した後、被告人が意見陳述することになっている。裁判は公開で行われる。昨日、裁判所でこの事件を審理する12人の陪審員と６人の予備陪審員からなる陪審団の構成が決まった。予備審問の際に、被告人本人から陪審裁判とするよう求めがあり、裁判所は現行法に基づき、［被告人の］請求を認めた。被告人の弁護士は、被告人は「全面的に罪を認めている」と述べた。
　（2007年9月14日報道）
　※被告人氏名は伏せた。

重要語句

суд [-á]【男】裁判、裁判所、法廷（→ инста́нция）вое́нный суд 軍裁判所 ★軍部隊内での犯罪を裁く法廷。арбитра́жный суд 仲裁裁判所（経済紛争案件の処理）**судья́**【男】裁判官 **суде́бный**【形】裁判の、法廷の суде́бное заседа́ние 公判 ◆ **суде́бное разбира́тельство**「法廷審理」★公判で採用する証拠の排除・追加などの申したてがあったときには「予備審問」предвари́тельное слу́шание を開く。◆ **суде́бное сле́дствие**「法廷での取調べ」★訴追陳述、被告人の罪状認否、証拠調べの順に行う

инста́нция【女】審級 пе́рвая инста́нция 第一審 ★3年以下の自由剥奪が見込まれる犯罪の大半は **мирово́й судья́**「治安判事」、他の大方の犯罪は **райо́нный суд**「地区裁判所」、殺人などの重罪は連邦構成主体の最上級裁判所（州なら **областно́й суд**「州裁判所」、モスクワ、サンクト・ペテルブルグは **городско́й суд**「市裁判所」、респу́блика であれば **Верхо́вный суд респу́блики**「共和国最高裁」）、国会議員・連邦裁判官が被告の犯罪は Верхо́вный суд РФ「連邦最高裁」が第一審の裁判所

адвока́т【男】弁護士 Обвиня́емый отказа́лся от услу́г одного́ из свои́х **адвока́тов**. 被告人は弁護団の1人を解任した。**адвока́тский**【形】弁護士の рабо́тать в адвока́тской конто́ре 弁護士事務所で働く〔同義〕**защи́тник**【男】（刑事裁判での）**弁護人** ★弁護士から見た被告人は **подзащи́тный**〔関連〕**юри́ст**【男】法律コンサルタント ★弁護士資格は持たないが幅広い法律相談に応じる専門家

защи́та【女】被告側〔反義〕**обвине́ние**【中】検察側

прися́жный【形】陪審の прися́жный заседа́тель 陪審員 ★ прися́жный だけの時もある。суд прися́жных 陪審制裁判 колле́гия прися́жных 陪審団

вина́【女】罪 **вино́вный**【形】有罪の призна́ть себя́ вино́вным/вино́вной 有罪を自ら認める〔反義〕**невино́вный**【形】無罪の Он сам счита́ет себя́ **соверше́нно невино́вным**. 彼は自分が潔白だと信じている。

хода́тайство【中】請求、請願 Суд отказа́л в удовлетворе́нии **хода́тайства** защи́ты **о возвраще́нии де́ла в прокурату́ру**. 裁判所は被告側から出されていた **検察への事件差し戻し請求**を棄却した。★ УПК ст. 237 参照（起訴状に書類上の不備がある際の手続）

◆ **психиатри́ческая эксперти́за**「精神鑑定」суде́бно-психиатри́ческая эксперти́за 刑事精神鑑定〔捜査段階での鑑定と裁判所決定による鑑定の双方を含む〕Проведённая **суде́бно-психиатри́ческая эксперти́за** призна́ла его́ вменя́емым. 精神鑑定の結果、彼は責任能力があると認められた。

[Подсуди́мого] приговори́ли к пожи́зненному заключе́нию

Мо̀сгорсу́д сего́дня приговори́л [подсуди́мого] к пожи́зненному заключе́нию в коло́нии осо́бого режи́ма. Ра́нее колле́гия прися́жных заседа́телей призна́ла его́ по́лностью вино́вным в соверше́нии 48 уби́йств и 3 покуше́ний. Та́кже, по мне́нию прися́жных, подсуди́мый не заслу́живает снисхожде́ния. Сам [подсуди́мый] свою́ вину́ по́лностью признаёт, одна́ко в свои́х де́йствиях не раска́ивается. Ра́нее прокуро́р Москвы́ потре́бовал для него́ пожи́зненного заключе́ния. В хо́де суде́бного проце́сса [подсуди́мый] призна́л свою́ вину́ в 48 уби́йствах и трёх покуше́ниях, кото́рые бы́ли совершены́ в отноше́нии 47 мужчи́н и четырёх же́нщин. Ещё 11 уби́йств, в кото́рых он призна́лся в суде́, рассле́дуются Сле́дственным комите́том при прокурату́ре Москвы́.

(http://www.vesti.ru/doc.html?id=145045)

語　彙　приговори́ть《対》《к ＋与》［完］〜に…の刑を宣告する Мо̀сгорсу́д【男】モスクワ市裁判所 коло́ния осо́бого режи́ма【女】特別規則刑務所（殺人犯などの凶悪犯を収容する）заслу́живать《生》［不完］〜に価する снисхожде́ние【中】酌量 раска́иваться《в＋前》［不完］〜を反省する

訳　例　　　　　　　　　被告人に終身刑の判決

　今日、モスクワ市裁判所は、被告人に特別規則刑務所での終身刑の判決を言い渡した。これに先立ち、陪審団は48件の殺人と3件の同未遂容疑で、被告人を全面的に有罪とし、被告人は酌量に価しないとの意見を出している。被告人は罪を認めてはいるが、犯行を反省していない。モスクワ市検察官は被告人に対し、終身刑を求刑していた。裁判の過程で、被告人は48件の殺人と3件の未遂事件（被害者の47人は男性、4人は女性）で有罪を認めた。さらに、裁判過程で被告人が認めた11件の殺人については、モスクワ市検察付属捜査委員会が捜査を進めている。

　（2007年10月29日報道）

※被告人氏名は伏せた。

重要語句

пригово́р【男】判決 оправда́тельный/обвини́тельный пригово́р 無罪／有罪判決 провозглаше́ние пригово́ра 判決の言い渡し вы́нести пригово́р 判決を下す Верхо́вный суд **отмени́л обвини́тельный пригово́р**, вы́несенный в отноше́нии трех жи́телей Чечни́ за организа́цию тера́кта. テロを企てたとしてチェチェン在住の3人が有罪となった裁判で、最高裁は**有罪判決を取り消した**。

◆ **дать**《与》+ 期間〔完〕～に何年の刑を言い渡す Суд **дал** ка́ждому из террори́стов по **20 лет тюрьмы́**. 裁判所はテロリスト各々に20年の刑を言い渡した。★この тюрьма́ は一般的な「刑務所」の意。〔同義〕**приговори́ть**《к +与》Военнослу́жащий **приговорён к семи́ года́м лише́ния свобо́ды** за шпиона́ж. スパイ罪で軍人に**自由剥奪**〔懲役〕10年の刑が言い渡された。★ лише́ние свобо́ды は収容施設での作業が義務

усло́вно【副】執行猶予付きで Райо́нный суд приговори́л студе́нта к **6 года́м лише́ния свобо́ды усло́вно, 4 года́м испыта́тельного сро́ка** и возмеще́нию ущерба. 地区裁判所は学生に対し、**懲役6年執行猶予4年の刑**と損害賠償の判決を言い渡した。★ロシアには刑事訴訟と同時に損害賠償を求める民事訴訟を処理する制度がある

верди́кт【男】評決 Колле́гия прися́жных **вы́несла верди́кт**. 陪審団が**評決を下**した。

опра́вдывать〔不完〕**оправда́ть**〔完〕《対》～に無罪判決を下す Суд **оправда́л подозрева́емого** в уби́йстве журнали́ста. 裁判所は記者殺害の**容疑者に無罪を言い渡した**。 **оправда́ние**【中】無罪判決 Суд **отмени́л оправда́ние** милиционе́ров. 裁判所は警察官に下された**無罪判決**を取り消した。

осужда́ть〔不完〕**осуди́ть**〔完〕《対》～に有罪判決を下す Суд **призна́л** его́ **вино́вным** в наруше́нии а́вторских прав и осуди́л на 6 ме́сяцев лише́ния свобо́ды усло́вно. 裁判所は著作権侵害の罪で彼を**有罪と認め**、執行猶予付きの懲役6カ月の刑を言い渡した。

осуждённый【男】有罪判決を受けた者

суди́мость【女】（未抹消の）「**前科**」（→ **StepUp**） Если осуждённый по́сле отбы́тия наказа́ния вёл себя́ безупре́чно, то по его́ хода́тайству суд мо́жет **снять** с него́ **суди́мость** до того́, как исте́к срок её погаше́ния, е́сли полови́на э́того сро́ка уже́ прошла́. 有罪の判決を受けた者が服役後素行良好な場合、前科抹消期間の半分が経過していれば、本人の請願により裁判所は抹消期限に達する前に**前科を抹消する**ことができる。★ суди́мость は一定年限の経過で抹消され、恩赦などでも取り消される

«Би́тцевский манья́к» обжа́ловал пригово́р

«Би́тцевский манья́к», осуждённый на пожи́зненное заключе́ние за уби́йство 48 челове́к и покуше́ние на трёх, обжа́ловал пригово́р в Верхо́вном суде́ РФ. «Я, по про́сьбе [моего́ подзащи́тного], по́дал жа́лобу, в кото́рой вы́ражено несогла́сие с назна́ченным наказа́нием. Он счита́ет его́ суро́вым», — сообщи́л адвока́т. По его́ слова́м, защи́та в жа́лобе про́сит сни́зить ему́ наказа́ние до 25 лет лише́ния свобо́ды. «Я сообщи́л [подзащи́тному], что в удовлетворе́нии [его́] жа́лобы скоре́е всего́ бу́дет отка́зано, тем не ме́нее, он захоте́л обжа́ловать пригово́р в кассацио́нном поря́дке», — доба́вил [адвока́т]. Он подчеркну́л, что в жа́лобе ста́вится вопро́с лишь о сниже́нии наказа́ния, одна́ко не соде́ржится про́сьба отмени́ть обвини́тельный пригово́р, осно́ванный на верди́кте прися́жных.

(http://www.vesti.ru/doc.html?id=145777)

語　彙　обжа́ловать［完］上訴する жа́лоба【女】上訴 несогла́сие《с＋造》【中】～に対する不同意 назна́чить［完］定める суро́вый【形】厳しい сни́зить［完］引き下げる、軽くする удовлетворе́ние【中】認めること кассацио́нный【形】破毀審の

訳　例　　　　　　　　　「ビツェフスク殺人鬼」が上告

　48件の殺人と3件の同未遂で終身刑の有罪判決を受けた「ビツェフスク殺人鬼」が、判決を不服として連邦最高裁判所へ上告した。「被告人の求めで、量刑に不満があるという内容の上告書を提出した。被告人は厳しすぎると感じている」と被告の弁護士は述べた。弁護士によれば、被告側は上告書で刑を自由剥奪25年に引き下げるよう求めている。同氏は「被告には、上告が受け入れられることはまずないと説得したが、本人が判決を不服として破毀審で争うことを希望した」と語り、上告理由は量刑不当〔量刑の引き下げ〕であり、陪審団の評決による有罪判決の取消を求めるものではないことを強調した。

　（2007年11月2日報道）

※被告人氏名は伏せた。

重要語句

наказа́ние【中】刑罰〔動詞形〕нака́зывать［不完］наказа́ть［完］罰する ★刑罰の執行については、刑事執行法 Уголо́вно-исполни́тельный ко́декс が規定。

сме́ртная казнь【女】死刑 ★現在ロシアでは適用停止中。 казни́ть［完］処刑する

тюрьма́【女】①（一般的な意味で）牢屋、刑務所 сажа́ть/посади́ть《刈》в тюрьму́〔口語〕～を刑務所に入れる сиде́ть в тюрьме́ 刑務所に入る ★ за решёткой「塀の中」②（露の矯正施設としての）監獄 тюре́мный【形】監獄の тюре́мная ка́мера 監房

коло́ния【女】収容施設、刑務所 исправи́тельная ～刑務所〔矯正収容所〕◆ приговори́ть к заключе́нию о́бщего〔стро́гого/осо́бого〕режи́ма/в тюрьме́「一般〔厳重／特別〕規則刑務所／監獄への収容を言い渡す」（該当施設での自由剥奪〔懲役〕刑）〔類語〕зо́на【女】〔口語〕刑務所、監獄（→ StepUp ）

заключённый【男】服役者 заключе́ние【中】投獄 Он до сих пор нахо́дится в заключе́нии. 彼はいまだに投獄されたままだ。

обжа́лование【中】上訴（→ StepUp ）★控訴申し立ておよび破毀申し立ての総称。弁護側の上訴は жа́лоба、検察側の上訴は представле́ние〔動詞形〕обжа́ловать［不完］上訴する обжа́ловать пригово́р 判決を不服として上訴する

апелля́ция【女】控訴 апелляцио́нный【形】控訴の апелляцио́нная инста́нция 控訴審 апелляцио́нная жа́лоба 弁護側の控訴申立て〔類義〕касса́ция【女】破毀 кассацио́нный【形】破毀の кассацио́нное представле́ние 検察側の破毀申立て

амни́стия【女】恩赦、大赦 Была́ проведена́ амни́стия по слу́чаю 100-ле́тнего юбиле́я парламентари́зма в Росси́и. Не подлежа́т амни́стии те, кто осуждён за тя́жкие преступле́ния, а та́кже рецидиви́сты и зло́стные наруши́тели режи́ма. ロシア議会開設 100 年を祝して**大赦が行われた**。重犯罪で有罪判決を受けた者、累犯および収容中の矯正施設での素行が著しく悪い者〔悪意ある規則違反者〕は大赦の対象にならない。★大赦令は連邦国家院（下院）が出す（露憲法第 103 条）。特赦・減刑・刑の執行免除がなされるが、対象者が幅広いため対象除外者について発表されるのが通例

поми́лование【中】個別恩赦 ★受刑者やその家族らの個別の請願により、大統領により与えられる。特赦・減刑・刑の執行免除を含む

◆ социа́льная адапта́ция「社会復帰」О́чень ва́жная пробле́ма — социа́льная адапта́ция люде́й, освободи́вшихся из мест лише́ния свобо́ды. 出所者の**社会復帰**は極めて重要な問題である。

StepUp

法と法制度に関わる表現　(→ 5-1)

◆ **нормати́вные** [правовы́е] **а́кты** 〔複で〕「**法 令**」★ конститу́ция 憲法 зако́ны 法律 подзако́нные нормати́вные а́кты 命令（ука́зы, постановле́ния, декре́ты など）の総称。

◆ **еди́ное правово́е простра́нство**「単一の法的空間」全国で同一法律が同一基準で運用される状態。ロシアでは 90 年代に地方自治拡大が暴走し、連邦法と相容れない地方法令が公然とまかり通るなど、単一国家としての法秩序回復が求められる事態となった。

◆ **нотариа̀льно-заве́ренная ко́пия**「公証人認証を受けた写し」★ロシアでは 14 歳以上の国民に国内用身分証明書（вну́тренний па́спорт）が発給される。金融機関や鉄道・航空会社窓口での切符購入など、本人確認のため様々な場面で提示が求められる。同時に日本流にいえば戸籍謄本や住民票に似た役割がある（居住登録のスタンプが押されている）ので、紛失すると「**住所不定**」**без определённого ме́ста жи́тельства** の状態に陥りかねず（この頭文字語が **бомж【男】「ホームレス」**）、まさに「命の次に大事なもの」である。そのため普段は公証人役場 **нотариа́льная конто́ра**（公証人は **нота́риус**）で作成した нотариа̀льно-заве́ренная ко́пия（コピー機で複写したものに認証印を押す。費用は数百円程度の少額）を持ち歩く人も少なくない。

ロシア刑法上の犯罪重度　(→ 5-1 УК ст.15)

Преступле́ния небольшо́й тя́жести「軽犯罪」★過失・故意によるもので量刑上限が 3 年を超えない自由刑に相当する罪

Преступле́ния сре́дней тя́жести「中程度の犯罪」★量刑上限が故意は 5 年* を超えない（過失は 3 年を超える）自由刑に相当する罪

Тя́жкие преступле́ния「重大な犯罪」★故意によるもので、量刑上限が 10 年* を超えない自由刑に相当する罪

Осо́бо тя́жкие преступле́ния「特に重大な犯罪」★故意によるもので、量刑が 10 年* 以上の自由刑、またはそれより厳しい刑に相当する罪

*裁判所は犯情と社会的影響に応じ、それぞれ 3 年・5 年・7 年に軽減できる（15 条 6 項）

Преступле́ние と Администрати́вное правонаруше́ние　(→ 5-1)

Преступле́ние は Уголо́вный ко́декс「刑法（典）」によって処罰される犯罪。**Администрати́вное правонаруше́ние** は Ко́декс об администрати́вных правонаруше́ниях「行政的違法行為に関する法律（法典）」によって処罰される違反行為で、**преступле́ние** よりも「軽微」と認識される。以下、犯罪に分類される具体的な罪を一部列挙する（詳細は法律を参照）が、わが国の概念と「ずれ」があることにも注目したい。

● **Преступле́ние**「犯罪」（**УК гл. 16-34**）

Преступле́ния про́тив ли́чности「個人に対する犯罪」（уби́йство 殺人、причине́ние вреда́ здоро́вью 傷害、побо́и 殴打、истяза́ние 虐待、клевета́ 名誉毀損、изнаси́лование 強姦、наруше́ние равнопра́вия граждан 市民の平等権の侵害、вовлече́ние несовершенноле́тних в соверше́ние преступле́ния 未成年者を犯罪行為の実行に勧誘することなど）

Преступле́ния в сфе́ре эконо́мики「経済領域における犯罪」（кра́жа 窃盗、грабёж 掠奪、разбо́й 強盗、моше́нничество 詐欺、вымога́тельство 恐喝、лжепредпринима́тельство 偽企業活動、монополисти́ческие де́йствия и ограниче́ние конкуре́нции 独占行為および競争の制限、контраба́нда 密輸、зло́стное и фикти́вное банкро́тство 悪意ある架空の破産など）※ **кра́жа, грабёж, разбо́й の違い：кра́жа** は та́йное хище́ние чужо́го иму́щества「密かに他人の財物を窃取すること」（日本の刑法の「窃盗」）。**грабёж** は откры́тое хище́ние чужо́го иму́щества「公然と他人の財物を窃取すること」（「窃盗」）。**разбо́й** は нападе́ние в це́лях хище́ния чужо́го иму́щества, совершённое с примене́нием наси́лия, опа́сного для жи́зни и́ли здоро́вья, ли́бо с угро́зой примене́ния тако́го наси́лия「他人の財物を窃取する目的での生命・健康に危害を与える暴力を伴う襲撃、又はそのような暴力を加えると脅して襲撃すること」（「強盗」）。

Преступле́ния про́тив обще́ственной безопа́сности и обще́ственного поря́дка「社会的安全および社会秩序に対する犯罪」（террори́зм テロ、ма́ссовые беспоря́дки 大規模騒乱、хулига́нство 暴力行為、вандали́зм 破壊行為、незако́нное изготовле́ние ору́жия 違法な武器製造、пира́тство 海賊行為、незако́нное изготовле́ние наркоти́ческих сре́дств с це́лью сбы́та 販売目的での違法な麻薬製造、вовлече́ние в заня́тие проститу́цией 売春行為に勧誘すること（注：自発的意志による売春や麻薬使用は行政的違法行為）、уничтоже́ние и́ли поврежде́ние па́мятников исто́рии и культу́ры 歴史的・文化的記念物の破壊・破損など）

Преступле́ния про́тив госуда́рственной вла́сти「国家権力に対する犯罪」（госуда́рственная изме́на 国家反逆、шпиона́ж スパイ行為、получе́ние взя́тки 収賄、да́ча взя́тки 贈賄、служе́бный подло́г 公文書変造・虚偽記載、привлече́ние заве́домо невино́вного к уголо́вной отве́тственности 無実であることが明らかな者を刑事責任に問うことなど）

Преступле́ния про́тив вое́нной слу́жбы「軍務に対する罪」（неисполне́ние прика́за 命令の不履行、сопротивле́ние нача́льнику 上官への反抗、самово́льное оставле́ние ча́сти и́ли ме́ста слу́жбы 部隊ないし勤務地を無断で離れること、

дезерти́рство 脱走など）

Преступле́ния про́тив ми́ра и безопа́сности челове́чества「平和と人類の安全に対する犯罪」（пропага́нда войны́ 戦争の宣伝、геноци́д 大量虐殺、экоци́д 生態系破壊、наёмничество 傭兵など）

◆ **Уголо́вное наказа́ние**「刑罰」の種類（УК гл.9 参照。刑の軽い順に掲げる）。

1）**Штраф**「罰金」

2）**Лише́ние пра́ва занима́ть определённые до́лжности и́ли занима́ться определённой де́ятельностью**「一定の職務や活動に従事する権利の剥奪」★公職の制限に留まらず、民間企業役員や医師・教師等の職も対象になる。

3）**Лише́ние специа́льного, во́инского и́ли почётного зва́ния, кла́ссного чи́на и госуда́рственных награ́д**「特殊階級（「警察大佐」等の軍以外の組織での階級名）、**軍階級**（「大将」「中佐」等の軍の階級名）、**名誉称号**（наро́дный арти́ст РФ「連邦国民芸術家」等の国から与えられる称号）、官位、および国の与える賞の剥奪」

4）**Обяза́тельные рабо́ты**「義務労働」★勤務時間後や放課後に地方自治体の指定機関で義務づけられる奉仕活動。

5）**Исправи́тельные рабо́ты**「矯正労働」★職があることが前提となる刑。裁判所が定めた割合（通常は 20％が上限）が俸給から差し引かれ国庫に納められる。矯正施設〔刑務所〕に収容されることはない。

6）**Ограниче́ние по вое́нной слу́жбе**「軍務の制限」★軍務に対する罪を犯した職業軍人のみに適用。給与から一定割合が差引かれ国庫に納入される。期間中は昇任停止。

7）**Ограниче́ние свобо́ды**「自由制限」★時間を限定した自宅からの外出禁止、定められた自治体の境界外に出ることの禁止、特定の場所（レストランや酒場など）の訪問禁止、集会・大規模イベント等への参加禁止、監督機関の許可なく居所や仕事場を変えることの禁止を含む。

7-1）**Принуди́тельные рабо́ты**「強制労働」★自由剥奪 5 年以下の刑に処せられた者が、収監される代わりに科せられる 2 ヶ月～5 年の作業刑。原則所のある連邦構成主体の矯正センターで寮生活し（夜間・休日の外出は許可制）指定事業所に通う。給与の一部は国に差し引かれる。衣食は自己負担（2014 年より実施予定）。

8）**Аре́ст**「拘留」★留置場 аре́стный до́м に収容される刑。

9）**Содержа́ние в дисциплина́рной во́инской ча́сти**「軍懲罰隊への収容」★軍務に対する罪にのみ適用。

10）**Лише́ние свобо́ды на определённый срок**「有期自由剥奪」［懲役］

11）**Пожи́зненное лише́ние свобо́ды**「終身自由剥奪」［終身刑］

12）**Сме́ртная казнь**「死刑」★現在は暫定停止中（自動的に終身自由剥奪となる）。

註）10）及び 11）は、刑務施設内での作業が義務であり（УИК ст.103）、日本の「懲役」

に相当。犯罪の重大性と、受刑者の年齢、凶悪性の度合いにより、以下の施設に収容される（受刑者に許可される所持品、面会回数、差し入れ品の年間個数などの処遇の違いがある）

Коло́ния-поселе́ние 居住型収容施設 ★監視はあるが、施設内の移動は自由．
Исправи́тельная коло́ния о́бщего режи́ма 一般規則刑務所〔矯正収容所〕
Исправи́тельная коло́ния стро́гого режи́ма 厳重規則刑務所 Исправи́тельная коло́ния осо́бого режи́ма 特別規則刑務所 Воспита́тельная коло́ния 教育矯正収容施設 ★少年院ないし少年刑務所に相当し14歳〜原則18歳までを収容。
Тюрьма́ 監獄 ★特に凶悪な罪を犯し5年以上の刑を宣告された累犯受刑者を収容。他の矯正施設での素行が極めて悪い者も収容される。処遇は коло́ния よりも厳しい。「一般規則」と「厳重規則」の2つがある。
※ このほかに УК гл.15 には、**財産没収（конфиска́ция иму́щества）**の規定がある。

мили́ция と поли́ция （→ 5-2）

　ロシアでは、2011年3月の「警察法」（Зако́н «О поли́ции»）施行により、ソビエト時代から用いられてきた мили́ция の呼称は廃止され、諸外国同様 поли́ция となった。新機構への移管に際しては、内務省改革の一環として、幹部職員を含めた20%の人員削減が行われた。従来の мили́ция の機構では、連邦内務省が管轄する刑事警察（кримина́льная мили́ция 重犯罪・組織犯罪・経済犯罪・悪質な脱税事件などを扱う）と連邦構成主体が管轄する公共安全警察（мили́ция обще́ственной безопа́сности 軽微な事件の捜査や、公共の場所での秩序維持活動を行う）に分かれていたが、新警察機構では、交通警察を含め警察組織全体が連邦内務省の指揮下に一元化される（第4条）。なお、防諜活動や過激派取り締まりなどの「警備警察〔公安警察〕」機能は、連邦保安庁（ФСБ）や対外諜報局（СВР）が担っている。

задержа́ние と аре́ст の刑事事件実務での用法 （→ 5-4）

　日本で法律を犯したロシア語話者は、「逮捕」に際して задержа́ние と аре́ст の違いに過度に敏感になる場合があると聞く。これは、ロシアの刑事訴訟実務での両語の用法差に起因すると思われる。ロシアの刑事訴訟法では、取調官ないし捜査官が作成する **Протоко́л задержа́ния подозрева́емого 「容疑者拘束調書」**（捜査当局から容疑者の諸権利について説明を受けたことを、容疑者が確認し署名する書面）により、48時間まで（裁判所が特に許可した場合は72時間まで延長可）の身柄拘束が可能である（УПК ст. 91, 92, 94）．задержа́ние/задержа́ть は、この期間の身柄拘束に使われる。その後、**возбужде́ние уголо́вного де́ла 「刑事事件の提起」**が決定されると、本格的な取調である **предвари́тельное рассле́дование 「公判前取調」**に入り、裁判所の決定によって容疑者は **「勾留」 заключе́ние под стра́жу** される。ロシアの刑事訴

訟実務では、この「勾留」について арéст/арестовáть を用いている（Ю. Александров «Все о СИЗО — Справочник» (М. 2006 г.) ст. 6)。事件にもよるが、罪の重い犯罪の取調手続 предвари́тельное сле́дствие「予審」の場合、2カ月以内に公訴提起（裁判所へ起訴状を送るかどうか）の結論を得る建前ではあるが、検察の判断でさらに4カ月の期間延長（合計6カ月）が可能で、事件が複雑で特殊なケースでは最大18カ月まで勾留期間の延長があり得る。それで、задержáние なら短期間の身柄拘束で釈放される可能性があるが、арéст は長期間の身柄拘束、場合によっては裁判を経て刑務所ゆきを覚悟せねばならない、という認識に至るようだ。

負傷者・病人の状態程度に関する表現　(→ 5-5)

Удовлетвори́тельное「満足できる状態、軽症」意識は明瞭で体温・血圧とも正常範囲。念のために入院することもある。

Сре́дняя сте́пень тя́жести「中症」意識ははっきりしており、患者は自分で動けるが、入院治療が必要。

Тяжёлое「重症」意識はあるが時々混濁がある。患者は自分で体を動かすことが難しい。集中治療室での治療が必要。

Кра́йне тяжёлое「重体〔危篤〕」意識混濁が激しくはっきりしていることのほうが希。自ら体を動かせない。救命救急室での治療を要する。

Термина́льное「臨終状態」意識はなく、脈も感知できない。末期呼吸が数分から数時間続く。

Состоя́ние клини́ческой сме́рти「臨床死」

◆ **«в ко́ме»**「昏睡状態」、意識不明の重体

代表的な麻薬　(→ 5-11)

о́пий【男】アヘン **герои́н**【男】ヘロイン **кокаи́н**【男】コカイン **э́кстази**【中】〔不変化〕エクスタシー〔錠剤の合成麻薬 MDMA の俗称〕**ЛСД**〔эд-эс-дэ́〕【男】LSD（幻覚剤）**ДОБ**〔доб〕【男】DOB（ブロランフェタミン）

Суди́мость について　(→ 5-17)

辞書には суди́мость は「前科」とあるが、法的には「有罪判決の効果」を指す（「過去に犯罪で逮捕された（服役した）経歴」という通俗的概念で理解しないこと）。ロシア刑法第86条は、有罪判決が確定した者を суди́мый 、その状態を суди́мость と呼んでおり、執行猶予付きの有罪判決の場合は執行猶予期間満了時に、自由剥奪より軽い刑の場合は刑期満了後1年後に、軽・中程度の犯罪で自由剥奪刑を受けた場合は刑期満了後3年後、重大な犯罪の場合は同8年後、特に重大な犯罪の場合は同10年（早期釈放となっ

た場合はその時点から計算）に суди́мость が抹消されると規定している。суди́мость が抹消されていない間は、累犯加重や、執行猶予の欠格、公民権停止、資格制限（ある種の職業に就けない等）などの事由になる。日本刑法にも該当する概念・制度の規定がある（刑法 43 条 2「刑の消滅」）。

刑事事件裁判での апелля́ция と касса́ция　（→ 5-18）

　ロシアの刑事裁判では、罪の軽重により判決確定までの過程が異なり、УПК ст.31 は、刑法何条の罪がどのプロセスによるかを厳密に定めている。**比較的軽微な罪**は、第一審裁判所が「**治安判事**」мирово́й судья́ となる。判決に不服の場合、地区裁判所 райо́нный суд に「**控訴**」**апелля́ция** の申立てがなされ（控訴審 апелляцио́нная инста́нция）、控訴審判決に不服の場合は、「**破毀**」**касса́ция** を連邦構成主体の最高裁判所（名称は様々。以下、便宜上 областно́й суд とする）に申立て、「**破毀審**」**кассацио́нная инста́нция** で判決が確定する**三審制**である。

　一方、**中程度～重罪**については、一審判決に不満の場合、破毀の申立てを行い破毀審で判決が確定する**二審制**である。すなわち、第一審が①地区裁判所 райо́нный суд であれば、破毀審は連邦構成主体の最高裁判所刑事部 Суде́бная колле́гия по уголо́вным дела́м областно́го суда́ ②連邦構成主体の最高裁判所なら、破毀審は連邦最高裁刑事部 Суде́бная колле́гия по уголо́вным дела́м Верхо́вного суда́ РФ（殺人、誘拐、強姦、テロなどの重罪）③連邦最高裁刑事部であれば、破毀審は連邦最高裁破毀部 Кассацио́нная колле́гия Верхо́вного суда́ РФ（連邦議会議員および連邦裁判官が被告人の事件に限られる。УПК ст. 452）

　このほか、ロシアでは確定後の判決を見直す「**監督審**」**надзо́рная инста́нция** と呼ばれる制度があるのも特徴的。

※本章の主要参考文献

小森田秋夫［編］『現代ロシア法』（東京大学出版会、2003 年）小森田秋夫「ロシアの司法制度と法令用語」（http://ruseel.world.coocan.jp）『新版　ロシアを知る事典』（平凡社、2004 年）В.В. Коряковцев, К.В. Путилько «Комментарий к уголовному кодексу Российской Федерации. Постатейный, научно-практический» (СПб, «Питер», 2004 г.) А. Смирнов, К. Калиновский «Комментарий к Уголовно-процессуальному кодексу Российской Федерации» (СПб, «Питер», 2003 г.) Ю. Александров «Все о СИЗО. Справочник» (М. 2006 г.) ★電子版は http://www.index.msk.ru/pdf/nevol-7-2006.pdf で入手可
※ロシアの法律は非常に頻繁に改正されるため、最新の条文は Российская газета 電子版（http://www.rg.ru）で、確認。

В Подмоско́вье же́нщина задави́ла первокла́ссников

Трёх ученико́в пе́рвого кла́сса сби́ла в Подмоско́вье же́нщина-води́тель. Же́нщина, кото́рая находи́лась за рулём автомоби́ля «Пежо́», не спра́вилась с управле́нием, перескочи́ла бордю́р и вы́ехала на пешехо́дный перехо́д. В э́тот моме́нт по зе́бре шли первокла́ссники. В результа́те ДТП два ребёнка получи́ли тра́вмы разли́чной сте́пени тя́жести и бы́ли госпитализи́рованы. Оди́н шко́льник отде́лался уши́бами и был отпра́влен домо́й. Э́та неде́ля отме́чена це́лой се́рией подо́бных траги́чных происше́ствий. В сре́ду в Москве́ «Ма́зда» сби́ла двух дете́й, пересека́вших доро́гу по пешехо́дному перехо́ду. Води́тель маши́ны дал по газа́м и сбежа́л с ме́ста происше́ствия.

（http://www.vesti.ru/doc.html?id=140490）

語　彙　задави́ть [完]〔車で〕ひく первокла́ссник【男】１年生 сбить [完] はねる за рулём [熟] ハンドルを握る、運転する «Пежо́»【中】〔不変化〕プジョー не спра́виться с управле́нием [熟] 操作不能になる перескочи́ть [完] 乗り越える бордю́р【男】縁石 пешехо́дный перехо́д【男】横断歩道 зе́бра【女】〔口語〕横断歩道 ДТП [дэ-тэ-пэ]【中】交通事故 получи́ть тра́вмы [完] ケガを負う отде́латься《造》[完]（ケガを）負う уши́б【男】打撲 отме́ченный《造》〜が特徴な <отме́тить 被過 це́лая се́рия《生》[熟] 多くの〜 траги́чный【形】悲惨な пересека́ть [不完] 渡る дать по газа́м [完]〔口語〕猛スピードを出す

訳　例　　　　　　モスクワ郊外で女性が１年生をはねる

　モスクワ郊外で、女性の運転する車が１年生３人をはねる事故があった。女性が運転するプジョー車が、ハンドルを取られて縁石を飛び越え、１年生が渡っていた横断歩道に進入した。この交通事故で、児童２人が重軽傷を負い病院に運ばれた。また、児童１人が打撲を負ったが、すでに帰宅している。今週は、同様の悲惨な事故が連続数件発生している。水曜日には、モスクワ市内でマツダ車が横断歩道を渡っていた子供２人をはね、運転手が猛スピードで事故現場から逃走する事故があった。

（2007年9月28日報道）

※ロシアでは事故に関係した車両の具体名（製品名）が報道されるため、本課もそれに倣った。[→ **StepUp** 参照]

重要語句

ДТП 〔дэ-тэ-пэ́〕(= **доро́жно-тра́нспортное происше́ствие**)【中】交通事故（= **доро́жная ава́рия**)〔類義〕**а̀втокатастро́фа**【女】交通死亡事故（→ StepUp ）

столкнове́ние【中】衝突 Води́тели двух грузовико́в поги́бли **при столкнове́нии на тра́ссе Москва́ — Петербу́рг.** モスクワとペテルブルグを結ぶ幹線道路で、トラック２台が衝突し、運転手が死亡した。〔動詞形〕**столкну́ться**《с＋造》〔完〕〜と衝突する Под Вы́боргом **лоб в лоб столкну́лись** «Во́лга» и «Ки́а-Ри́о». ビーボルグ郊外でボルガとキア‐リオが正面衝突した。〔同義〕**вре́заться**《в＋対》〔完〕〜にぶつかる ГАЗ **вре́зался в за́днюю часть** дви́гавшейся впереди́ **иномарки**. 前を走っていた外車後部にガスが追突した。

вы́ехать〔完〕飛び出す Маршру́тное такси́ **вы́ехало на по́лосу встре́чного движе́ния**. 乗り合いタクシーがセンターラインを越えて対向車線に飛び出した。〔同義〕**вы́нести**〔完〕★無人称述語 От уда́ра «Газе́ль» **вы́несло на встре́чную по́лосу.** 衝突の弾みで、ガゼルが反対車線にはみ出した。

переверну́ться〔完〕横転する Маши́на вы́летела на обо́чину, проби́ла металли́ческое огражде́ние, съе́хала в кюве́т и **переверну́лась**. 車は道路脇につっこみ、ガードレール〔防護柵〕に衝突し側溝に落ちて横転した。

занести́〔完〕スリップする ★無人称述語 В результа́те гололёда **автобус занесло́ на обо́чину**, и он переверну́лся. 路面凍結のためバスはスリップして道路脇にはみ出し、横転した。〔関連〕◆ **не вписа́ться в поворо́т**〔完〕「カーブを曲がりきれない」 Ми́кроавто́бус **не вписа́лся в поворо́т** и вре́зался в огражде́ние. ミニバンはカーブを曲がりきれず、ガードレールに激突した。

тормози́ть〔不完〕**затормози́ть**〔完〕ブレーキをかける **ре́зко затормози́ть** 急ブレーキをかける По́сле столкнове́ния «О́да» **не смогла́ затормози́ть.** 衝突後にオダはブレーキをかけたが止まらなかった。〔同義〕**соверши́ть торможе́ние**〔完〕ブレーキをかける

сбить《対》〔完〕〜をはねる、ひく〔同義〕**нае́хать**《на＋対》〔完〕〜をはねる／〜に衝突する ★人も物も対象にできる。 «ВАЗ» **нае́хал на** пешехо́да. バスが歩行者をはねた。〔類義〕◆ **попа́сть под маши́ну**〔完〕「車にひかれる」 Он **попа́л под маши́ну.** (= **Его́ задави́ли.**)

◆ **алкого́льное опьяне́ние** 「酒に酔った状態」 Води́тель находи́лся в состоя́нии **си́льного алкого́льного опьяне́ния**. 運転手はひどく酒に酔った状態だった。

В Казахста́не сошёл с ре́льсов 21 ваго́н с у́глем

Схо́д с ре́льсов ваго́нов грузово́го по́езда, сле́довавшего от ста́нции Шу до ста́нции Боралда́й, произошёл на перего́не в 70 киломе́трах от ста́нции Шу. В результа́те железнодоро́жного происше́ствия бы́ли обру́шены три опо́ры ли́нии электропереда́ч, поврежденó о́коло 400 ме́тров железнодоро́жных путе́й. Движе́ние железнодоро́жного тра́нспорта по да́нному уча́стку остано́влено в обо́их направле́ниях, пассажи́рские и грузовы́е соста́вы заде́рживаются на узловы́х ста́нциях. В ликвида́ции после́дствий чрезвыча́йной ситуа́ции заде́йствованы 100 челове́к из восстанови́тельной брига́ды Казахста́нской желе́зной доро́ги и два восстанови́тельных по́езда.

(http://www.vesti.ru/doc.html?id=156439)

語　彙　сойти́ с ре́льсов〔完〕脱線する ваго́н【男】車両（→ **StepUp** ）грузово́й【形】貨物の сле́довать《от＋生》《до＋生》〔不完〕～から…に向かう перего́н【男】（駅間の）途中区間 железнодоро́жный【形】鉄道の обру́шить〔完〕壊す опо́ра【女】支柱 ли́ния электропереда́чи【女】架線 повреди́ть〔完〕損傷する железнодоро́жный путь【男】線路 движе́ние【中】運行 уча́сток【男】区間 останови́ть〔完〕停止させる направле́ние【中】方向 пассажи́рский【形】旅客の соста́в【男】列車 заде́рживаться〔不完〕足止めされる узлова́я ста́нция【女】分岐駅、ターミナル駅 заде́йствовать〔完〕活動させる восстанови́тельный【形】復旧作業の брига́да【女】作業隊

訳　例　　　**カザフで石炭を積んだ列車 21 両が脱線**

　シュウ駅からボラルダイ駅に向かっていた貨物列車が、シュウ駅から70キロ地点で脱線した。この鉄道事故で、架線柱3本が折れ、およそ400メートルに渡って線路が破損した。この区間での列車の運行は上下線ともストップしており、旅客列車・貨物列車ともに途中の駅で足止めされている。事故の復旧作業にはカザフ鉄道の復旧作業隊100名と2台の復旧車両があたっている。

（2008年1月13日報道）

緊急電話の番号 Телефо́ны экстренных служб

«01» – «Еди́ная слу́жба спасе́ния»「総合レスキューサービス」★消防およびレスキュー隊の出動要請（非常事態省）«02» – Поли́ция 警察 «03» – Ско́рая медици́нская по́мощь 救急車 «04» – Авари́йная га́зовая слу́жба ガス漏れ

重要語句

желе́зная доро́га【女】鉄道 ◆ Росси́йские желе́зные доро́ги（ОАО «РЖД»）〔複〕「ロシア鉄道」★全株式を政府が所有する。〔派生〕железнодоро́жный【形】鉄道の

рельс【男】〔多くは複で〕レール упа́сть на ре́льсы 線路上に転落する ◆ сойти́ с ре́льсов〔完〕脱線する По́езд сошёл с ре́льсов на круто́м поворо́те. 列車は急カーブのところで脱線した。〔名詞形〕сход с ре́льсов【男】脱線 На подъе́зде к ста́нции произошёл сход с ре́льсов 9 ваго́нов грузово́го по́езда. 列車が駅に近づいたところで貨物列車の車両9両が脱線した。◆ снять напряже́ние с конта́ктного ре́льса「電源供給用レールの電気を落とす（＝送電を停止する）」На ста́нции метро́ на ре́льсы упа́л челове́к, для извлече́ния пассажи́ра дежу́рный по ста́нции снял напряже́ние с конта́ктного ре́льса. 地下鉄で線路に人が落下し、乗客救出のため駅の当直職員が電源供給用レールの電気を落とした。★ ロシアの地下鉄は、電源供給用レールで電力が供給されるシステム（東京の丸ノ内線と同じ）

перее́зд【男】踏切 Ава́рия на перее́зде ста́нции привела́ к трёхчасово́й заде́ржке движе́ния по транссиби́рской магистра́ли. 駅の踏切で発生した事故の影響で、シベリア横断鉄道本線は3時間にわたって不通となった。

стре́лка【女】ポイント Когда́ пе́рвый ваго́н проходи́л входну́ю стре́лку, произошёл сход с ре́льсов. 1両目の車両がポイントに進入したところで脱線した。

опроки́нуться〔完〕転覆する、横転する（= переверну́ться）Из-за отка́за обору́дования железнодоро́жной стре́лки, оди́н ваго́н опроки́нулся. 線路のポイントが動かなくなり、車両1両が転覆した。

застря́ть〔完〕〔口語〕閉じこめる、「缶詰にする」（= заблоки́ровать）15 ты́сяч пассажи́ров застря́ли в метро́ из-за авари́йного отключе́ния электри́чества. 電気系統の故障で停電が発生し、1万5000人が地下鉄の車内に閉じこめられた。

восстана́вливать〔不完〕восстанови́ть〔完〕復旧させる Че́рез два часа́ движе́ние поездо́в бы́ло по́лностью восстано́влено. 列車の運行は2時間後に完全に復旧した。

восстановле́ние【中】復旧 По́лное восстановле́ние движе́ния поездо́в возмо́жно че́рез су́тки. 列車ダイヤが完全に復旧するには丸一日かかる見込みだ。

ремо́нтно-восстанови́тельный【形】事故復旧の Прово́дятся ремо́нтно-восстанови́тельные рабо́ты. 事故の復旧作業が行われている。

В аэропорту́ Пу́лково
— втора́я нешта́тная поса́дка за су́тки

Небольшо́й ча́стный самолёт соверши́л нешта́тную поса́дку в петербу́ргском аэропорту́ Пу́лково. Поса́дка прошла́ благополу́чно, пострада́вших нет. Число́ пассажи́ров, находи́вшихся на борту́, неизве́стно. Во вре́мя полёта обнару́жилась неиспра́вность шасси́, в связи́ с чем бы́ло при́нято реше́ние верну́ться в аэропо́рт. Накану́не у́тром в э́том аэропорту́ соверши́л экстренную поса́дку самолёт а̀виакомпа́нии Air France, вы́летевший из Петербу́рга в Пари́ж. Вско́ре экипа́ж обнару́жил тре́щину в лобово́м стекле́ и реши́л верну́ться в аэропо́рт вы́лета. Че́рез полчаса́ по́сле взлёта борт благополу́чно приземли́лся в Пу́лково.

（http://www.vesti.ru/doc.html?id=142318）

語　彙　нешта́тный【形】緊急の　поса́дка【女】着陸　благополу́чно【副】成功裏に　находи́ться на борту́〔不完〕搭乗している　обнару́житься〔完〕見つかる　неиспра́вность【女】故障、異常　шасси́【中】〔不変化〕離着陸装置〔車輪〕　экстренный【形】緊急の　обнару́жить〔完〕見つける　тре́щина【女】ひび　лобово́й【形】前面の　борт【男】飛行機　приземли́ться《в＋前》〔完〕〜に着陸する

訳　例　　　　　プルコボ空港で1日に2件の緊急着陸
　ペテルブルグのプルコボ空港で小型自家用機が緊急着陸した。着陸は成功し、けが人はいなかった。搭乗していた乗客の数はわかっていない。同機は飛行中に着陸装置の故障が見つかったため、空港に引き返すことを決めた。同空港では、昨日の朝にもペテルブルグ発パリ行きのエールフランス機が緊急着陸した。離陸直後に乗員が操縦室正面のガラスにひびが入っているのを発見し、出発地の空港に引き返した。離陸から30分後、飛行機は無事プルコボ空港に着陸した。
（2007年10月11日報道）

重要語句

взлёт【男】離陸 **По́сле взлёта** произошло́ сраба́тывание сигнализа́ции не убра́вшегося шасси́. 離陸後、車輪が格納されなかったことを示す警報が作動した。(→ **StepUp**)

поса́дка【女】着陸 соверши́ть экстренную〔нешта́тную〕/ авари́йную поса́дку 緊急着陸／不時着する **При поса́дке** в самолёте случи́лась техни́ческая непола́дка. 飛行機の**着陸時**に機械の不具合が生じた。

взлётно-поса́дочная полоса́【女】滑走路 Самолёт загоре́лся, **вы́ехав за преде́лы взлётно-поса́дочной полосы́**. 飛行機は滑走路をオーバーランして炎上した。

связь【女】連絡 Че́рез не́сколько мину́т по́сле взлёта **связь с диспе́тчером оборвала́сь**. 離陸から数分後に管制官との連絡が途絶えた。〔関連〕◆ **пропа́сть с рада́ра**〔完〕「レーダーから機影が消える」 Самолёт Ту-154, сле́довавший ре́йсом Ана́па — Санкт-Петербу́рг, **пропа́л с рада́ров**. アナパからペテルブルグに向かっていたツポレフ154型機が、**レーダーから消えた**。

◆ **захва́т самолёта**【男】「ハイジャック」★ захва́т は「占拠」「乗っ取り」を指す（対象は飛行機以外も可）。〔動詞形〕**захвати́ть самолёт**〔完〕飛行機を乗っ取る〔同義〕**уго́н самолёта** / **угна́ть самолёт**〔完〕★乗っ取った機を目的地に向かわせることを指す。

◆ **турбуле́нтный пото́к**「乱気流」 «Бо́инг» попа́л в **мо́щный турбуле́нтный пото́к**. ボーイング機は激しい乱気流に巻き込まれた。〔同義〕**зо́на турбуле́нтности** катастро́фа【女】大事故 потерпе́ть катастро́фу 事故に遭遇する àвиакатастро́фа【女】航空機事故〔関連〕паде́ние【中】墜落 ◆ **потерпе́ть круше́ние**〔完〕「事故に遭う」★飛行機事故では「墜落（= упа́сть）」、海難事故では「沈没」をさす。

развали́ться〔完〕〔機体が〕折れる Самолёт соверши́л «жёсткую» поса́дку в аэропорту́, в результа́те чего́ у маши́ны **развали́лся фюзеля́ж**. 旅客機が空港に不時着し、**機体が真二つに折れた**。

обло́мки〔複〕残骸、壊れた〜 **Из-под обло́мков самолёта** доста́ли всех пострада́вших. 壊れた機体の中からけが人全員が救出された。

«чёрный я́щик»【男】ブラックボックス На ме́сте круше́ния самолёта на́йден оди́н из **чёрных я́щиков**. 飛行機の墜落現場で**ブラックボックス**の1つが回収された。

склоня́ться《к + 与》〔不完〕「〜の見方を強める」 Специали́сты **склоня́ются к тому́, что** причи́ной катастро́фы ста́ло ре́зкое паде́ние мо́щности дви́гателей. 専門家は墜落の原因はエンジン出力の急激な低下であったとの見方を強めている。

Пожа́р в це́нтре Москвы́ поту́шен

Пожа́р в одно́м из сало́нов со́товой свя́зи и в о́фисном зда́нии в це́нтре Москвы́ поту́шен. Же́ртв и пострада́вших нет. Причи́ны возгора́ния устана́вливаются. К рабо́те приступи́ли экспе́рты. Возгора́ние в одноэта́жном павильо́не сало́на со́товой свя́зи возни́кло в суббо́ту ве́чером. Ого́нь перекри́нулся на ря́дом стоя́щее двухэта́жное о́фисное зда́ние. Пожа́ру была́ присво́ена втора́я, при пя́той максима́льной, катего́рия сло́жности. На ме́сте происше́ствия рабо́тали 12 пожа́рных расчётов. В [сало́не со́товой свя́зи] вы́горело 250 квадра́тных ме́тров пло́щади, а о́бщая пло́щадь пожа́ра соста́вила 500 квадра́тных ме́тров. Су́мма уще́рба устана́вливается.

(http://www.vesti.ru/doc.html?id=145904)

語　彙　пожа́р【男】火事 сало́н со́товой свя́зи【男】携帯電話販売店 потуши́ть［完］消し止める возгора́ние【中】出火 устана́вливаться［不完］（原因が）特定される приступи́ть《к＋与》［完］〜に着手する одноэта́жный【形】平屋の павильо́н【男】店舗 перекри́нуться《на＋対》［完］〜に燃え移る присво́ить《与》［完］〜に与える максима́льный【形】最大の катего́рия сло́жности【女】難度 пожа́рный расчёт【男】消防隊 вы́гореть［完］全焼する уще́рб【男】損害

訳　例　　　　**モスクワ中心部での火災は鎮火**

　モスクワ市中心部で、携帯電話販売店と事務所の入った建物が焼ける火事があった。火は消し止められ、死傷者はなかった。出火原因の調べが続けられており、調査担当者が作業を開始した。土曜日の夜、携帯電話販売店の平屋建ての店舗から出火、火は隣の事務所の入った2階建ての建物に燃え移った。火事は5段階評価（5が最も難度が高い）でレベル2であった。現場では消防車12台（＝消防隊12隊）が出動して消火作業にあたった。携帯電話販売店で250㎡が焼け、全体では500㎡を焼失した。被害額は算定中である。

（2007年11月3日報道）

重要語句

пожа́р 【男】 火事 (= ого́нь, возгора́ние) си́льный/кру́пный пожа́р в жило́м 12-эта́жном до́ме 12 階建マンションでの大火事 Пожа́р **произошёл /возни́к / вспы́хнул**. 火事が**発生**した。 Пожа́р **продолжа́ет распространя́ться**. 火事は**延焼中**だ。 **Пожа́ру присвоена** пятая степень ⌊катего́рия⌋ сло́жности. この**火事**は**難度5**と**評価**された。 ★ ロシアでは消火活動の難度を5段階で評価する

пожа́рный 【形】 火事の пожа́рная охра́на 消防 пожа́рная те́хника 消防車両 пожа́рная ле́стница 非常階段 Приостано́влена де́ятельность 40 объе́ктов с ма́ссовым пребыва́нием люде́й, где не соблюда́ются **тре́бования пожа́рной безопа́сности**. 多くの人が集まる40の施設で、**防火管理義務**違反が見つかり施設の使用が禁止された。(→ StepUp)【名】消防士 ★口語では пожа́рник ともいうが пожа́рный が望ましい

◆ пожа́рный расчёт (= пожа́рная брига́да)「消防隊」通常は消防車1台と隊員6名で構成。「消防車○台が⌊消火にあたった⌋」と同義。 В ликвида́ции принима́ло уча́стие де́сять расчётов. 消防車10台が出動して消火活動に当たった。

горе́ть [不完] сгоре́ть [完] 焼ける ★完了体過去に注意。 Из 24 корпусо́в птицефа́брики 9 сгоре́ли по́лностью. 24の鶏舎のうち9棟が**全焼**した。 За два ме́сяца в огне́ **сгоре́ло 128 челове́к**. 火災で亡くなった人は2カ月で128人に達した。

загора́ться [不完] загоре́ться [完] 出火する Зда́ние **загоре́лось от** уда́ра мо́лнии/ непоту́шенной сигаре́ты. 落雷／たばこの不始末が原因で建物から**出火**した。

туши́ть [不完] потуши́ть [完] пожа́р 火を消す Пожа́р был поту́шен о́коло пяти часо́в ве́чера. 火は夕方5時ごろ**鎮火**した。〔名詞形〕туше́ние 【中】 ~ пожа́ра 消火 〔同義〕**пожа̀ротуше́ние** 【中】 消火

ликвиди́ровать пожа́р/возгора́ние [不完・完] (最終的に) 消火・鎮火する Пожа́р ещё **не ликвиди́рован**. まだ鎮火していない。〔類義〕**локализова́ть пожа́р/возгора́ние** [不完・完] (延焼を) 食い止める То́лько че́рез 15 часо́в удало́сь **локализова́ть пожа́р** на химзаво́де. 化学工場の火事は15時間後にようやく**下火**になった。

主な出火原因

неосторо́жное обраще́ние с огнём 火の不始末 наруше́ния пра́вил устро́йства и эксплуата́ции 《生》〔複〕 ~の設置上ないし使用上の誤り коро́ткое замыка́ние ショート поджо́г 放火 игра́ с огнём 火遊び уте́чка га́за ガス漏れ

Число́ пострада́вших при обруше́нии зда́ния вы́росло до трёх

Госпитализи́рован тре́тий пострада́вший в результа́те обруше́ния мѐжэта́жного перекры́тия стро́ящегося торго́вого це́нтра в Новосиби́рске. Двои́х «ско́рая по́мощь» сра́зу доста́вила в больни́цу, а тре́тий строи́тель, получи́вший тра́вму головы́, в состоя́нии шо́ка убежа́л в быто́вку. Э́того челове́ка нашли́ поздне́е и то́же госпитализи́ровали. Обруше́ние мѐжэта́жного перекры́тия произошло́ на пло́щади 350 квадра́тных ме́тров. Сейча́с ведётся разбо́р зава́лов. Есть вероя́тность, что под зава́лами нахо́дятся лю́ди, для их по́иска привлечены́ специа́льно обу́ченные соба́ки. Причи́на обруше́ния пока́ не устано́влена.

(http://www.vesti.ru/doc.html?id=146350)

語　彙　обруше́ние【中】崩落 мѐжэта́жное перекры́тие【中】階と階の間の床〔天井〕部分 стро́ящийся【形】建設中の торго́вый центр【男】ショッピングセンター «ско́рая по́мощь»【女】救急車 тра́вма【女】ケガ состоя́ние【中】状態 шок【男】ショック быто́вка【女】作業員用休憩室〔更衣室〕разбо́р【男】整理、「除去」зава́лы〔複〕がれき вероя́тность【女】可能性 привле́чь〔完〕投入する обу́ченный【形】訓練された

訳　例　　　　　　　**建物崩落事故で負傷者3人に**

　ノボシビルスクの建設中のショッピングセンターで発生した天井崩落事故で、3人目の負傷者が病院に運ばれた。事故直後に負傷者2人は救急車で病院へ運ばれた。3人目の作業員は頭を負傷し、ショック状態で作業員用休憩所に逃げ込んでいたため発見が遅れたが、病院に収容された。崩れた床部分は350㎡に上り、現在がれきを取り除く作業が続けられている。まだがれきの下敷きになっている人がいる可能性もあり、救助犬を投入して捜索にあたっている。崩落の原因はわかっていない。

（2007年11月7日報道）

重要語句

обру́шиваться［不完］**обру́шиться**［完］**崩落する、崩れる** Под давле́нием сне́га **обру́шилась кры́ша катка́**. 雪の重みで**スケート場の屋根が崩落した**。〔同義〕
ру́хнуть［完］**崩れ落ちる Ру́хнул** огро́мный **мост** че́рез ре́ку. 川にかかる大きな橋が崩落した。

обруше́ние【中】**崩落** В го́роде участи́лись слу́чаи **обруше́ния балко́нов** домо́в. 市内では、集合住宅の**ベランダが崩れ落ちる**事故が相次いでいる。

констру́кция【女】〔建物の〕**構造** Е́сли бы **констру́кции** бы́ли не надёжные, дом бы ру́хнул. **構造**がしっかりしていなければ、建物は崩壊していただろう。

перекры́тие【中】**床〔天井〕部分** В пятиэта́жном зда́нии ру́хнули **мѐжэта́жные перекры́тия**. 5階建ての建物で**数階分の床が**抜け落ちた。

руи́ны〔複〕**廃墟、「がれき」** В счи́танные мину́ты мно́гие зда́ния **преврати́лись в руи́ны**. 多くの建物が一瞬のうちに**廃墟と化した**。**Из-под руи́н** извлечено́ те́ло ещё одного́ поги́бшего. **がれきの下から**もう１人の遺体が収容された。

зава́лы〔複〕**瓦礫** Под **зава́лами** ру́хнувшего гиперма́ркета ещё остаю́тся лю́ди. 崩壊した大型スーパーの**瓦礫の下に**、まだ人が取り残されている。

◆ **разбира́ть**［不完］/**разобра́ть**［完］**зава́лы　がれきを撤去する Зава́лы разбира́ют**, испо́льзуя тяжёлую те́хнику. 重機を使って**がれきの撤去が行われている**。〔名詞形〕**разбо́р зава́лов**【男】**При разбо́ре зава́лов** сгоре́вшего до́ма обнару́жили тела́ двух поги́бших, ли́чность и во́зраст кото́рых сейча́с устана́вливают. 家の焼け跡を捜索中に、２人の遺体が見つかり、身元と年齢の確認作業が行われている。

кино́лог【男】**特殊犬訓練士** ★救助犬、警察犬、麻薬探知犬など。 На ме́сто происше́ствия при́было не́сколько **кино́логов с соба́ками**, кото́рые осма́тривают этажи́ зда́ния. 事故現場に**救助犬数頭をつれた係官**が到着し、建物の各階を捜索している。

взрыв га́за【男】**ガス爆発 уте́чка га́за**【女】**ガス漏れ** В результа́те поврежде́ния трубопрово́да произошла́ **уте́чка га́за**. ガス管の損傷が原因で**ガス漏れ**が発生した。

ожо́г【男】**火傷** Оди́н мужчи́на **получи́л ожо́г 95 проце́нтов пове́рхности те́ла**. ある男性は**全身の95%に火傷を負った**。

◆ **по счастли́вой случа́йности「奇跡的に」По счастли́вой случа́йности** обошло́сь без жертв. **奇跡的に**犠牲者は出なかった。

◆ **упа́сть в люк**［完］**「マンホールに落ちる」** По доро́ге домо́й он **упа́л в откры́тый люк**. 帰宅途中に、彼は**ふたの開いたマンホールに転落した**。

«УА́З» с рыбака́ми ушёл под лёд

Дво́е рыбако́в утону́ли, провали́вшись под лёд реки́ на автомаши́не «УА́З». В провали́вшемся под лёд автомоби́ле находи́лись тро́е челове́к. Одному́ рыбаку́ удало́сь спасти́сь. На попу́тной маши́не он добра́лся до дере́вни и оповести́л о случи́вшемся операти́вные слу́жбы. На ме́сте происше́ствия бу́дут вести́сь водола́зные рабо́ты. По да́нным областно́го МЧС, в после́дние дни участи́лись слу́чаи ги́бели люде́й на ре́ках и озёрах регио́на из-за непро́чного льда. Всего́ с нача́ла весны́ 13 челове́к утону́ли, провали́вшись под лёд. Спаса́тели че́рез сре́дства ма́ссовой информа́ции призыва́ют жи́телей о́бласти не выходи́ть на опа́сный весе́нний лёд водоёмов во избежа́ние несча́стных слу́чаев.

（http://www.vesti.ru/doc.html?id=95320）

語　彙　рыба́к［-á］【男】釣り人 утону́ть［完］溺れる провали́ться［完］転落する спасти́сь［完］助かる попу́тный【形】通りがかりの добра́ться《до＋生》［完］〜までたどり着く оповести́ть《対》《о＋前》［完］〜に…を知らせる водола́зный【形】潜水の участи́ться［完］頻繁になる непро́чный【形】しっかりしていない во избежа́ние《生》［熟］〜を避けるために

訳　例　　　　　　　**釣り人の乗ったウアスが氷下に転落**

　釣り人を乗せたウアスが、氷の張った川の中に転落し2人が溺れて死亡した。氷の下に転落した車には3人が乗っていた。釣り人の1人は自力で脱出し、通りがかった車で近くの村に向かって救助隊に事故を通報した。事故現場では潜水救助活動が行われることになっている。州の非常事態省本部によれば、この数日で地域の川や湖で氷が緩んだため、死亡事故が相次いでいる。春以降13人が氷の下に転落し溺れて亡くなっている。救助当局は、春は危険であるとして、事故防止のため凍結した河川湖沼には立ち入らないよう、マスメディアを通じて州民に呼びかけている。

　（2007年4月5日報道）

重要語句

тону́ть［不完］утону́ть［完］沈む、溺れる　У берего́в Ита́лии в результа́те круше́ния су́дна **утону́ли 22 челове́ка**. イタリア沿岸で船が沈没し、**22人が水死**した。За мину́вшие выходны́е на пля́жах **тону́ли 17 челове́к**, но все бы́ли спасены́. この週末に海岸で**17人が溺れた**（＝17件の水の事故が発生した）が、全員が救助された。★完了体過去形は「溺死」のニュアンスを伴うが、不完了体過去は「溺れた」事実のみを伝える

корабⷠлекруше́ние【中】海難事故、水難事故★水上での船舶事故の総称（→ **StepUp** ）

затону́ть［完］沈没する（＝потерпе́ть круше́ние）В усло́виях си́льного што́рма в Тата́рском проли́ве **затону́ла** рыболо́вная шху́на. 大時化の間宮海峡で漁船が**沈没した**。〔類義〕перевернуⷠться［完］転覆する　**Переверну́лся паро́м**, перевози́вший 750 челове́к. 750人を乗せた**フェリーが転覆した**。

◆ **сесть на мель**［完］「浅瀬に乗り上げる」Все 17 чле́нов росси́йского экипа́жа грузово́го тра́нспорта, **се́вшего на мель в зали́ве**, успе́шно эвакуи́рованы. 湾の**浅瀬に乗り上げた**貨物船のロシア人乗員17人は全員無事に避難した。

затопле́ние【中】浸水、沈没　В маши́нное отделе́ние начала́ поступа́ть вода́, но **угро́зы затопле́ния** теплохо́да нет. 機関室に水が入り始めたが、船が**沈没する恐れ**はない。

разли́в【男】流失、漏れ　В результа́те осмо́тра с во́здуха вы́явлено, что **разли́ва то́плива** нет. 空からの監視で**燃料の流失**がないことがわかった。

дрейфова́ть［不完］漂流する　Водола́зы освободи́ли от сете́й гребно́й винт **дрейфова́вшего су́дна**. 潜水作業員が**漂流していた**船のスクリューに絡まった網を外した。〔類義〕◆ **потеря́ть ход**［完］「航行不能になる」Тра́улер **потеря́л ход** в 17 ми́лях от бе́рега. トロール船は岸から沖合17マイルのところで**航行不能になった**。

спасти́сь［完］自力で助かる　Моряки́ **чу́дом спасли́сь** с потерпе́вшего круше́ние су́дна. 船員は沈没した船から**自力で脱出し**奇跡的に助かった。

◆ **спаса́тельный плот**「救命いかだ」Вертолёт обнару́жил два **спаса́тельных плота́**. ヘリコプターが2隻の**救命いかだ**を発見した。

◆ **поиско́вая опера́ция**「捜索活動」**Поиско́вая опера́ция**, в кото́рой заде́йствованы 51 челове́к и спаса́тельное су́дно, продолжа́ется. 救助隊51人と救助船1隻が**捜索活動**を続けている。

◆ **сигна́л SOS**［сос］「SOS、救難信号」Спаса́тели в Охо́тском мо́ре и́щут су́дно, **пода́вшее сигна́л SOS**. オホーツク海で救助隊が**救難信号を発信した**船を捜索中だ。

На «Комсомо́льской» и́щут причи́ны

На воркути́нской ша́хте «Комсомо́льская» и́щут трои́х горняко́в. Они́ бы́ли в забо́е, когда́ взорва́лся мета́н. Поги́бли се́меро их колле́г. Дво́е нахо́дятся в больни́це в тяжёлом состоя́нии. Коми́ссия Ростехнадзо́ра уже́ приступи́ла к рассле́дованию причи́н катастро́фы. Изве́стно, что во вре́мя после́дней прове́рки, кото́рую проводи́ли в ма́е, инспе́кторы не вы́явили серьёзных наруше́ний. Тела́ семеры́х поги́бших шахтёров по́дняты на пове́рхность и опо́знаны. Ша́нсы найти́ трёх горняко́в живы́ми невелики́. «В настоя́щий моме́нт произошло́ обруше́ние. Пожа́ра в ша́хте нет, задымле́ния то́же, но больши́е обруше́ния, поэ́тому о́чень сло́жно найти́ на́ших шахтёров. О́чень хо́чется наде́яться, что они́ всё-таки живы́», — сказа́л глава́ муниципа́льного образова́ния городско́го о́круга Воркуты́.

(http://www.vesti.ru/doc.html?id=127808)

語　彙　воркути́нский【形】Воркута́［地名］の ша́хта【女】炭坑 горня́к［-а́]【男】炭坑作業員 забо́й【男】採掘抗 взорва́ться［完］爆発する мета́н【男】メタンガス прове́рка【女】検査 инспе́ктор【男】検査官 вы́явить［完］明らかにする наруше́ние【中】違反 пове́рхность【女】表面、「地上」 задымле́ние【中】煙が立ち上ること

訳　例　　　　コムソモリスカヤ炭坑事故で原因究明

　ボルクタのコムソモリスカヤ炭坑で、3人の炭坑作業員の捜索が続いている。3人は、メタンガスが爆発した際坑内にいた。同僚の作業員7人が死亡し、2人が重傷を負って病院へ運ばれた。連邦技術監督庁の調査委員会は事故の原因調査を開始した。直近の5月に検査官が立入調査した際には、重大な違反は見つかっていない。死亡した7人の作業員の遺体は地上に引き上げられ、身元の確認が完了した。3人の作業員が生存している可能性は低い。ボルクタ市の区長は「現在も天井の崩落が発生している。坑内火災は発生しておらず、煙も出ていないが、崩落の規模が大きく、作業員の発見は非常に困難だ。それでも彼らは生存していると信じたい」と語った。

（2007年6月26日報道）

重要語句

ша́хта【男】①鉱山、炭坑 ②坑内作業場 **Ава́рия на ша́хте**, кото́рая произошла́ накану́не, уже́ при́знана са́мой кру́пной за после́дние пять лет. 昨日発生した炭鉱事故は、過去5年間で最悪の事故となった。 **шахтёр**【男】炭坑作業員、坑内員〔類義〕**горня́к** [-а́]【男】鉱山作業員 ★「鉱〔坑〕夫」は、差別語と見なされるので避けたい。

забо́й【男】坑内 Не́сколько деся́тков челове́к **оста́лись в забо́е**, чтобы помо́чь в поиско́во-спаса́тельных рабо́тах. 数十人が捜索救助活動に協力するため坑内に残った。

заблоки́ровать〔完〕閉じこめる（= застря́ть）До шахтёров, **оказа́вшихся заблоки́рованными в забо́е** на глубине́ о́коло 600 ме́тров, го́рноспаса́телям оста́лось пройти́ ме́нее 5 ме́тров. 坑内救助隊は、作業員が**閉じこめられている**地下600メートルの坑内の現場まで、あと5メートルの所まで来ている。

обва́л【男】落盤 **Под обва́л го́рной поро́ды** попа́ли два челове́ка. 鉱山の崩落現場で2人が生き埋めになった。〔類義〕**обруше́ние**【中】（坑道の天井の）崩落

◆ **«горя́чая ли́ния»**「ホットライン、専用相談電話」откры́ть горя́чую ли́нию для ро́дственников поги́бших и пострада́вших в ава́рии 事故犠牲者・被害者の家族のための専用相談電話を開設する

追悼に関する表現

тра́ур【男】喪 Объя́влен **трёхдне́вный тра́ур** по поги́бшим в ава́рии. 事故で亡くなった人々を悼んで**3日間の服喪**が発表された。 **тра́урный**【形】服喪の В день тра́ура прово́дятся **тра́урные мероприя́тия** и отменя́ются пра́здничные и развлека́тельные. 服喪日には**服喪行事**が行われ、祝賀行事や歌舞音曲は中止される。 ★テレビ・ラジオではコマーシャルは自粛

◆ **приспуска́ть**〔不完〕/ **приспусти́ть**〔完〕**госуда́рственный флаг**「半旗を掲げる」Госуда́рственный флаг **приспуска́ют**, когда́ объявля́ется официа́льный тра́ур. 服喪が正式に発表されると、**半旗が掲げられる**のが慣例である。

◆ **мину́та молча́ния**「黙祷」Во всём моско́вском метро́ ро́вно в 8.32 **была́ объя́влена мину́та молча́ния**. モスクワの全地下鉄で8時32分に**黙祷が献げられ**た。★厳密に1分間行うとは限らない（会議冒頭の黙祷などは15秒くらいの時もある）。〔関連〕**возложе́ние цвето́в**〔**венко́в**〕献花 **зажига́ние свече́й** ロウソクへの点火

◆ **«гражда́нская панихи́да»**「（一般弔問客が参列できる）告別式、お別れの会」★必ずしも無宗教式ではなく、僧職者が祈祷を捧げる中で行う場合もある

◆ **доброво́льное поже́ртвование пострада́вшим** 被害者救援義援金〔寄付〕〔関連〕**гуманита́рная по́мощь**【女】人道援助

道路交通 (→ 6-1)

светофо́р【男】信号 ◆ **запреща́ющий / разреша́ющий сигна́л светофо́ра**
赤信号／青信号 (= кра́сный/зелёный свет) прое́хать на запреща́ющий свет (=
игнори́ровать кра́сный свет) 赤信号を無視する Грузови́к **вы́ехал на перекрёсток**
на кра́сный свет. トラックが赤信号を無視して交差点に進入した。〔関連〕
регули́руемый / нерегули́руемый 「信号機のある／ない」 Автомоби́ль на
нерегули́руемом перекрёстке соверши́л нае́зд на же́нщину. 信号機のない交
差点で車が女性をはねた。

про́бка【女】渋滞 попа́сть в про́бку 渋滞に巻き込まれる В результа́те ава́рии
образова́лась про́бка длино́й в 15 км. 事故の影響で 15 キロの渋滞となった。

◆ **пристёгиваться/пристегну́ться ремнём безопа́сности** 「シートベルトを締
める」 **Штраф за непристёгнутый реме́нь безопа́сности** увели́чен со 100
рубле́й до 500. シートベルト未着用の罰金が 100 ルーブルから 500 ルーブルに引上げ
られた。

道にまつわる表現 (→ 6-1)

а̀втомагистра́ль【女】高速道路 въезд на а̀втомагистра́ль/вы́езд с а̀втомагистра́ли
高速道の入口／出口〔類義〕**кольцева́я автодоро́га** (КАД) 環状自動車道〔関連〕
доро́жная [автомоби́льная] **развя́зка** インターチェンジ **раздели́тельная**
полоса́ 中央分離帯 **прое́зжая часть**【女】車道 **обо́чина** 路肩 **па́ркинг** 駐車場 (=
стоя́нка, парко́вка) **пешехо́дный мост** 歩道橋 **подзе́мный перехо́д** 地下連絡
道 **тротуа́р** 歩道 **бордю́р** 縁石 ★ペテルブルグでは **поре́брик** という。 **у́личный**
фона́рь【男】街灯 **доро́жный знак** 標識~ «Въезд запрещён» 「一方通行」の標
識

自動車の車種と車名 (→ 6-1)

　ロシア語の報道では、「乗用車」「軽自動車」「ライトバン」といった車種よりも、具体
的な車名が頻出する。ネイティブは運転免許のない人でも、車名を聞けば状況が十分イメ
ージできる。

◆ **легково́й автомоби́ль** 「乗用車」 定員 8 名以下で 500kg 以下の車両 ★**軽乗用車**は
малолитра́жный автомоби́ль. **хетчбэ́к** ハッチバック **седа́н** セダン **универса́л**
ステーションワゴン **кабриоле́т** オープンカー

◆ **внедоро́жник** オフロード車 ◆ **пика́п** ピックアップトラック

◆ **грузово́й автомоби́ль** 「トラック」 (= грузови́к) **тяга́ч** トレーラー
пассажи́рский авто́бус 旅客バス **микроавто́бус** ミニバン、ワゴン車

◆ **маршру́тное такси́/маршру́тка** 「路線タクシー（マルシュルートカ）」 ★ワゴン

車を使ったミニバス（通常は定員 13 名＋運転手）。基本的に定額制で路線区間ならどこでも乗降可

◆ **специа́льная те́хника**「特殊車両」★ **эвакуа́тор** レッカー車 **мусорово́з** (= **му́соросбо́рщик**) ゴミ収集車 **убо́рочная маши́на** 清掃車 **снѐгоубо́рочная маши́на** 除雪車 **а̀втокра́н** クレーン車 **бульдо́зер** ブルドーザー **цисте́рна** タンクローリー **грузови́к-ми́ксер** ミキサー車

ロシア国産車の主な車名

ВАЗ 社製の乗用車

«копе́йка» ВАЗ 2101（1971 年製造開始、セダン、オンボロ車の代名詞）

«четвёрка» ВАЗ 2104（1984 年製造開始、セダン）

«пятёрка» ВАЗ 2105（1980 年製造開始、Жигули́/Lada Nova セダン）

«шестёрка» ВАЗ 2106（1976 年製造開始、Жигули́ /Lada セダン）

«семёрка» ВАЗ 2107（1982 年製造開始、Жигули́ 1400cc セダン）

«восьмёрка» ВАЗ 2108（1985 年製造開始、1500cc ハッチバック）

«девя́тка» ВАЗ 2109（1987 年製造開始、1500cc ハッチバック）

«деся́тка» ВАЗ 2110（1996 年製造開始、1500cc セダン）

«Во́лга»「ボルガ」ГАЗ 社製造の 2500 〜 3000cc 級 5 人乗り高級セダン（「クラウン」「マーク II」的存在）

«Газе́ль»「ガゼル」ГАЗ 社製業務用ワンボックスワゴン。最新型救急車やмаршру́тка で使用（「ハイエース」「キャラバン」クラス）

ИЖ-«ОДА»［о́да］「オダ」ИЖ 社製 5 ドアハッチバック

«Москви́ч»「モスクビッチ」ИЖ 社製大衆セダン（ソ連時代からある。「カローラ」「サニー」的存在）

«УАЗ»［уа́з］УАЗ 社製自動車 ★かつての主力はワゴン車（救急車でよく使われた）やジープ型車（警察車両として有名）だったが、最近は四輪駆動ＲＶ車も生産。

«ОКА»［ока́］「オカ」СеАЗ 社製軽乗用車

«КамАЗ»［кама́з］「カマス」КамАЗ 社製トラック・ダンプ・特殊大型車両

«МАЗ» バス車両（含トロリーバス車体）

外国車 **инома́рка**

Шевроле́т（Шевроле́）シボレー **Форд** フォード **А́уди** アウディ **Фольксва́ген** フォルクスワーゲン **БМВ**［бэ-эм-вэ́］BMW **Мерседе́с** メルセデス・ベンツ **Во́льво** ボルボ **Шко́да** シュコダ（チェコ）**Дэ́у** 大宇（韓国）**Хёнда́й** (Hyundai) 現代（韓国）**КИ́А** 起亜（韓国）

★日本メーカーはローマ字表記される場合も多い。**Тойо́та**（Toyota）トヨタ **Нисса́н**

（Nissan）日産 **Ма́зда**（Mazda）マツダ **Сузу́ки**（Suzuki）スズキ **Суба́ру**（Subaru）スバル **Дайха́цу**（Daihatsu）ダイハツ

鉄道関係のことば （→ 6-2）

конта́ктная сеть 架線 **пантогра́ф** パンタグラフ★ **рог**/**то̀коприёмник** とも。**перро́н** プラットホーム **турнике́т** 自動改札機

пассажи́рский по́езд 旅客列車 **грузово́й/това́рный по́езд** 貨物列車

скоростно́й по́езд 高速列車 **при́городный по́езд** 郊外電車（= **электри́чка**）

моноре́льс モノレール

ваго́н 車両 ★ **купе́йный ваго́н** 寝台車 **ваго́н-рестора́н** 食堂車 **электрово́з** 電気機関車 **теплово́з** ディーゼル機関車 **парово́з** 蒸気機関車

★ **кана́тная доро́га**「索道」は、文脈や状況から適切な訳語を選ぶ必要がある

①ケーブルカー（**фуникулёр**）Тури́стов застря́ли в каби́нках **фуникулёра на кана́тной доро́ге.** 旅行客は**ケーブルカーの車内**に閉じこめられた。

②ロープウェー（**возду́шная кана́тная доро́га**）Сотру́дники слу́жбы по чрезвыча́йным ситуа́циям МВД Гру́зии спасли́ 17 пассажи́ров **кана́тной возду́шной доро́ги,** из-за ава́рии застря́вших на высоте́ 25 ме́тров. 事故のため**ロープウェー**が高さ25メートル付近で宙づりとなり、乗客17人がジョージア内務省の非常事態部隊に救助された。

③（スキー場の）リフト（**кре́сельная кана́тная доро́га**）Лы́жники провисе́ли 3 часа́ **на кре́сельной кана́тной доро́ге.** スキー客は**リフト**で3時間宙づり状態になった。

民間航空機 （→ 6-3）

ла́йнер（= **а̀виала́йнер**）【男】〔定期路線の〕旅客機 **реакти́вный ла́йнер** ジェット旅客機 **На борту́ ла́йнера находи́лись** 114 пассажи́ров и чле́ны экипа́жа. **旅客機**には乗員と乗客114人が**乗っていた**。〔関連〕**лёгкий самолёт** 軽飛行機〔セスナ機〕**вертолёт** ヘリコプター ◆ **возду́шное су́дно**「空の船」=飛行機

代表的な航空機メーカー

«**Бо́инг**» ボーイング（B）«**МакДо́ннел Ду́глас**» マグダネルダグラス（DC）«**Аэро́бус**» エアバス（A）«**Эмбра́ер**» エンブレア（**Embraer**, EMB/EMJ）«**Бомбардье́**» ボンバルディア（Bombardier, BD）«**Илью́шин**»（Ил）イリューシン «**Ту́полев**»（Ту）ツポレフ «**Анто́нов**»（Ан）アントノフ «**Я́ковлев**»（Як）ヤコブレフ **Сухо́й**（Су）スホーイ ★戦闘機メーカーのイメージが強いがボーイング社などと共同で中距離旅客機Superjet100を開発

飛行機の機体部分 (→ θ-3)

каби́на 操縦室、コックピット **нос** 機首 **носово́е колесо́** 前輪 **дви́гатель** エンジン **крыло́** 主翼 **элеро́н** 補助翼 **вертика́льное хвостово́е опере́ние** 垂直尾翼 **киль**【男】垂直安定板 **хвостово́й стабилиза́тор** 水平尾翼 **ко́рпус** 胴体 (= **фюзеля́ж**) При соверше́нии поса́дки маши́на **завали́лась на ле́вое крыло́,** её разверну́ло, и **ко́рпус самолёта** был повреждён. 着陸時に飛行機は**左に傾いて横転し、機体の胴体部分**が損傷した。

消防設備の名称 (→ 6-4)

эвакуацио́нный/авари́йный вы́ход 非常口 **противопожа́рная дверь**【女】防火扉 **огнетуши́тель**【男】消火器 **пожа́рная сигнализа́ция** 火災警報装置 **да́тчик задымлённости** 煙感知機 (**пожа́рный**) **спри́нклер** スプリンクラー **пожа́рный гидра́нт** 消火栓 **противога́з** 防毒マスク

船舶 (→ 6-6)

сухогру́з 貨物船 **контейнерово́з** コンテナ船 **та́нкер** タンカー **паро́м** フェリー **букси́р** タグボート **ледоко́л** 砕氷船 **тра́улер** トロール船 **я́хта** クルーザー **па́русник** ヨット ★帆船のみを指す
(**гребно́й**) **винт** スクリュー **я́корь**【男】錨 **пра́вый/ле́вый борт** 右舷／左舷 **нос** 船首 **корма́** 船尾 **маши́нное отделе́ние** 機関室
★「〜船籍」は 《**под фла́гом 〜**》 Грузово́е су́дно под фла́гом Пана́мы загоре́лось у побере́жья Япо́нии. 日本の沿岸を航行中の**パナマ船籍の貨物船**で火災が発生した。

原子力事故

радиа́ция【女】放射線 **у́ровень радиа́ции** 放射線レベル **радиацио́нный**【形】放射線の 〜 **йод** 放射性ヨウ素 **Ра̀диацио́нный фон** в райо́не АЭС превыша́ет но́рму в 70 раз. 原発周辺の**放射線量**は通常の 70 倍を超えている。 **ра̀диоакти́вный**【形】**放射性の** 〜 **изото́п** 放射性同位体 **уте́чка ра̀диоакти́вных веще́ств** 放射性物質の漏洩 **облуче́ние**【中】被ばく **подве́ргнуться облуче́нию / получи́ть облуче́ние** 被ばくする **Максима́льно допусти́мая до́за облуче́ния** для рабо́тников АЭС составля́ла 100 мѝллизи́вертов. 原発作業員の**被ばく線量限度**は 100 ミリシーベルトであった。 **перио́д по̀лураспа́да**【男】半減期 **дози́метр**【男】線量計 **защи́тная оде́жда**【女】防護服 **расплавле́ние я́дерного то́плива**【中】炉心溶融、メルトダウン

В столи́чном регио́не бу́дет прохла́дно и дождли́во

На Ура́ле места́ми небольшо́й снег. Преоблада́ющая дневна́я температу́ра на бо́льшей ча́сти регио́на о́коло 0 [ноля́] гра́дусов. Пра́вда в Челя́бинской, Курга́нской областя́х и в Башки́рии всё ещё 6-9 гра́дусов моро́за. В други́х областя́х на Се́вере, а та́кже в за́падных райо́нах на Ве́рхней и Сре́дней Во́лге оса́дки небольши́е и лишь места́ми, днём от 0 [ноля́] до +5 [плюс пяти́]. На за́паде, в Калинингра́дской о́бласти, на Се́веро-За́паде, в Це́нтре и Черноземье до 7-9 [семи́ - девяти́] гра́дусов тепла́ и, несмотря́ на пони́женный фон атмосфе́рного давле́ния, преиму́щественно без оса́дков. Пого́да здесь бу́дет неусто́йчивой. В Осе́тии — оса́дки, места́ми си́льные. В райо́не Новоросси́йска се́веро-восто́чный ве́тер с поры́вами до 23 м/с [двадцати́ трёх ме́тров в секу́нду]. В Санкт-Петербу́рге без суще́ственных оса́дков и о́коло 5 [пяти́ гра́дусов] тепла́. В Москве́ +3,+5, о́блачно с проясне́ниями и преиму́щественно без оса́дков.

語彙　дождли́во【副】雨降りの места́ми【副】ところにより преоблада́ющий 【形】優勢な оса́дки〔複で〕降水（雨・雪）пони́женный【形】低められた фон【男】 状況 атмосфе́рное давле́ние【中】大気圧 преиму́щественно【副】おおむ ね неусто́йчивый【形】変わりやすい повсеме́стно【副】どの場所でも поры́в【男】突 風 суще́ственный【形】目立った проясне́ние【中】雲の切れ間

訳例　　　　　　　　　　**首都圏は涼しく雨の見込み**

　ウラル地方では、ところにより小雪。この地域では日中の気温は０度前後になるところ が多いが、チェリャビンスク州、クルガンスク州とバシキリヤ共和国では零下６〜９度に とどまる。北部地方と上・中ボルガの西部地方では、ところにより弱い降水がある。日中 の気温は０度から５度。西部のカリーニングラード州、北西地域、中央地域、黒土地域で は＋７〜９度で、低気圧がかかっているが、ほとんど降水はない見込み。この地域の天気 は変わりやすいだろう。オセチアは降水があり、ところにより強く降る。ノボロシースク 地域では、最大で風速23メートルの突風を伴う北東の風が吹く。サンクト・ペテルブルグ では、目立った降水はなく気温は５度くらい。モスクワでは＋３〜５度、おおむね曇り で、時に雲の切れ間がのぞき、ほとんど降水はない見込み。

重要語句

прогно́з【男】予報 прогно́з пого́ды 天気予報〔動詞形〕**прогнози́ровать(ся)**〔不完〕 **予想する（される）** Сре́дняя температу́ра ию́ня **прогнози́руется** на 1-2 гра́дуса вы́ше но́рмы. 6月の平均気温は平年より１〜２度高いと**予想されている**。

Ѓидрометце́нтр 【男】 **気象庁** （= гидрометеорологи́ческий центр）〔類義〕 **Ѓидрометста́нция** （= гѝдрометеоста́нция）【女】**気象台** **мѐтеобюро́**【中】気象センター ★気象予報士（官）は **сино́птик**

атмосфе́рный【形】**大気の** тёплый/холо́дный атмосфе́рный фронт 温暖／寒冷前線 атмосфе́рное давле́ние 大気圧 ★ロシアでは気圧単位にヘクトパスカル гекто-паска́ль （гПа） よりも「水銀圧ミリメートル」 **миллиме́тр ртутного столба́** （мм рт. ст.）を使う。1気圧＝約1013 гПа = 760 миллиме́тров ртутного столба́.

цикло́н【男】**低気圧**〔反義〕**а̀нтицикло́н**【男】**高気圧** оказа́ться/находи́ться под влия́нием а̀нтицикло́на 高気圧の圏内にある〔類義〕◆**на фо́не пони́женного / повы́шенного атмосфе́рного давле́ния「低気圧／高気圧に覆われている」**

вла́жность во́здуха【女】**湿度** Относи́тельная **вла́жность во́здуха** — 55%.〔相対〕**湿度**は55パーセント。★日本の天気予報で使う「湿度」は相対湿度であるから特に「相対」を加えなくてよい

оса́дки〔複で〕**降水** ★雨・雪・霧を含む。◆**без оса́дков「降水なし」**★専門性が問われないのであれば、「雨／雪は降らない」と訳すのも可。〔関連〕**о́блачность**【女】**雲量、曇り→** StepUp

◆**гѐомагни́тная обстано́вка「地磁気状態」** Гѐомагни́тная обстано́вка сла́бо возмущённая. 地磁気状態はやや乱れている。★人体（とくに循環器系）に影響があるとされ、ロシアの天気予報でしばしば言及される。

気温 температу́ра во́здуха の表し方

気温は **по Це́льсию** 摂氏で表す（**華氏**は **по Фаренге́йту**）。+/−表現にバリアントがある。

+5 = плюс 5 гра́дусов = 5 гра́дусов **тепла́** = 5 гра́дусов **вы́ше ноля́** = 5 гра́дусов **вы́ше нулево́й отме́тки.**

−6 = ми́нус 6 гра́дусов = 6 гра́дусов **моро́за** = 6 гра́дусов **ни́же ноля́** = 6 гра́дусов **ни́же нулево́й отме́тки.**

Термо́метр пока́зывает −12 гра́дусов. 温度計は−12度を**指している**。

Сто́лбик термо́метра **опуска́ется до** −30/**поднима́ется до** +30. 温度計の針が−30度まで**下がっている**/+30度まで**上がっている**。

Петербу́ргу грози́т наводне́ние

В Петербу́рге у́ровень воды́ в Неве́ по состоя́нию на 11:00 среды́ подня́лся до отме́тки в 170 сантиме́тров. Таки́м о́бразом, у́ровень воды́ превы́сил крити́ческую отме́тку, кото́рая составля́ет 160 сантиме́тров. В го́роде объя́влено штормово́е предупрежде́ние в связи́ с прогнози́руемым подъёмом воды́ до 200 сантиме́тров. Ожида́ется, что в Петербу́рге бу́дет зафикси́ровано 302-е наводне́ние. […] От па́водка в Яку́тии пострада́ли уже́ четы́рнадцать ты́сяч челове́к. Семь ты́сяч эвакуи́рованы. Причём в МЧС говоря́т, что ци́фры э́ти бу́дут то́лько увели́чиваться. О́чень сло́жная ситуа́ция сложи́лась в селе́ Ыты́к-Кюёль. Зато́плены мили́ция, ба́нки, суд, прокурату́ра, военкома́ты, коте́льные. От стопроце́нтного погруже́ния в во́ду село́ защища́ет э́кстренно возведённая да́мба длино́ю в три киломе́тра.

(http://www.vesti.ru/doc.html?id=90645 http://www.vesti.ru/doc.html?id=122920)

語　彙　грози́ть［不完］脅かす　наводне́ние【中】洪水　у́ровень воды́【男】水位　по состоя́нию на［熟］〔～時〕の状態では　отме́тка【女】目盛り　превы́сить［完］越える　крити́ческая отме́тка【女】「危険水位」（= крити́ческий у́ровень воды́ 冠水する危険が発生する水位）штормово́й【形】暴風雨の　предупрежде́ние【中】警報　подъём【男】上昇　зафикси́ровать［完］記録する　па́водок【男】増水　пострада́ть［完］被害を受ける　эвакуи́ровать［完］避難させる　затопи́ть［完］冠水させる　коте́льная【女】ボイラー施設　стопроце́нтный【形】100%の　погруже́ние【中】沈むこと　э́кстренно【副】緊急に　возвести́［不完］構築する　да́мба【女】堤防　длина́【女】長さ

訳　例　　　　　　　　　　　ペテルブルグで洪水の恐れ

　ペテルブルグ市内のネバ川の水位は、水曜日11時現在、警戒水位の160cmを超え170cmまで上昇した。市内では水位が200cmに達すると予想され、暴風雨警報が出された。ペテルブルグでは302回目の洪水となる見通しである。[...]ヤクートでは増水で被害が出ており、すでに1万4千人が被災し7千人が避難した。非常事態省は、この数字はさらに増えるとの見通しを明らかにした。被害が最も深刻なのはイティク・キュエリ村で、警察署、銀行、裁判所、検察庁、徴兵事務所、ボイラー施設などが水に浸かった。長さ3キロにわたって堤防が緊急に築かれたため、村は完全な水没を免れている。

（2007年1月10日、5月25日報道）

重要語句

◆ **стихи́йное бе́дствие**「災害、天災」〔類義〕**приро́дная катастро́фа**「大規模な自然災害」Цуна́ми в Ю́го-Восто́чной А́зии практи́чески все экспе́рты счита́ют **одно́й из са́мых стра́шных катастро́ф в исто́рии.** ほぼすべての専門家が、南東アジアを襲った津波を**史上最悪の天災の1つ**と考えている。

спаса́тель【男】〔複で〕救助隊（= брига́да спаса́телей）**Спаса́тели** прово́дят поиско̀во-спаса́тельную рабо́ту. 救助隊が捜索救助活動を行っている。

ликвида́ция【女】復旧活動 ликвида́ция после́дствий наводне́ния 洪水被害の復旧活動

уще́рб【男】被害 нанести́ уще́рб 被害をもたらす счита́ть уще́рб от стихи́йного бе́дствия 災害の被害額を算定する

наводне́ние【中】洪水 **Наводне́ние** перере́зало желе́зную доро́гу. 洪水で鉄道が寸断された。〔類義〕**па́водок**【男】増水 ★春の雪解けで発生する洪水によく使われる。

◆ **вы́йти из берего́в**〔完〕氾濫する Река́ вы́шла из берего́в в це́нтре го́рода. 川が町の中心で氾濫した。〔類義〕разруше́ние берего́в 堤防の決壊

у́ровень воды́【男】水位 подъём /сниже́ние у́ровня воды́ 水位の上昇／低下 **У́ровень воды́ на́чал постепе́нно снижа́ться/поднима́ться.** 水位が徐々に引き始めた／上がり始めた。

спада́ть〔不完〕**спасть**〔完〕水が引く（= па́дать）В Петербу́рге у́ровень воды́ в Неве́ **на́чал спада́ть.** ペテルブルグ市内のネバ川の水位が**下がり始めた。**〔同義〕◆ **идти́ на убы́ль**「引き始める」Сейча́с вода́ потихо́ньку **идёт на убы́ль.** 現在水は徐々に引き始めている。

затопле́ние【中】冠水、浸水 Ряд населённых пу́нктов из-за **затопле́ния** доро́г оказа́лся в по́лной изоля́ции. いくつかの集落は、道路が**冠水した**ため完全に孤立した状態になった。〔動詞形〕**затопи́ть**〔完〕水に浸かる Из-за оби́льных дожде́й **был зато́плен** жило́й дом. 大雨の影響で民家1軒が**水に浸かった。**〔同義〕**уйти́ под во́ду**〔熟〕水没する Го́род по́лностью **ушёл под во́ду.** 町は完全に**水没した。**

размы́ть〔完〕押し流される Па́водок **размы́л** доро́гу, веду́щую в центр го́рода. 増水のために町の中心部へ通ずる道路が**流された。**〔類義〕**снести́**〔完〕（下流に）流される Из-за наводне́ния **снесены́** мосты́, начала́сь части́чная эвакуа́ция населе́ния. 洪水の影響で橋が**流され**、一部で住民の避難が始まった。

В Япо́нии подсчи́тывают ущéрб от тайфу́на

Шестна́дцать япо́нских префекту́р испыта́ли негати́вные после́дствия тайфу́на, кото́рый обру́шился на Япо́нский архипела́г. Три челове́ка поги́бли, бо́лее 70 ра́нены и оди́н чи́слится пропа́вшим бе́з вести. В разли́чных райо́нах страны́ произошли́ обва́лы го́рных доро́г, обры́вы ли́ний электропереда́ч. В ря́де ю́жных и центра́льных префекту́р вла́сти по-пре́жнему не снима́ют предупрежде́ние о наводне́ниях и возмо́жных о́ползнях. До сих пор отменены́ 258 авиаре́йсов. Железнодоро́жное сообще́ние практи́чески восстано́влено, одна́ко заде́ржка в отпра́вке поездо́в сказа́лась сего́дня на пла́нах бо́лее 30 ты́сяч челове́к. В настоя́щее вре́мя тропи́ческий цикло́н, теря́я си́лу, ухо́дит на восто́к. Максима́льная ско́рость ве́тра не превыша́ет 25 ме́тров в секу́нду.

（http://www.vesti.ru/doc.html?id=130274）

語　彙　подсчи́тывать［不完］数を数える тайфу́н【男】台風 префекту́ра【女】県 негати́вный【形】悪い после́дствие【中】結果 обру́шиться《на＋対》［完］〜を襲う архипела́г【男】列島 ра́неный【形】負傷している чи́слиться《与》［不完］〜に数えられる пропа́сть бе́з вести［完］行方不明になる обва́л【男】崖崩れ го́рный【形】山の обры́в【男】切断 электропереда́ча【女】電力供給 о́ползень【男】地滑り、崖崩れ уда́р【男】襲撃 стихи́я【女】自然の猛威 отмени́ть［完］キャンセルする авиаре́йс【男】航空便 железнодоро́жное сообще́ние【中】鉄道輸送 практи́чески【副】ほぼ заде́ржка【女】遅れ отпра́вка【女】出発 сказа́ться《на＋対》［完］〜に影響する тропи́ческий【形】熱帯性の максима́льный【形】最高の ско́рость【女】速度

訳　例　　　　　　　**日本、台風被害を確認中**

　台風が日本列島を襲い、被害は16県に及んでいる。3人が死亡、70人以上が負傷し、1人が行方不明となっている。各地で山間部の道路が崩落し、電線が切れるなどしている。南部や中部の数県では、洪水や崖崩れに対する警報は依然として解除されていない。これまでに、空の便は258便が欠航した。鉄道の運行はほぼ再開されたが、列車の出発の遅れで、今日は3万人以上に影響が出た。現在、台風〔熱帯低気圧〕は、勢力を弱めながら東に進んでいる。最大風速は25メートル／秒以下になっている。

（2007年7月15日報道）

重要語句

бу́ря【女】嵐 сне́жная бу́ря 吹雪 гео
магни́тная бу́ря 地磁気嵐〔類語〕**урага́н**【男】暴風（風速 30m/ 秒以上）を伴う嵐、「発達した低気圧」【形】**урага́нный** 〜の

шторм【男】強風（風速 20m/ 秒以上）を伴う嵐【形】**штормово́й** 〜の объяви́ть штормово́е предупрежде́ние 暴風雨警報を出す ◆ **тропи́ческий шторм**【男】台風 **тайфу́н**【男】「つよい台風」（→ StepUp ）

смерч【男】竜巻 Смерч накры́л зда́ние ме́стной шко́лы, когда́ там шли заня́тия. 授業中だった地元の学校を**竜巻が襲った**。〔類語〕**торна́до**【中】〔不変〕トルネード

вихрь【男】突風〔同義〕**шква́листый ве́тер**（= поры́в ве́тра）【男】突風 Поры́вы ве́тра достига́ли 27 ме́тров в секу́нду. 突風は風速 27 メートル / 秒に達した。

ли́вень〔-вня〕【男】豪雨 Из-за **ли́вня** образова́лись про́бки. 豪雨の為に渋滞が発生した。〔同義〕**проливно́й дождь**【男】大雨

гроза́【女】雷雨 **грозово́й**【形】雷雨の 〜 дождь 雷を伴った雨

гром【男】雷 **мо́лния**【女】稲妻 **Мо́лния удари́ла** в кры́шу жило́го до́ма. 雷が民家の屋根に落ちた。

обру́шиться《на +対》〔完〕〜を襲う Тайфу́н **обру́шился на Япо́нию**. 強い台風が**日本を襲った**。〔同義〕**бушева́ть**〔不完〕猛威をふるう Непого́да **продолжа́ет бушева́ть** над Кури́льскими острова́ми. クリル諸島で**悪天候が続いている**。

пронести́сь〔完〕通過する Мо́щный смерч, сопровожда́вшийся ли́внем и грозо́й, **пронёсся над го́родом**. 豪雨と雷雨を伴った巨大な竜巻が**町の上を通過した**。

смеща́ться〔不完〕**смести́ться**〔完〕向きを変える Цикло́н **смеща́ется** от Сахали́на в Охо́тское мо́ре. 低気圧はサハリンからオホーツク海に**向きを変えつつある**。

вали́ть〔不完〕**повали́ть**〔完〕なぎ倒す **Пова́ленные урага́нным ве́тром** дере́вья повреди́ли стоя́вшие на у́лице маши́ны. 強風で木が倒れ、路上に駐車中の車が壊れた。

◆ **оста́ться без све́та/воды́**〔完〕停電／断水状態に置かれる На Сахали́не жи́тели до сих пор **остаю́тся без све́та**. サハリンでは、住民はいまだ**電気のない生活**を強いられている。〔類義〕**обесто́чить**〔完〕電気を止める、停電させる **Обесто́чены** не́сколько деся́тков населённых пу́нктов. 数十の集落で**停電している**。

селево́й〔се́левый〕**пото́к**【男】土石流 **Селево́й пото́к** отре́зал го́род от вне́шнего ми́ра. 土石流のため町は外部から孤立した。〔類語〕**грязево́й пото́к**【男】泥流

Креще́нские моро́зы Росси́и гаранти́рованы

На европе́йскую часть Росси́и надвига́ются си́льные моро́зы. Начина́я со вто́рника, в столи́це бу́дет ми́нус 25. Э́то на 10-12 гра́дусов холодне́е но́рмы. А Сиби́рь и Примо́рье — уже́ во вла́сти хо́лода. Посёлки под Сургу́том оста́лись в кану́н таки́х моро́зов без тепла́ и воды́. Во всём винова́т Аркти́ческий во́здух — э́то он несёт в Сиби́рь пого́ду, из-за кото́рой закры́ты шко́лы и не заво́дятся автомоби́ли. В ближа́йшие су́тки то́мские сино́птики ожида́ют усиле́ние моро́зов до 57 гра́дусов. В столи́чный регио́н хо́лода подоспе́ют во́время — к 17, 18 января́, то есть креще́нские моро́зы москвича́м обеспе́чены.

(http://www.vesti.ru/doc.html?id=111138)

語　彙　　«креще́нские моро́зы» ★ 1 月 19 日の Креще́ние Госпо́дне「主の洗礼祭」〔別名 Богоявле́ние 神現祭〕前後の寒波 гаранти́ровать〔完〕保証する надвига́ться《на＋対》〔不完〕～に近づく но́рма【女】標準 под《造》【前】～郊外の в кану́н《生》〔熟〕～の前日に винова́тый【形】悪い、原因がある аркти́ческий【形】北極の заводи́ться〔不完〕（エンジンが）かかる усиле́ние【中】強まり хо́лод〔複 холода́ で〕寒波 подоспе́ть〔完〕期日に来る обеспе́чить〔完〕確実にする

訳　例　　　　　　　　　　　　　　　「洗礼祭寒波」の襲来確実に

　ロシアのヨーロッパ地域に強い寒波が近づいている。首都では火曜日以降、平年より 10 ～ 12 度も低い零下25度になる見込みだ。一方、シベリアから沿海州にかけては、すでに寒さに覆われている。スルグート近郊の村では、寒波襲来の前日に暖房と水の供給ができなくなった。これはすべて北極の気団が原因で、シベリア各地で学校の休校や、自動車のエンジンがかからなくなるほどの寒さ〔天候〕をもたらしている。トムスク気象台では、この数日間で寒波はさらに強まり零下57度に達すると予測している。首都圏では寒さの訪れが、ちょうど 1 月17 ～ 18日前後になりそうで、モスクワ市民にとっては「洗礼祭寒波」の到来は確実だ。

（2006年1月31日報道）

重要語句

моро́зы〔複〕寒波　Рожде́ственские моро́зы　クリスマス寒波（1月7日前後）
Прогнози́руются **си́льные моро́зы** до ми́нус 55 гра́дусов. － 55 度の**激しい寒波**が予報されている。　моро́зный【形】寒波の〔同義〕хо́лод【男】〔複 холода́ で〕寒さ、寒波 **Во вла́сти холодо́в оказа́лся** се́вер Испа́нии. スペイン北部が**寒波に見舞われている**。

снег【男】雪〔派生〕сне́жный【形】雪の сне́жная лави́на 雪崩（→ лави́на）
снегопа́д【男】降雪　**Снегопа́д** практи́чески заблоки́ровал движе́ние в це́нтре го́рода.　降り積もった雪は市内中心部の交通を事実上ストップさせている。　**снѐгоубо́рочный**【形】除雪の снѐгоубо́рочная те́хника 除雪車

◆ **ме́сячная но́рма оса́дков**「1 カ月分の降水量（標準値）」Всего́ за не́сколько часо́в вы́пала **ме́сячная но́рма оса́дков**. 数時間で 1 カ月分の雪（雨）が降った。

мете́ль【女】吹雪　**Из-за мете́ли** ви́димость о́чень плоха́я. 吹雪のため視界が非常に悪い。〔動詞形〕мести́ [不完] 吹雪になる В Москве́ **бу́дет мести́** дво́е су́ток. モスクワでは丸 2 日間吹雪が続く。〔類語〕**позёмка**【女】地吹雪 Моро́зная пого́да, сопровожда́ющаяся мете́лью и **позёмкой**, сохрани́тся как ми́нимум в тече́ние двух су́ток. 吹雪と**地吹雪**を伴った寒波は、少なくとも丸 2 日間続くだろう。

сугро́б【男】雪の吹きだまり Высота́ **сугро́бов** места́ми превыша́ет оди́н метр. 雪の吹きだまりはところによっては高さ 1 メートルを超えている。

гололе́дица【女】（路面の）凍結 Все три выходны́х дня **на доро́гах бу́дет гололе́дица**. 休日は 3 日間とも**路面が凍結する**だろう。〔同義〕гололёд【男】（地面・樹木の）**着氷**

лави́на【女】雪崩（= сне́жная лави́на）Бо́лее 10 киломе́тров а̀втомагистра́ли по́лностью **перекры́ты лави́нами**. 自動車道は 10 キロ以上にわたって**雪崩で埋も れている**。

замерза́ть [不完] замёрзнуть [完] 凍える Дво́е **замёрзли на́смерть**. 2人が**凍死した**。

парализова́ть [不完・完] まひさせる Мете́ль **парализова́ла** рабо́ту обще́ственного тра́нспорта. 吹雪で公共交通機関の運転が**まひした**。

◆ **нару́шить сообще́ние** [完]「交通を大きく乱す」Тре́тьи су́тки из-за снегопа́да **нару́шено тра́нспортное сообще́ние** с не́которыми ю́жными райо́нами. 雪の影響で、すでに丸 3 日間南部のいくつかの地区との間の**交通が乱れている**〔ストップしている〕。

Моско́вская пого́да поби́ла четвёртый температу́рный реко́рд

В Москве́ поби́т четвёртый температу́рный реко́рд за вре́мя установи́вшейся в столи́чном регио́не анома́льно жа́ркой пого́ды. В сре́ду сто́лбик термо́метра на ме́теоста́нции в райо́не Всеросси́йского вы́ставочного це́нтра подня́лся до 31,9 [тридцати́ одно́й и девяти́ деся́тых] гра́дуса. Таки́м о́бразом, был поби́т реко́рд 116-ле́тней да́вности, кото́рый составля́л 31,4 [три́дцать оди́н и четы́ре деся́тых] гра́дуса тепла́. От теплово́го уда́ра пострада́ло де́сять челове́к, из них че́тверо дете́й. В понеде́льник с диа́гнозом «теплово́й уда́р» в столи́чные кли́ники поступи́ло тро́е пострада́вших, ещё тро́е горожа́н, получи́вших со́лнечный уда́р, по́сле оказа́ния пе́рвой по́мощи отпра́вились домо́й. На 15.00 бы́ло зарегистри́ровано на террито́рии Моско́вской о́бласти семь ле́со-торфяны́х пожа́ров на о́бщей пло́щади 1,26 [одна́ це́лая два́дцать шесть со́тых] гекта́ра.

（http://www.vesti.ru/doc.html?id=123786）

語 彙 поби́ть［完］破る реко́рд【男】記録 температу́рный【形】気温の установи́ться［完］（気候が）おとずれる анома́льно【副】異常な ме́теоста́нция【女】気象観測施設 Всеросси́йский вы́ставочный центр【男】全ロシア博覧会センター（旧 ВДНХ）да́вность【女】古さ теплово́й уда́р【男】熱射病 пострада́ть《от ＋生》［完］（病気に）かかる диа́гноз【男】診断 оказа́ние【中】оказа́ть すること пе́рвая по́мощь【女】応急手当 ле́со-торфяно́й【形】森林・泥炭の（< лесно́й ＋ торфяно́й）о́бщая пло́щадь【女】総面積 гекта́р【男】ヘクタール

訳 例　　　　　　**モスクワ、4度目の最高気温記録更新**

　モスクワでは、首都圏で［今回の］猛暑が始まって以来、4度目の［最高］気温の記録更新となった。水曜日、全国博覧センター地区の観測所の温度計の針は31.9度まで上がり、116年前の31.4度の記録が破られた。10人が熱射病で倒れ、うち4人は子供だった。月曜日には、「熱射病」と診断され、3人がモスクワ市内の病院に運ばれた。このほか3人が日射病にかかったが、手当を受けた後に帰宅した。モスクワ州内では、15時までに山火事や泥炭火災が7件発生し、1.26ヘクタールが焼けた。

（2007年5月30日報道）

重要語句

жара́ 【女】熱さ、熱波 Продолжи́тельный перио́д **жары́** при температу́ре о́коло 30 гра́дусов в тече́ние пяти́ дней негати́вно ска́зывается на состоя́нии мно́гих люде́й. 30 度前後の**熱さ**が 5 日間ずっと続くと、多くの人の体調に悪い影響が出てくる。

зной 【男】暑熱 **Волна́ зно́я** продолжа́ет уноси́ть челове́ческие жи́зни. **熱波**が人命を奪い続けている。**зно́йный** 【形】暑熱の **Зно́йная пого́да** с температу́рой о́коло 30 гра́дусов проде́ржится до конца́ неде́ли. 気温 30 度前後の**猛暑**が週末まで続く。

за́суха 【女】日照り、干ばつ Е́сли **за́суха** продо́лжится, ограниче́ния на пода́чу воды́ мо́гут ввести́ уже́ начина́я с э́тих выходны́х. もし**日照り**が続くようであれば、この週末にも給水制限が始まる可能性がある。

теплово́й 【形】熱の теплово́й уда́р 熱射病 〔類義〕со́лнечный уда́р 日射病 страда́ть/пострада́ть от теплово́го/со́лнечного уда́ра 熱射病／日射病にかかる ★日本語では「熱射病」「日射病」の双方を包含する「熱中症」という表現が定着。

реко́рд 【男】記録 установи́ть реко́рд 記録を樹立する (= поби́ть реко́рд) В Москве́ **был устано́влен** пе́рвый за ле́то **температу́рный реко́рд**. モスクワでは、この夏**一番の暑さとなった** (＝［高い］気温を記録した)。

анома́льный 【形】異常な、ふつうでない 〔同義〕**реко́рдный** 【形】記録的な **небыва́лый** 【形】まれに見る **Небыва́лая** (= анома́льная/реко́рдная) **жара́** уби́ла 500 челове́к. 記録的な熱波で 500 人が死亡した。

потепле́ние 【中】温暖化 глоба́льное 〔всеми́рное〕потепле́ние 地球温暖化 **Проце́сс потепле́ния** в э́той ча́сти земно́го ша́ра мо́жет быть интенси́внее, чем ра́нее прогнози́ровали специали́сты. 地球上のこの地域での**温暖化プロセス**は、専門家のかつての予測よりも急速に進む可能性がある。 〔類義〕**измене́ние кли́мата** 気候変動 **климати́ческий катакли́зм** 気候の大変動 ◆ **фено́мен Эль-Ни́ньо/Ла-Ни́нья** 「エル・ニーニョ／ラ・ニーニャ現象」

парнико́вый 【形】温室化の вы́бросы парнико́вых га́зов 温室効果ガスの排出 Не́которые учёные счита́ют, что **парнико́вый эффе́кт** мо́жет вы́звать в ближа́йшие десятиле́тия подъём у́ровня Мирово́го океа́на до 140 сантиме́тров. 一部の学者は、今後数十年の間に、**温室化効果**が原因で世界の海面水位が最大 140cm 上昇すると見ている。

В Япо́нии произошло́ второ́с мо́щнос землетрясе́ние

«На за́падном побере́жье гла́вного япо́нского о́строва Хонсю́ в понеде́льник произошло́ второ́е мо́щное землетрясе́ние си́лой 5,6 ба́лла», — сообща́ет Гла́вное метеорологи́ческое управле́ние страны́. Толчки́ бы́ли зафикси́рованы в 15:37 по ме́стному вре́мени (10:37 мск). Эпице́нтр располага́лся на глубине́ 10 км у побере́жья Япо́нского мо́ря. О но́вых разруше́ниях и пострада́вших све́дений пока́ нет. «Угро́зы возникнове́ния цуна́ми нет», — сообща́ет ИТАР-ТАСС. Пе́рвый мо́щный толчо́к си́лой 5,8 ба́лла был зафикси́рован в воскресе́нье в 17:08 мск. Эпице́нтр располага́лся в райо́не го́рода Касивадза́ки. Разру́шены деся́тки домо́в. На да́нный моме́нт сообща́ется о четырёх поги́бших. Бо́лее 400 челове́к ра́нены. В спаса́тельных рабо́тах в зо́не бе́дствия заде́йствованы арме́йские подразделе́ния, отря́ды поли́ции и пожа́рных.

(http://www.vesti.ru/doc.html?id=130363)

語　彙　землетрясе́ние【中】地震　побере́жье【中】沿岸　мо́щный【形】強い　Гла́вное метеорологи́ческое управле́ние【中】（日本の）気象庁　толчо́к【男】揺れ、地震　эпице́нтр【男】震源　располага́ться［不完］位置している　глубина́【女】深さ　разруше́ние【中】破壊　све́дение【中】〔複で〕情報　возникнове́ние【中】発生　цуна́ми【中】津波　разру́шить［完］破壊する　зо́на бе́дствия【女】被災地　заде́йствовать［完］活動を始める

訳　例　　　　　日本で２度目の強い地震

　日本の気象庁は、月曜日に日本の本州西岸で２度目となるマグニチュード5.6の強い地震が発生したと発表した。地震が発生したのは現地時間15時37分（モスクワ時間10時37分）で、震源は日本海沿岸の深さ10キロの地点だった。今のところ、新たな建物の被害や負傷者についての情報はない。イタルタス通信は、津波の恐れはないと伝えている。最初に起こったマグニチュード5.8の地震は、モスクワ時間で日曜日17時08分に発生した。震源は柏崎市付近で、数十棟の家屋が全半壊した。これまでのところ、４人の死亡が伝えられており、400人以上が負傷した。被災地では、自衛隊や警察・消防が救助作業を開始している。

（2007年7月16日報道）

重要語句

землетрясе́ние【中】地震 разруши́тельное землетрясе́ние 破壊的な地震 ◆ **подзе́мный толчо́к**〔уда́р〕「地下の揺れ」＝地震〔類義〕**пока́чивание**【中】揺れ

магниту́да【女】マグニチュード землетрясение с магниту́дой 4 マグニチュード 4 の地震（＝ землетрясе́ние 4 ба́лла по шкале́ Ри́хтера）

эпице́нтр【男】震央、震源 Землетрясе́ние ощуща́лось и в То́кио, хотя́ столи́ца располо́жена в 260 киломе́трах от **эпице́нтра**. 震源から 260 キロ離れているにもかかわらず、首都東京でも地震の揺れが感じられた。

зафикси́ровать〔完〕**記録する**〔同義〕**зарегистри́ровать**〔完〕**記録する** В Ти́хом океа́не **зафикси́ровано землетрясе́ние** си́лой 7,3 ба́лла. 太平洋でマグニチュード 7.3 の地震が観測された。（→ **StepUp**）

сейсми́ческий【形】地震の сейсми́ческая волна́ 地震波〔派生〕**сейсмоло́гия** 【女】地震学 **сейсмо́лог**【男】地震学者 **сѐйсмоопа́сный**【形】地震の危険がある、地震多発の В **сѐйсмоопа́сной зо́не** нахо́дится Япо́ния. 日本は地震危険地域に位置している。

тектони́ческий【形】地殻の тектони́ческая акти́вность 地殻活動 Япо́нские острова́ нахо́дятся в райо́не, где схо́дятся четы́ре **тектони́ческие плиты́**, что де́лает Япо́нию одни́м из са́мых сѐйсмоопа́сных регио́нов ми́ра. 日本列島は 4 つの地殻プレートが接合する地域に位置することから、日本は世界で最たる地震危険地域となっている。

разло́м【男】断層 Толчки́ бы́ли результа́том сдви́гов в не́скольких **разло́мах**. 揺れが起きたのは、いくつかの断層が動いたためである。

тре́щина【女】〔複で〕**ひび、地割れ** тре́щины на доро́гах 道路にできた地割れ

цуна́ми【中】〔不変〕津波 Гла́вное метеорологи́ческое управле́ние Япо́нии вы́пустило **предупрежде́ние о возмо́жности цуна́ми** высото́й до 50 сантиме́тров. 日本の気象庁は、50 センチ程度の津波の可能性があるとして津波注意報を出した。

разру́шить〔完〕**破壊する、全半壊する**〔名詞形〕**разруше́ние**【中】全・半壊

повреди́ть〔完〕**損壊する** В зо́не землетрясе́ния **разру́шены и́ли поврежде́ны** со́тни домо́в. 地震のあった地域では数百軒の家屋が全半壊または一部損壊した。〔名詞形〕**повреждде́ние**【中】損壊 получи́ть ～ 損壊する

разва́лина【女】〔複で〕**がれき** Спаса́тели веду́т по́иски вы́живших **в разва́линах** со́тен домо́в, разру́шенных мо́щным землетрясе́нием. 救助隊が強い地震で全半壊した数百軒の家屋のがれきの中で生存者の捜索活動を行っている。

На Камча́тке начало́сь изверже́ние вулка́на

«На Камча́тке начало́сь изверже́ние вулка́на Безымя́нный», — сообщи́ли в Институ́те вулканоло́гии и сейсмоло́гии Дальневосто́чного отделе́ния РАН. После́дний раз Безымя́нный изверга́лся в декабре́ про́шлого го́да. Специали́сты отмеча́ют, что произоше́дшее тогда́ изверже́ние ста́ло са́мым мо́щным за после́дние не́сколько лет. В результа́те пе́пловых вы́бросов, высота́ кото́рых достига́ла 12-15 киломе́тров, пе́пловый шлейф протяну́лся в Ти́хий океа́н на расстоя́ние поря́дка 500-700 киломе́тров. В посёлке Ключи́, располо́женном в 40 км от подно́жия исполи́на, вы́пал вулкани́ческий пе́пел, коли́чество кото́рого достига́ет 200-300 гра́ммов на квадра́тный метр. Населе́нию бы́ло рекомендо́вано по возмо́жности воздержа́ться от пребыва́ния на откры́том во́здухе.

（http://www.vesti.ru/doc.html?id=120845）

語 彙　изверже́ние【中】噴火　вулка́н【男】火山　вулканоло́гия【女】火山学　дальневосто́чный【形】極東の　отделе́ние【中】支部　РАН = Росси́йская акаде́мия нау́к【女】ロシア科学アカデミー　изверга́ться［不完］噴火する　пе́пловый【形】灰の　вы́брос【男】噴出　высота́【女】高度　пе́пловый шлейф【男】降灰　протяну́ться［完］（距離が）伸びる　расстоя́ние【中】距離　подно́жие【中】麓（ふもと）　исполи́н【男】山〔"そびえ立つもの"〕　вы́пасть［完］落ちる　вулкани́ческий пе́пел【男】火山灰　коли́чество【中】量

訳 例　　　　　**カムチャツカで火山が噴火**

　ロシア科学アカデミー極東支部の火山・地震学研究所は、カムチャツカのベズイミャンヌィー山の噴火が始まったと発表した。ベズイミャンヌィー山は、直近では昨年12月に噴火したが、専門家は、この時の噴火は過去数年で最大のものだったと指摘している。噴出した火山灰は、高度12〜15キロメートルに達し、降灰は太平洋岸までの約500〜700キロに及んだ。火山の麓から40キロ離れたクリュチ村では、1平方メートルあたり200〜300グラムの火山灰が降った。住民には、外出はなるべく控えるよう呼びかけがなされている。

（2007年5月13日報道）

重要語句

вулка́н【男】火山 де́йствующий ～ 活火山 спя́щий ～ 休火山 поту́хший ～死火山 ★現在日本では学術的には「休火山」「死火山」の呼称を用いないが、ロシアでは一般的。**Акти́вность вулка́на** заме́тно уси́лилась. 火山活動が非常に活発になった。〔派生〕**вулкани́ческий**【形】火山の вулкани́ческий толчо́к 火山性微動

изверже́ние【中】噴火 В результа́те **мо́щного изверже́ния** 2005 го́да высота́ Ключевско́го уме́ньшилась с 4800 ме́тра до 4750 ме́тра. 2005 年の**大噴火**の結果、クリュチェフスキー山の標高は 4800 メートルから 4750 メートルに低くなった。〔動詞形〕**изверга́ться**［不完］**изве́ргнуться**［完］噴火する

кра́тер【男】噴火口、クレーター Во́семь ты́сяч челове́к бы́ли эвакуи́рованы из опа́сной зо́ны в ра́диусе 8 км от **кра́тера**. 噴火口から半径 8 キロの危険地域から 8000 名が避難した。

пе́пел【男】（火山）灰 **Вы́пал пе́пел** от изверже́ния вулка́на. 火山の爆発が原因で灰が降った。 Одна́ из дереве́нь, располо́женная в двух киломе́трах от кра́тера, **покры́та сло́ем пе́пла**. 火口から 2km のところにある村の 1 つは、**降り積もった火山灰に覆われている**。 Камча́тку **накры́ло пе́плом**. カムチャツカは灰に覆われた。

пе́пловый【形】灰の На восто́к от вулка́на **протяну́лся мо́щный пе́пловый шлейф** протяжённостью поря́дка 300 киломе́тров. 火山の東側では、長さ約 300km に渡って**火山灰が激しく降った**。 ◆ «**пе́пловый шлейф протяну́лся …**» 「（噴火口を中心として）**広範囲に火山灰が降った**」にあたる慣習的表現（шлейф はドレスの裾のこと）。

ма́гма【女】マグマ 〔派生〕**магмати́ческий**【形】マグマの магмати́ческий материа́л マグマ物質〔類語〕**ла́ва**【女】溶岩 По скло́ну вулка́на спуска́ются **пото́ки ла́вы** температу́рой поря́дка ты́сячи гра́дусов. 火山の斜面を約 1000 度の**溶岩流**が流れ下っている。

выбра́сывать［不完］**вы́бросить**［完］～を噴出する Из кра́тера **выбра́сываются** облака́ пе́пла и га́за. 火口からは噴煙とガスが**吹き出している**。〔名詞形〕**вы́брос**【男】放出、排出 **Пе́пловые вы́бросы** представля́ют опа́сность для авиа́ции. 火山灰の**放出**は飛行機の運航に危険を生じさせる。

раскалённый【形】白熱した、高温の Из кра́тера на́чал излива́ться пото́к **раскалённой ла́вы**. 火口から高温の**溶岩流**が流れ出した。 ◆ **раскалённые ка́мни**「火山岩塊、火山礫」★火砕物（火口から放出される固形・半固形の岩石破片の総称）のうち、火山灰より大きなものを指す

天気のロシア語表現 （→ 7-1 ～ 7-3）

　日口の天気予報用語には類似性もあるが、厳密な定義のずれがある。以下に天気予報で頻出する表現をまとめたので、日本の気象用語と比較してみるとおもしろい。

1. ロシアの天気予報での「晴れ」「曇り」の基準

用語	ロシア気象庁による定義
Я́сно; я́сная пого́да, малооблачно; небольша́я о́блачность; малооблачная пого́да, со́лнечная пого́да	高層に雲がある場合でも、中層ないし下層の雲量が3未満
Меня́ющаяся (переме́нная) о́блачность	中層および／あるいは下層の雲量が1～3以上4～7未満
О́блачно с проясне́ниями	下層あるいは中層の雲量が4～7、あるいは中層と下層の雲量の合計が7未満
О́блачно, о́блачная пого́да, значи́тельная о́блачность, па́смурно, па́смурная пого́да	下層雲量が8～10、ないし日光を遮る厚い雲が中層を覆っているとき

※雲量を目視で10段階に分けるのは日口共通だが、日本では雲量9以上を「曇り」とし、それ以下をすべて「晴れ」としているから、переме́нная о́блачность, о́блачно с проясне́ниями は厳密には「曇り」ではない。

2. ロシア気象庁の風力階級

風の速度（メートル / 秒）	風力の評価
0～5	Сла́бый
6～14	Уме́ренный
15～24	Си́льный
25～32	О́чень си́льный
33以上	Урага́нный

※風力の国際基準は「ビューフォート風力階級」шкала́ Бо́форта（12段階評価）。

日本の用語：

「やや強い風」（風速10m/秒以上15m/秒未満）**「強い風」**（風速15m/秒以上20m/秒未満）**「非常に強い風」**（風速20m/秒以上30m/秒未満）**「暴風」**暴風警報基準以上の風（平均風速がおおむね20m/秒を超え、強風によって災害が起こるおそれがある場合）**「猛烈な風」**（風速30m/秒以上、又は最大瞬間風速が50m/秒以上）

3. 降水量の表現（平地の基準）

用語	予報で使用可能な同義表現	12時間あたりの降水量（mm）
Без оса́дков	Суха́я пого́да, преиму́щественно без оса́дков, без дожде́й	降水なし〜 ≤0.2
Дождь, оса́дки	Дождь; кратковре́менные дожди́, мороси́щий дождь, небольшо́й дождь, дождли́вая пого́да, дождь с переры́вами, дождь со сне́гом（мо́крый снег）	0.3 〜 10
Си́льный дождь,（си́льные оса́дки）	Си́льный дождь, ли́вневый дождь（ли́вень）, си́льный дождь со сне́гом, си́льный мо́крый снег	11 〜 49
О́чень си́льные дожди́, си́льные ли́вни, о́чень си́льные оса́дки	О́чень си́льный дождь, си́льный ли́вень（си́льные ли́вни）, о́чень си́льный дождь со сне́гом, о́чень си́льный мо́крый снег	50mm 以上 ないし 1 時間以内に 30mm 以上

※ сла́бый дождь（1 時間あたり 2.5mm 以下）、уме́ренный дождь（1 時間あたり 8mm 以下）

日本の基準（数値は 1 時間値であることに注意）:

「**弱い雨**」（3 mm 未満）「**やや強い雨**」（10mm 以上 20mm 未満）「**強い雨**」（20mm 以上 30mm 未満）「**激しい雨**」（30mm 以上 50mm 未満）「**非常に激しい雨**」（50mm 以上 80mm 未満）「**猛烈な雨**」（80mm）以上 ※「**大雨**」大雨注意報基準以上の雨。「**小雨**」数時間続いても雨量が 1 mm に達しないくらいの雨

「**豪雪**」著しい災害をもたらすような大雪 「**大雪**」大雪注意報基準以上の雪 「**強い雪**」降雪量がおよそ 3 cm/ 時以上の雪 「**弱い雪**」降雪量がおよそ 1 cm/ 時に達しない雪 「**小雪**」数時間降り続いても、降水量として 1 mm に達しない雪

StepUp

4．継続時間に関する定義

用語	ロシア気象庁による定義
Кратковре́менный дождь（снег, дождь со сне́гом, мо́крый снег）短い時間の雨、雪、みぞれ	継続時間が３時間以下の場合
Дождь（снег, мо́крый снег, дождь со сне́гом）с переры́вами, продолжи́тельный ～ 断続的 / 継続的な雨（雪など）	降水の総時間が６時間以下の場合
Времена́ми（дождь, снег）時々（雨雪など）	継続時間が３～６時間

日本の基準：

「一時」現象が連続的に起こり、その現象の発現期間が予報期間の 1/4 未満のとき

「時々」現象が断続的に起こり、その現象の発現期間の合計時間が予報期間の 1/2 未満のとき

【詳しくは以下を参照】

日本の気象用語集　http://www.jma.go.jp/jma/kishou/know/yougo_hp/mokuji.html

ロシアの気象用語解説　http://meteoinfo.ru/forecasts/forcterminology

台風（→ 7-3）

　日本では、最大風速が約 17m/ 秒以上の**熱帯低気圧 тропи́ческий цикло́н** を「台風」と呼ぶが、国際的には **тропи́ческий шторм**（最大風速 17m/ 秒以上 25m/ 秒未満）、**си́льный тропи́ческий шторм**（同 25m/ 秒以上 33m/ 秒未満）、**тайфу́н**（同 33m/ 秒以上）の３階級に分類する。厳密には **тайфу́н** は「**強い台風**」（最大風速 33 ～ 44m/ 秒）、「**非常に強い台風**」（同 44 ～ 54 m/ 秒未満）ないし「**猛烈な台風**」（同 54m/ 秒以上）に限定される。逆に **тропи́ческий шторм, си́льный тропи́ческий шторм** は、「熱帯低気圧」より「台風」が適切ということになる。★西半球の**ハリケーン**は **урага́н** で、Шкала́ урага́нов Саффи́ра-Си́мпсона「サファ・シンプソン・ハリケーン・スケール」（5 段階評価で 5 が最強）で大きさを表す。

地震の規模 / 揺れの大きさ（→ 7-6）

Землетрясе́ние си́лой 5 ба́ллов は、以下の可能性を考慮すること。

① **по шкале́ Ри́хтера**「リヒター尺度で」すなわち「**マグニチュード**」で地震のエネルギー規模を表している場合（ロシアの報道中では圧倒的にこれが多い）。数値に小数点が入っていれば、マグニチュードなのは確実。

② **по 12-ба́лльной шкале́** ないし **по шкале́ MSK-64**「MSK 震度階」（12 段階評価。 MSK は Медве́дева-Шпонхо́йера-Ка́рника の略、ロシア・インド・旧ソ連

諸国で使う）で地震の揺れの大きさを示すケース。数値は整数のみ（小数点で表すことは決してない）。一般には「ロシアの（12段階）震度で震度5」と表現してもよい。

③**日本の地震**についての報道では **по япóнской（семибáлльной）шкалé** の断りが入る（これは「震度5」とすればよい）。

★判断に迷う時は、米地質調査所の地震速報（http://earthquake.usgs.gov/earthquakes）の全世界地震情報を見れば良い（規模がマグニチュードで掲載されている）。

★津波情報に関しては、日本の気象庁は「津波注意報」（予想される高さが0.5m程度）、「津波警報」（同1〜2m）「大津波警報」（同3m程度以上）の三段階を設けている。なお、米国の太平洋津波警報センターが発表する情報には、予測される津波の高さは含まれない。

Моско́вские «хрущёвки» ста́нут эли́тными

В Москве́ начали́сь рабо́ты по реконстру́кции пятиэта́жек. Часть «хрущёвок», нужда́ющихся в капита́льном ремо́нте, не бу́дет снесена́ — дома́ подве́ргнутся реконстру́кции. Они́ ста́нут на 3-4 этажа́ вы́ше, в них устано́вят ли́фты, мусоропрово́ды, благоустро́ят дворы́. Треть жило́го фо́нда столи́цы — 569 кварта́лов пятиэта́жек — должны́ по́лностью измени́ть свой о́блик в ближа́йшие 15 лет. «Капита́льный ремо́нт — э́то заме́на инжене́рных коммуника́ций, о́кон, двере́й. При надстро́йке одного́-двух этаже́й бу́дут монти́роваться ли́фты и мусоропрово́ды», — расска́зывает замести́тель руководи́теля Департа́мента градостро́ительной поли́тики прави́тельства Москвы́.

(http://www.vesti.ru/doc.html?id=104082)

語　彙　хрущёвка【女】フルシチョフカ・タイプのアパート эли́тный【形】高級な　реконстру́кция【女】改築　нужда́ться《в＋前》［不完］〜を必要とする капита́льный ремо́нт【男】大修繕 снести́［完］取り壊す подве́ргнуться《与》［完］〜を被る мусоропрово́д【男】ダストシュート благоустро́ить［完］整備する жило́й фонд【男】居住用建築物 кварта́л【男】区画 пятиэта́жка【女】5階建て о́блик【男】外観 заме́на【女】交換 инжене́рные коммуника́ции〔複で〕配管設備〔水道・下水・スチーム・電気・電話を含む〕надстро́йка【女】増築 монти́роваться［不完］設置される градостро́ительный【形】都市建設の

訳　例　　　モスクワの「フルシチョフカ」アパートが高級マンションに

　モスクワ市内で5階建てアパートの改築工事が始まった。大規模改修を要する「フルシチョフカ」タイプのアパートの一部は、取り壊さずに改築することになった。アパートは3〜4階分増築され、エレベータとダストシュートの設置や中庭の整備も行う。首都の居住用建築物の1/3（5階建てアパートの569区画分に相当）が、この15年以内にその姿を大きく変えることになる。モスクワ市都市建設政策局次長は「大規模修繕では各種配管、窓、ドアを交換する。1〜2階分が増築される場合は、エレベータとダストシュートが設置される」と語っている。

（2004年2月20日報道）

重要語句

◆ **жилѝщно-коммунáльное хозя́йство**（ЖКХ）**「住宅公共サービス」** 集合住宅の管理・メンテナンスサービス（капитáльный ремóнт 大規模リフォーム канализáция 下水 водоснабжéние 水道 тèплоснабжéние 熱供給〔暖房用スチームと温水の集中供給〕）элèктроснабжéние 電力供給 убóрка и утилизáция мýсора ゴミ収集と再利用）の総称。**Жилѝщно-коммунáльное хозя́йство** мóжно превратѝть в прѝбыльное предприя́тие.**住宅公共サービス**を利益の上がる事業に転換することは可能だ。

сантéхник【男】水回りの修理人 **убóрщик【男】**清掃作業員 **коммунáльщик【男】** ЖКХ 分野で働く人

ремóнт【男】修繕、リフォーム ◆ **капитáльный ремóнт**（капремóнт）**「大規模リフォーム」**★建物外壁や構造にも手を加える規模の修繕。**космети́ческий ремóнт** **「化粧直し」**★壁紙の張り替え、窓枠の交換など。**«евроремóнт»「ユーロリフォーム」** ★現代ヨーロッパ的内装での室内リフォーム。

◆ **отопи́тельный сезóн「暖房期」**★暖房用スチームが供給される期間。モスクワ・ペテルブルグでは 10 月初旬から 5 月中頃まで。Из-за задóлженности по оплáте тепловóй энéргии **отопи́тельный сезóн** мóжет начáться пóзже устанóвленного срóка. 熱エネルギー料金の支払いの滞りから、**暖房期**の始まりが規定よりずれ込む恐れがある。

集合住宅の種類（時代別区分）

«стáрый фонд»「旧建築物」★革命（1917 年）前の建物。～ без капремóнта（СФ）大規模修繕していない旧建築物 ～ с капремóнтом（СК）大規模修繕済み旧建築物

«стáлинский» дом（стáлинка）スターリン様式住宅「スターリンカ」★第二次大戦前（1930 年代）のものは、間取りが広く天井が 3 m 以上あり人気がある。

«хрущёвка»「フルシチョフカ」 ★ 1955 ～ 1960 年代中頃に建設の 5 階建てパネル（ないしレンガ）工法アパート。設備の悪い狭小住宅の代名詞的存在。25 年の設計耐用年数が過ぎ、建物の老朽化と居住者の老齢化が進む。解体・建て替えが社会的課題。

«брéжневка»「ブレジネフカ」 ★ 1990 年までの建物に多いパネル工法住宅。居住性を重視し、間取りと天井の高さは「フルシチョフカ」より優る。

«корáбль»「カラーブリ」（船） ★ 1970 年代の大規模高層集合住宅。部屋数は多いが一間は狭く、防音性が悪いためパネル工法住宅では最も価格が安い。

«совремéнная панéль»「現代パネル工法」 ★ 1992 年以降の建築。

Кабине́т и Ду́ма «повы́сили» пенсионе́ров

Госду́ма одо́брила законопрое́кт о поэта́пном повыше́нии пе́нсий. Ба́зовая часть пенсио́нных вы́плат увели́чится два́жды. В масшта́бах госуда́рства приба́вки соста́вят 167 миллиа́рдов рубле́й. Понима́я, что вре́мени на подгото́вку у Пенсио́нного фо́нда ма́ло, депута́ты сего́дня при́няли э́тот кра́йне ва́жный социа́льный законопрое́кт сра́зу в трёх чте́ниях. Кро́ме повыше́ния ба́зовой ча́сти, прави́тельство прописа́ло в докуме́нте и увеличе́ние страхово́й ча́сти трудовы́х пе́нсий: с 1 февраля́ она́ вы́растет на 8%, а с 1 апре́ля — дополни́тельно на 7,5%. Тогда́ же, с апре́ля, повы́сятся вы́платы, свя́занные с монетиза́цией льгот.

(http://www.vesti.ru/doc.html?id=143481)

語　彙　пенсионе́р【男】年金受給者 поэта́пный【形】段階的な повыше́ние【中】引き上げ ба́зовый【形】基礎の пенсио́нный【形】年金の увели́читься［完］増加する приба́вка【女】追加支給分 подгото́вка【女】準備 Пенсио́нный фонд【男】年金基金 социа́льный【形】社会保障の монетиза́ция【女】現金支給化 льго́та【女】（社会的弱者への保障措置としての）特典、割引制度

訳　例　　　　　　　政府と下院、年金額引き上げを決定
　国家院は年金給付額の段階的引き上げに関する法案を可決した。年金の基礎部分は 2 回に渡って引上げられ、国全体での追加額は1670億ルーブルになる。年金基金側の準備期間が短いことから、下院はこの極めて重要な社会保障関係法案を三読会で直ちに通過させた。政府は、基礎部分の引上げに加え、労働年金〔＝老齢年金〕の保険部分の引上げも盛り込んだ。2 月 1 日からは 8 ％増、4 月 1 日からはさらに7.5％増となる。さらに 4 月 1 日からは、各種特典の現金支給化に関連する支払額も引上げられる。
　（2007年10月18日報道）
★公的年金機関である「ロシア年金基金」は、年 1 度加入者に掛け金納付額や運用状況を記した Извеще́ние о состоя́нии индивидуа́льного лицево́го счёта（ИЛС）「年金個人勘定の状況に関する通知」（マスコミでは «письмо́ сча́стья»「幸福の手紙」とも呼ばれる）を発送する。

重要語句

пе́нсия【女】**年金** негосуда́рственная пе́нсия 民間〔個人〕年金 ◆ **трудова́я пе́нсия**「労働年金」 実質的に пе́нсия по ста́рости「老齢年金」と同義。 Éсли рабо́тода́тель не перечисля́ет страховы́е взно́сы в ПФР, **трудова́я пе́нсия** не формиру́ется. 雇用主が掛け金をロシア年金基金に支払っていないなら、**労働年金**は支給されない。 ◆ **пе́нсия по слу́чаю поте́ри корми́льца**「**遺族年金**」

пенсио́нный【形】**年金の** пенсио́нная рефо́рма 年金制度改革 ◆ **пенсио́нный во́зраст** (= пенсио́нный поро́г)「**年金受給年齢**」 В Росси́и **пенсио́нный поро́г** достига́ет 55 лет для же́нщин и 60 для мужчи́н. ロシアの**年金受給開始年齢**は女性 55 歳、男性 60 歳である。◆ **Пенсио́нный фонд Росси́и** (ПФР)〔пэ-эф-э́р〕「**ロシア年金基金**」

социа́льная гара́нтия【女】「**社会保障**」〔関連〕 ◆ **Фонд социа́льного страхова́ния РФ**「**ロシア連邦社会保険基金**」失業給付金 посо́бие по временно́й нетрудоспосо́бности の支給や出産補助金の支給、障害者福祉サービス一般を担当する。

инвали́д【男】**身体障害者** Он — **инвали́д** I гру́ппы. 彼は**一級障害者**だ。★ロシアの障害者等級は一級から三級まで（一級が最重度）。◆ **челове́к с ограни́ченными возмо́жностями** = инвали́д の置換表現

инвали́дный【形】**障害者の** инвали́дная коля́ска 車イス〔派生〕**инвали́дность**【女】**障害者であること** пе́нсия по инвали́дности 障害者年金〔関連〕**глухонемо́й**【男】**聾唖者 слепо́й**【男】**盲人** ★これらの語は障害者団体の名称にも使われ、差別語とは見なされていない。 Всеросси́йское о́бщество слепы́х 全ロシア盲人協会

ロシアの公的年金制度

公的老齢年金は **трудова́я пе́нсия по ста́рости**「**労働老齢年金**」と呼ばれ、страхова́я часть「保険部分」накопи́тельная часть「積み立て部分」の 2 階建て。税込み年収が基準以下（2015 年度は 71 万 1000 ループル）であれば 22％、超過分は 10％を掛け金として雇用者が年金基金に納入する。Накопи́тельная часть は、民間年金基金への運用委託部分（1967 年以降出生者が対象）。国が委託する民間年金基金（現在は Внешэкономба́нк）で一括運用されるが、加入者が申し出れば任意の **негосуда́рственный пенсио́нный фонд**「**非政府形年金基金**」〔民間年金基金〕に運用委託できる。受給開始年齢は男性が 60 歳から、女性は 55 歳からだが、5 年以上の **страхово́й стаж**「納付期間」が必要。◆ **Трудова́я пе́нсия по инвали́дности**「障害労働年金」**Трудова́я пе́нсия по слу́чаю поте́ри корми́льца**「**扶養者喪失年金**」〔遺族（寡婦）年金に相当〕★何らかの事情で上記の労働年金の受給資格がない者には **социа́льная пе́нсия по ста́рости**「**老齢社会年金**」социа́льная пе́нсия по инвали́дности「障害社会年金」を支給。
◆ **Госуда́рственная пе́нсия за вы́слугу лет**「**恩給**」法律の規定で老齢年金受給年齢に達する前に退職する国家公務員・軍人・宇宙飛行士などを対象に支給。

Пу́тин утверди́л конце́пцию демографи́ческой поли́тики

Президе́нт РФ утверди́л конце́пцию демографи́ческой поли́тики Росси́и на пери́од до 2025 го́да. Осно́ву демографи́ческой поли́тики составля́ют ко́мплексность реше́ния демографи́ческих зада́ч, вы́бор по ка́ждому направле́нию наибо́лее пробле́мных вопро́сов, учёт региона́льных осо́бенностей демографи́ческого разви́тия, координа́ция де́йствий законода́тельных и исполни́тельных о́рганов госуда́рственной вла́сти. К числу́ основны́х зада́ч в конце́пции отнесены́ сниже́ние у́ровня сме́ртности и повыше́ние у́ровня рожда́емости, сохране́ние и укрепле́ние здоро́вья населе́ния, укрепле́ние институ́та семьи́, регули́рование мигра́ции. Конце́пция определя́ет ко́мплексные ме́ры, сле́дствием кото́рых должно́ стать улучше́ние демографи́ческой ситуа́ции в стране́.

(http://www.vesti.ru/doc.html?id=142282)

語 彙 демографи́ческий【形】人口動態の、人口の ко́мплексность【女】複合制 пробле́мный【形】問題となる учёт【男】考慮すること региона́льный【形】地域の осо́бенность【女】特性 координа́ция【女】協調 у́ровень сме́ртности【男】死亡率 у́ровень рожда́емости【男】出生率 сохране́ние【中】維持 укрепле́ние【中】強化 здоро́вье【中】健康 институ́т семьи́【男】家族制度 ко́мплексный【形】総合的な

訳 例 プーチン大統領、人口政策コンセプトを承認

　露大統領は、2025年までの国の人口政策コンセプトを承認した。人口政策の基礎には、人口問題への総合的な取り組み、各方面での最重要課題の選定、地域の人口特性の考慮、立法府・行政府の協調した行動が据えられている。コンセプトでは、死亡率の引下げと出生率の引上げ、国民の健康維持増進、家庭のありかたの強化、移民の管理が基本課題に掲げられている。さらにコンセプトは、国の人口状況に改善をもたらすための複合的対策を定めている。

（2007年10月11日報道）

«матери́нский (семе́йный) капита́л»「母親（家族）資本」

　ロシア政府が少子化対策に導入した制度。2人以上の子供を産んだ母親（要件によって父親・里親・子供本人も対象）に子供1人あたり47万5000ルーブル（2016年度）を支給（実際の支給は子供の誕生から3年後）。使用目的は、教育資金、住宅環境の改善、母親の労働年金積立部分への振替に限定される。

重要語句

демогра́фия【女】人口動態 демографи́ческий【形】人口〔動態〕の、人口問題の Мно́гие европе́йские стра́ны уже́ претворя́ют в жизнь **демографи́ческую поли́тику**. ヨーロッパの多くの国は**人口政策**をすでに実行に移している。◆ **демографи́ческая пробле́ма**「人口問題」★ロシアや日本を含む先進国にとっては старе́ние населе́ния「高齢化」と сокраще́ние чи́сленности населе́ния「人口減少」が課題だが、中国・インドにとっては бы́стрый рост населе́ния「急激な人口増加」が課題。

многонаселённый【形】人口の多い **малонаселённый**【形】人口の少ない〔関連〕◆ **пе́репись населе́ния**【女】「国勢調査」★国勢調査員は **перепи́счик**

трудоспосо́бный【形】労働可能の К 2050 го́ду на ка́ждого европе́йца в во́зрасте от 65 лет и вы́ше бу́дет приходи́ться два челове́ка **трудоспосо́бного во́зраста**. 2050 年までに欧州の 65 歳以上の人 1 人に対し、**労働可能年齢**人口は 2 人という状況になるだろう。

рожда́емость【女】①出生率 ②出生者数 паде́ние у́ровня рожда́емости и увеличе́ние продолжи́тельности жи́зни 出生率の低下と寿命の延び（＝少子高齢化）〔反義〕**сме́ртность**【女】① 死亡率 ② 死亡者数 Впервы́е за до́лгие го́ды **рожда́емость превы́сила сме́ртность**. 過去数年間で始めて**出生者数が死亡者数を上回った**。

новорождённый【形】新生児の Согла́сно одному́ из иссле́дований, увеличе́ние социа́льных вы́плат на че́тверть приво́дит к **незначи́тельному ро́сту числа́ новорождённых**. ある調査によると、社会支出を 25％増大しても、**新生児の数は微増に留まる**とされている。

◆ **равнопра́вие мужчи́н и же́нщин**「男女平等」Для реше́ния демографи́ческой пробле́мы Шве́ция де́лает бо́льший упо́р на **равнопра́вии мужчи́н и же́нщин** не́жели на жела́нии увели́чить у́ровень рожда́емости. 人口問題の解決のために、スウェーデンは、出生率を高めようという機運よりも、**男女平等**にはるかに軸足を置いている。

мигра́ция【女】移民すること трудова́я мигра́ция 労働移民 **мигра́нт**〔通常複で〕【男】移民（人）трудовы́е мигра́нты 労働移民 ★流入は иммигра́ция/иммигра́нт、流出は эмигра́ция/эмигра́нт.〔関連〕**нелега́лы**〔複で〕**不法移民 миграцио́нный**【形】～の ◆ **Федера́льная миграцио́нная слу́жба**（ФМС）連邦移民局

репатриа́нт【男】引揚者 Подавля́ющее число́ **репатриа́нтов** — этни́ческие ру́сские. **引揚者**の大多数が民族的にはロシア人である。★過疎地対策の一環として旧ソ連諸国からのロシア系住民帰還事業が進められている

усыновле́ние【中】養子縁組〔動詞形〕**усынови́ть**《対》〔完〕**養子を取る**〔関連〕**приёмный**【形】養子縁組（里親）の приёмная дочь 養女、приёмные роди́тели 養父母

В Аму́рской о́бласти заболе́ли 55 малыше́й

В де́тском саду́ № 3 го́рода Зе́я Аму́рской о́бласти 55 дете́й зарази́лись сальмонеллёзом, 36 — госпитализи́рованы. По предвари́тельным да́нным прокурату́ры Аму́рской о́бласти, вспы́шка о́строй инфе́кции свя́зана с пищевы́м отравле́нием. Малыши́ е́ли сала́т, пригото́вленный с наруше́нием технологи́ческих тре́бований. Сле́дствие вы́яснило, что уже́ в тече́ние 3 дней в де́тском саду́ не́ было ни горя́чей, ни холо́дной воды́. Гру́бо наруша́лись санита́рно-гигиени́ческие пра́вила. Сейча́с в де́тском саду́ объя́влен 7-дне́вный каранти́н. Произво́дится дезинфе́кция помеще́ний, посу́ды и игру́шек.

（http://www.vesti.ru/doc.html?id=144622）

語　彙　малы́ш〔-á〕【男】幼児　зарази́ться《造》［完］～に感染する сальмонеллёз【男】サルモネラ症 вспы́шка【女】突然の発生、「集団感染」 о́стрый【形】急性の инфе́кция【女】感染症 пищево́е отравле́ние【中】食中毒 санита́рно-гигиени́ческий【形】衛生上の объяви́ть каранти́н《в＋前》［完］～を（検疫のために）閉鎖する дезинфе́кция【女】消毒

訳　例　　　　　アムール州で子供55人が発症

　アムール州ゼヤ市の第三幼稚園で、園児55人がサルモネラ症に感染し、36人が入院した。アムール州検察庁のこれまでの調べでは、食品が原因の集団食中毒と見られる。子供たちは、［衛生］基準に違反した状況で調理されたサラダを食べていた。捜査の結果、幼稚園は3日間お湯も水も出ない状態で、衛生規則が全く守られていなかったことが判明した。幼稚園は7日間閉鎖され、施設や食器、玩具の消毒が行われている。

（2007年10月26日報道）

重要語句

медици́на【女】医療 **медици́нский**【形】医療の ско́рая медици́нская по́мощь 救急医療 〔類語〕 **здра̀воохране́ние**【中】 保健 ◆ **Всеми́рная организа́ция здра̀воохране́ния**（ВОЗ）世界保健機関（WHO）

санита́рный【形】衛生の **Санита́рные врачи́** беру́т про́бы воды́ и проду́ктов пита́ния для дета́льного иссле́дования. 保健医は詳しい調査のために水と食品のサンプルを採取している。◆ **Гла́вный госуда́рственный санита́рный врач РФ**「ロシア連邦国家主任保健医」★国の保健衛生行政で最も権威を持つ医師。

эпиде́мия【女】疫病 СПИД — э́то глоба́льная **эпиде́мия**. エイズは地球規模の疾病である。　 **эпидеми́ческий**【形】 ～の **Эпидеми́ческая ситуа́ция с туберкулёзом** в стране́ остаётся угрожа́ющей. 国内の結核の感染状況は依然深刻である。

ви́рус【男】ウイルス **Ви́рус клещево́го энцефали́та**（ВКЭ）вызыва́ет тяжёлое заболева́ние центра́льной не́рвной систе́мы люде́й. ダニ脳炎ウイルスはヒトの中枢神経系に重大な症状を引き起こす。★毎年春にマダニに注意を促すキャンペーンがある。〔関連〕**вакци́на**【女】ワクチン **вакцина́ция**【女】ワクチン接種 **вакцини́ровать**〔不完・完〕ワクチン注射をする Я **не вакцини́рован** от клещево́го энцефали́та. 私はダニ脳炎のワクチン注射を受けていない。

◆ **(ма́ссовое) пищево́е отравле́ние**「(集団) 食中毒」Сальмоне́лла — э́то бакте́рия, кото́рая вызыва́ет **пищево́е отравле́ние**. サルモネラ菌は食中毒の原因菌である。

заболева́ние【中】発症 Бы́ли зарегистри́рованы во́семь но́вых **слу́чаев заболева́ния** атипи́чной пневмони́ей. 新型肺炎（SARS）の発症例が新たに 8 件報告された。〔関連〕**вспы́шка**【女】「集団感染」～ гри́ппа H2N2 ［аш-два-эн-два］H2N2 型インフルエンザの集団感染 **симпто́м**【男】症状 Число́ госпитализи́рованных **с симпто́мами** о́строй кише́чной инфе́кции вы́росло до 47 челове́к. 急性腸炎の症状を訴えて入院した人は 47 人となった。

инфе́кция【女】感染症 кише́чная инфе́кция 細菌性腸炎

профила́ктика【女】予防 На кру́глом столе́ обсуди́ли програ́ммы по борьбе́ со СПИ́Дом, в ча́стности, **профила́ктику зараже́ния** ВИЧ-инфе́кцией среди́ молодёжи. シンポジウムではエイズ対策のプログラム、特に若者の HIV ウイルスへの感染予防について話し合われた。★ ВИЧ-инфици́рованный (положи́тельный) HIV 感染者 〔関連〕**лече́ние**【中】治療 лече́ние от беспло́дия 不妊治療 **приви́вка**【女】予防接種

каранти́н【男】検疫、(感染防止の) 閉鎖 Столо́вая закры́та **на каранти́н**. 食堂は閉鎖されている。〔関連〕◆ **отмени́ть заня́тия**「休校にする」Во всех шко́лах го́рода из-за эпиде́мии гри́ппа **бы́ли отменены́ заня́тия**. 流感のため市内の全学校が休校となった。

Трансге́нные проду́кты. Есть и́ли не есть?

На этике́тках това́ров должно́ быть ука́зано содержа́ние трансге́нных компоне́нтов, е́сли оно́ превыша́ет 0,9 проце́нта. На упако́вке това́ров в росси́йских магази́нах о́чень тру́дно найти́ маркиро́вку, есть ли в проду́кте генети́чески модифици́рованные исто́чники, и́ли так называ́емые трансге́ны. Производи́тель обя́зан ука́зывать содержа́ние трансге́нов в проду́кте и не превыша́ть разрешённых 5-ти проце́нтов. Бо́лее того́, Росси́я вслед за Евро́пой снижа́ет разрешённую но́рму до 0,9 проце́нта. «Э́то де́лается для того́, что́бы потреби́тель, прочита́в этике́тку, сде́лал вы́вод для себя́. Да, он зна́ет, что мы разреши́ли, э́то безопа́сно, но он сомнева́ется! И он берёт тот проду́кт, где э́того нет», — говори́т гла́вный госуда́рственный санита́рный врач РФ.

(http://www.vesti.ru/doc.html?id=104886)

語　彙　трансге́нный【形】遺伝子組み換えの　этике́тка【女】ラベル содержа́ние【中】含有の事実 компоне́нт【男】成分 упако́вка【女】包装 маркиро́вка【女】表示 генети́чески【副】遺伝子的に модифици́ровать〔完〕変形 させた исто́чник【男】原材料 трансге́ны〔複で〕遺伝子組み換え原料 разрешённая но́рма【女】許容量 потреби́тель【男】消費者

訳　例　　　　　　遺伝子組換え食品、食べる？食べない？

　遺伝子組換え原料が0.9％以上含まれる場合、商品ラベルへの表示が義務化される。国内の小売店で販売されている商品で、包装に遺伝子組換え原料含有に関する表示を見つけるのは非常に難しい。食品に遺伝子組換え原料を使用する場合、製造業者には、その表示と5％の混入許容率を超えないことが義務づけられているが、ロシアはヨーロッパ諸国に追随して、混入許容率を0.9％まで引下げることにしている※。

　ロシア連邦主任保険医の話：「これは、消費者がラベルを読んだ上で、自己選択を可能にするための措置。消費者は国が認可した安全なものであることがわかる。それでも、不信感が拭いきれない方は〔遺伝子組換え原料を〕含まない食品を選ぼうということになる。」

（2004年5月31日報道）
※07年9月より実施。

重要語句

◆ **продово́льственная безопа́сность** 「食の安全」 **Продово́льственная безопа́сность** явля́ется одни́м из гла́вных фа́кторов социа́льной стаби́льности о́бщества 食の安全は社会の安定にとって重要な要素の1つである。〔類義〕**безопа́сность проду́ктов пита́ния** 食品安全

хи́мия【女】化学物質〔類義〕**пищевы́е доба́вки** 「食品添加物」 ★ **консерва́нт** 【男】保存料 иску́сственные консерва́нты 合成保存料 **стабилиза́тор**【男】安定剤 **краси́тель**【男】 着色料 **ароматиза́тор**【男】 香料 **эмульга́тор**【男】 乳化剤 **экстра́кт**【男】抽出物、〜由来成分

витами́н【男】ビタミン На прила́вках появи́лся хлеб обогащённый **витами́нами В**. ビタミンBを強化したパンが店頭に登場した。★ витами́н A, B, C, D, E は〔а, бэ, цэ, дэ, е〕と発音。

пестици́д【男】農薬(= химика́ты)В па́ртии я́блок на́йден **пестици́д** в коли́честве, превыша́ющем максима́льно допусти́мый у́ровень. 大量のリンゴから最大残留基準を超える農薬が検出された。〔関連〕**токси́чное** 〔**ядови́тое**〕 **вещество́** 「有毒物質」

гѐнномодифици́рованный 【形】遺伝子組換えの(= **генети́чески модифици́- рованный**) гѐнномодифици́рованные проду́кты 遺伝子組換え食品 Отмеча́ется рост аллерги́ческих заболева́ний в стра́нах, акти́вно употребля́ющих **генети́чески модифици́рованные проду́кты**. 遺伝子組換え食品が積極的に使用されている国では、アレルギー性疾患の増加が見られる。 **трансге́ны** 〔複〕**遺伝子組換え原料**(= генети́чески модифици́рованное сырьё)

потреби́тель【男】消費者 защи́та прав потреби́телей 消費者権利の保護 О́чень ча́сто производи́тели скрыва́ют от **потреби́телей** ва́жные да́нные о соста́ве проду́кта. しばしば製造業者は、製品原料に関する重要な情報を消費者から隠そうとする。

сертифика́ция【女】(第三者機関による)品質証明 **сертифици́ровать** 〔完〕品質証明する Това́р **сертифици́рован**. 「品質証明済み商品です。」(広告や包装で頻出)

◆ **срок го́дности** 「消費期限」 日本のような「消費期限」「賞味期限」の区別はない。 **Срок го́дности** кефи́ра — 5 су́ток. ケフィールの消費期限は5日である。 Прокурату́рой возбуждено́ уголо́вное де́ло по фа́кту реализа́ции това́ров, **срок го́дности** кото́рых **истёк**. 消費期限切れ商品を販売したとして、検察は刑事事件として捜査を開始した。

◆ **ГОСТ** (**Госуда́рственный станда́рт**) 「国家規格」 СНГ 諸国共通の規格制度。 日本の JIS ／ JAS に相当するが、手紙の書式にも規格を設けるなど、規定対象は遥かに広い。ロシアのみに有効な規格を ГОСТ Р という。

Моско́вский во́здух си́льно загрязнён

По да́нным Мòсэкомонито́ринга, в городско́м во́здухе наблюда́ется повы́шенная концентра́ция вре́дных при́месей. Са́мая неблагоприя́тная ситуа́ция сейча́с в Сѐверо-Восто́чном и Ю̀го-За́падном округа́х столи́цы. На у́лице Поля́рная в два ра́за превы́шена преде́льно допусти́мая концентра́ция углеки́слого га́за и окси́да азо́та. А са́мые минима́льные показа́тели аппарату́ра фикси́рует в райо́не проспе́кта Верна́дского, не бо́лее 60% от допусти́мого ма́ксимума. Специали́сты приро̀доохра́нного учрежде́ния сове́туют в у́тренние часы́ воздержа́ться от прове́тривания помеще́ний, а та́кже ограни́чить своё вре́мя пребыва́ния вблизѝ а̀втомагистра́лей и други́х исто́чников загрязне́ния.

(http://www.vesti.ru/doc.html?id=95189)

語　彙　загрязни́ть［完］汚染する Мòсэкомонито́ринг【男】モスクワ市環境モニタリング局 повы́шенный【形】高い концентра́ция【女】濃度 вре́дный【形】有害な при́месь【女】混合物 неблагоприя́тный【形】望ましくない углеки́слый газ【男】炭酸ガス（ここでは二酸化炭素ガス）окси́д азо́та【男】窒素酸化物 аппарату́ра【女】（観測）機材 фикси́ровать［不完］記録する приро̀доохра́нный【形】環境保護の воздержа́ться《от＋生》［完］〜を控える прове́тривание【中】換気 загрязне́ние【中】汚染

訳　例　　　　　　　　　**モスクワの大気汚染は深刻**

　モスクワ市環境モニタリング局の観測によれば、市内の大気には、有害混合物質濃度の高い状態が認められる。現時点で状況が最も悪いのは、モスクワ市北東及び南西地区である。ポリャールナヤ通りでは、二酸化炭素と窒素酸化物濃度が、基準の２倍を超えている。一方、数値が最も低かったのは、ベルナツキー大通り周辺で、許容限度〔排出基準〕の60%以下であった。環境モニタリング局では、早朝は室内の換気は避けることや、自動車道路付近や、他の汚染源の近くに留まる時間を制限するように呼びかけている。

（2007年3月30日報道）

重要語句

эколо́гия【女】環境 **эсологи́ческий**【形】環境の соотве́тствовать эсологи́ческим но́рмам 環境基準に適合する ◆ **Эсологи́ческие преступле́ния**「環境犯罪」
В э́той о́бласти зарегистри́рован рост **эсологи́ческих преступле́ний**, свя́занных с незако́нной вы́рубкой ле́са. この州では違法森林伐採に関連する**環境犯罪**の増加が報告されている。★ロシア刑法第 26 章は土壌・大気・河川湖沼・海上汚染、違法な森林伐採などを「環境犯罪」と定めている。日本漁船が「環境犯罪」を理由に拿捕されることがあるが、同法が魚介類の違法採取だけでなく、大陸棚や排他的経済水域に関するロシア法令の違反も「犯罪」と規定していることが関係。

эсологи́чески чи́стый【形】環境的にクリーンな、「環境に優しい」 Япо́нская корпора́ция разрабо́тала **эсологи́чески чи́стый автомоби́ль**, рабо́тающий на то́пливной водоро́дной батаре́е. 日本企業が燃料水素電池で動く**環境に優しい車**を開発した。

загрязне́ние【中】汚染 загрязне́ние атмосфе́ры 大気汚染 исто́чник загрязне́ния 汚染源〔動詞形〕**загрязня́ть**［不完］**загрязни́ть**［完］《造》〜で汚染する вы́брос загрязня́ющих веще́ств 汚染物質の排出 **Мазу́том загрязнено́** 6 км бе́рега мо́ря. 重油で海岸が 6 キロに渡って**汚染された**。

◆ **окружа́ющая среда́**「環境」 Уще́рб, нанесённый **окружа́ющей среде́** в результа́те загрязне́ния сто́ками заво́да прито́ков реки́, соста́вил 20 млн. рубле́й. 工場排水が川の支流を汚染した事件で、**環境への**被害は 2000 万ルーブルに上った。

отхо́д【男】〔複で〕**廃棄物、ゴミ**（= му́сор）пищевы́е отхо́ды 生ゴミ Презента́ция конце́пции сбо́ра, вы́воза, утилиза́ции и перерабо́тки **бытовы́х и промы́шленных отхо́дов** прошла́ в администра́ции го́рода. **家庭ゴミと産業廃棄物**の回収、運搬、再利用と処理のコンセプトに関する説明会が市庁舎で行われた。〔関連〕**помо́йка**【女】ゴミ集積所のコンテナ ◆ **му̀соропераба́тывающий заво́д**「ゴミ再処理工場」

суббо́тник【男】（ボランティアで行う）清掃奉仕、美化デー ★かつて土曜日に行われたことが語源。現在は休日であれば曜日は問わない。 В воскресе́нье акти́вное уча́стие в **суббо́тнике** принима́ли жи́тели и предприя́тия го́рода. 日曜日に行われた**清掃ボランティア活動**に、市内の住民と企業が積極的に参加した。

◆ **разде́льный сбор му́сора**「ゴミの分別収集」 Моско́вские вла́сти в очередно́й раз попыта́лись ввести́ в го́роде пра́ктику **разде́льного сбо́ра му́сора**. モスクワ市当局は再びゴミの**分別収集**を市内に導入しようと試みた。

◆ **разделе́ние**〔**сортиро́вка**〕**му́сора**（**отхо́дов**）ゴミ（廃棄物）の分別〔動詞〕**разделя́ть / сортирова́ть му́сор**（**отхо́ды**）ゴミ（廃棄物）を分別する

Россия встретит новый год 10 выходными

Новогодние праздники в России продлятся 10 дней: с 30 декабря по 8 января включительно. Постановлением правительства РФ от 11 ноября 2006 года № 661 в целях рационального использования работниками выходных и нерабочих праздничных дней в 2007 году выходной день с субботы 29 декабря перенесён на понедельник 31 декабря. Также, согласно статье 112 Трудового Кодекса РФ, дни с 1 по 5 января включительно, а также 7 января являются нерабочими праздничными днями. Если учесть, что 5 января приходится на выходной день, субботу, то в соответствии с положениями указанной статьи, этот выходной должен быть перенесён на ближайший после праздничного рабочий день, а именно — 8 января. Таким образом, количество новогодних выходных составит 10 дней: с 30 декабря по 8 января включительно.

(http://www.vesti.ru/doc.html?id=145255)

語　彙　10 выходными = десятью выходными/новогодний【形】新年の праздник【男】祝日 рациональный【形】合理的な нерабочий【形】非労働の перенести《на＋対》［完］〜に振り替える Трудовой Кодекс【男】労働法 включительно【副】含んで

訳　例　　　　　ロシアは年末年始は10連休

　ロシアの年末年始の休日は12/30から1/8までの10連休となる。2006年11月11日付ロシア政府決定第661号により、勤労者による2007年の休日および非労働日の祝日の合理的活用の目的から、12/29の休日は、12/31（月曜日）に振り替えられる。さらに、連邦労働法112条の規定により、1/1〜5および1/7が非労働日の祝日となる。1/5が休日（土曜日）にあたる場合、上記の条項の規定により、祝日後の最初の労働日である1/8に振り替えられるため、年末年始は12/30から1/8までの10連休になる。

（2007年10月30日報道）

重要語句

пра́здник【男】祝日 ◆ **госуда́рственный пра́здник** 国の祝日 ◆ **наро́дный пра́здник**（非公式な）民間の祭日 Ма́сленица — **наро́дный пра́здник**. マースレーニツァは民間の祭日である。◆ **профессиона́льный пра́здник**「○○の日」★特定の職業に従事する人の日。30 апре́ля — День пожа́рной охра́ны. 4 月 30 日は消防士の日だ。〔派生〕**пра́здничный**【形】祝日の пра́здничные мероприя́тия 祝日のイベント

годовщи́на【女】記念日 годовщи́на со дня рожде́ния/сме́рти《生》～の生誕／没後～周年記念日 **130-я годовщи́на со дня сме́рти** Пу́шкина отмеча́лась 10 февраля́. プーシキン没後 130 年祭が 2 月 10 日に祝われた。〔類義〕**юбиле́й**【男】記念日 ★切れのよい数字（5、10、15…）の場合が多い。Лукаше́нко поздра́вил Пу́тина с 55-ле́тним **юбиле́ем**. ルカシェンコ大統領がプーチン大統領の 55 歳の誕生日を祝った。

имени́ны〔複〕「名の日」★洗礼名と同じ聖人の祭日（誕生日とは別）

отмеча́ть(ся)［不完］**отме́тить(ся)**［完］祝う（祝われる）4 ноября́ в Росси́и отмеча́ется День наро́дного еди́нства. ロシアでは 11 月 4 日に「国民統合の日」を祝う。

приуро́чить《к＋与》［完］～にあわせる На Украи́не 22 ноября́ отмеча́ется «День свобо́ды», кото́рый **приуро́чен к годовщи́не** «ора́нжевой» револю́ции. ウクライナでは 11 月 22 日に「オレンジ革命」記念日にあわせて「自由の日」が祝われる。

выходно́й【男】休日 брать/взять выходно́й 休暇を取る〔類義〕**о́тпуск**【男】休暇 неопла́чиваемый о́тпуск 無給休暇（= о́тпуск за свой счёт）〔関連〕**отгу́л**【男】代休 брать/взять **больни́чный** 病気休暇を取る ◆ **нерабо́чий день** 非労働日〔反義〕**бу́дни**〔複〕平日 **По бу́дням** но́вости выхо́дят в эфи́р в нача́ле ка́ждого ча́са. ニュースは平日の毎正時に放送される。◆ **рабо́чий день**「労働日」

ロシアの国の祝日

Нового́дние пра́здники　新年祝日（1 月 1 ～ 5 日）

Рождество́ Христо́во　キリスト降誕祭（1 月 7 日）

День защи́тника Оте́чества　祖国防衛者の日（2 月 23 日）

Междунаро́дный же́нский день　国際婦人デー（3 月 8 日）

Пра́здник Весны́ и Труда́　春と労働の祝日（5 月 1 日）

День Побе́ды　戦勝記念日（5 月 9 日）

День Росси́и　ロシアの日（6 月 12 日）

День наро́дного еди́нства　国民統合の日（11 月 4 日）

В Перми́ изуча́ют пробле́мы защи́ты свобо́ды со́вести

[В Перми́] прохо́дит IV нау́чно-практи́ческая конфере́нция «Рели́гия в изменя́ющейся Росси́и: пробле́мы иссле́дования рели́гии и защи́та свобо́ды со́вести». Сего́дняшний рабо́чий день уча́стники и организа́торы конфере́нции на́чали с того́, что встре́тились с губерна́тором Пе́рмского кра́я. Зате́м — «кру́глый стол», посвящённый 10-ле́тию федера́льного зако́на «О свобо́де со́вести и религио́зных объедине́ний». Сопредседа́тель Экспе́ртного Сове́та при Уполномо́ченном по права́м челове́ка в РФ заме́тил, что вы́бор Пе́рмского кра́я для проведе́ния конфере́нции свя́зан с тем, что он, наряду́ со мно́гими други́ми субъе́ктами РФ, явля́ется многонациона́льным и многоконфессиона́льным. В хо́де рабо́ты заслу́шиваются как докла́ды религиове́дов, так и богосло́вские докла́ды.

（http://www.vesti.ru/doc.html?id=118182）

語　彙　свобо́да со́вести【女】良心の自由 нау́чно-практи́ческий【形】学術・実務の рели́гия【女】宗教 изменя́ющийся【形】変わりゆく иссле́дование【中】調査 организа́тор【男】主催者 кру́глый стол【男】フォーラム религио́зное объедине́ние【中】宗教結社 сопредседа́тель【男】共同議長 экспе́ртный【形】専門家の Уполномо́ченный по права́м челове́ка【男】「人権問題担当全権」 проведе́ние【中】実施 наряду́《с＋造》【副】～と並んで многонациона́льный【形】多民族の многоконфессиона́льный【形】多宗教の заслу́шиваться［不完］熱心に聞く религиове́д【男】宗教学者 богосло́вский【形】神学者の、宗教者の

訳　例　　　　　　ペルミで「良心の自由」に関する会議開催
　[ペルミで] 研究者・実務者による第四回「変化するロシアにおける宗教：宗教研究の諸問題と良心の自由の保護」会議が開催されている。今日のセッションは、会議の主催者・参加者とペルミ地方知事との会見から始まった。その後「良心の自由と宗教団体に関する連邦法」制定10周年を記念したフォーラムに移った。連邦人権問題担当全権付の専門家会議の共同議長は、ロシアの他の連邦構成主体と同じく、ペルミ地方が多民族・多宗教地域であることが、会議開催地に選定された理由であると語った。会議では、宗教学者や宗教者による報告があり、参加者が熱心に耳を傾けている。
　（2007年4月24日報道）

重要語句

рели́гия【女】宗教 разделе́ние госуда́рства и рели́гии 政教分離 ◆ **традицио́нная рели́гия**「伝統宗教」帝政時代から公認されていたキリスト教（ロシア正教）・イスラム教・ユダヤ教・仏教を指す。◆ **нетрадицио́нная рели́гия**「非伝統宗教」上記以外のもの。新宗教だけに限らない（たとえば、キリスト教でも外来の新教諸派はこれに分類）

рели́ги́озный【形】宗教の〔類義〕**духо́вный**【形】精神の、宗教の、心の духо́вные це́нности 宗教的価値観 духо́вное образова́ние 宗教教育

конфе́ссия【女】宗旨、教派 В Росси́и де́йствует 60 **конфе́ссий** и 22 ты́сячи **рели́ги́озных организа́ций**. ロシアでは60の宗教と2万2千の宗教団体が活動している。**конфессиона́льный**【形】宗教の конфессиона́льная принадле́жность 何らかの宗教へ帰属していること〔派生〕**многоконфессиона́льный**【形】多宗教の многоконфессиона́льное госуда́рство 多宗教国家 **мѐжконфессиона́льный**【形】宗教間の мѐжконфессиона́льный диало́г 宗教間の対話

испове́довать〔不完〕信仰する ★原意は「告白する」Бо́лее 90% населе́ния Чечни́ **испове́дуют исла́м**. チェチェンの住民の90％以上が**イスラム教を信仰している**。〔派生〕**вѐроисповеда́ние**【中】信仰 свобо́да вѐроисповеда́ния 信教の自由〔関連〕**вѐротерпи́мость**【女】宗教的寛容（＝толера́нтность）

проповѐ́довать〔不完〕布教する **пропове́дник**【男】伝道師 **пропове́днический**【形】布教の пропове́дническая де́ятельность 布教活動

ве́рующий【男】信者〔類義〕**приве́рженец**【男】帰依者 Оказа́лось, что он — **приве́рженец рели́ги́озного тече́ния**, кото́рое счита́ется тоталита́рной се́ктой. 彼はカルト教団と目されている**宗教に所属している**ことがわかった。〔反義〕**неве́рующий**【男】非信者 **атеи́ст**【男】無神論者

се́кта【女】①（伝統宗教の枠内での）**教派、宗派** будди́йская се́кта Дзэн 仏教の禅宗 ②（反社会的な）宗教セクト тоталита́рная се́кта 全体主義セクト★「カルト教団」（культ）に相当する表現。**секта́нт**【男】**се́кта** の信者

◆ **рели́ги́озное тече́ние**「教派、宗派」**се́кта** が否定的なニュアンスを伴うため、より中立的に「教派」の意味で用いられる代替的表現。

экстреми́зм【男】過激主義 Необходи́мо противостоя́ть идео́логам **рели́ги́озного экстреми́зма**, испо́льзующим чу́вства ве́рующих. 宗教的過激主義を唱えて人々の信仰心を弄ぶ者らには断固対抗する必要がある。〔同義〕**фанати́зм**【男】狂信主義 **фана́т**【男】狂信者

Алексий II не исключа́ет встре́чи с Па́пой Ри́мским в ближа́йшее вре́мя
Встре́ча Патриа́рха Моско́вского и всея́ Руси́ Алекси́я II и Па́пы Ри́мского мо́жет состоя́ться уже́ в са́мое ближа́йшее вре́мя. Об э́том сам Алекси́й II заяви́л в интервью́ газе́те «Фигаро́». Представи́тели двух крупне́йших христиа́нских церкве́й акти́вно сотру́дничают по мно́гим вопро́сам. Сего́дня [Алекси́й II] вы́ступит на осе́нней се́ссии Парла́ментской ассамбле́и Сове́та Евро́пы (GFCT). Церко́вный иера́рх столь высо́кого ра́нга отве́тит на вопро́сы депута́тов ПАСЕ впервы́е. Накану́не он посети́л знамени́тый Стра́сбургский кафедра́льный собо́р и вы́ступил с обраще́нием к ве́рующим Фра́нции. «Сего́дня на ве́рующих лю́дях лежи́т огро́мная отве́тственность и не ме́нее сло́жная ми́ссия — свиде́тельствовать о свое́й ве́ре. Отра́дно, что в э́том като́лики и правосла́вные мо́гут объедини́ть свои́ уси́лия», — заяви́л в своём обраще́нии Алекси́й II.

(http://www.vesti.ru/doc.html?id=140875)

語 彙 Алекси́й II（второ́й）★アクセントは -и́й（-ле́к- ではない）исключа́ть［不完］除外する Па́па Ри́мский【男】ローマ教皇 интервью́【中】〔不変〕インタビュー христиа́нский【形】キリスト教の акти́вно【副】積極的に сотру́дничать［不完］協力する иера́рх【男】高位聖職者 ранг【男】身分 кафедра́льный собо́р【男】大聖堂 отве́тственность【女】責任 свиде́тельствовать［不完］証しする като́лик【男】カトリック教徒 правосла́вный【男】正教徒

訳 例 **アレクシー二世、将来のローマ教皇との会見を否定せず**
　モスクワ総主教アレクシー二世とローマ教皇との会見が、近い将来に実現するかもしれないと、アレクシー二世本人が仏誌『フィガロ』とのインタビューで語った。二大キリスト教教会の代表は、様々な問題において積極的に協力している。今日［アレクシー二世は］秋の欧州連合議員会議（GFCT）で演説を行う。これほど高位の教会聖職者がGFCT議員との質疑に応じるのは初めてである。昨日、総主教はストラスブール大聖堂を訪れフランスの信徒に向けメッセージを発表した。この中でアレクシー二世は「今日、信仰者には、自らの信仰を証しするという、大きな責任であると共に容易ではない使命が付託されている。この点で、カトリックと正教の信徒が力を結集できるのは喜ばしい」と述べた。
　（2007年10月7日報道）

重要語句

Христиа́нство【中】キリスト教 **христиа́нский**【形】キリスト教の христиа́нский миссионе́р キリスト教宣教師 **христиани́н**【男】キリスト教徒

Би́блия【女】聖書 **библе́йский**【形】〜の〔同義〕**Свяще́нное Писа́ние**【中】「聖典」★様々な宗教の経典に使われる。Свяще́нное писа́ние будди́стов 仏教聖典（＝ budди́йские су́тры）〔関連〕**Ве́тхий Заве́т**【男】旧約聖書 **Пятикни́жие Моисе́ево**【中】モーセ五書 **Псалты́рь**【男】詩篇〔詩詠〕**Но́вый Заве́т**【男】新約聖書 **Ева́нгелие**【中】福音書 ★ Ева́нгелие от Иоа́нна 3:16（глава́ тре́тья, стих шестна́дцатый）ヨハネによる福音書 3 章 16 節 **Апока́липсис**【男】黙示録

Бог【男】神 **бо́жий**【形】神の Зако́н Бо́жий キリスト教教理入門 **Госпо́дь**【男】主〔神とキリストを共に指しうる〕〔関連〕**монотеи́зм**【男】一神教

проро́к【男】預言者 Проро́к Иса́йя 預言者イザヤ ★「神から言葉を預かり伝える」者。「予言者」ではない。**проро́ческий**【形】〜の〔関連〕**апо́стол**【男】使徒 свято́й апо́стол Пётр 聖使徒ペテロ〔ペトロ〕**апо́стольский**【形】〜の

Иису́с Христо́с【男】イエス・キリスト（カトリック「イエズス・キリスト」、正教会「イイスス・ハリストス」）★日本では固有名表記は教派間で揺れが大きいが、ロシアでは正教会以外の教派も正教会訳聖書（1876 年刊）を使うので、ほぼ統一されている。〔関連〕**Де́ва Мари́я**【女】処女マリア〔正教会では Богоро́дица 生神女〕**Свята́я Тро́ица**【女】三位一体〔至聖三者〕★ Оте́ц, Сын, Свято́й Дух「父・子・聖霊」

◆ **Ри́мская католи́ческая це́рковь**（＝ Ри́мско-католи́ческая це́рковь）「ローマカトリック教会」〔同義〕Ватика́н バチカン, Свято́й престо́л「聖座」**като́лик**【男】カトリック教徒 **католи́ческий**【形】カトリックの католи́ческое Рождество́「カトリックの降誕祭（クリスマス）」（12 月 25 日に行う）**католици́зм**【男】カトリック（主義）◆ **Па́па Ри́мский**【男】ローマ教皇（＝ понти́фик）По слу́чаю отмеча́емого 16 апре́ля юбиле́я **понти́фику** напра́влено поздрави́тельное посла́ние. 4 月 16 日の誕生日に**教皇へ**祝いの書簡が送られた。**конкла́в**【男】コンクラーベ〔教皇選出選挙〕Кардина́лы ста́рше 80 лет на моме́нт сме́рти Па́пы не име́ют пра́ва уча́ствовать в **Па́пском Конкла́ве**. 教皇死去時に 80 歳以上の枢機卿は**教皇選出選挙に参加する**権利を持たない。

протестанти́зм【男】プロテスタント主義 **протеста́нтский**【形】プロテスタントの протеста́нтский па́стор プロテスタント牧師 ★「神父」は正教・カトリックで使う。**протеста́нт**【男】プロテスタント信者

Митрополи́т Лавр при́был в Росси́ю

В Москву́ прибыла́ делега́ция Ру́сской Правосла́вной Це́ркви Зарубежо́м во главе́ с её предстоя́телем. Митрополи́т Лавр и Патриа́рх Алекси́й Второ́й подпи́шут Акт о канони́ческом обще́нии двух ветве́й Ру́сской Правосла́вной Це́ркви. А зате́м соверша́т торже́ственную литурги́ю в хра́ме Христа́ Спаси́теля. В истори́ческом богослуже́нии при́мут уча́стие бо́лее полови́ны архиере́ев Це́ркви Заграни́цей и о́коло тре́ти зарубе́жных свяще́нников. Кро́ме того́, на пра́здничную слу́жбу прие́дут о́коло 600 прихожа́н Зарубе́жной Це́ркви. На воссоедине́ние двух церкве́й ушло́ не́сколько лет. К проце́ссу подключи́лась и све́тская власть. Митрополи́т Лавр посети́л Свя́то-Дани́лов монасты́рь, где приложи́лся к моща́м патриа́рха Ти́хона.

(http://www.vesti.ru/doc.html?id=121145)

語 彙　митрополи́т【男】府主教 Ру́сская Правосла́вная Це́рковь Зарубежо́м（正式には Заграни́цей）【女】「在外ロシア正教会」предстоя́тель【男】教団代表 Патриа́рх【男】総主教 акт【男】決定（書）канони́ческий【形】教会法の обще́ние【中】交流 литурги́я【女】聖体礼儀 храм Христа́ Спаси́теля【男】救世主ハリストス大聖堂 богослуже́ние【中】奉神礼 архиере́й【男】高位聖職者（主教以上）свяще́нник【男】司祭 пра́здничный【形】祝いの слу́жба【女】礼拝 прихожа́нин【男】一般信徒 воссоедине́ние【中】再統合 подключи́ться《к＋与》［完］〜に関与する све́тский【形】世俗の монасты́рь【男】修道院 приложи́ться《к＋与》［完］〜に（崇敬のために）接吻する мо́щи〔複で〕不朽体〔聖骸〕★聖人の遺体。

訳 例　　　　　**ラブル府主教がロシアに到着**

　在外ロシア正教会の長を代表とする訪問団がモスクワに到着した。ラブル府主教とアレクシー二世総主教（注：08年死去）は、ロシア正教会の二教会の教会法に則った交流に関する決定書に署名した後、救世主ハリストス大聖堂で礼拝〔聖体礼儀〕を行う。この歴史的な祈祷式〔奉神礼〕には、在外教会の高位聖職者の半数と司祭の3分の1が参列する。また、この祝いの礼拝に参列するため、在外教会の信徒600名も訪れる。二教会の再合流の動きが始まってから数年が経過したが、このプロセスには世俗権力も関わった。ラブル府主教は聖ダニーロフ修道院を訪れ、チーホン総主教の聖骸に拝礼〔不朽体に接吻〕した。

（2007年5月15日報道）

重要語句

правосла́вие【中】正教 правосла́вный【形】正教の ◆ Ру́сская Правосла́вная Це́рковь（РПЦ）ロシア正教会 ◆ Патриа́рх Моско́вский и Всея́ Руси́「モスクワと全ルーシの総主教」（Всея́ Руси́ は вся Русь の生格古語形）★ロシア正教会の最高位聖職者。Моско́вская Патриархи́я【女】モスクワ総主教庁 ※ патриархия も可

духове́нство【中】聖職者〔神品〕свяще́нник【男】司祭 диа́кон/дья́кон【男】輔祭 игу́мен【男】典院（男子修道院の長）архимандри́т【男】掌院

Духо́вная акаде́мия【女】正教神学大学 Санкт-Петербу́ргская Духо́вная Акаде́мия ペテルブルグ正教神学大学〔類語〕духо́вная семина́рия【女】神学校

це́рковь【女】教会 ★宗教施設の名称 часо́вня【女】礼拝堂 собо́р【男】聖堂 Каза́нский собо́р カザン聖堂 храм【男】大聖堂 монасты́рь【男】修道院 мужско́й/же́нский ～男子/女子修道院 ла́вра【女】大修道院〔男性のみ〕

крест【男】十字架 кре́стный【形】十字架の ◆ кре́стный ход 十字行 ★十字架を掲げて聖堂の周囲を行進すること cf. крёстный【形】（洗礼時の）代父・代母の ～ оте́ц 代父、「ゴッドファーザー」

креще́ние【中】洗礼、浸礼〔動詞形〕крести́ться［不完・完］①洗礼を受ける ★頭に３度水を振りかけるのは略式で、全身水没を伴う「浸礼」が本式。②［完 перекрести́ться］十字を切る

пост［-а́］【男】斎（ものいみ）、断食 соблюда́ть пост 斎を守る ★必ずしも完全絶食ではなく、特定の食品の摂取を避ける。〔動詞形〕пости́ться［不完］～する

благослове́ние【中】祝福 ◆ по благослове́нию《生》「～の祝福により」教会当局の公認を得たことを表す

богослуже́ние【中】（正教の）奉神礼、（他宗教の）礼拝〔類語〕литурги́я【女】聖体礼儀 ★「聖餐」パンとぶどう酒を使用するのは他教派と共通であるが、発酵パンの使用などに相違点がある。「ミサ」はローマカトリック教会特有の用語であるから注意。

слу́жба【女】礼拝・祈祷式 погребе́ние【中】埋葬式 ★正教は原則土葬。моле́бен【男】感謝祈祷 панихи́да【女】「パニヒダ」（永眠者の為の祈り）★仏事の四十九日や○回忌に似ている。 освяще́ние【中】成聖 ★住居・乗り物などの「お清め」。最近は宇宙飛行船や戦闘機・軍艦も対象に行われる。

Па́сха【女】パスハ、復活大祭 В 2011 году́ правосла́вные, като́лики и протеста́нты отмеча́ли Па́сху в оди́н день. 2011 年は正教・カトリック・プロテスタントが復活祭を同日に祝った。пасха́льный【形】～の

Рождество́【中】降誕祭（クリスマス）Правосла́вные христиа́не отмеча́ют Рождество́ Христо́во по юлиа́нскому календарю́. 正教徒はクリスマスをユリウス暦で祝う（１月７日）。★日本の正教会は新暦で祝うこともある

Мусульма́не отмеча́ют пра́здник Ураза́-байра́м

Мусульма́не всего́ ми́ра отмеча́ют сего́дня Ураза́-байра́м. Э́тот второ́й по значе́нию мусульма́нский пра́здник знамену́ет оконча́ние свяще́нного ме́сяца поста́ Рамада́н. В Нижнека́мске с Центра́льной мече́ти организо́вана трансля́ция пра́здничного нама́за на гла́вной пло́щади го́рода, что́бы ка́ждый мог приобщи́ться к нему́. Свяще́нный нама́з в гла́вном собо́ре Кул Шари́ф в каза́нском Кремле́ прово́дит председа́тель Духо́вного управле́ния мусульма́н респу́блики, му́фтий Гусма́н-хазра́т. Он обрати́лся к ве́рующим со слова́ми: «Пусть Алла́х ниспошлёт мир и споко́йствие на́шим наро́дам, и да прибу́дет его́ благослове́ние в ка́ждой семье́, в ка́ждом до́ме».

(http://www.vesti.ru/doc.html?id=142458)

語　彙　мусульма́нин【男】ムスリム、イスラム教徒　Ураза́-байра́м【男】ウラザ・バイラム〔断食月あけの祭り〕　значе́ние【中】意義　знаменова́ть〔不完〕印づける　свяще́нный【形】聖なる　Рамада́н【男】ラマダン　мече́ть【女】モスク　нама́з【男】礼拝　приобщи́ться《к ＋与》〔完〕～に加わる　Духо́вное управле́ние мусульма́н【中】ムスリム指導評議会　му́фтий【男】ムフティー〔イスラム法学者〕　Алла́х【男】アッラー　ниспосла́ть〔完〕賜る

訳　例　　　**ムスリムが断食明けの祭りを祝う**

今日、世界のムスリムが断食明けの祭りを祝う。この祭りは、イスラム教徒の祭としては2番目に重要なもので、聖なる断食月ラマダンの締めくくりとなる。ニジュネカムスクでは、人々が参加できるよう、市の中央広場で中央モスクから祭りの礼拝が中継される。カザンのクレムリン内にあるクル・シャリフ大モスク〔ジャーミー〕での礼拝は、共和国のムスリム指導評議会会長のムフティー〔イスラム法学者〕グスマン・ハズラト師が行う。同師は「アッラーが平和と安寧を人々に与え賜い、御方の祝福が各家族と家々にあらんことを」との信者向けメッセージを出した。

（2007年10月12日報道）

重要語句

ислáм【男】イスラム、イスラム教 Суннúзм и шиúзм — **основнúе направлéния ислáма**. イスラム教の主要な宗派はスンニ派とシーア派である。〔同義〕**мусульмáнство**【中】

исламский【形】イスラムの исламский фундаментализм イスラム原理主義 исламские цéнности イスラムの価値観 ★ исламúстский は「исламúст ＝ イスラム〔原理〕主義者の」意味。混同してはならない

мусульмáнин【男】ムスリム、イスラム教徒 **мусульмáнский**【形】ムスリムの

шиúт【男】シーア派信者 **шиúтский**【形】シーア派の **суннúт**【男】スンニ派信者 **суннúтский**【形】スンニ派の

Аллáх【男】アッラー **Мухáммад/Мухáммед**【男】ムハンマド **Корáн**【男】コーラン **сýра**【女】スーラ〔コーランの一章〕

мечéть【女】モスク Минарéты **мечéтей** — отличúтельная чертá мусульмáнских молúтвенных домóв. モスクのミナレットはイスラム教礼拝所の特徴である。

шариáт【男】イスラム法 **фéтва**【女】宗教令〔ファトゥア〕 ★ **мýфтий** ムフティー〔イスラム法学者〕が出すイスラム法上の裁定

Уразá-байрáм【男】断食月あけの祭り、「ウラザ・バイラム」★アラビア語名は Ид аль-Адха「イード・アル＝アドハー」**Курбáн-байрáм**【男】犠牲祭 ★アラビア語名 は Ид аль-фитр「イード・アル＝フィトル」※ロシア語のイスラム教語彙は、アラビア 語語源のものとチュルク諸語が語源のものが混在。

◆ **халя́ль**〔不変〕（または【男】）「ハラール」★イスラム法で許された食品。Однá россúйская фúрма, выпускáющая лапшý бúстрого приготовлéния, началá произвóдство лапшú «**халя́ль**» (дозвóленной в пúщу мусульмáнам). ロシア の即席麺製造会社が、ハラール（イスラム教徒に許されている食品）麺の製造を開始した。

халя́льный【形】ハラールの халя́льная продýкция ハラール食品

イスラム教の「五行」 (аркáн аддúн = «пять столпóв вéры»)

шахадá 信仰告白〔シャハダー〕★「アッラーのほかに神なし、ムハンマドはアッラー の使徒なり」（Нет Бóга, крóме Аллáха, и Мухáммад — послáнник Егó）を唱 えること

намáз 礼拝 ★１日５回の祈り（ежеднéвная пятикрáтная молúтва）

соблюдéние постá в мéсяц Рамадáн ラマダン月の断食

закя́т 喜捨〔ザカート〕★外来語はしばしば正書法規則が適用されない

хадж 巡礼〔ハッジ〕メッカ巡礼（палóмничество в Мéкку）

Пе́сах отме́тят в Росси́и бо́лее 70 ты́сяч челове́к

Пра́здник евре́йской Па́схи — Пе́сах — наступа́ет сего́дня ве́чером с захо́дом со́лнца. В Росси́и, как сообщи́ли в Федера́ции евре́йских общи́н (ФЕОР), его́ отмеча́ют бо́лее 70 ты́сяч челове́к в 180 города́х. В на́шей стране́ де́йствуют о́коло 200 организа́ций трёх направле́ний иудаи́зма — ортодокса́льного, совреме́нного и хаси́дского. В Моско́вском евре́йском общи́нном це́нтре пасха́льный се́дер (у́жин) возгла́вит гла́вный равви́н ФЕОР. Иуде́йская Па́сха, вычисля́емая по лу́нному календарю́, продолжа́ется во́семь дней, из кото́рых осо́бо выделя́ются два пе́рвых и два после́дних. На них распространя́ются все зако́ны суббо́ты, запреща́ющие рабо́тать и да́же по́льзоваться тра́нспортом.

〈http://www.vesti.ru/doc.html?id=94682〉

語　彙　Пе́сах【男】過越（すぎこし）祭 евре́йский【形】ユダヤ教の、ユダヤ人の захо́д со́лнца【男】日没 общи́на【女】共同体 направле́ние【中】潮流、教派 иудаи́зм【男】ユダヤ教 ортодокса́льный【形】正統派の совреме́нный【形】改革派の хаси́дский【形】ハシディズムの пасха́льный【形】過越祭の равви́н【男】ラビ иуде́йский【形】ユダヤ教の вычисля́ть〔不完〕日付を定める лу́нный календа́рь【男】太陰暦 выделя́ться〔不完〕特別なものとする суббо́та【女】安息日

訳　例　　　　**ロシアで７万人以上が過越祭を祝う**

　ユダヤ教の過越祭「ペサハ」が今日の日没と共に訪れる。「ユダヤ共同体連盟」（ФЕОР）によれば、ロシア国内では180都市で７万人が祭りを祝う。国内では、ユダヤ教三大教派（正統派、改革派、ハシディズム）に属する約200の団体が活動している。モスクワユダヤ人共同体センターでは ФЕОР の主任ラビ主催の過越祭のセデル〔晩餐〕が行われる。過越祭の日付は太陰暦で算定され、8日間に渡って続くが、特に最初と最後の２日が重視されている。この期間には安息日の規定が適用され、労働だけでなく交通機関の利用も禁じられる。

（2007年4月2日報道）

重要語句

иудаи́зм【男】ユダヤ教 ★ロシアのユダヤ教３大教派は ортодокса́льный иудаи́зм 正統派ユダヤ教 хаси́дизм ハシディズム совреме́нный（реформи́стский, прогресси́вный）иудаи́зм 改革派ユダヤ教。иуде́йский【形】ユダヤ教の

евре́й【男】ユダヤ人 ★民族としてのユダヤ人と、ユダヤ教信者の双方を指す

евре́йский【形】ユダヤ人・ユダヤ教の На городско́м евре́йском кла́дбище неизве́стные престу́пники оскверни́ли бо́лее 60-ти моги́л. 市が管理するユダヤ人墓地で何者かが 60 基の墓石を倒した。

равви́н【男】ラビ〔ユダヤ教聖職者〕синаго́га【女】シナゴーグ、会堂〔ユダヤ教の教会〕Тана́х【男】タナッハ〔ユダヤ教聖書〕★キリスト教の「旧約聖書正典」と重なるが、書名や配列順は異なる。мишна́【女】ミシュナー〔口伝律法の集成〕талму́д【男】タルムード кабала́【女】カバラ〔ユダヤ神秘思想〕Свята́я Земля́【女】聖地〔イスラエル〕

суббо́та【女】安息日 ★ユダヤ教では金曜の日没から始まる。шабба́т とも

коше́р【男】コーシェル ★ユダヤ教戒律に従った食品 коше́рный【形】コーシェルの Религио́зный евре́й употребля́ет то́лько коше́рную пи́щу. 敬虔なユダヤ教徒はコーシェル食品のみを摂取する。

àнтисемити́зм【男】反ユダヤ主義 ★字義的には「反セム主義」àнтисеми́тский【形】反ユダヤ主義的な Плака́т с àнтисеми́тской на́дписью «Смерть жида́м» был снабжён муляжо́м взрывно́го устро́йства. 「ユダヤ人に死を」と書かれた反ユダヤ主義的なプラカードには、爆発物に似せた物が取り付けられていた。★ жид〔-а́〕はユダヤ人の蔑称

ユダヤ教の祭

　基本的に教歴で祝うため日付が毎年違う。Пе́сах「過越祭」（３〜４月）ヘブライ民族の出エジプトを祝い、маца́「マッツォー」と呼ばれる無酵母パンを食す。Евре́йская Па́сха とも呼ぶ。Шавуо́т「シャヴオット＝刈入の祭」（５〜６月）Рош-ха-Ша́на「ロシュ・ハシャナー＝ユダヤ新年」（９〜10 月）。魚や、蜂蜜などの甘いものを食し、«Хоро́шего и сла́дкого го́да!» と挨拶する。Сукко́т「スコット＝仮庵の祭」（９〜10 月）Ха́нукка「ハヌカー＝光の祭り」（11 〜 12 月）★モスクワのマネージ広場では大燭台をたてて灯明をともす。День увекове́чения па́мяти о Холоко́сте「ホロコースト犠牲者追悼の日」★ 1943 年のワルシャワ・ゲットー蜂起を記念してユダヤ歴ニサン月 27 日に祝う

Прошёл пе́рвый моле́бен в но́вом будди́йском хра́ме

Впервы́е в но́вом Ала́рском дуга́не собрали́сь настоя́тели сра́зу не́скольких будди́йских хра́мов и председа́тель Центра́льного духо́вного управле́ния Будди́йской традицио́нной Са́нгхи Росси́и. [...] В даца́н разрешено́ входи́ть любо́му челове́ку, незави́симо от ве́роисповеда́ния. Пе́рвый будди́йский храм появи́лся на Ала́рской земле́ в нача́ле XIX ве́ка. Сейча́с даца́ны возрожда́ются. Нуку́тский райо́н — э́то са́мая за́падная то́чка, где живу́т этни́ческие буря́ты, мно́го среди́ них будди́стов, в Ала́рском райо́не то́же со́здана́ будди́йская общи́на. В нача́ле про́шлого ве́ка ала́рцы ходи́ли и в даца́н, и в це́рковь. Проводи́ли шама́нский Тайлага́н, справля́ли будди́йский Сагаалга́н и Рождество́ Христо́во. И сейча́с в Куту́лике реставри́руют правосла́вный храм и стро́ят будди́йский.

(http://www.vesti.ru/doc.html?id=132713)

語　彙　будди́йский【形】仏教の　дуга́н【男】仏教寺　настоя́тель【男】住職　Са́нгха【女】サンガ、僧侶　даца́н【男】寺　возрожда́ться［不完］復興する　этни́ческий【形】民族的な　буря́т【男】ブリヤート人　шама́нский【形】シャーマンの　Тайлага́н【男】タイラガン〔ブリヤートのシャーマニズムの犠牲祭〕справля́ть［不完］〔口語〕祝う　Сагаалга́н【男】仏教新年　реставри́ровать［不完］再建する

訳　例　　　　　新仏教寺院で初めての法会

　複数の仏教寺院の住職とロシア伝統仏教サンガ中央会代表が、アラルスクの新しい寺に一堂に会した。[...] 寺は宗旨を問わず誰でも自由に訪れることができる。アラルスクの地に仏教の寺が初めて建立されたのは19世紀初頭である。現在、寺の再建が相次いでいる。ヌクツク地区は民族的にブリヤート人が暮らす最西端の土地であり、仏教徒が多い。アラルスク地区にも仏教会が設立された。20世紀初頭、アラルスクルの人達は、仏教の寺とロシア正教の教会の双方に足を運んでいた。シャーマニズムの犠牲祭〔タイラガン〕も行われる一方で、仏教の新年〔サガアルガン〕もキリスト降誕祭も共に祝っていた。現在もクトゥリクでは、人々が正教会の再建と仏教寺院の建築を行っている。

（2007年7月30日報道）

重要語句

будди́зм【男】仏教 В Росси́и наибо́льшее распростране́ние получи́ла **тибе́тская фо́рма будди́зма** — ламаи́зм. ロシアで最も広まった仏教はチベット仏教〔ラマ教〕である。★ вели́кая тради́ция 大乗仏教 ма́лая тради́ция 小乗仏教 **будди́йский**【形】仏教の будди́йский храм 仏教寺院 **будди́ст**【男】仏教徒 Будди́сты не ве́рят в существова́ние бо́га-творца́. 仏教徒には、造物主なる神の実在の概念はない。

даца́н【男】（チベット仏教の）**寺院**〔僧院〕**дуга́н**【男】寺 **хура́л**【男】法会、勤行 **Дала́й-ла́ма**【男】ダライ・ラマ **Па́нчен-ла́ма**【男】パンチェン・ラマ

язы́чество【中】異教、民間〔土着〕信仰 **язы́ческий**【形】～の Мно́го обы́чаев пришло́ в пра́здник Тро́ицы из **язы́чества**. 三位一体〔至聖三者〕祭の習慣の多くは**異教**に起源を持つ。★ язы́чество は各民族固有の信仰（特にキリスト教化以前の宗教）を指すが、キリスト教側の価値観を反映したことば。наро́дное ве́рование「民間信仰」はよりニュートラル。〔関連〕**шамани́зм**【男】シャーマニズム **шама́н**【男】シャーマン

синтои́зм【男】神道 **синтои́стский**【形】神道の ～ жрец 神官、神主

индуи́зм【男】ヒンドゥー教 ★ инду́с「ヒンドゥー教徒」は、口語では「インド人」を指す。

ロシア語での仏教用語の表現例

прибе́жище「帰依」приня́ть ～帰依する、仏道に入る ★ три драгоце́нности「三宝」Бу́дда (仏) Уче́ние (法) Общи́на (僧) に帰依すること

Четы́ре Благоро́дные И́стины「四諦」**Восьмери́чный Путь**「八正道」

10 недоброде́телей, дурны́х дея́ний「十悪」★（теле́сные 身）– уби́йство 殺生：взя́тие неда́нного/воровство́ 偸盗；разврат 邪淫：（слове́сные 口）– ложь 妄語；злосло́вие/спле́тни 綺語；гру́бые слова́ 悪口；пуста́я болтовня́ 両舌：（душе́вные 意）– а́лчность 貪欲；злонаме́ренность 瞋恚；ло́жные взгля́ды/воззре́ния 邪見 де́йственность, ка́рма「法」дух Пробужде́ния「菩提心」Пробуждённый「覚者、仏陀」Благопроше́дший「善逝」приноше́ние「供物」омраче́ние「煩悩」освобожде́ние「解脱」первоэлеме́нты「四大（五大・六大）」су́тра「経、スートラ」та́нтра「タントラ」реинкарна́ция（перерожде́ние）「輪廻転生」нирва́на「涅槃」зе́мли Будд, бу́ддовые зе́мли（чи́стые зе́мли）「仏国土、仏土、浄土」

※一般に認知されているのは ка́рма, су́тра, та́нтра, реинкарна́ция, нирва́на 程度

Объя́влены финали́сты пре́мии «Ру́сский Бу́кер»

В Москве́ объя́влены финали́сты пре́мии «Ру́сский Бу́кер». В «коро́ткий спи́сок» вошло́ шесть произведе́ний. Лауреа́т «Ру́сского Бу́кера» бу́дет объя́влен 5 декабря́. В числе́ финали́стов рома́ны «Даниэ́ль Штайн, перево́дчик» Людми́лы Ули́цкой, «Челове́к, кото́рый знал всё» Игоря Сахно́вского, «Мати́сс» Алекса́ндра Иличе́вского. Всего́ на ко́нкурс бы́ло при́слано 78 произведе́ний. «Ру́сский Бу́кер» учреждён в декабре́ 1991 го́да по образцу́ англи́йской пре́мии. Цель ко́нкурса - поощре́ние тво́рчества а́второв, пи́шущих на ру́сском языке́, и популяриза́ция совреме́нной ру́сской литерату́ры на За́паде. Приз победи́телю — 20 тыс. до́лларов США. Остальны́е 5 финали́стов получа́ют по 2 тыс. до́лларов.

(http://www.vesti.ru/doc.html?id=141196)

語　彙　финали́ст【男】最終候補 пре́мия【女】賞 «Ру́сский Бу́кер»「ロシア・ブッカー賞」★ロシアで最も権威ある文学賞 коро́ткий спи́сок【男】最終ノミネート作品のリスト произведе́ние【中】作品 лауреа́т【男】受賞者 ко́нкурс【男】コンクール учреди́ть［完］創設する по образцу́《生》［熟］〜に倣って поощре́ние【中】奨励 тво́рчество【中】創作活動 популяриза́ция【女】普及

訳　例　　　**ロシア・ブッカー賞の最終ノミネート作品発表**

　「ロシア・ブッカー賞」の最終候補作品がモスクワで発表された。最終選考には6作品がノミネートされた。「ロシア・ブッカー賞」の受賞者は12月5日に発表される。最終選考には、リュドミラ・ウリツカヤの「通訳ダニエル・シュタイン」、イーゴリ・サフノフスキーの「すべてを知った人」、アレクサンドル・イリチェフスキーの「マチス」などが残った。コンクールには全部で78点の作品の応募があった。「ロシア・ブッカー賞」は、イギリスのブッカー賞に倣って1991年12月に創設されたコンクールで、ロシア語で文筆する作家の創作活動の奨励と、欧米での現代ロシア文学の普及を目的としている。最優秀作品には賞金として2万米ドルが贈られ、最終選考に残った他の5人には各2千ドルが贈呈される。

（2007年10月14日報道）

重要語句

пре́мия【女】賞 Нобелевская пре́мия ノーベル賞 ★～ по фи́зике〔хи́мии, медици́не и физиоло́гии, эконо́мике, литерату́ре〕物理〔化学、医学・生理学、経済学、文学〕賞 ～ ми́ра 平和賞 Но́белевскую Пре́мию ми́ра получи́л бы́вший ви́це-президе́нт США Альбе́рт Гор. アルバート・ゴア元米副大統領が**ノーベル平和賞を受賞した**。

◆ **церемо́ния вруче́ния пре́мии**「授賞式」Церемо́ния вруче́ния пре́мии ми́ра традицио́нно прово́дится 10 декабря́ в городско́й ра́туше Осло в прису́тствии короля́ Норве́гии. **平和賞の授賞式は**ノルウェー国王臨席のもとオスロ市庁舎で12月10日に行われるのが慣例となっている。

присужда́ть〔不完〕**присуди́ть**〔完〕《対》《与》～に…を授ける Госуда́рственная пре́мия присужде́на Алекса́ндру Солжени́цыну за «выдаю́щиеся достиже́ния в о́бласти гуманита́рной де́ятельности».「人文分野での活動における卓越した業績」によりアレクサンドル・ソルジェニーツィン氏に**国家賞が贈られた**。

лауреа́т【男】受賞者 Определи́лись лауреа́ты XIII Междунаро́дного ко́нкурса и́мени Чайко́вского. 第13回チャイコフスキー国際コンクールの**受賞者**が決定した。

жюри́〔複〕〔不変〕審査員 В специа́льности «фортепиа́но» пе́рвую пре́мию и золоту́ю меда́ль жюри́ ко́нкурса реши́ло не присужда́ть. コンクールの**審査員団**はピアノ部門での1位金メダルは該当者なしと決定した。

о́рден【男】勲章 О́рден «За заслу́ги пе́ред Оте́чеством» I сте́пени Президе́нт вручи́л президе́нту Моско́вской госуда́рственной юриди́ческой акаде́мии. 大統領は「勲一等祖国功労章」をモスクワ国立法科アカデミー総裁に授与した。

ロシアの主な勲章・称号

　ロシアの褒章制度には、**вы́сшее зва́ние**「上級称号」**о́рден**「勲章」**знак отли́чия**「記章」**меда́ль**「メダル」**почётное зва́ние**「名誉称号」のカテゴリーがある。以下、主要なものを掲げる（意匠等は http://award.gov.ru/ を参照）。

上級称号：**Геро́й Росси́и** ロシア英雄 ★「ソ連邦英雄」とは異なり授与は生涯に一度のみ。**Геро́й Труда́ Росси́йской Федера́ции** ロシア連邦労働英雄★ 2013 年創設。

勲章：**О́рден Свято́го апо́стола Андре́я Первозва́нного** 聖使徒アンドレイ勲章★ロシア最高位の勲章（1998 年～）。**О́рден «За заслу́ги пе́ред Оте́чеством»** 祖国功労勲章（勲一等から勲四等まで）**О́рден Жу́кова** ジューコフ勲章（高級将校対象、1994 年～）**О́рден Свято́го Гео́ргия** 聖ゲオルギー勲章（2000 年～。勲一等から勲四等まで）**О́рден Му́жества** 勇敢勲章 **О́рден «За вое́нные заслу́ги»** 軍事功労勲章 **О́рден Почёта** 名誉勲章 **О́рден Дру́жбы** 友好勲章 ★外国人対象。

メダル：**меда́ль Пу́шкина** プーシキンメダル ★ロシア文化・人文研究の業績に対する褒章。外国人も対象。

名誉称号：«**наро́дный**~»「国民○○」~**арти́ст**「国民芸術家」«**заслу́женный**~»「功労○○」~**арти́ст**「功労芸術家」★俳優・歌手を対象。

> ### Росси́йская раке́та-носи́тель вы́вела на орби́ту неме́цкий спу́тник
>
> С космодро́ма Байкону́р сего́дня стартова́ла росси́йская раке́та-носи́тель «Днепр» с герма́нским спу́тником дистанцио́нного зонди́рования Земли́. Райо́н паде́ния 1-й ступе́ни «Днепра́» нахо́дится на террито́рии Туркме́нии, 2-й ступе́ни — в аквато́рии Инди́йского океа́на. Отделе́ние косми́ческой головно́й ча́сти в соста́ве разго́нного бло́ка и спу́тника произошло́ че́рез 5 мину́т по́сле ста́рта раке́ты, разделе́ние косми́ческого аппара́та и РБ — на 15-й мину́те полёта. Раке́та-носи́тель «Днепр» создана́ на ба́зе тяжёлой мѐжконтинента́льной баллисти́ческой раке́ты РС-20 «Воево́да» (по за́падной классифика́ции — СС-18 «Сатана́»).

(http://www.vesti.ru/doc.html?id=126157)

語　彙　раке́та-носи́тель【女】打ち上げロケット　вы́вести《対》на орби́ту〔完〕…を軌道に投入する　спу́тник【男】人工衛星　космодро́м【男】宇宙基地　спу́тник дистанцио́нного зонди́рования Земли́【男】地球観測衛星　пуск【男】打上げ　райо́н паде́ния【男】落下地点　ступе́нь【女】（ロケットの）段　аквато́рия【女】水域　Инди́йский океа́н【男】インド洋　отделе́ние【中】切り離し　косми́ческая головна́я часть【女】ロケットの上部部分　разго́нный блок（РБ）【男】ブースター部分　старт【男】発射　косми́ческий аппара́т【男】宇宙機器〔＝衛星〕　на ба́зе《生》〔熟〕～を基に　тяжёлая мѐжконтинента́льная баллисти́ческая раке́та【女】重大陸間弾道ミサイル　классифика́ция【女】分類

訳　例　　　　ロシアのロケット、独衛星の軌道投入に成功

　ドイツの地球観測衛星を載せたロシアのドニエプルロケットがバイコヌール宇宙基地から打上げられた。ロケットの１段目はトルクメニスタン領内に、２段目はインド洋上に落下した。ブースターと衛星からなる上部部分の切り離しは、ロケットの打上げから５分後に、衛星とブースターとの切り離しは飛行開始から15分後に行われた。ドニエプルロケットは、重大陸間弾道ミサイルРC（エルエス）-20「ボエボダ」（西側コードではSS-18「サタン」）を元に製造されたロケットである。

（2007年6月15日報道）

重要語句

ко́смос【男】宇宙 соверши́ть вы́ход в ко́смос 船外に出る рабо́тать в откры́том ко́смосе 宇宙空間で活動する〔派生〕**косми́ческий**【形】宇宙の ～ кора́бль 宇宙船 **космона́вт**【男】宇宙飛行士（＝ астрона́вт）〔関連〕**скафа́ндр**【男】宇宙服

пуск【男】打上げ успе́шный/авари́йный пуск 成功した／失敗した打上げ **Пуск** раке́ты-носи́теля осуществлён в 06:14 мск. ロケットはモスクワ時間 6 時 14 分に打上げられた。〔同義〕**за́пуск**【男】Комме́рческий за́пуск носи́теля «Днепр» успе́шно осуществлён. ドニエプルロケットの商業目的での打上げは成功した。

старт【男】打上げ、発射 Старт спу́тника перенесён на сле́дующий год. 衛星の打上げは来年に延期された。〔派生〕**ста́ртовый**【形】打上げ、発射の ста́ртовый ко́мплекс 打上げ施設 ста́ртовая ба́за 打上げ基地 **стартова́ть**〔不完・完〕打上げられる Косми́ческий кора́бль «Сою́з» стартова́л с Байкону́ра сего́дня ве́чером. 宇宙船ソユーズがバイコヌールから今晩打上げられた。

орби́та【女】軌道 дости́гнуть орби́ты Луны́ 月の軌道に達する сойти́ с орби́ты 軌道を外れる〔派生〕**орбита́льный**【形】軌道の、軌道上にある ◆ **орбита́льный телеско́п Хаббл** 「ハッブル宇宙望遠鏡」

спу́тник【男】衛星 спу́тник свя́зи 通信衛星 Раке́та успе́шно вы́вела на земну́ю орби́ту **тѐлекоммуникацио́нный спу́тник**. ロケットは情報通信衛星を地球周回軌道に投入するのに成功した。 **спу́тниковый**【形】～の спу́тниковое веща́ние 衛星放送

шаттл【男】シャトル（＝ спейс шаттл）**Шаттл «Диска́вери»** заверши́л ми́ссию и уда́чно приземли́лся на космодро́ме в косми́ческом Це́нтре НАСА и́мени Ке́ннеди на мы́се Кана́верал в шта́те Флори́да. スペースシャトル「ディスカバリー」はミッションを完了し、フロリダ州ケープカナベラルの NASA ケネディ宇宙センターに無事帰還した。 ◆ **косми́ческий челно́к**「スペースシャトル」★ space shuttle の翻訳借用

◆ **Междунаро́дная косми́ческая ста́нция**（МКС）〔эм-ка-э́с〕国際宇宙ステーション（ISS）

стыко́вка【女】ドッキング Америка́нский шаттл **успе́шно соверши́л стыко́вку** с Междунаро́дной косми́ческой ста́нцией. アメリカのスペースシャトルは国際宇宙ステーションとのドッキングに成功した。

мо́дуль【男】（ISS の）モジュール、棟 жило́й мо́дуль 居住棟 В дальне́йшем к МКС бу́дет пристыко́ван япо́нский **лаборато́рный мо́дуль «Кибо́»**. 将来 ISS に日本の実験棟「きぼう」がドッキングする。

В Росси́и законода́тельно вво́дится двуху́ровневое вы́сшее образова́ние

[Но́вый] зако́н устана́вливает два у́ровня вы́сшего профессиона́льного образова́ния — бакалавриа́т и магистрату́ру (подгото́вка специали́ста). Пе́рвая ступе́нь вы́сшего образова́ния — бакалавриа́т — предусма́тривает подгото́вку в тече́ние 3-4 лет квалифици́рованных рядовы́х сотру́дников. Второ́й у́ровень вы́сшего образова́ния — магистрату́ра и́ли «специалите́т». Маги́стров и специали́стов бу́дут гото́вить к нау́чно-иссле́довательской де́ятельности и самостоя́тельной аналити́ческой рабо́те. Срок обуче́ния в магистрату́ре для гра́ждан, око́нчивших бакалавриа́т, — 2 го́да, а по програ́ммам подгото́вки специали́стов — не ме́нее 5 лет. При э́том то́лько ли́ца, име́ющие сте́пень «маги́стр» и́ли квалифика́цию «специали́ст» полу́чат возмо́жность для поступле́ния в аспиранту́ру. Предполага́ется, что с 1 сентября́ 2009 го́да все росси́йские госуда́рственные ву́зы перейду́т на э́ту систе́му образова́ния.

（http://www.vesti.ru/doc.html?id=144463）

語　彙　двуху́ровневый【形】二段階の у́ровень【男】レベル профессиона́льный【形】専門の образова́ние【中】教育 бакалавриа́т【男】学士課程 магистрату́ра【女】〔専門〕修士課程 подгото́вка【女】育成、養成 квалифици́рованный【形】資格ある рядово́й【形】一般の специалите́т【男】専門士養成課程 нау́чно-иссле́довательский【形】学術調査の самостоя́тельный【形】独自の аналити́ческий【形】分析の сте́пень【女】学位 квалифика́ция【女】資格 аспиранту́ра【女】大学院

訳　例　　　　　　**二段階高等教育課程導入へ法整備**

　[新] 法では、高等専門教育に学士課程と専門職修士課程（専門家養成）課程の二段階を設けることが盛り込まれている。高等教育の第一段階は学士課程で、技能をもつ一般的な人材を3〜4カ年課程で育成する。高等教育の第二段階は「修士課程」ないし「専門士課程」である。「修士」および「専門士」は、学術調査活動や独自に分析的作業を行うための訓練を受ける。「修士」課程の年限は、学士課程修了後2年となるが、「専門士」課程は5年以上となる。これに伴って「大学院博士候補課程」への入学資格を得るのは、「修士」の学位か「専門士」の資格を有する者のみとなる。この新教育システムへの移行は、ロシアの全国立大学で2009年1月1日より実施されることになっている。
　（2007年10月25日報道）

重要語句

образова́ние【中】**教育** дошко́льное ～就学前教育 пожи́зненное ～生涯教育 получи́ть ～教育を受ける До сентября́ 2007 го́да в Росси́и **обяза́тельным образова́нием** явля́лось то́лько основно́е образова́ние, то есть до 9-ти кла́ссов шко́льной програ́ммы. 07 年 9 月以前は、ロシアでは「基礎教育」すなわち 9 年生課程までが**義務教育**であった。образова́тельный【形】 **教育の** повыше́ние образова́тельного у́ровня населе́ния 国民の教育水準を上げること педаго́г【男】**教育者** В Росси́и ежего́дно **выпуска́ется** приме́рно 120 ты́сяч **педаго́гов**. ロシアでは毎年 12 万人ほどが**教育学部を卒業する**。**педагоги́ческий**【形】**教育の**

◆ **Еди́ный госуда́рственный экза́мен**（ЕГЭ）［егэ́］「統一国家試験」★中等教育卒業試験と大学入試試験を兼ねた試験。Результа́ты **ЕГЭ** бу́дут признава́ться и в ка́честве результа́тов ито́говой аттеста́ции, и в ка́честве результа́тов вступи́тельных экза́менов в ву́зы. **統一国家試験**の結果は卒業資格試験の結果としても、大学入学試験の結果としても認められる。

◆ **ко́нкурсный отбо́р**「入学選抜」〔同義〕**ко́нкурс** ★「競争率」の意味でも使う **Сре́дний ко́нкурс** соста́вил бо́лее 7 челове́к на ме́сто. **平均競争率**は 7 倍強だった。

◆ **бюдже́тное ме́сто**「学費免除枠」★成績優秀者を対象に、授業料全額が国庫から負担される枠。その学生は **студе́нт-бюдже́тник**

◆ **после́дний звоно́к**「最後の鐘」＝卒業式 Для выпускнико́в **прозвене́л после́дний звоно́к**. 卒業生のために「**最後の鐘**」が鳴らされた。★卒業生の男子生徒に肩車された 1 年生の女子児童がハンドベルを鳴らすのが慣例。〔関連〕**пе́рвый звоно́к**「最初の鐘」＝入学式 Для миллио́на 200 ты́сяч росси́йских первокла́ссников 1 сентября́ **прозвени́т пе́рвый звоно́к**. ロシアでは 9 月 1 日に 120 万人の新入生のために「**最初の鐘**」が鳴らされる。

ロシアの学位　※制度が異なるため、日本の学位とは単純比較はできない。

бакала́вр【男】**学士**（3 ～ 4 年）**маги́стр**【男】「**修士**」（学士課程後 2 年）специали́ст【男】「**専門士**」（中等教育後 5 年）**кандида́т**【男】「**博士候補**」★英訳は Ph.D。**до́ктор**【男】「**博士**」★ Ph.D より上の位置づけの学位がある（p.298 参照）акаде́мик【男】ロシア科学アカデミー（Акаде́мия нау́к Росси́и）**正会員** ★準会員は **член-корреспонде́нт**

Заключи́тельный эта́п Всеросси́йского Интерне́т-марафо́на пройдёт в Тро́ицке

[В г. Тро́ицке] при подде́ржке городско́й администра́ции пройдёт заключи́тельный эта́п Всеросси́йского Интерне́т-марафо́на ’2007. Цель марафо́на — популяриза́ция интерне́т-техноло́гий в росси́йских региона́х и обме́н о́пытом в IT-сфе́ре. В го́роде рабо́тают не́сколько прова́йдеров. Крупне́йший поставщи́к услу́г до́ступа в Интерне́т — компа́ния Тро́ицк-Телеко́м, кото́рая постро́ила свои́ со́бственные се́ти на основа́нии волоко́нно-опти́ческих ли́ний свя́зи и са́мых передовы́х техноло́гий, что позволя́ет компа́нии быть ли́дером регио́на по таки́м се́рвисам, как телефони́я станда́рта DECT, многокана́льное (включа́я цифрово́е) телеви́дение и высо̀коскоростно́й до́ступ в Интерне́т (до 10 Мб/сек.).

(http://www.vesti.ru/doc.html?id=145082)

語　彙　марафо́н【男】長期継続イベント　при подде́ржке《生》[熟] ～の後援／協賛で　IT-сфе́ра【女】IT 分野　преиму́щество【中】利点　прова́йдер【男】プロバイダ　поставщи́к [-á]【男】業者　услу́га【女】サービス　до́ступ в Интерне́т【男】インターネット接続　волоко́нно-опти́ческая ли́ния【女】光ファイバー線　передово́й【形】先端的な　телефони́я【女】電話サービス　станда́рт【男】規格　многокана́льный【形】多チャンネルの　цифрово́й【形】デジタルの　высо̀коскоростно́й【形】高速の　Мб/сек. = ме́га бит/байт в секу́нду

訳　例　　　　トロイツクで全国インターネット振興イベントの締めくくり

　［トロイツクで］同市の後援により「全ロシアインターネット振興マラソン2007」を締めくくるイベントが行われる。「振興マラソン」は、インターネット技術をロシアの地方で広め、IT分野での経験を交換する目的で行われている。同市にはプロバイダは数社あるが、最大手のインターネット接続サービス会社トロイツク・テレコムは、州内で最も進んだ通信技術を用いて光ファイバーによる自社線整備を行い、DECT規格による［デジタル］電話サービスや、多チャンネル［ケーブル］テレビ（デジタル放送も含む）および高速インターネット（最高10Mbps）で地域のトップ企業となっている。

　(2007年10月27日報道)

重要語句

Интернéт [интэрнэ́т]【男】〔不変化〕**インターネット** ★語頭は大文字。Интернéт-магази́н ネットショップ подключéние к скоростнóму Интернéту по технолóгиям ADSL [эй-ди-эс-э́л] ADSL による高速インターネット接続 В 2010 г. числó **пóльзователей Интернéта** в РФ превы́сило 57 миллиóнов человéк. 2010 年ロシアの**インターネット利用者数**は5700万人を超えた。〔関連〕**веб-сайт**【男】**ウェブサイト фóрум**【男】**掲示板 чат**【男】**チャット блог**【男】**ブログ** ★ブロガーは блóгер/**ссы́лка**【女】**リンク ки́бер**【男】**サイバー** ки́бер-террори́зм サイバーテロ **хáкер**【男】**ハッカー парóль**【男】**パスワード**

◆ **всеми́рная паути́на/сеть** ワールドワイドウェブ（WWW）★ www.vesti.ru は〔три дабл ю тóчка вéсти тóчка ру〕と読む

виртуáльный【形】**バーチャルの** виртуáльная реáльность バーチャルリアリティー

Рунéт【男】「**ルーネット**」、ロシア語インターネット世界 ★ロシアの国ドメイン .ru と net の合成語。Днём рождéния **Рунéта** — русскоязы́чного сегмéнта Интернéт — при́нято считáть 7 апреля́ 1994 гóда. ルーネット、すなわちロシア語インターネット社会が誕生したのは1994年4月7日とされている。

◆ **поискóвая систéма**「**検索エンジン**」★大手検索エンジン Я́ндекс（Yandex），Рáмблер（Rambler），Апóрт（Aport）（以上ロシア）Гугл（Google），Я́ху（Yahoo）**информатизáция**【女】**情報化 IT-технолóгия** [ай-ти технолóгия]【女】**IT テクノロジー** ★ИТ- とも綴る。ИТ-компáния IT企業〔関連〕**IP** [ай-пи] **-телефони́я**【女】**IP電話 P2P** [пи-ту-пи́]**-технолóгия**【女】**P2P技術** ★ фáйлообмéнная прогрáмма「ファイル共有ソフト」や Скайп（Skype）に応用

ПО（прогрáммное обеспечéние）【中】**コンピュータプログラム、ソフト**〔関連〕**ОС**（операциóнная систéма）【女】**基本ソフト**、OS Linux — э́то свобóдно распространя́емая **операциóнная систéма**. Linux は無償頒布されている OS である。

электрóнная пóчта【女】**電子メール** электрóнный áдрес **メールアドレス** ★アドレス中の @ は собáка と読む。〔類義〕**SMS** [эс-эм-э́с] **-сообщéние/СМС-сообщéние**【中】/ эсэмэ́ска【女】**ショートメッセージサービス** послáть（ски́нуть）СМС 携帯メールを送る ★ GSM方式の携帯電話（сóтовый телефóн/моби́льник）では文字通信は SMS（160字まで）が主流（E-mail はオプション）。写真・動画は MMS.〔関連〕**опера́тор**【男】**携帯電話会社**

тари́ф【男】**料金設定** безлими́тный ～ 無制限〔かけ放題〕コース料金 **тари́фный**【形】**～の** нóвый тари́фный план 新料金プラン

планшéт【男】**タブレットPC смартфóн**【男】**スマートフォン социáльная сеть**【女】**ソーシャルネットワーク тви́ттер**【男】**ツイッター**

Разде́л «пе́рвая ле́ди» пропа́л с са́йта Кремля́ с возвраще́нием Пу́тина
Влади́мир и Людми́ла Пу́тины объяви́ли о своём реше́нии развести́сь сра́зу по́сле совме́стного просмо́тра бале́та в Кремлёвском дворце́ съе́здов. Причи́на — больша́я загру́женность президе́нта и отвраще́ние его́ супру́ги к публи́чной жи́зни. «Вся моя́ де́ятельность, вся моя́ рабо́та свя́зана с публи́чностью. Кому́-то э́то нра́вится, кому́-то нет, но есть лю́ди, кото́рые соверше́нно с э́тим несовмести́мы. Вот Людми́ла Алекса́ндровна отстоя́ла ва́хту во́семь лет, уже́ да́же де́вять лет. В о́бщем... Это о́бщее реше́ние», — сказа́л Влади́мир Пу́тин. «Наш брак заверше́н в связи́ с тем, что мы практи́чески не ви́димся. Влади́мир Влади́мирович по́лностью погружён в рабо́ту, до́чери на́ши вы́росли, они́ живу́т ка́ждая свое́й жи́знью. Я действи́тельно не люблю́ публи́чность», — подтверди́ла Людми́ла Пу́тина.

(http://rus.err.ee/foreign/3db59dc1-51f1-4a2f-a9b6-c4cafc42ebff)

語　彙　«пе́рвая ле́ди»【女】ファーストレディー　развести́сь［完］離婚する　загру́женность【女】多忙、重責　отвраще́ние［к＋与］【中】〜への嫌気　публи́чный【形】公開の；人目にさらされる　публи́чность【女】人目にさらされること　несовмести́мый［с＋造］【形】相容れない、受け入れられない　отстоя́ть ва́хту［熟語］当直をつとめる　погружённый［в＋対］〜に没頭している

訳　例　プーチン復帰で大統領府サイトから「ファーストレディー」の項目消える
　プーチン大統領夫妻は、大クレムリン宮殿でバレエを共に鑑賞した後、離婚を決意したことを明らかにした。大統領が職務で多忙であることに加え、夫人が人目にさらされ続ける生活に嫌気がさしたことが理由とされる。「私の活動と仕事は、どれも公人として表に出ることが求められる。これが好きな人も嫌いな人もいるだろうが、性格的に絶対に無理という人もいる。妻は8年、いや9年も我慢してくれた。つまり、これは二人で下した結論だ」と大統領は述べた。またリュドミラ夫人は「私たちは滅多に顔を合わせることがなく、結婚生活はすでに終わっている。主人は仕事に忙しく、娘たちも大人になり、それぞれの人生を歩んでいる。私は、公人として人目にさらされる生活がどうしても好きになれない」と述べた。
　（2013年6月7日報道）

重要語句

семья́【女】**家族、家庭** созда́ть семью́ 家庭を持つ содержа́ть〔прокорми́ть〕семью́ 家族を養う ◆ **нуклеа́рная семья́**「核家族」 ◆ **непо́лная семья́**「片親家庭」

супру́ги〔複〕**夫婦、夫妻 супру́жеский**【形】**夫婦の** супру́жеская па́ра 結婚したカップル、夫婦〔関連〕партнёрская па́ра 内縁関係のカップル

брак【男】**結婚** семья́ с зарегистри́рованным бра́ком 婚姻を届け出ている家庭 В Эсто́нии большинство́ дете́й рожда́ется в **свобо́дном бра́ке**. エストニアでは**事実婚家庭**に生まれる子供のほうが多数派である。У му́жа есть **ребёнок от второ́го бра́ка**. 夫の側には**二人目の妻との間にできた子供**がいる。

◆ **гражда́нский брак**（婚姻届を出さない）「事実婚、内縁関係」До её рожде́ния они **жи́ли в гражда́нском бра́ке**. 彼女が生まれるまで彼らは**事実婚生活を送っていた**。

сожи́тельство【中】**同棲**〔動詞形〕**сожи́тельствовать**〔с＋造〕〔不完〕**〜と同棲する** ◆ **жить без шта́мпа в па́спорте**「婚姻届けを出さずに同棲する」★国内身分証明書の家族関係欄（семе́йное положе́ние）に ЗАГС で婚姻登録スタンプが押印されることから。

сва́дьба【女】**結婚式** сыгра́ть сва́дьбу 結婚式を挙げる〔類義〕**венча́ние**【中】（教会式の）**結婚式 венча́ться**〔不完〕**教会で挙式する**〔関連〕**гражда́нское бракосочета́ние**「世俗婚」В Се́верной Ита́лии число́ **гражда́нских бракосочета́ний** превы́сило число́ **церко́вных венча́ний**. イタリア北部では**教会式より非教会式**が結婚式の数で上回った。

◆ **однопо́лый брак**「同性婚」легализа́ция однопо́лых бра́ков 同性婚の合法化 выступа́ть про́тив введе́ния однопо́лого бра́ка 同性婚導入に反対する

гомосексуали́зм【男】**同性愛 гомосексуа́л**【男】**同性愛者**〔関連〕**ЛГБТ** LGBT ★ лесбия́нка レズビアン、ге́й ゲイ、бисексуа́л バイセクシャル、трансге́ндер トランスジェンダーの総称〔類義〕**сексуа́льные меньшинства́**〔複〕セクシャルマイノリティー ◆ **нетрадицио́нная сексуа́льная ориента́ция**「非伝統的性的指向」★異性愛以外のあらゆる性的指向を含む

разво́д【男】**離婚** дава́ть/дать жене́ ~ 妻の求めに応じて離婚する получа́ть/получи́ть ~ 離婚の同意を得る подава́ть/пода́ть на ~ 離婚を申し立てる〔動詞形〕**разводи́ться**〔不完〕**развести́сь**〔完〕**離婚する、別れる**〔同義〕**расста́ться**〔с＋造〕〔完〕**〜と別れる**

роди́тельские права́〔複〕**親権** лише́ние роди́тельских прав 親権剥奪

алиме́нты〔複〕**養育費** плати́ть/получа́ть алиме́нты 養育費を受け取る／払う взыска́ние алиме́нтов 養育費の徴収〔差し押さえ〕〔関連〕**компенса́ция за мора́льный уще́рб** 慰謝料 **разде́л иму́щества** 財産分与

◆ **одино́кие роди́тели**〔複〕シングルペアレンツ、一人親 ★ **мать-одино́чка**（= одино́кая мать）シングルマザー **оте́ц-одино́чка**（= одино́кий оте́ц）シングルファザー

В грунтовы́х во́дах на АЭС «Фукуси́ма-1» ре́зко вы́рос у́ровень радиа́ции
Уровень радиоакти́вного изото́па водоро́да (три́тия) в грунтовы́х во́дах на япо́нской авари́йной АЭС «Фукуси́ма-1» вы́рос в 15 раз за мину́вшие три дня. По да́нным ТЕРСО, да́нный показа́тель в про́бах из коло́дца близ назе́мных стальны́х цисте́рн для хране́ния заражённой воды́ вы́рос с 4,2 ты́сячи беккере́лей на литр до 64 ты́сяч беккере́лей на литр. В настоя́щее вре́мя специали́сты столи́чной энергокомпа́нии пыта́ются вы́яснить причи́ну столь ре́зкого повыше́ния у́ровня радиа́ции. Одна́ко в ТЕРСО уже́ отме́тили, что э́то мо́жет быть свя́зано с мо́щной уте́чкой радиоакти́вной воды́ в про́шлом ме́сяце. Тогда́ из стально́го назе́много резервуа́ра вы́текло о́коло 300 тонн загрязнённой жи́дкости, а содержа́ние радиоакти́вных веще́ств в ней превы́сило 80 миллио́нов беккере́лей на литр. Э́то ста́ло са́мой масшта́бной уте́чкой с моме́нта ава́рии на АЭС в ма́рте 2011 го́да. Специали́сты ТЕРСО бы́ли вы́нуждены э́кстренно откача́ть оста́вшуюся во́ду из повреждённой цисте́рны.

(http://rus.err.ee/foreign/36ffa713-e1e3-4365-9eb7-e142d83900b3)

語　彙　грунтовы́е во́ды〔複〕地下水　радиа́ция【女】放射線　радиоакти́вный изото́п【男】放射性同位体　водоро́д【男】水素　три́тий【女】トリチウム　АЭС (= а́томная электроста́нция)【女】原子力発電所　про́ба【女】サンプル　коло́дец【男】井戸　стально́й【形】鋼鉄製の　цисте́рн【男】タンク　беккере́ль【男】ベクレル　резервуа́р【男】貯蔵施設　жи́дкость【女】液体　радиоакти́вные вещества́〔複〕放射性物質　откача́ть〔完〕汲み出す　повреждённый〔повреди́ть 被動〕壊れた、損壊した

訳　例　　　　　福島第一原発で地下水放射線レベルが急上昇
　事故を起こした日本の福島第一原発で、地下水に含まれる水素の放射性同位体（トリチウム）レベルが、この三日間で15倍上昇した。東電によると、地下に設置した鋼鉄製汚染水タンクのそばの井戸から採取したサンプルの値が1リットルあたり4200ベクレルから6万4000ベクレルに上昇した。現在、東電〔の専門家〕が放射線レベルが急上昇した原因の究明を急いでいる。東電は、先月の大規模な放射線汚染水もれとの関連性をすでに示唆している。この時には、地上の鋼鉄製保管タンクから約300トンの汚染水が漏れだし、汚染水中の放射性物質は1リットルあたり8000万ベクレルを超えた。これは2011年3月の原発事故以来最大規模の漏えいとなった。東電の専門家は、壊れたタンクから残った汚染水を緊急に抜き取る作業を余儀なくされた。
　（2013年9月11日報道）

重要語句

áтомная электростáнция（АЭС）【女】 原子力発電所（原発）Огрóмные затрáты, свя́занные с замéной **электроэнéргии, вырабáтываемой на áтомных электростáнциях**, на электрúчество, получáемое из úмпортных гáза, нéфти и угля́, внеслú свой вклад в дефицúт торгóвого балáнса в трéтьей по величинé эконóмике в мúре. **原発で発電した電力**を輸入ガス・石油・石炭で発電した電力に置換するには多額の経費がかかり、世界第3位の経済規模の国の貿易収支に赤字をもたらした。〔関連〕**энергоблóк【男】** 発電ユニット ★「○号機」に当たる。пя́тый и шестóй энергоблóки АЭС Фукусúма-1 福島第一原発5号機・6号機. **реáктор【男】** 原子炉 снижáть мóщность **четвёртого реáктора на АЭС**. 原発四号機の原子炉出力を下げる

перезапускáть〔不完〕**перезапустúть**〔完〕**【動】** 再稼働する Покá неизвéстно, когдá реáктор бýдет **перезапýщен**. いつ原子炉が**再稼働される**かは不明である。

перезáпуск【男】 再稼働 Комитéт по контрóлю над áтомной энергéтикой рассмáтривает **зая́вки на перезапýск** 12 реáкторов. 原子力規制委員会は12機の原子炉の**再稼働申請**を審査している。

◆ вы́вести из эксплуатáции энергоблóк АЭС 「原子炉を廃炉にする」〔名詞形〕 **вы́вод из эксплуатáции энергоблóка АЭС** 原子炉の廃炉〔同義〕 **демонтúровать**〔不完・完〕解体する **демонтáж【男】** 解体作業

радиоактúвный【形】 放射線の；放射能で汚染された радиоактúвная водá〔пóчва〕汚染水〔汚染土壌〕 **◆ радиоактúвные отхóды** 放射性廃棄物 **Низкоактúвные отхóды** бýдут подвергáться приповéрхностному захоронéнию, а **высокоактúвные отхóды** бýдут закáпывать мéтров на 450-500. **低レベル廃棄物**は地表近くに埋めて保管されるが、**高レベル廃棄物**は深さ450-500メートルのところに埋設される。〔関連〕**отрабóтанное я́дерное тóпливо** 使用済み核燃料

дезактивáция【女】 除染 вестú рабóту по дезактивáции заражённой пóчвы 汚染土壌の除去作業を行う **Объём земéль, подлежáщих обязáтельно дезактивáции** — егó хватúло бы, чтóбы запóлнить токúйский бейсбóльный стадиóн «Тóкио Дóум» 23 рáза. **除染が必要となる土の量は**、東京ドーム23個分に上るだろう〔動詞形〕**дезактивúровать**〔不完・完〕**【動】** 除染する На пóлное уничтожéние **дезактивúрованной пóчвы** уйдёт не мéньше 30 лет. **除染で取り除いた土壌**の完全な処理には30年以上かかる。〔同義〕**обеззарáживание【中】** 汚染除去、浄化 **обеззарáживать**〔不完〕**обеззарáзить**〔完〕～する.

цéзий【男】 セシウム **стрóнций【男】** ストロンチウム **Трúтий** явля́ется мéнее врéдным для здорóвья, чем **цéзий** и **стрóнций**, а егó **перúод полураспáда** составля́ет примéрно 12 лет. トリチウムは、セシウムやストロンチウムに比べれば危険性は低く、**半減期**は12年である。

Лéтнюю Олимпиáду-2020 примет столица Япóнии

На 125-й сéссии Междунарóдного олимпийского комитéта (МОК) бы́ло при́нято решéние, что XXXII лéтние Олимпийские и́гры в 2020 годý пройдýт в Тóкио. Столица Япóнии вы́играла это прáво в борьбé с Мадри́дом и Стамбýлом. Оргкомитéт «Тóкио-2020» предложи́л члéнам МОК увéренность, надёжность и гаранти́рованную финáнсовую стаби́льность. Япóния обещáет провести́ высокотехнологи́чные и компáктные Игры: добрáться до любóго из олимпийских объéктов мóжно бýдет всегó за 30 минýт. Тóкио подчёркивал свой «лýчшие в ми́ре» безопáсность, трáнспортную систéму, сéрвис такси́ и чистотý ýлиц. У япóнской заявки был тóлько оди́н недостáток — опасéния мировóй общéственности по повóду ситуáции на аварийной АЭС «Фукуси́ма-1», но япóнцам удалóсь убеди́ть члéнов МОК в том, что это никáк не скáжется на безопáсности учáстников Игр, чемý во мнóгом спосóбствовали ли́чные гарáнтии премьéр-мини́стра Япóнии Си́ндзо Абэ.

(http://www.vesti.ru/doc.html?id=1127044)

語　彙　сéссия【女】総会　Междунарóдный олимпийский комитéт（МОК）【男】国際オリンピック委員会(IOC)　Олимпийские и́гры〔複〕五輪大会　оргкомитéт【男】招致委員会　увéренность【女】確実性　надёжность【女】信頼性　гаранти́рованный【形】保証された　высокотехнологи́чный【形】ハイテクの　компáктный【形】コンパクトな　заявка【女】エントリー、申請　сказáться〔на＋対〕〔完〕～に影響する　спосóбствовать〔完〕貢献する　гарáнтия【女】保証

訳　例　　　　**2020年夏のオリンピック、東京開催が決定**

　国際オリンピック委員会（IOC）の第125回総会で、2020年の第32回夏季オリンピックが東京で開催されることが決まった。東京は、マドリードとイスタンブールを下して開催権獲得にこぎ着けた。2020年東京五輪招致委員会は、IOC委員らに信頼性と強固な財政的安定性を提示した。日本は「どのオリンピック競技施設にも30分以内に到着できる」として、コンパクトな大会開催を約束している。東京は、治安の良さ、交通システム、タクシーのサービス、街頭の清潔さはいずれも「世界最高」と強調してきた。日本の招致には、一つだけ問題があった。国際社会が危惧する事故を起こした福島第一原発である。日本は「オリンピック参加者の安全には全く影響しない」としてIOC委員を納得させることに成功したが、安倍首相本人が保証したことが大きく影響したといえる。

　（2013年9月8日報道）

重要語句

Олимпиа́да【女】オリンピック ле́тняя［зи́мняя］Олимпиа́да 夏季［冬期］五輪
Олимпи́йский【形】オリンピックの Олимпи́йское движе́ние オリンピック運動
олимпи́йская дере́вня 選手村　◆ **Олимпи́йские и́гры**【複】五輪大会 го́род-
кандида́т на проведе́ние на Олимпи́йских игр オリンピック開催候補都市
◆ **Междунаро́дный Олимпи́йский комите́т（МОК）**国際オリンピック委員会
（IOC）★ президе́нт［ви́це-президе́нт］МОК IOC 会長［副会長］член МОК
IOC 委員 се́ссия МОК IOC 総会 ◆ **национа́льный Олимпи́йский комите́т**
国内オリンピック委員会 Олимпи́йский комите́т Росси́и［Япо́нии］ロシア［日本］
オリンピック委員会

◆ **Олимпи́йский ого́нь**「聖火」эстафе́та олимпи́йского огня́ 聖火リレー
заже́чь ча́шу олимпи́йского огня́ на церемо́нии откры́тия 開会式で**聖火台**に
点火する〔関連〕**фа́кел**【男】聖火トーチ **факелоно́сец**【男】聖火ランナー
церемо́ния откры́тия【女】開会式　**церемо́ния закры́тия**【女】閉会式
Паралимпиа́да【女】パラリンピック〔同義〕**Паралимпи́йские и́гры**〔複〕パ
ラリンピック大会
Универсиа́да【女】ユニバーシアード（= Всеми́рные студе́нческие и́гры）
чемпиона́т【男】選手権大会 чемпиона́т ми́ра по лёгкой атле́тике 世界陸上選手
権大会（世界陸上）
талисма́н【男】（競技会・イベントの）マスコット　**волонтёр**【男】ボランティア
сбо́рная【女】代表チーム Сбо́рная Япо́нии по футбо́лу サッカー日本代表 ◆
гла́вный тре́нер сбо́рной Росси́и［Япо́нии］ロシア［日本］代表監督　〔関連〕
спортсме́н-кандида́т в олимпи́йскую кома́нду「オリンピック候補選手」
бойко́т【男】ボイコット **бойкоти́ровать**［不完・完］【動】ボイコットする США,
Япо́ния и ряд сою́зников **бойкоти́ровали ле́тние Олимпи́йские и́гры**
1980 в Москве́ из-за вво́да сове́тских войск в Афганиста́н. 米国・日本および
同盟国は、ソ連軍のアフガニスタン侵攻に反発し **1980** 年の夏のモスクワ五輪をボイ
コットした。
до́пинг【男】ドーピング до́пинг-тест ドーピング検査 до́пинг-про́ба ドーピン
グ検体 принима́ть［применя́ть］до́пинг ドーピングを行う подозрева́ться в
употребле́нии до́пинга ドーピングが疑われる Три легкоатле́та **уличены́ в**
употребле́нии до́пинга. 三人の陸上選手が**ドーピングで摘発された。**
до́пинговый【形】ドーピングの
пра́вило【中】ルール **измене́ния в пра́вилах** во́льной и гре́ко-ри́мской
борьбы́ レスリングフリースタイルとグレコローマンスタイルの**ルール改正**
◆ **спорти́вный арбитра́жный суд** スポーツ仲裁裁判所

Япо́ния предста́вит страте́гию разви́тия эконо́мики

Япо́нские вла́сти вы́пустят «черново́й вариа́нт» экономи́ческой страте́гии на сле́дующие три го́да. Об э́том сообщи́л мини́стр эконо́мики страны́ по ито́гам заседа́ния Сове́та по промы́шленной конкурентоспосо́бности Япо́нии (Industrial Competitiveness Council), кото́рый явля́ется консультати́вной структу́рой при прави́тельстве страны́. В прое́кте бу́дут предста́влены пла́ны прави́тельства по привлече́нию иностра́нных инвести́ций в тече́ние сле́дующих трёх лет, а та́кже ряд инициати́в по структу́рным рефо́рмам в тече́ние сле́дующих пяти́ лет. Са́ми япо́нские вла́сти рассма́тривают его́ как одну́ из «трёх стрел» в экономи́ческом ку́рсе прави́тельства Абэ́, получи́вшего негла́сное назва́ние «Абэно́мика». Пе́рвые две «стре́лы» — агресси́вная монета́рная поли́тика и фиска́льное стимули́рование эконо́мики. Одна́ко далеко́ не все разделя́ют уве́ренность в том, что вла́сти страны́ и да́льше бу́дут приве́ржены к реа́льным экономи́ческим рефо́рмам. Об э́том, с одно́й стороны́, говори́т дина́мика на фо́ндовом ры́нке Япо́нии. Опасе́ния по по́воду ро́ста проце́нтных ста́вок по гособлига́циям Япо́нии в после́днее вре́мя привели́ к серьёзной корре́кции на япо́нском ры́нке а́кций.

(http://www.vestifinance.ru/articles/28083)

語　彙　черново́й【形】下書きの、素案の　консультати́вный【形】諮問の　структу́рный【形】構造の　стрела́【女】矢　негла́сный【形】非公式な　монета́рный【形】金融の　фиска́льный【形】国庫の　стимули́рование【中】刺激　гособлига́ция【女】国債　корре́кция【女】（相場の）調整

訳　例　　　　　　　日本、経済成長戦略を提示

　日本の経済財政担当相は、政府の諮問機関である「産業競争力会議」の閉会時に、日本政府が向こう3年間の経済戦略の素案を近く示すことを明らかにした。素案には、海外からの投資促進に関する今後3年間の政府プランや、向こう5年間の様々な構造改革に関係した施策が盛り込まれる見通しである。日本政府は、成長戦略を、いわゆる「アベノミクス」と称される安倍政権の経済政策の「三本の矢」の一つとしている。最初の「二本の矢」は、大胆な金融政策と機動的な財政政策（直訳：積極的な金融政策と国庫による経済刺激）である。しかし、日本政府が真の経済改革を今後もコミットし続けるとは、誰もが思っているわけではない。日本の金融市場の動きは、そのことを示している。日本国債の金利上昇の懸念から、日本の株式市場は大きく調整した。

（2013年5月29日報道）

重要語句

монета́рный【形】①**通貨の、貨幣の** монета́рная инфля́ция 貨幣的要因によるインフレ★通貨供給量増加が原因．②**金融の** монета́рная поли́тика 金融政策◆**монета́рные вла́сти**「**通貨当局**」★中央銀行と政府の金融・財政・経済担当部局（主に財務省）を指す。

стимули́ровать〔不完・完〕【動】**刺激する** Стимули́рующие ме́ры Ба́нка Япо́нии не напра́влены на ослабле́ние ие́ны. 日銀の**刺激策**は円安誘導を目指したものではない。〔名詞形〕**стимули́рование**【中】**刺激** бюдже́тное стимули́рование эконо́мики［ро́ста эконо́мики］財政出動による景気［経済成長］刺激

либерализа́ция【女】**自由化 дерегуля́ция**【女】**規制緩和**

◆ **коли́чественное смягче́ние**「**量的金融緩和**」тре́тье коли́чественное смягче́ние QE3 ★米連邦準備制度理事会（FRB）が実施した量的緩和政策第3弾．свора́чивать програ́мму коли́чественного смягче́ния 量的金融緩和策を縮小する

◆ **поли́тика нулево́й проце́нтной ста́вки**「**ゼロ金利政策**」

◆ **ввести́ отрица́тельную проце́нтную ста́вку**「**マイナス金利を導入する**」◆ **поли́тика отрица́тельных проце́нтных ста́вок**「**マイナス金利政策**」

таргети́рование【中】**ターゲット化、目標設定** инфляцио́нное таргети́рование インフレターゲット поли́тика таргети́рования де́нежной ба́зы マネタリーベース目標政策

◆ **валю́тная война́**「**通貨安競争**」（= конкуре́нтная девальва́ция）

акти́в【男】**資産** до́лларовые акти́вы ドル建て資産 вы́куп［приобрете́ние/поку́пка］акти́вов 資産買い入れ замора́живание акти́вов 資産凍結

◆ **непро́фильный акти́в**「**不採算部門（事業）**」

◆ **це́нные бума́ги Казначе́йства США**（= **казначе́йские це́нные бума́ги**）〔複〕**米国債、財務省証券** среднесро́чные［долгосро́чные］казначе́йские облига́ции 中期［長期］米国債 ★短期米国債は **краткосро́чные казначе́йские векселя́.**

◆ **реа́льный се́ктор эконо́мики**（РСЭ）「**実体経済**」★金銭に対する具体的対価（商品やサービスの生産販売や設備投資）を伴う経済活動 Наме́ренное ослабле́ние рубля́ ока́жет негати́вный эффе́кт на фина́нсовый ры́нок и **реа́льный се́ктор эконо́мики.** 意図的なルーブル安は金融市場と**実体経済**に悪い影響を及ぼすだろう。〔反義〕**фина́нсовый се́ктор эконо́мики**「**資産経済**」

◆ **бюдже́тная дисципли́на**「**財政規律**」серьёзное давле́ние с тре́бованием соблюда́ть бюдже́тную дисципли́ну 財政規律を守らせるための強い圧力

◆ **поте́рянное десятиле́тие**「**失われた10年**」★複数形 **поте́рянные десятиле́тия** は「**失われた20年**」のニュアンスで用いられる。

Росси́я не зна́ет, что де́лать с мо́рем сла́нцевой не́фти

Росси́я занима́ет пе́рвое ме́сто в ми́ре по запа́сам техни́чески извлека́емой сла́нцевой не́фти, говори́тся в докла́де америка́нского министе́рства энерге́тики. Одна́ко догна́ть США по добы́че тако́й не́фти стране́ вряд ли уда́стся, признаю́т экспе́рты. Привлека́тельность сла́нцевой не́фти в том, что её мно́го. Учи́тывая теку́щее потребле́ние, мирово́й эконо́мике хвати́ло бы э́тих за́лежей на де́сять с полови́ной лет. Пробле́ма сла́нцевой не́фти в том, что её о́чень сло́жно добыва́ть. Она́ соде́ржится в го́рных поро́дах на большо́й глубине́, отку́да её прихо́дится извлека́ть трудоёмкими спо́собами, не́которые из кото́рых впервы́е бы́ли разрабо́таны росси́йскими инжене́рами. Экспе́рты во всём ми́ре заговори́ли о «сла́нцевой револю́ции» — на э́тот раз не то́лько га́зовой, но и нефтяно́й. И предположи́ли, что э́то немину́емо ока́жет психологи́ческое, а зате́м и реа́льное давле́ние на це́ны. Как сле́дствие, дохо́ды росси́йского бюдже́та, форми́руемые в значи́тельной сте́пени за счёт нефтедо́лларов, упаду́т.

（http://www.bbc.co.uk/russian/business/2013/06/130611_shale_oil_russia.shtml）

語　彙　сла́нцевый【形】シェールの привлека́тельность【女】魅力 за́лежь【女】（天然資源の）層、鉱床 го́рные поро́ды〔複〕鉱物 глубина́【女】深さ извлека́ть〔完〕取り出す трудоёмкий【形】骨の折れる、面倒な немину́емо【副】避けられずに как сле́дствие〔熟語〕結果的に нефтедо́ллар【男】オイルダラー、オイルマネー

訳　例　　　　　　　　シェールオイルの海に困惑するロシア

　米エネルギー省の報告書によれば、シェールオイルの可採埋蔵量でロシアは世界第一位である。しかし、専門家は、シェールオイル採掘でロシアがアメリカに追いつくことは難しいとみている。シェールオイルの魅力は、その量の多さにある。現在の需要量からすれば、埋蔵量は世界が必要とする量の15年分に相当する。シェールオイルの問題点は、採掘が非常に困難なことだ。シェールオイルは、地下深くにある岩盤層に含まれ、手間のかかる方法で取り出す必要がある（その技術の中には、ロシアの技術者が開発したものもある）。世界中の専門家が「シェール革命」について語り始めた。今回はガスだけでなく、石油も話題となっているが、心理面そして価格面でもシェール革命が現実的影響を与えることは避けられないと予想する。結果的に、オイルマネーの比率が高いロシアの歳入額は減るだろう。

（2013年6月11日報道）

重要語句

сла́нец【男】シェール **сла́нцевый**【形】シェールの **сла́нцевый пласт** シェール層 **сла́нцевый газ** シェールガス **сла́нцевая нефть** シェールオイル

◆ **«сла́нцевая револю́ция»**「シェール革命」**Благодаря́ сла́нцевой револю́ции** США обогна́ли Росси́ю по объёмам добы́чи га́за. **シェールガス革命により**、ガス生産量で米国はロシアを追い抜いた。

гидроразры́в【男】水圧破砕 **Техноло́гия гидроразры́ва** пла́ста **мо́жет нанести́** серьёзный уще́рб грунтовы́м во́дам. 地層の**水圧破砕技術**は、地下水に深刻な影響を与える可能性がある。

за́лежь【女】〔鉱物・天然資源の〕層、鉱床 Япо́нские учёные обнару́жили **за́лежи редкоземе́льных мета́ллов** на дне Ти́хого океа́на. 日本の研究者が、太平洋の海底で**レアアース鉱床**を発見した。

гидра́т мета́на【男】メタンハイドレード Япо́нская госкорпора́ция нефти, га́за и мета́ллов（JOGMEC）впервы́е в ми́ре смогла́ **добы́ть газ из гидра́та мета́на** на дне океа́на. 日本の石油天然ガス・鉱物資源機構（JOGMEC）は、世界で初めて海底の**メタンハイドレードからガス生産**に成功した。

◆ **«стратеги́ческое сырьё»**「戦略資源」★国家の基盤維持と産業の安定的発展のために確保すべき資源（石油・天然ガス等のエネルギー資源、鉄鉱石・レアメタル等の工業原料資源を指す）диверсифици́ровать поста́вки стратеги́ческого сырья́ 戦略資源の供給源の多様化

◆ **«возобновля́емая эне́ргия»**［регенерати́вная эне́ргия］「再生可能エネルギー」**Перехо́д на возобновля́емую эне́ргию** повлечёт за собо́й бо́лее ни́зкие це́ны на электроэне́ргию, бу́дет спосо́бствовать появле́нию но́вых рабо́чих мест, помо́жет сохране́нию окружа́ющей среды́ и обеспе́чит энергети́ческую безопа́сность. **再生可能エネルギーへの転換**は、より安価な電力をもたらし、雇用創出に貢献し、環境保護に役立ち、エネルギーの安全を保証するものとなろう。〔類義〕**«зелёная эне́ргия»**「グリーンエネルギー」

Елизаве́та II подписа́ла зако́н о бре́ксите

Короле́ва Великобрита́нии Елизаве́та II подписа́ла при́нятый парла́ментом зако́н о выходе страны́ из Европе́йского сою́за, тем са́мым подтверди́в, что бре́ксит состои́тся 31 января́. «Каза́лось, что мы никогда́ не перейдём э́ту ли́нию, но мы э́то сде́лали», — заяви́л в четве́рг премье́р Бо́рис Джо́нсон, коммети́руя вступле́ние зако́на в си́лу. Европарла́мент проголосу́ет по вопро́су согла́сия на вы́ход 31 января́. Ожида́ется, что евродепута́ты одо́брят уже́ при́нятую брита́нским парла́ментом сде́лку с ЕС. Путь Брита́нии к вы́ходу из Евросою́за по́сле рефере́ндума, состоя́вшегося ле́том 2016 го́да, был непросты́м. Бре́ксит расколо́л о́бщество, привёл к отста́вке двух консервати́вных прави́тельств (во главе́ с Дэ́видом Кэ́мероном и Тере́зой Мэй) и к двум парла́ментским вы́борам: 2017-го и 2019 годо́в. Брита́нцы на протяже́нии после́дних трёх с полови́ной лет провели́ мно́жество ма́ссовых а́кций за и про́тив вы́хода страны́ из ЕС.

(https://www.bbc.com/russian/news-51227366)

語　彙　бре́ксит【男】ブレグジット Brexit イギリスの欧州連合離脱 подтверди́ть〔完〕是認・承認する состоя́ться〔不完〕成立・実現する вступле́ние зако́на в си́лу 法案の発効 одо́брить〔完〕（法案を）可決する Европарла́мент【男】欧州議会 проголосова́ть〔完〕по вопро́су согла́сия на《対》〜に対する承認採決を行う евродепута́т 欧州議員 сде́лка с ЕС【女】（英国議会で決定済みの）EUとの事案（＝EU離脱案件）рефере́ндум【男】国民投票 расколо́ть《対》〔完〕〜を分断・二分する привести́《к ＋ 与》〔完〕（結果として）〜をもたらす отста́вка【女】退陣 консервати́вное прави́тельство【中】保守政権 брита́нцы〔複で〕英国民（брита́нец【男】брита́нка【女】）на протяже́нии《生》〜の期間 мно́жество ма́ссовых а́кций за и про́тив《生》多くの（〜の是非をめぐる）議論

訳　例　　**英 EU 離脱関連法が成立、エリザベス女王が裁可**
　英国の欧州連合離脱実現に向けて英議会が可決した関連法案がエリザベス女王の裁可を経て成立した。英国は1月31日にEUを離脱することになる。ボリス・ジョンソン首相は木曜日、法案の承認を受けた声明で「一時はブレグジットのゴールラインを切ることはないとも思えたが、われわれは成し遂げた」と述べた。欧州議会は1月31日の離脱問題の採決を実施することになっていて、欧州議員も英国議会で決定済みの事案を認めるものとみられる。2016年夏の国民投票以降の英国EU離脱は容易な道のりではなかった。ブレグジットは社会を二分し、保守政権はキャメロン政権とメイ政権の2度の退陣に追い込まれ、2017年と2019年の2度の選挙が行われた。英国民はこの3年半、EU離脱の是非をめぐって議論を繰り返してきた。
（2020年1月23日報道）

重要語句

◆ **бре́ксит**【男】ブレグジット В настоя́щее вре́мя **бре́ксит** заплани́рован на…《対》現状ではブレグジットは～に予定されている。〔同義〕**вы́ход Великобрита́нии / Брита́нии из Европе́йского Сою́за** 英国の EU 離脱 **вы́ход из ЕС** без каки́х-либо договорённостей 合意なき離脱 перено́с сро́ка **вы́хода страны́ из Европе́йского Сою́за** на《対》EU 離脱期限を～に延長 Джо́нсон хо́чет, что́бы Великобрита́ния **вы́шла из соста́ва ЕС** не поздне́е 31 октября́, да́же без заключе́ния соглаше́ния. ジョンソン首相はあくまで期限どおり（2019 年）10 月 31 日までの離脱を目指している。

В соотве́тствии с пла́ном премье́ра Бо́риса Джо́нсона, одо́бренным парла́ментом в декабре́ про́шлого го́да, Брита́ния должна́ официа́льно **поки́нуть Евросою́з** 31 января́ в 11 часо́в ве́чера. 昨年 12 月に議会の承認を得たジョンソン首相の計画では英国の正式な EU 離脱は（2020 年）1 月 31 日午後 11 時となっている。

◆ **Пала́та о́бщин**（брита́нского парла́мента）【女】英国下院 внеочередны́е всео́бщие вы́боры〔複〕解散総選挙 **Пала́та ло́рдов** 上院 **премье́р-мини́стр Великобрита́нии** 英国首相 **консервати́вная па́ртия Великобрита́нии** 英国保守党 консерва́тор【男】保守党員（また то́ри【男】〔不変〕）**лейбори́стская па́ртия** 労働党 лейбори́ст 労働党員

◆ **одобря́ть**［不完］**одо́брить**［完］/ **отверга́ть**［不完］**отве́ргнуть**［完］《対》(法案を）可決／否決する Вчера́ Пала́та о́бщин и Пала́та ло́рдов оконча́тельно **одо́брили** зако́н о бре́ксите. Сего́дня Её вели́чество подписа́ла э́тот зако́н, и он вступи́л в си́лу. 昨日上下院とも離脱法案を**可決**、本日女王陛下が法案に裁可された。〔関連〕承認の意で **утвержда́ть**［不完］**утверди́ть**［完］も。**утверди́ть**（при́нятый пала́той о́бщин) законопрое́кт（下院で可決された）法案を**承認する** законопрое́кт был **одо́брен**（пала́той ло́рдов）法案が（上院で）**承認された** **одобре́ние**【中】承認 Докуме́нт ста́нет зако́ном в слу́чае, е́сли он полу́чит **одобре́ние** короле́вы. 法案が女王の承認を経て成立する。

◆ **голосова́ние**【中】投票、票決 проголосова́ть［完］за《対》/ про́тив《生》賛成／反対票を投じる **объявля́ть**［不完］**объяви́ть**［完］《対》～を宣言する **объявля́ть** об отста́вке 辞任する **объявля́ть** внеочередны́е вы́боры 議会解散を宣言する объявле́ние о《前》【中】～の宣言

（**абсолю́тное**) **большинство́**【中】（絶対）過半数 наде́яться укрепи́ть **большинство́** то́ри в Пала́те о́бщин 下院の保守党勢力拡大を狙う теря́ть абсолю́тное **большинство́** 絶対過半数を失う ве́рное Джо́нсону **большинство́** в но́вом соста́ве Пала́ты о́бщин ジョンソン首相支持多数となった下院

отменя́ть［不完］**отмени́ть**［完］《対》～を延期する Тере́за Мэй **отменя́ет** голосова́ние в Пала́те о́бщин по прое́кту соглаше́ния. メイ首相、下院での（自身の離脱協定案を問う）投票を延期。

МИД Кита́я: H&M и Nike мно́гое потеря́ют из-за отка́за от кита́йского хло́пка

Компа́нии H&M и Nike мно́гое потеря́ют из-за отка́за испо́льзовать кита́йский хло́пок. Хло́пок из Синьцзя́на — оди́н из лу́чших в ми́ре, заяви́ла представи́тель МИД Кита́я Хуа́ Чуньи́н. Сообще́ния за́падных СМИ о «принуди́тельном труде́» на хло́пковых планта́циях в Синьцзя́не представля́ют собо́й не соотве́тствующие действи́тельности слу́хи, приду́манные антикита́йскими си́лами, отме́тила Хуа́ Чуньи́н. Компа́нии H&M и Nike вы́разили озабо́ченность в связи́ с сообще́ниями СМИ о том, что жи́телей Синьцзя́н-Уйгу́рского автоно́много райо́на Кита́я заставля́ют собира́ть хло́пок. Компа́нии реши́ли не испо́льзовать синьцзя́нский хло́пок. В отве́т три кита́йские платфо́рмы — Pinduoduo, JD.com и Tmall — сня́ли с прода́жи това́ры H&M, а хэште́г «Я подде́рживаю синьцзя́нский хло́пок» вошёл в топ кита́йской соцсе́ти Weibo.

(https://www.vesti.ru/finance/article/2541654)

語　彙　мно́гое【中】多くのもの、多くのこと（cf. мно́гие〔複で〕多くの人）хло́пок【男】綿　★ ва́та は хло́пок から作られる脱脂綿。Синьцзя́н-Уйгу́рский автоно́мный райо́н 新疆ウイグル自治区　платфо́рма【女】プラットフォーム　★ここでは Amazon を代表とするような EC サイトのこと。хэште́г【男】（хеште́г, хэштэ́г と書かれることもあるが、標準的には хеште́г が推奨される）ハッシュタグ　соцсе́ть【女】（социа́льная сеть）ソーシャルネットワーク　топ【男】トップ、上位

訳　例　中国外務省「H&Mとナイキは中国産綿を拒否することで多くを失う」

　H&Mとナイキは中国産綿の使用を拒否することで多くを失うことになる。新疆の綿は世界で最良のもののうちの1つである、と中国外務省報道官華春瑩が表明した。同氏によると、西側マスコミの、新疆の綿花プランテーションにおける「強制労働」に関する報道は、現実とは異なる噂であり、反中国勢力によって考え出されたものである、とのことだ。H&Mとナイキは、中国の新疆ウイグル自治区の住民は綿の収穫を強制させられているというマスコミ報道について懸念を表明している。両企業は新疆産の綿を使用しないことに決めている。これに呼応して3つのネットショッピングサイト、拼多多、京東商城および天猫が、H&Mの商品を販売から外し、また「新疆綿を支持します」というハッシュタグが中国のSNSウェイボーの上位に入った。

（2021年3月25日報道）

重要語句

принуди́тельный труд 強制労働 **принуди́тельная рабо́та**（懲役刑における）刑務作業 **прину́дить**《対＋不定形》［完］強制する Сена́т плани́руется **прину́дить** президе́нта США согласо́вывать с Конгре́ссом спи́ски подпада́ющих под ограниче́ния россия́н. 上院は米大統領に下院と、制限を受けるロシア人のリストを調整させる計画である。〔類義〕**заста́вить**《対＋不定形》［完］＝ прину́дить、побуди́ть《対＋不定形》［完］自ら行うように促す **дать**《与＋不定形》［完］行うことを妨げずに行うに任せる

представля́ть собо́й《対》～ で あ る В докла́де Всеми́рного Ба́нка о росси́йской эконо́мике ска́зано, что наибо́льший риск для прогно́за **представля́ет собо́й** разви́тие пандеми́и коронави́руса. ロシア経済に関する世界銀行の報告書では、予測をする上で最大のリスクとなるのはコロナウイルスのパンデミックの進展状況であるとされている。〔類義〕**явля́ться**《造》

вы́разить озабо́ченность 憂慮の念を表明する〔関連〕**вы́разить опасе́ние** 懸念を表明する **вы́разить благода́рность/призна́тельность** 感謝の念を表す **вы́разить соболе́знование** 哀悼の意を表す Президе́нт **вы́разил** свои́ глубо́кие **соболе́знования** ро́дственникам дете́й, поги́бших при стрельбе́ в шко́ле в Каза́ни. 大統領はカザンの小学校における銃撃事件で亡くなった子どもたちの親族に深い哀悼の念を表した。

дипломати́ческий бойко́т 外交的ボイコット Соединённые Шта́ты объяви́ли **дипломати́ческий бойко́т** Олимпиа́де в Пеки́не, обвиня́я Кита́й в наруше́ниях прав челове́ка в Синьцзя́не. アメリカは北京オリンピックへの外交的ボイコットを発表し、その理由を中国の新疆における人権侵害のためとしている。

数字の入った中国のスローガン

Одна́ семья́ — оди́н ребёнок「一人っ子政策」★ 1979 年から 2014 年にかけて実施されていた人口抑制策。

Оди́н по́яс и оди́н путь「一帯一路構想」★陸上と海上からヨーロッパへ向けて中国中心の経済圏を作ろうとする構想。Оди́н по́яс, оди́н путь や Оди́н по́яс — оди́н путь などの表記もある。

Одна́ страна́, две систе́мы「一国二制度構想」★台湾、香港、マカオなどを念頭に置いた、国内における高度な自治を認めようとする構想。2020 年の香港国家安全維持法［香港国家安全法］**Зако́н о защи́те национа́льной безопа́сности Гонко́нга**（в Гонко́нге）の施行は、一国二制度の構想と相容れないものとなっている。

Кора́бль «Дра́гон» компа́нии SpaccX с астрона́втами отпра́вился на МКС
Кора́бль «Дра́гон» компа́нии SpaceX с четырьмя́ астрона́втами на борту́ стартова́л с космодро́ма НА́СА в Косми́ческом це́нтре и́мени Ке́ннеди на мы́се Кана́верал во Флори́де. Э́то второ́й пилоти́руемый полёт корабля́ к Междунаро́дной косми́ческой ста́нции и пе́рвая регуля́рная ми́ссия. Ны́нешний за́пуск для НА́СА закрепля́ет оконча́тельный перехо́д к но́вой моде́ли рабо́ты — заку́пке услу́г по транспортиро́вке астрона́втов в ко́смос у ча́стных подря́дчиков. Ста́рая моде́ль — владе́ние и опери́рование со́бственным обору́дованием — ухо́дит в про́шлое. Пуск контроли́руют специали́сты SpaceX, хотя́ сотру́дники НА́СА и наблюда́ют за ни́ми через плечо́. Лю́ди из SpaceX поса́дят экипа́ж в ка́псулу, пристегну́т ремни́ и задра́ят люки. Ва́жно верну́ть на Зе́млю не то́лько ка́псулу. SpaceX хо́чет посади́ть пе́рвую ступе́нь раке́ты-носи́теля, что́бы испо́льзовать её в бу́дущем. В НА́СА говоря́т, что рабо́та с субподря́дчиками сэконо́мила аге́нтству миллиа́рды до́лларов, кото́рые бу́дут потра́чены на прое́кты, свя́занные с Луно́й и Ма́рсом.

(https://www.bbc.com/russian/news-54953488)

語　彙　НА́СА【中】〔不変〕アメリカ航空宇宙局（NASA）пилоти́руемый【形】有人（操縦）の　ми́ссия【女】ミッション　ча́стный подря́дчик【男】民間請負機関　экипа́ж【男】搭乗員、乗組員　ка́псула【女】宇宙カプセル　задра́ить［完］（ハッチなどを）閉める、密閉する　люк【男】ハッチ　субподря́дчик【男】下請機関

訳　例　**スペースX社の宇宙船「ドラゴン」、宇宙飛行士を乗せて国際宇宙ステーションへ出発**
　スペースX社の宇宙船「ドラゴン」は4人の宇宙飛行士を乗せてNASAの宇宙基地、フロリダ州ケープカナベラルに位置しているケネディ宇宙センターから打ち上げられた。これは当該宇宙船による国際宇宙ステーションに向けた二度目の有人飛行であり、通常ミッションとしては初である。NASAは今回の打ち上げで、宇宙飛行士の宇宙への輸送業務を民間の請負機関に委託するという新たなモデルへの最終的な転換を確かなものとした。自前の設備を持ち、運用するという古いモデルは過去のものとなりつつある。NASAの職員が後ろから監視してはいるが、打ち上げはSpaceXの専門家が担当する。SpaceXの職員は搭乗員を宇宙カプセルに搭乗させ、シートベルトを締め、ハッチを閉める。地球に帰還させなくてはならないのはカプセルだけでない。スペースX社は再利用のため発射ロケットの第一段を着陸させることを望んでいる。NASAによると民間の下請機関と協働することで数十億ドル節約することになり、それは月や火星に関わるプロジェクトのために用いられることになるという。

（2020年11月15日報道）

重要語句

пилоти́руемый [形] 有人(操縦)の **пилоти́руемый косми́ческий полёт** 有人宇宙飛行

многора́зовый【形】繰り返し使用できる **многора́зовый** косми́ческий кора́бль 再利用可能な宇宙船

стыко́вочный у́зел【男】ドッキング装置 Но́вый **стыко́вочный у́зел** предназна́чен для пилоти́руемых корабле́й SpaceX. 新しいドッキング装置はスペース X 社の有人宇宙船用である。

Марс【男】火星 (= Кра́сная плане́та) 〔派生〕марсиа́нский 火星の наблюда́ть за марсиа́нской атмосфе́рой с орби́ты 軌道上から火星の大気を観測する〔関連〕пылева́я бу́ря 砂嵐

поса́дка【女】着陸 мя́гкая поса́дка 軟着陸 соверши́ть поса́дку《на ＋対》~に着陸する Марсохо́д Perseverance соверши́л поса́дку на Кра́сную плане́ту. 火星探査車パーサヴィアランスが赤い惑星(＝火星)に着陸した。〔関連〕поса́дочный мо́дуль【男】着陸船、ランダー

опуска́ться [不完] **опусти́ться** [完] 降下する При возвраще́нии на Зе́млю «Дра́гон» **опуска́ется** на парашю́тах на пове́рхность океа́на. 地球への帰還に際して「ドラゴン」は海面に向かってパラシュートで降下する。

приводня́ться [不完] **приводни́ться** [完] 着水する Спуска́емая ка́псула пилоти́руемого корабля́ должна́ бу́дет **приводни́ться** в Мексика́нском зали́ве. 有人宇宙船の再突入カプセルはメキシコ湾に着水することになっている。〔派生〕приводне́ние【中】着水

(косми́ческий) зонд【男】宇宙探査機 **Зонд** «Хаябу́са-2» доста́вил на Зе́млю грунт астеро́ида. 探査機「はやぶさ2」は小惑星の土を地球に運んだ。

планетохо́д【男】惑星探査車 (= **ро́вер**) передвиже́ние **ро́вера** по пове́рхности плане́ты 惑星探査車による惑星表面の移動〔関連〕**марсохо́д** 火星探査車 Марсохо́д мо́жет перемеща́ться на больши́е расстоя́ния. 火星探査車は長距離の移動が可能である。

следы́ жи́зни 生命の痕跡 〔関連〕 **ми́кроорганизм** 微生物 по́иск при́знаков дре́вней микро́бной жи́зни 古代微生物の徴候の探索

各国の宇宙開発機関の名称

Национа́льное управле́ние по аэрона́втике и иссле́дованию косми́ческого простра́нства アメリカ航空宇宙局（NASA）

Япо́нское аге́нтство аэрокосми́ческих иссле́дований 宇宙航空研究開発機構（JAXA）

Европе́йское косми́ческое аге́нтство 欧州宇宙機関（ESA）

Госуда́рственная корпора́ция по косми́ческой де́ятельности «Роско́смос» ロスコスモス（ROSCOSMOS）

Кита́йское национа́льное косми́ческое управле́ние 中国国家航天局（CNSA）

Инди́йская организа́ция косми́ческих иссле́дований インド宇宙研究機関（ISRO）

В Росси́и вы́явлено 7770 зарази́вшихся коронави́русом

За исте́кшие су́тки в Росси́и вы́явлено 7770 но́вых слу́чаев коронави́руса. По да́нным оперштаба, у 945 челове́к не́ было никаки́х симпто́мов. Москва́ по-пре́жнему лиди́рует по числу́ заболе́вших. Здесь вы́явлено 2050 но́вых инфици́рованных COVID-19, накану́не сообща́лось о 2635 заболе́вших. В Санкт-Петербу́рге подтверждено́ 709 но́вых слу́чаев, в Моско́вской о́бласти — 625. С нача́ла пандеми́и коронави́руса в Росси́и зарегистри́ровано 4839514 слу́чаев. За су́тки вы́писались 6755 челове́к, за всё вре́мя пандеми́и — 4457044 челове́ка. За су́тки в стране́ сконча́лись 337 пацие́нтов с подтверждённым COVID-19, за год же́ртвами боле́зни ста́ли 111535 россия́н. Как сообща́лось ра́нее, росси́йские антикови́дные вакци́ны «Спу́тник V» и «ЭпиВакКоро́на» эффекти́вны про́тив всех изве́стных шта́ммов коронави́руса, так как име́ют высо́кий запа́с вируснейтрализу́ющих антите́л.

(https://www.vesti.ru/article/2558515)

語　彙　исте́кший 過ぎ去った　су́тки〔複で〕一昼夜　за исте́кшие су́тки 昨日1日で　коронави́рус【男】コロナウイルス　оперштаб【男】（= операти́вный штаб）対策本部　симпто́м【男】症状　заболе́вший【男】感染者　вы́писаться〔完〕退院する　пандеми́я〔пандэми́я〕【女】感染症の世界的流行、パンデミック　пацие́нт【男】患者　же́ртва【女】犠牲者　антикови́дная вакци́на コロナワクチン　эффекти́вный 効果がある　вируснейтрализу́ющее антите́ло（ウイルスの）中和抗体

訳　例　**ロシアで新規コロナ感染者が 7770 名**

　ロシア国内で昨日1日で新たに確認された新型コロナウイルス感染者の数は7770人だった。感染症対策本部の発表によると、このうち945人は無症状であるということだ。感染者数が最も多いのはこれまで通りモスクワで、新規の感染者数は前日の2635人に続き、2050人となっている。またサンクトペテルブルグでは709人、モスクワ州では625人だった。コロナウイルス感染拡大後、ロシアにおける感染者数は483万9514人に達している。昨日1日では6755人が、これまでの累計では445万7044人がすでに退院した。コロナウイルスの感染者と判明した入院患者で、昨日1日に死亡した人の数は337人で、この1年でのコロナウイルスの犠牲者は11万1535人に上っている。すでに報じられているように、新型ウイルスワクチンの「スプートニクV（ヴイ）」と「エピヴァクコロナ」は十分な量の中和抗体を作ることができ、既存のあらゆるコロナウイルスの変異株に対しての有効性が認められている。

（2021年5月4日報道）

重要語句

коронави́рус【男】コロナウイルス **штамм**【男】ウイルスなどの菌株 штамм «де́льта» デルタ株 после́дние да́нные по коронави́русу コロナウイルスに関する最新データ ПЦР-тест PCR 検査

зараже́ние【中】感染、伝染（инфе́кция と同義）**зарази́ться**［完］《造》~ に感染する зарази́ться гри́ппом インフルエンザに感染する зарази́ться просту́дой от ребёнка 子供から風邪をうつされる **инфици́ровать**［不完・完］感染させる инфици́рование【中】感染 инфици́рованный【男】感染者

вакци́на【女】ワクチン вакци́на от коронави́руса コロナウイルスワクチン вакци́на про́тив гри́ппа インフルエンザワクチン **вакцина́ция**【女】ワクチン接種 па́спорт вакцина́ции ワクチンパスポート **антите́ло**【中】抗体 выраба́тываться［不完］вы́работаться［完］生成される、培う выраба́тываются антите́ла 抗体ができる приви́вка【女】接種 сде́лать приви́вку от коронави́руса コロナウイルスワクチンを打つ

побо́чный эффе́кт 副反応 аллерги́ческая реа́кция アレルギー反応 анафилакти́ческий шок アナフィラキシーショック

препара́т【男】製剤、試薬 противови́русный препара́т 抗ウイルス薬 до́за【女】1 回の服用量 150 миллио́нов доз вакци́ны 1 億 5000 万回分のワクチン

чрезвыча́йный【形】緊急の、非常の режи́м чрезвыча́йной ситуа́ции（режи́м ЧС）緊急事態宣言〔派生〕чрезвыча́йно【副】非常に чрезвыча́йно сло́жная ситуа́ция 非常に複雑な状況

ко̀йко-ме́сто【中】病床数

ограниче́ние【中】制限 ограниче́ния на путеше́ствия 渡航制限〔派生〕ограни́чить［完］規制する ограни́чить расхо́ды 出費を抑える ограни́чить до́ступ ребёнку в интерне́т 子供のインターネットアクセスを制限する

локда́ун【男】封鎖、ロックダウン（стро́гая изоля́ция と同義）Москва́ вво́дит локда́ун с 15 теку́щего ме́сяца. モスクワは今月 15 日からロックダウンに入る。 самоизоля́ция 自主隔離 социа́льная диста́нция ソーシャルディスタンス

生活のオンライン化関連語彙

удалённая рабо́та リモートワーク（удалёнка, дистанцио́нная рабо́та も同義。 тѐлерабо́та テレワーク）тѐлерабо́тник【男】テレワーカー тѐлеконфере́нция【女】遠隔会議 ви̇деоконфере́нция【女】ビデオ会議（ВКС（ви́део-конфере́нц-свя́зь）も同義）вѐб-конфере́нция【女】ウェブ会議 конфере́нция Zoom（あるいは конфере́нция в Zoom）Zoom 会議 ково́ркинг【男】コワーキング

дистанцио́нное обуче́ние（дистанцио́нка）リモート学習 вебина́р ウェビナー электро́нный платёж 電子決済 электро́нная по́дпись デジタル署名

онла́йн- オンラインの онла̇йн-рабо́та オンラインワーク онла́йн-уро́к オンライン授業 онла̇йн-конце́рт オンラインコンサート онла̇йн-мероприя́тие オンラインイベント

Ròскòмнадзóр сообщи́л о блокиро́вке фе́йков про ми́тинги
Администра́ции социа́льных сете́й по тре́бованию Гѐнпрокурату́ры РФ и Ро̀скòмнадзо́ра блоки́руют ло́жную информа́цию, каса́ющуюся несанкциони́рованных ми́тингов, кото́рые прохо́дят в Росси́и 31 января́. Как сообща́ется на са́йте Ро̀скòмнадзо́ра, в соцсетя́х начало́сь распростране́ние фе́йков с завы́шенными да́нными о числе́ уча́стников незако́нных а́кций, а та́кже «о я́кобы име́вших ме́сто фа́ктах наси́лия и столкнове́ний, ги́бели уча́стников а́кций». Распространи́тели да́нных фе́йков привлека́ются к отве́тственности, подчеркну́ли в Ро̀скòмнадзо́ре. В ве́домстве напо́мнили о штра́фе для владе́льцев са́йтов и́ли информацио́нных ресу́рсов в интерне́те за наруше́ние поря́дка ограниче́ния до́ступа к запрещённой информа́ции — от 800 ты́сяч до 4 миллио́нов рубле́й.

(https://www.vesti.ru/article/2517457)

語　彙　сообща́ть〔不完〕сообщи́ть〔完〕（諸機関・諸官庁が）発表・通知する、（マスコミ）が報道する　блокиро́вка【女】ブロック　блоки́ровать〔不完・完〕ブロックする　администра́ция【女】（行政）市庁・市役所、（企業・団体）管理機関、管理者　каса́ющийся＜каса́ться〔不完〕《生》～に関わる〔能現〕завы́шенный＜завы́сить〔完〕必要以上に高くする〔被過〕а́кция【女】行動　я́кобы（疑念・不審を こめて）～とかいう　име́вший＜име́ть〔不完〕ме́сто 起こる〔能過〕ги́бель【女】滅亡、非業の死　да́нные〔複〕データ　привлека́ться к отве́тственности〔不完〕責任を問われる　ве́домство【中】省庁　штраф【男】за《対》～に対しての罰金　владе́лец【男】所有者　наруше́ние【中】違反行為、攪乱　поря́док【男】秩序、手続き　ограниче́ние【中】制限　до́ступ【男】アクセス　запрещённый＜запрети́ть〔完〕禁止する〔被過〕

訳　例　**連邦通信監督庁、政治集会関連フェイクニュースのブロックを発表**
　複数のSNSの管理者は、連邦最高検察庁と連邦通信・情報技術・マスコミュニケーション監督庁の要請に基づき、ロシア国内で1月31日に開催されている無許可政治集会に関わる偽情報をブロックしている。監督庁のサイトで発表されたように、ソーシャルネットワークではフェイクニュースが拡散し始めており、非合法活動の参加者数や更には「生じたとされる暴力・衝突、デモ参加者の死亡の事実」のデータがかさ増しされていた。フェイクニュースのデータを拡散した者は責任を問われる、と監督庁で強く表明された。監督庁では、サイト所有者もしくはインターネット上の情報リソースの所有者への罰金にも注意が促された。禁止情報へのアクセス制限の手順を乱すと80万ルーブルから400万ルーブルの罰金である。
　（2021年1月31日報道）

重要語句

◆ **Роскомнадзо́р**【男】Федера́льная слу́жба по надзо́ру в сфе́ре свя́зи, информацио́нных техноло́гий и ма́ссовых коммуника́ций **連邦通信・情報技術・マスコミューケーション監督庁**

◆ **Зако́н о «суверéнном интернéте»** / Зако́н о «суверéнном Рунéте» / «О внесéнии изменéний в Федера́льный зако́н "О свя́зи" и Федера́льный зако́н "Об информа́ции, информацио́нных техноло́гиях и о защи́те информа́ции"»**「主権インターネット法」**／連邦法第 90- ФЗ号「連邦法『通信』、連邦法『情報、情報技術、情報保護』の修正」(2019 年 11 月発効)★ロシアの通信事業者は連邦通信監督庁提供の機器を設置し、ロシアウェブサイトの機能を外国のインターネット経路なしに維持できるようにする。ロシアのインターネットの安定性と安全性を確保することが目的とされる。2021 年 6 月 16 日、さらなる規制案が下院第 2 読会を通過。

◆ **пост**【男】SNS への**投稿** «ВКонта́кте» удаля́ет **посты́** об а́кции с фона́риками в подде́ржку Нава́льного. SNS "VKontakte" は、明かりでナヴァーリヌィ支援活動という**投稿**に措置。★ удаля́ть［不完］удали́ть［完］削除・排除する ба́нить［不完］заба́нить［完］ban(禁止・追放)する。

акка́унт【男】アカウント **социа́льная сеть / соцсе́ть**【女】SNS

◆ **замедля́ть**［不完］**заме́длить**［完］**アクセス速度を落とす** Ве́домство нача́ло **замедля́ть** тра́фик Тви́ттера.（監督）省庁は Twitter の**トラフィック制限**を始めた。**замедле́ние**【中】**アクセス制限 Замедле́ние** счита́ется одно́й из форм **блокиро́вки.** **アクセス制限**はブロックの一形態と見なされている。

до́ступ【男】**接続・アクセス до́ступ** в интернéт インターネット**接続 до́ступ** к онла́йн-ка́мере オンラインカメラへの**アクセス до́ступ** к вéб-ка́мере Web カメラへの**アクセス**

◆ **ресу́рс**【男】リソース

Ц(Х)ОД(= Центр (хранéния и) обрабо́тки да́нных)【男】データセンター

◆ **ТикТо́к**【男】TikTok(利用者は **тикто́кер**【男】) **трюк**【男】SNS 用動画での**スタント**、アクロバット Опа́сный **трюк** подмоско́вных **тикто́керов** зако́нчился ги́белью одного́ из них. モスクワ郊外の **TikToker 達**による危険な**動画撮影**はメンバー 1 人の事故死に終わった。

мéссенджер【男】メッセンジャー(アプリ。Телегра́м (Telegram)、WhatsApp、Viber など)

юту́б【男】YouTube **юту́бер**【男】YouTuber виртуа́льный юту́бер (виту́бер)【男】バーチャル YouTuber (Vtuber)

◆ **фейк**【男】**フェイクニュース**〔同義〕**фальши́вые но́вости**【複】**ло́жная информа́ция**【女】フェイクニュース、偽情報〔関連〕**тео́рия за́говора 陰謀論**

付録・資料

便利なインターネットサイト

ロシア連邦政府機関・中央省庁
ロシア連邦政府機関・連邦構成主体の公式サイト入り口　http://gov.ru
ロシア大統領府　http://www.kremlin.ru
ロシア政府（政府官房）http://www.government.ru
内務省　http://www.mvd.ru
非常事態省　http://www.mchs.gov.ru
外務省　http://www.mid.ru
国防省　http://www.mil.ru
法務省 https://minjust.gov.ru
対外諜報庁 http://svr.gov.ru
連邦保安庁 http://www.fsb.ru
天然資源・環境省 https://www.mnr.gov.ru
産業貿易省 https://minpromtorg.gov.ru
農業省 https://mcx.gov.ru
財務省 https://minfin.gov.ru
経済発展省 https://www.economy.gov.ru
文化省 https://culture.gov.ru
連邦国家統計庁 https://rosstat.gov.ru
連邦漁業局 http://fish.gov.ru
※このほかの省庁へのリンクは
http://government.ru/ministries/ にある。

連邦議会
国家院（下院）　http://www.duma.gov.ru
連邦会議（上院）　http://www.council.gov.ru

裁判所・検察ほか
連邦憲法裁判所　http://www.ksrf.ru
連邦最高裁裁判所　http://www.supcourt.ru
連邦最高仲裁裁判所　http://www.arbitr.ru
最高検察庁　http://www.genproc.gov.ru
連邦捜査委員会　http://www.sledcom.ru
連邦中央選挙管理委員会　http://www.cikrf.ru

ロシアの法律

«Российская Газета» ロシア新聞（官報）　http://www.rg.ru

«Консультант-плюс»（民間の法律データベースサービス）
http://www.consultant.ru

ロシアの主要放送報道機関

　ほとんどの局で、インターネット上でのストリーミング（прямой эфир）や、映像／音声ファイル（архив）が利用できる。

«ВЕСТИ»（ロシア国営放送（ВГТРК）のニュースサイト）　http://www.vesti.ru

«Первый канал»「第一チャンネル」　http://www.1tv.ru

НТВ「独立テレビ」（NTV）　http://www.ntv.ru

«5-канал»「5チャンネル」（ペテルブルグ）　http://www.5-tv.ru

«ТВ Центр»（モスクワ）　http://www.tvc.ru

全国ラジオ局

«Маяк»「マヤーク」（ВГТРК グループ）　http://www.radiomayak.ru

«Радио России»「ラジオ・ロシア」（ВГТРК グループ）　http://www.radiorus.ru

«Эхо Москвы»「モスクワのこだま」　http://echo.msk.ru

«Спутник»「スプートニク」　https://radiosputnik.ria.ru

在外のロシア語メディア

BBC Russian.com（英国放送協会のロシア語放送）　http://www.bbc.com/russian

Euronews（ニュース専門チャンネル）　https://ru.euronews.com

その他の国のロシア語メディア

NHK WORLD-JAPAN（日本）　http://www3.nhk.or.jp/nhkworld/ru

«Голос Америки»（アメリカ合衆国）
https://www.voanews.com/author/voa-russian-service

«Радио свобода»「自由ラジオ」　http://www.svoboda.org

ERR（エストニア）　http://rus.err.ee

Deutsche Welle（ドイツ）　https://www.dw.com/ru

Polskie Radio（ポーランド）　https://www.polskieradio.pl/397

Радио Болгария（ブルガリア）　https://bnr.bg/ru

Международное радио Китая（CRI, 中国国際放送局）　http://russian.cri.cn

新華社（中国）　http://russian.news.cn

中央広播電台（台湾・海外向け放送）　http://ru.rti.org.tw

専門ニュースサイト・新聞社他

«Интерфакс» インターファックス通信　http://www.interfax.ru

«ИТАР-ТАСС» イタルタス通信　http://tass.com

«Прайм» プライム通信（経済専門）　http://1prime.ru

«РИА-Новости» ロシア通信　http://ria.ru

LENTA.RU（総合ニュース速報サイト）　http://lenta.ru

RELIGARE.RU（宗教関連ニュースサイト）　http://www.religare.ru

«Красная Звезда»「赤い星」（露国防省機関誌、軍事関係）http://www.redstar.ru

«Объединенная редакция МВД РФ»（内務省、治安関係）
http://www.ormvd.ru

«Известия»「イズベスチヤ」（全国紙電子版）　http://iz.ru

«Новые Известия»「ノーバヤ・イズベスチヤ」（全国紙電子版）
http://www.newizv.ru

«Коммерсантъ»「コメルサント」（全国紙電子版、経済紙）
http://www.kommersant.ru

«Независимая газета»「独立新聞」（全国紙電子版、軍事・経済・宗教ほか分野別付録が充実）　http://www.ng.ru

ロシア連邦政府の中央省庁　（→ 1-7）

　2021 年 12 月現在。省庁再編は比較的頻繁に実施されるので、最新状況はロシア政府公式サイト（http://www.government.ru）で確認すること。（　）の省略呼称は、公文書では格変化させないが、マスコミでは格変化させる傾向がある。

1）連邦省とその外局

Министе́рство вну́тренних дел Росси́йской Федера́ции（МВД）内務省
　　http://www.mvd.ru

Министе́рство Росси́йской Федера́ции по дела́м гражда́нской оборо́ны, чрезвыча́йным ситуа́циям и ликвида́ции после́дствий стихи́йных бе́дствий（МЧС）民間防衛・非常事態・災害復旧省（非常事態省）
　　http://www.mchs.gov.ru

Министе́рство иностра́нных дел Росси́йской Федера́ции（МИД）外務省
　　http://www.mid.ru

　　— Федера́льное аге́нтство по дела́м Содру́жества Незави́симых

Госуда́рств, сооте́чественников, прожива́ющих за рубежо́м и по междунаро́дному гуманита́рному сотру́дничеству (Ро̀ссотру́дничество) CIS・在外同胞・国際人道協力局

http://rs.gov.ru

Министе́рство оборо́ны Росси́йской Федера́ции（Мѝнооборо́ны）国防省

http://www.mil.ru

— Федера́льная слу́жба по воѐнно-техни́ческому сотру́дничеству（ФСВТС）軍事技術協力庁

http://www.fsvts.gov.ru

— Федера́льная слу́жба по техни́ческому и э̀кспортному контро́лю（ФСТЭК）技術・輸出管理庁

http://www.fstec.ru

— Федера́льное аге́нтство по поста́вкам вооруже́ния, вое́нной, специа́льной те́хники и материа́льных средств（Ро̀собоƨонпоста́вка）兵器・軍装備品納入局

http://rosoboronpostavka.ru

— Федера́льное аге́нтство специа́льного стро́ительства（Спецстро́й）特殊建設局

http://www.spetsstroy.ru

Министе́рство юсти́ции Росси́йской Федера́ции（Мѝню́ст）法務省

http://minjust.gov.ru

— Федера́льная слу́жба исполне́ния наказа́ний（ФСИН）刑罰執行庁

http://fsin.gov.ru

— Федера́льная слу́жба суде́бных при́ставов（ФССП）廷吏庁

http://fssp.gov.ru

Министе́рство здравоохране́ния Росси́йской Федера́ции（Мѝнздра́в）連邦保健省

http://minzdrav.gov.ru

— Федера́льная слу́жба по надзо́ру в сфе́ре здравоохране́ния（Ро̀сздравнадзо́р）連邦保健分野監督庁

http://roszdravnadzor.gov.ru

— Федера́льное мѐдико-биологи́ческое аге́нтство（ФМБА）連邦医療・生物局

http://fmbar.gov.ru

Министе́рство культу́ры Росси́йской Федера́ции 文化省

http://culture.gov.ru

— Федера́льное архи́вное аге́нтство（Ро̀сархи́в）連邦アーカイブ局
http://archives.gov.ru

— Федера́льное аге́нтство по тури́зму（Ро̀стури́зм）連邦観光局
http://tourism.gov.ru

Министе́рство нау́ки и вы́сшего образова́ния Росси́йской Федера́ции
（Мѝнобрнау́ки）科学・高等教育省
https://minobrnauki.gov.ru

Министе́рство просвеще́ния Росси́йской Федера́ции（Мѝнпросвеще́ния）
教育省
https://edu.gov.ru

Министе́рство приро́дных ресу́рсов и эколо́гии Росси́йской Федера́ции
（Мѝнприро́ды）天然資源・環境省
http://www.mnr.gov.ru

— Федера́льная слу́жба по гидрометеороло́гии и монито́рингу
окружа́ющей среды́（Ро̀сгидроме́т）連邦気象・環境モニタリング庁
http://www.meteorf.ru

— Федера́льная слу́жба по надзо́ру в сфе́ре природопо́льзования
（Ро̀сприроднадзо́р）連邦自然利用監督庁
http://rpn.gov.ru

— Федера́льное аге́нтство во́дных ресу́рсов（Ро̀сводресу́рсы）連
邦水資源局
http://voda.gov.ru

— Федера́льное аге́нтство лесно́го хозя́йства（Ро̀слесхо́з）連邦林業局
http://rosleshoz.gov.ru

— Федера́льное аге́нтство по недропо́льзованию（Ро̀сне́дра）連邦
地下資源利用局
http://www.rosnedra.gov.ru

Министе́рство промы́шленности и торго́вли Росси́йской Федера́ции
（Мѝнпромто́рг）産業貿易省
http://minpromtorg.gov.ru

— Федера́льное аге́нтство по техни́ческому регули́рованию и
метроло́гии（Ро̀сстанда́рт）連邦技術調整・度量衡局
https://www.rst.gov.ru

Министе́рство Росси́йской Федера́ции по разви́тию Да́льнего Восто́ка
и А́рктики（Мѝнвостокразви́тия）極東・北極発展省
https://minvr.gov.ru

Министе́рство цифрово́го разви́тия, свя́зи и ма́ссовых коммуника́ций Росси́йской Федера́ции（Минци́фры）デジタル開発・通信・マスコミュニケーション省

https://digital.gov.ru/ru/

— Федера́льная слу́жба по надзо́ру в сфе́ре свя́зи, информацио́нных техноло́гий и ма́ссовых коммуника́ций（Роскомнадзо́р）連邦通信・情報技術・マスコミュニケーション監督庁

https://rkn.gov.ru

— Федера́льное аге́нтство по печа́ти и ма́ссовым коммуника́циям（Роспеча́ть）連邦出版・マスコミュニケーション局

http://www.fapmc.ru

— Федера́льное аге́нтство свя́зи（Россвя́зь）連邦通信局

http://rossvyaz.gov.ru

Министе́рство се́льского хозя́йства Росси́йской Федера́ции（Минсельхо́з）農業省

http://mcx.gov.ru

— Федера́льная слу́жба по ветерина́рному и фитосанита́рному надзо́ру（Россельхознадзо́р）連邦動植物防疫庁

http://fsvps.gov.ru

— Федера́льное аге́нтство по рыболо́вству（Росрыболо́вство）連邦漁業局

http://www.fish.gov.ru

Министе́рство спо́рта Росси́йской Федера́ции（Минспо́рт）スポーツ省

http://minsport.gov.ru

Министе́рство строи́тельства и жили́щно-коммуна́льного хозя́йства（Минстро́й）建設・住宅公共事業省

https://minstroyrf.gov.ru

Министе́рство тра́нспорта Росси́йской Федера́ции（Минтра́нс）運輸省

http://mintrans.gov.ru

— Федера́льная слу́жба по надзо́ру в сфе́ре тра́нспорта（Ространснадзо́р）連邦運輸監督庁

http://rostransnadzor.gov.ru

— Федера́льное аге́нтство возду́шного тра́нспорта（Росавиа́ция）連邦航空輸送局

http://favt.gov.ru

Федера́льное доро́жное аге́нтство（Росавтодо́р）連邦道路局

http://rosavtodor.gov.ru

— Федера́льное аге́нтство железнодоро́жного тра́нспорта (Ро̀сжелдо́р）連邦鉄道輸送局

http://www.rlw.gov.ru

— Федера́льное аге́нтство морско́го и речно́го тра́нспорта (Ро̀сморречфло́т）連邦海上・河川輸送局

http://morflot.gov.ru

Министе́рство труда́ и социа́льной защи́ты Росси́йской Федера́ции (Мѝнтру́д）労働・社会保護省

http://rosmintrud.gov.ru

— Федера́льная слу́жба по труду́ и за́нятости（Ро̀стру́д）連邦労働・雇用庁

http://rostrud.gov.ru

Министе́рство фина́нсов Росси́йской Федера́ции（Мѝнфѝн）財務省

http://minfin.gov.ru

— Федера́льная нало́говая слу́жба（ФНС）連邦税務庁

http://www.nalog.gov.ru

— Федера́льная слу́жба фина́нсово-бюдже́тного надзо́ра (Ро̀сфиннадзо́р）連邦会計・予算監督庁

http://rosfinnadzor.ru

— Федера́льное казначе́йство（Казначе́йство）連邦国庫

http://www.roskazna.gov.ru

Министе́рство экономи́ческого разви́тия Росси́йской Федера́ции (Мѝнэкономразви́тия）経済発展省

http://www.economy.gov.ru

— Федера́льная слу́жба по аккредита́ции（Ро̀саккредита́ция）連邦認証庁

http://fsa.gov.ru

— Федера́льная слу́жба госуда́рственной регистра́ции, када́стра и картогра́фии（Ро̀срее́стр）連邦国家登録・地籍・地図庁

http://rosreestr.gov.ru

— Федера́льная слу́жба по интеллектуа́льной со́бственности (Ро̀спате́нт）連邦知的財産庁

http://www.rupto.ru

— Федера́льное аге́нтство по госуда́рственным резе́рвам (Ро̀срезе́рв）連邦国家備蓄局

http://rosrcserv.gov.ru

— Федера́льное аге́нтство по управле́нию госуда́рственным иму́ществом（Р̀осиму́щество）連邦国有資産管理局

http://www.rosim.ru

Министе́рство энерге́тики Росси́йской Федера́ции（Мѝнэне́рго）エネルギー省

http://minenergo.gov.ru

2）独立した連邦庁・連邦局

Слу́жба вне́шней разве́дки Росси́йской Федера́ции（СВР）連邦対外諜報庁

http://svr.gov.ru

Федера́льная слу́жба безопа́сности Росси́йской Федера́ции（ФСБ）連邦保安庁 http://www.fsb.ru

Федера́льная слу́жба охра́ны Росси́йской Федера́ции（ФСО）連邦警護庁

http://fso.gov.ru

Федера́льная слу́жба по фина́нсовому монито́рингу（Р̀осфинмонито́ринг）連邦金融監視庁 http://www.fedsfm.ru

Гла́вное управле́ние специа́льных програ́мм Президе́нта Росси́йской Федера́ции（ГУСП）連邦大統領特別プログラム総局 http://www.gusp.gov.ru

Управле́ние дела́ми Президе́нта Росси́йской Федера́ции（Управдела́ми）連邦大統領総務局 http://udprf.ru

Федера́льная антимонопо́льная слу́жба（ФАС）連邦反独占庁

http://fas.gov.ru

Федера́льная слу́жба госуда́рственной стати́стики（Р̀осста́т）連邦国家統計庁 https://rosstat.gov.ru

Федера́льная слу́жба по надзо́ру в сфе́ре защи́ты прав потреби́телей и благополу́чия челове́ка（Р̀оспотребнадзо́р）連邦消費者権利保護・人間福祉監督庁 http://www.rospotrebnadzor.ru

Федера́льная слу́жба по регули́рованию алкого́льного ры́нка（Р̀осалкогольрегули́рование）連邦酒類市場統制庁 http://fsrar.gov.ru

Федера́льная тамо́женная слу́жба（ФТС）連邦税関庁 http://customs.gov.ru

Федера́льная слу́жба по экологи́ческому, технологи́ческому и а́томному надзо́ру（Р̀остехнадзор）連邦環境・技術・原子力監督庁

http://www.gosnadzor.ru

Госуда́рственная корпора́ция по косми́ческой де́ятельности «Роско́смос» ロスコスモス http://www.roscosmos.ru

Федера́льная слу́жба по надзо́ру в сфе́ре образова́ния и нау́ки (Ро̀собрнадзо́р) 連邦教育科学分野監督庁 http://obrnadzor.gov.ru

Федера́льное аге́нтство по дела́м молодёжи (Ро̀смолодёжь) 連邦青少年局 https://fadm.gov.ru

Госуда́рственная фельдъе́герская слу́жба Росси́йской Федера́ции (ГФС) 国家伝書使庁 http://gfs.gov.ru

日本の主要閣僚

Премьѐр-мини́стр　内閣総理大臣
Мини́стр по вну́тренним вопро́сам и свя́зи　総務大臣
Мини́стр юсти́ции　法務大臣
Мини́стр иностра́нных дел　外務大臣
Мини́стр фина́нсов　財務大臣
Мини́стр просвеще́ния, культу́ры, спо́рта, нау́ки и те́хники　文部科学大臣
Мини́стр здра̀воохране́ния, труда́ и благосостоя́ния　厚生労働大臣
Мини́стр земледе́лия, лесово́дства и рыболо́вства　農林水産大臣
Мини́стр эконо́мики, торго́вли и промы́шленности　経済産業大臣
Мини́стр земе́ль, инфраструкту́ры и тра́нспорта　国土交通大臣
Мини́стр самооборо́ны　防衛大臣

アメリカ合衆国連邦政府の主要省庁・機関

Департа́мент Госуда́рственного секретаря́ 国務省 Госуда́рственный секрета́рь 国務長官
Министе́рство /Мини́стр фина́нсов 財務省 / 長官
Министе́рство /Мини́стр оборо́ны 国防省 / 長官
Министе́рство /Мини́стр юсти́ции 司法省 / 長官 (Генера́льный прокуро́р とも)
Министе́рство /Мини́стр вну́тренних дел 内務省 / 長官
Министе́рство /Мини́стр се́льского хозя́йства 農務省 / 長官
Министе́рство /Мини́стр торго́вли 商務省 / 長官
Министе́рство /Мини́стр здра̀воохране́ния и социа́льных служб 保健福祉省 / 長官
Министе́рство /Мини́стр тра́нспорта 運輸省 / 長官

Министе́рство /Мини́стр энерге́тики エネルギー省 / 長官

Министе́рство /Мини́стр образова́ния 教育省 / 長官

Министе́рство /Мини́стр национа́льной безопа́сности 国土安全保障省 / 長官

Управле́ние торго́вого представи́тельства 通商代表部　Торго́вый представи́тель
通商代表

Управле́ние дире́ктора Национа́льной разве́дки 国家情報長官室 Дире́ктор
Национа́льной разве́дки 国家情報長官 （DNI）

Центра́льное разве́дывательное управле́ние （ЦРУ） 中央情報局 （CIA） Дире́ктор
ЦРУ CIA 長官

Аге́нтство национа́льной безопа́сности （АНБ） 国家安全保障局 （NSA）
Дире́ктор АНБ NSA 長官

Це́нтры по контро́лю и профила́ктике заболева́ний 疾病対策センター （CDC）

Управле́ние по санита́рному надзо́ру за ка́чеством пищевы́х проду́ктов
и медикаме́нтов 食品医薬品局 （FDA）

主な国連機関 （2-8, 2-9）

Междунаро́дная организа́ция труда́（МОТ） 国際労働機関（ILO）

Междунаро́дный валю́тный фонд（МВФ） 国際通貨基金（IMF）

Всеми́рный банк（ВБ） 世界銀行（WB）

Организа́ция ООН по вопро́сам образова́ния, нау́ки и культу́ры（ЮНЕСКО）
国際連合教育科学文化機関（UNESCO）

Всеми́рная организа́ция здра̀воохране́ния（ВОЗ） 世界保健機関（WHO）

Университе́т ООН 国連大学

Де́тский фо́нд ООН（ЮНИСЕФ） 国際連合児童基金（UNICEF）

Управле́ние верхо́вного комисса́ра ООН по дела́м бе́женцев（УВКБ ООН） 国連難民高等弁務官事務所（UNHCR）

Междунаро́дное аге́нтство по а́томной эне́ргии（МАГАТЭ） 国際原子力機関（IAEA）

国連以外の国際機関・組織 （→ 2-8）

Азиа̀тско-Тихоокеа́нское экономи́ческое сотру́дничество（АТЭС） アジア太平洋経済協力（APEC）

Ассоциа́ция госуда́рств Ю́го-Восто́чной А́зии（АСЕАН） 東南アジア諸国連合（ASEAN）

Всеми́рная торго́вая организа́ция（ВТО） 世界貿易機関（WTO）

Европе́йский сою́з（ЕС） 欧州連合（EU）

Организа́ция Сѐвероатланти́ческого догово́ра（НАТО） 北大西洋条約機構（NATO）

Организа́ция стран-экспортёров не́фти（ОПЕК） 石油輸出国機構（OPEC）

Организа́ция экономи́ческого сотру́дничества и разви́тия（ОЭСР） 経済協力開発機構（OECD）

Сѐвероамерика́нское соглаше́ние о свобо́дной торго́вле（НАФТА） 北米自由貿易協定（NAFTA）

Содру́жество Незави́симых Госуда́рств（СНГ） 独立国家共同体（CIS）

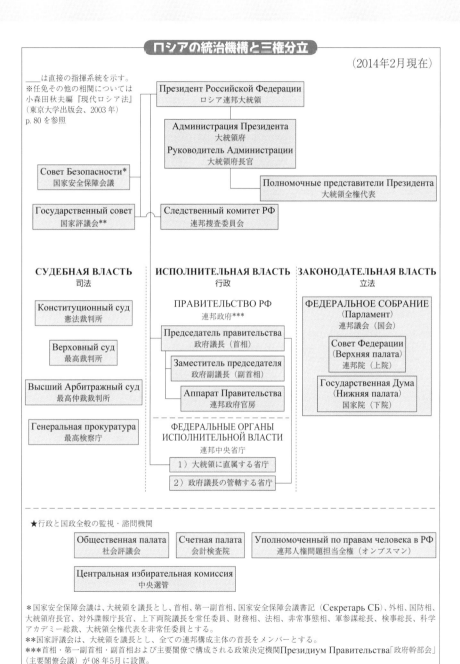

ロシアの統治機構と三権分立

（2014年2月現在）

___は直接の指揮系統を示す。
※任免その他の相関については
小森田秋夫編『現代ロシア法』
（東京大学出版会、2003年）
p. 80を参照

Президент Российской Федерации
ロシア連邦大統領

Администрация Президента
大統領府
Руководитель Администрации
大統領府長官

Полномочные представители Президента
大統領全権代表

Совет Безопасности*
国家安全保障会議

Государственный совет
国家評議会**

Следственный комитет РФ
連邦捜査委員会

СУДЕБНАЯ ВЛАСТЬ
司法

Конституционный суд
憲法裁判所

Верховный суд
最高裁判所

Высший Арбитражный суд
最高仲裁裁判所

Генеральная прокуратура
最高検察庁

ИСПОЛНИТЕЛЬНАЯ ВЛАСТЬ
行政

ПРАВИТЕЛЬСТВО РФ
連邦政府***

Председатель правительства
政府議長（首相）

Заместитель председателя
政府副議長（副首相）

Аппарат Правительства
連邦政府官房

**ФЕДЕРАЛЬНЫЕ ОРГАНЫ
ИСПОЛНИТЕЛЬНОЙ ВЛАСТИ**
連邦中央省庁

１）大統領に直属する省庁

２）政府議長の管轄する省庁

ЗАКОНОДАТЕЛЬНАЯ ВЛАСТЬ
立法

ФЕДЕРАЛЬНОЕ СОБРАНИЕ
（Парламент）
連邦議会（国会）

Совет Федерации
（Верхняя палата）
連邦院（上院）

Государственная Дума
（Нижняя палата）
国家院（下院）

★行政と国政全般の監視・諮問機関

Общественная палата
社会評議会

Счетная палата
会計検査院

Уполномоченный по правам человека в РФ
連邦人権問題担当全権（オンブスマン）

Центральная избирательная комиссия
中央選管

*国家安全保障会議は、大統領を議長とし、首相、第一副首相、国家安全保障会議書記（Секретарь СБ）、外相、国防相、大統領府長官、対外諜報庁長官、上下両院議長を常任委員、財務相、法相、非常事態相、軍参謀総長、検事総長、科学アカデミー総裁、大統領全権代表を非常任委員とする。
**国家評議会は、大統領を議長とし、全ての連邦構成主体の首長をメンバーとする。
***首相・第一副首相・副首相および主要閣僚で構成される政策決定機関Президиум Правительства「政府幹部会」（主要閣僚会議）が08年5月に設置。

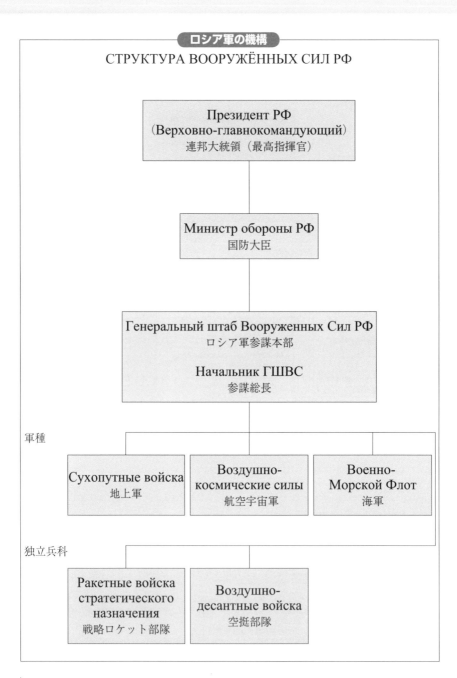

ロシア軍の機構

СТРУКТУРА ВООРУЖЁННЫХ СИЛ РФ

Президент РФ
（Верховно-главнокомандующий）
連邦大統領（最高指揮官）

Министр обороны РФ
国防大臣

Генеральный штаб Вооруженных Сил РФ
ロシア軍参謀本部

Начальник ГШВС
参謀総長

軍種

Сухопутные войска
地上軍

Воздушно-
космические силы
航空宇宙軍

Военно-
Морской Флот
海軍

独立兵科

Ракетные войска
стратегического
назначения
戦略ロケット部隊

Воздушно-
десантные войска
空挺部隊

Вóинские звáния

Составы военнослужащих 軍人の構成	Вóинские звáния　階級名	
	войсковы́е 部隊階級（陸軍式）	корабéльные 艦上階級（海軍式）
Солдáты, матрóсы, сержáнты, старшины́ 兵、水兵、軍曹、曹長	〔兵卒〕 рядовóй　　　　　　　兵 ефрéйтор　　　　　　上等兵 〔下士官〕 млáдший сержáнт　　伍長 сержáнт　　　　　　軍曹 стáрший сержáнт　　曹長 старшинá　　　　　上級曹長	〔兵卒〕 матрóс　　　　　　　水兵 стáрший матрóс　　上等水兵 〔下士官〕 старшинá 2 статьи́　二等兵曹 старшинá 1 статьи́　一等兵曹 глáвный старшинá　上等兵曹 глáвный корабéльный старшинá 　　　　　　　　　上級艦艇兵曹
Прáпорщики и ми́чманы 准尉〔准士官〕	прáпорщик　　　　　　准尉 стáрший прáпорщик　上級准尉	ми́чман　　　　　　　准尉 стáрший ми́чман　　上級准尉
Офицéры 士官〔将校〕 млáдшие офицéры 初級将校（尉官）	млáдший лейтенáнт　少尉補〔少尉〕 лейтенáнт　　　　少尉〔中尉〕 стáрший лейтенáнт　中尉〔上級中尉〕 капитáн　　　　　　大尉	млáдший лейтенáнт　少尉補〔少尉〕 лейтенáнт　　　　小尉〔中尉〕 стáрший лейтенáнт　中尉〔上級中尉〕 капитáн-лейтенáнт　大尉
стáршие офицéры 上級将校（佐官）	майóр　　　　　　　少佐 подполкóвник　　　中佐 полкóвник　　　　　大佐	капитáн 3 рáнга　　少佐 капитáн 2 рáнга　　中佐 капитáн 1 рáнга　　大佐
вы́сшие офицéры 高級将校（将官）	генерáл-майóр　　少将 генерáл-лейтенáнт　中将 генерáл-полкóвник　大将〔上級中将〕 генерáл áрмии　　上級大将〔大将〕	кóнтр-адмирáл 少将 ви́це-адмирáл　　中将 адмирáл　　　　　大将〔上級中将〕 адмирáл флóта 上級大将〔大将〕
	Мáршал Росси́йской Федерáции　　ロシア連邦元帥	

1）親衛部隊、親衛艦隊で勤務した者には階級名の前に гвáрдии の称号をつける。
　例）гвáрдии полкóвник 親衛大佐

2）予備役へ編入、もしくは退役した者には階級名の後ろに запáса ないし в отстáвке をつける。例）генерáл-полкóвник запáса 予備役大将　подполкóвник в отстáвке 退役中佐

※陸軍式は地上軍、空軍、戦略ロケット部隊、航空・宇宙防衛部隊、空挺部隊の他、内務省軍、対外諜報庁、連邦保安庁等でも使用。

内務諸機関の特殊階級名

Специальные звания органов внутренних дел

Состав 構成	Наименование 階級名
Высший начальствующий 将官級幹部	Генерал-полковник полиции, генерал-полковник внутренней службы, генерал-полковник юстиции 警察・内務・法務　大将
	Генерал-лейтенант полиции, генерал-лейтенант внутренней службы, генерал-лейтенант юстиции 警察・内務・法務　中将
	Генерал-майор полиции, генерал-майор внутренней службы, генерал-майор юстиции 警察・内務・法務　少将
Старший начальствующий 佐官級幹部	Полковник полиции, полковник внутренней службы, полковник юстиции 警察・内務・法務　大佐
	Подполковник полиции, подполковник внутренней службы, подполковник юстиции 警察・内務・法務　中佐
	Майор полиции, майор внутренней службы, майор юстиции 警察・内務・法務　少佐
Средний начальствующий 尉官級幹部	Капитан полиции, капитан внутренней службы, капитан юстиции 警察・内務・法務　大尉
	Старший лейтенант полиции, старший лейтенант внутренней службы, старший лейтенант юстиции 警察・内務・法務　中尉〔上級中尉〕
	Лейтенант полиции, лейтенант внутренней службы, лейтенант юстиции 警察・内務・法務　少尉〔中尉〕
	Младший лейтенант полиции, младший лейтенант внутренней службы, младший лейтенант юстиции 警察・内務・法務　少尉補〔少尉〕
Младший начальствующий 初級指揮官	Старший прапорщик полиции, старший прапорщик внутренней службы, старший прапорщик юстиции 警察・内務・法務　上級准尉
	Прапорщик полиции, прапорщик внутренней службы, прапорщик юстиции 警察・内務・法務　准尉
	Старшина полиции, старшина внутренней службы, старшина юстиции 警察・内務・法務　上級曹長
	Старший сержант полиции, старший сержант внутренней службы, старший сержант юстиции 警察・内務・法務　曹長
	Сержант полиции, сержант внутренней службы, сержант юстиции 警察・内務・法務　巡査長
	Младший сержант полиции, младший сержант внутренней службы, младший сержант юстиции 警察・内務・法務　巡査長補
Рядовой 巡査	Рядовой полиции, рядовой внутренней службы, рядовой юстиции 警察・内務・法務　巡査

ロシア正教会の聖職者の位階名

＊は修道士（禁妻帯）のみ

位階名	本人への呼びかけ方※
патриа́рх 総主教＊	Ва́ше Святе́йшество 聖下
митрополи́т 府主教＊	Ва́ше Высòкопреосвяще́нство 座下
архиепи́скоп 大主教＊	Ва́ше Высòкопреосвяще́нство 座下
епи́скоп 主教＊	Ва́ше Преосвяще́нство 座下
〔以上 архиере́й 高位聖職者〕	
протопресви́тер 首司祭 〔妻帯聖職者の最高位〕	Ва́ше Высòкопреподо́бие 神父
архимандри́т 掌院＊	Ва́ше Высòкопреподо́бие 神父
игу́мен 典院＊	Ва́ше Высòкопреподо́бие 神父
иеромона́х 修道司祭＊	Ва́ше Высòкопреподо́бие 神父
протоиере́й 長司祭	Ва́ше Высòкопреподо́бие 神父
свяще́нник 司祭	Ва́ше Преподо́бие 神父
〔以上 пресви́тер 司祭〕	
протодиа́кон 首輔祭	Ва́ше Преподо́бие
иеродиа́кон 修道輔祭＊	Ва́ше Преподо́бие
протодиа́кон 長輔祭	Ва́ше Преподо́бие
диа́кон 輔祭	Ва́ше Преподо́бие
〔以上 диа́кон 輔祭〕	

1）三人称で用いるときは Ва́ше を Его́ に変える。Его́ Святе́йшество Патриа́рх Моско́вской и Всея́ Руси́ Кири́лл「至聖なるモスクワと全ルーシの総主教キリル聖下」

★俗名は（　）に入れる。Его́ Преподо́бие Иеромона́х Иоа́нн（Ивано́в）「修道司祭イオアン（イワノフ）神父」

2）日常では主教～府主教には《Влады́ка》と呼びかける。

3）日常では輔祭～首司祭には《оте́ц ○○》／《ба́тюшка》と呼びかける。

4）明治以来日本正教会の刊行物では「大主教ニコライ（カサートキン）」のように、聖職名を修道名の前に置く（ロシア語と同じ語順）のが慣例だが、「ニコライ大主教」のように修道名の後に置いてもよい。

ロシアの教育システム

Образова́тельная систе́ма Росси́и

Ⅰ. Дошко́льное образова́ние 就学前教育（0歳～7歳）

Я́сли 保育園（2カ月ないし1歳～3歳）
Де́тский сад 幼稚園（3歳～7歳）

Ⅱ. О́бщее образова́ние 普通教育（7歳～18歳）

Нача́льное о́бщее образова́ние 初等普通教育（1～4年生）
Основно́е о́бщее образова́ние 基礎普通教育（5～9年生）
Сре́днее по́лное о́бщее образова́ние 中等普通教育（10～11年生）
※07年9月より中等普通教育までが義務教育化された。

Ⅲ. Профессиона́льное образова́ние 専門教育

中等普通教育修了後、以下の3コースのいずれかに進む選択肢がある。
※初等専門教育→中等専門教育→高等専門教育と進むのではないことに注意。

1）Нача́льное профессиона́льное образова́ние 初等専門教育
（профессиона́льное учи́лище「専門学校」、профессиона́льный лице́й「専門リセ」を称する学校）

2）Сре́днее профессиона́льное образова́ние 中等専門教育
（ко́лледж「カレッジ」、лице́й「リセ」、вы́сшее профессиона́льное учи́лище「高等専門教育学校」、комме́рческое учи́лище「商業学校」、центр「センター」、би́знес-шко́ла「ビジネススクール」等々の名称の学校、「専門学校」に相当）

3）Вы́сшее профессиона́льное образова́ние 高等専門教育
（университе́т, акаде́мия, институ́т の名称の学校、「大学」に相当）

Ⅳ. Послеву́зовское профессиона́льное образова́ние 大学後専門教育

Аспиранту́ра 大学院「博士候補」課程★ кандида́т（Ph.D 相当）養成課程
Докторанту́ра 大学院「博士」課程★ до́ктор（いわゆる上級 Ph.D）養成課程

◆2009年からは、бакалавриа́т 学士課程（3～4年）магистрату́ра 専門修士課程（学士課程後2年）специалите́т 専門士養成課程（中等教育後5年以上）に。

日本語索引

Н

С

著者紹介

加藤栄一（かとう　えいいち）

1971年神奈川県生まれ。
東京外国語大学外国語学部ロシヤ語学科卒。
東京外国語大学大学院地域文化研究科ヨーロッパ第三コース博士前期課程修了。言語学修士。専攻はロシア語学（翻訳論）。
著書に『改定　ロシア語基本問題集（第三版）』『要点確認　ロシア語　格の諸用法　中級問題集』『ロシア語　語尾変化判別表』（電子書籍）（外研刊行会）、加藤栄一、光井明日香、菅井健太、ミソチコ・グリゴリー、サブリナ・エレオノーラ『日本人が知りたいロシア人の当たり前　ロシア語リーディング』（監修、三修社）、『新版　ロシアを知る事典』（共著、平凡社）

増補版 時事ロシア語

定価はカバーに表示してあります。

2022年2月15日　増補版第1刷発行©

著　者	加　藤　栄　一
	時事ロシア語改訂委員会

ロシア語校閲

エリザヴェータ・А・ムライト

ガンナ・シャトヒナ

発行者	揖　斐　憲

発　行　東洋書店新社
〒150-0043
東京都渋谷区道玄坂1丁目22番7号
道玄坂ピアビル4階
　　　　　電　話　03-6416-0170
　　　　　FAX　03-3461-7141

発　売　垣内出版株式会社
〒158-0098
東京都世田谷区上用賀6丁目16番17号
　　　　　電　話　03-3428-7623
　　　　　FAX　03-3428-7625

印刷・製本　株式会社光陽メディア
装　　幀　クリエイティブ・コンセプト

落丁、乱丁本はお取り替え致します。　　　　ISBN 978-4-7734-2044-9